林徽因集

增订本

建筑 美术 上

梁从诫 编

中国大百科全书出版社

图书在版编目（CIP）数据

林徽因集．建筑　美术．上 / 林徽因著；梁从诫编．—
增订本．— 北京：中国大百科全书出版社，
2022.8
ISBN 978-7-5202-1171-0

I. ①林… II. ①林… ②梁… III. ①林徽因（1904-1955）—文集
②建筑学—文集 ③美术—文集 IV. ① Z427

中国版本图书馆 CIP 数据核字 (2022) 第 126737 号

出 版 人：刘祚臣
策 划 人：王一珂　曾　辉
责任编辑：王一珂
营销编辑：王　廓
责任发行：绳　蕴
责任印制：魏　婷
装帧设计：今亮後聲 HOPESOUND 2580590616@qq.com · 张今亮　王秋萍
出版发行：中国大百科全书出版社

地　　址：北京阜成门北大街 17 号　邮政编码 100037
电　　话：010-88390969
网　　址：http://www.ecph.com.cn
印　　刷：小森印刷（北京）有限公司
开　　本：889 毫米 ×1194 毫米　1/32
印　　张：13.25
字　　数：270 千字
印　　次：2022 年 8 月第 1 版　2022 年 8 月第 1 次印刷
书　　号：ISBN 978-7-5202-1171-0
定　　价：178.00 元（上、下）

林徽因

《林徽因像》

手工钢版雕刻：李学军

一九二四年秋，林徽因在美国宾夕法尼亚大学学生证上所用的照片

一九二五年，林徽因在美国宾夕法尼亚大学学生证上所用的照片

一九二六年，林徽因、梁思成与陈植（后左）等在美国宾夕法尼亚大学

留学期间，林徽因（左二）与陈植（右一）、陈意（左一）等在美国宾夕法尼亚大学

留学期间，林徽因（左二）与陈植（右一）、陈意（左一）等在美国宾夕法尼亚大学

留学期间，林徽因与赵深（左一）、孙熙明（左二）、梁思成（左四）在美国宾夕法尼亚大学

一九二七年三月，梁思成、林徽因身着中国传统服饰
在美国宾夕法尼亚大学参加古装庆典暨建筑系舞会

一九二七年，林徽因与梁思成在美国宾夕法尼亚大学

一九二七年前后，林徽因与梁思成（左一）、吴文藻（左四）、陈意（左五）、陈植（最前者）等在美国

一九二七年前后，林徽因与杨廷宝（右一）、陈植（右二）等在美国

一九二七年，林徽因在美国
宾夕法尼亚大学

一九二七年二月十二日，从宾夕法尼亚大学毕业的林徽因、梁思成、陈植与 Lewis R. Dick 的拼合照片

一九二七年六月，林徽因在美国宾夕法尼亚大学毕业时留影

一九二八年，林徽因、梁思成自美国经欧洲
返国途中

一九二九年，林徽因与梁思成测绘沈阳北陵

在东北大学工作的林徽因

一九三一年，林徽因、梁思成在天坛祈年殿陡匾下

一九三一年，林徽因、梁思成与勘查人员在天坛祈年殿陡匾下

一九三二年，林徽因在北平郊区杏子口北崖石佛龛考察

一九三三年三月二十一日，林徽因（左十二）、梁思成（左八）、胡适（左十五）、朱启钤（右八）等在李诫诞辰八百二十三周年纪念会上（中国社会科学院近代史研究所藏）

一九三三年九月，林徽因在前往山西大同考察古建筑途中

一九三三年九月，林徽因（中）和刘敦桢（右）、莫宗江（左）在前往山西大同考察古建筑途中

一九三三年九月，林徽因与刘敦桢、莫宗江在前往山西大同云冈石窟的路上

一九三三年九月，林徽因在山西大同云冈石窟考察

一九三三年九月，林徽因在山西大同云冈石窟考察

一九三三年九月，林徽因与刘敦桢（中）、莫宗江（右）在山西大同云冈石窟考察

一九三三年九月，林徽因在山西考察，途经大同观音堂

一九三三年十一月，林徽因在河北正定县开元寺钟楼梁架上测绘

一九三三年十一月，林徽因在河北正定县文庙牌楼石狮旁

一九三四年春，林徽因带领南下的东北大学学生考察独乐寺

一九三四年夏，林徽因、梁思成一行在去往山西考察古建筑途中

一九三四年夏，林徽因在山西考察古建筑途中

一九三四年夏，考察途中的林徽因

一九三四年夏，林徽因与梁思成在山西考察民居途中

一九三四年夏，林徽因在山西文水县开栅镇圣母庙正殿考查

一九三四年夏，林徽因在山西汾阳县小相村灵岩寺考察

一九三四年夏，林徽因在山西汾阳县小相村灵岩寺考察

一九三四年夏，林徽因在山西孝义县吴屯村东岳庙考察

一九三四年夏，林徽因在山西霍县北门外石桥上

一九三四年夏，林徽因在山西霍县文庙大成殿考察

一九三四年夏，林徽因与费慰梅在山西

一九三四年夏，林徽因与费慰梅在山西

一九三四年夏，林徽因与费正清、费慰梅在山西

一九三四年夏，林徽因与梁思成在山西考察途中

一九三四年夏，林徽因与费正清、费慰梅
在山西

一九三四年夏，林徽因与费正清、费慰梅在山西

一九三四年十月，林徽因在浙江宣平延福寺梁上

一九三四年十月，林徽因在浙江宣平延福寺考察

一九三四年十月，林徽因在浙江宣平延福寺考察

一九三五年，林徽因、梁思成（左二）与费慰梅（右三）等朋友在北平

一九三六年五月，林徽因在考察河南洛阳龙门石窟途中

一九三六年五月，林徽因、梁思成一行在河南洛阳龙门石窟考察

一九三六年六月，林徽因在山东历城考察民居途中

一九三六年六月，林徽因在山东历城神通寺墓塔测绘

一九三六年六月，林徽因在山东滋阳兴隆寺塔测绘

一九三六年六月，林徽因在山东滋阳兴隆寺塔测绘

一九三七年，林徽因在考察古建筑途中

一九三七年五月，林徽因在陕西耀县药王庙测绘

一九三七年五月，林徽因赴敦煌途中（后未成行）在陕西耀县一片罂粟花中留影

一九三七年六月，林徽因在陕西榆次永寿寺雨花宫考察

一九三七年六月，林徽因在陕西榆次永寿寺前殿考察

一九三七年七月，林徽因在山西五台县佛光寺文殊殿前经幢测绘

一九三七年七月，林徽因在山西五台县佛光寺测绘经幢

一九三七年七月，林徽因在山西五台县佛光寺大殿佛像前注目

一九三七年七月，林徽因在山西五台县佛光寺供养人宁公遇塑像前

一九三七年七月，林徽因与莫宗江（上）在山西五台县佛光寺后山墓塔前

一九三七年七月，林徽因在山西五台县佛光寺祖师塔上檐

一九三七年七月，林徽因在山西台怀县塔院寺考察

一九三七年七月，林徽因在山西台怀县清凉石前

一九三九年秋，林徽因与女儿梁再冰在昆明龙泉镇麦地村自己设计建造的住宅前

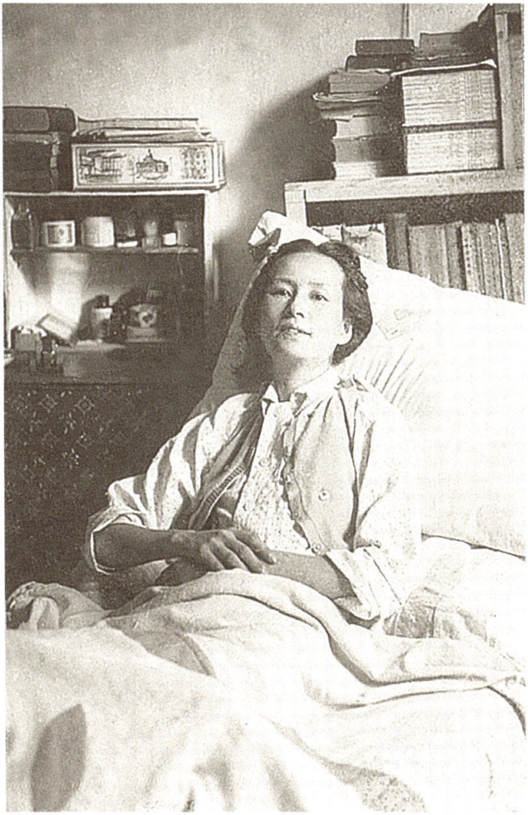

一九四三年，林徽因在四川李庄家中的病榻上

一九五〇年，林徽因与郑孝燮、周卜颐、王君莲、李宗津等在清华营建系留影

一九五〇年，林徽因与营建系部分师生合影

一九五〇年，林徽因与清华营建系首届毕业生合影

一九五〇年，工作中的林徽因（左）

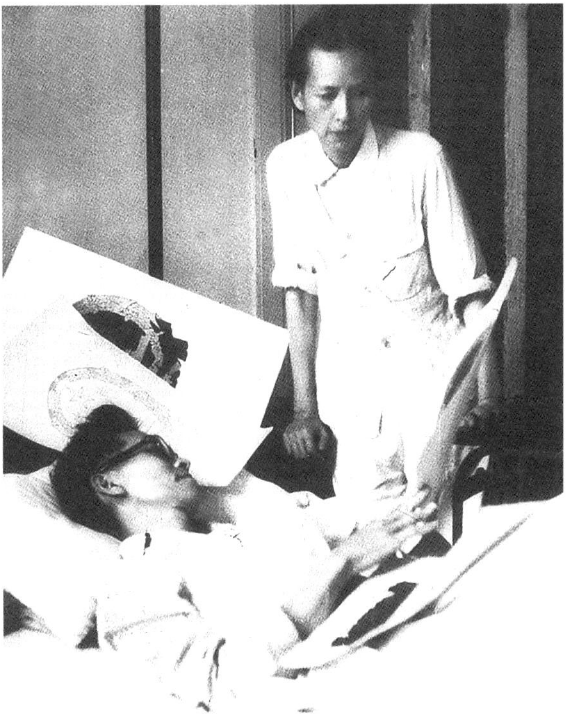

一九五〇年，病中的林徽因、梁思成在讨论国徽设计方案

一九五二年九月十四日，林徽因与梁思成在家中会见英国建筑师斯金纳

二十世纪五十年代初，林徽因与梁思成在清华大学新林院

晚年林徽因

林徽因墓

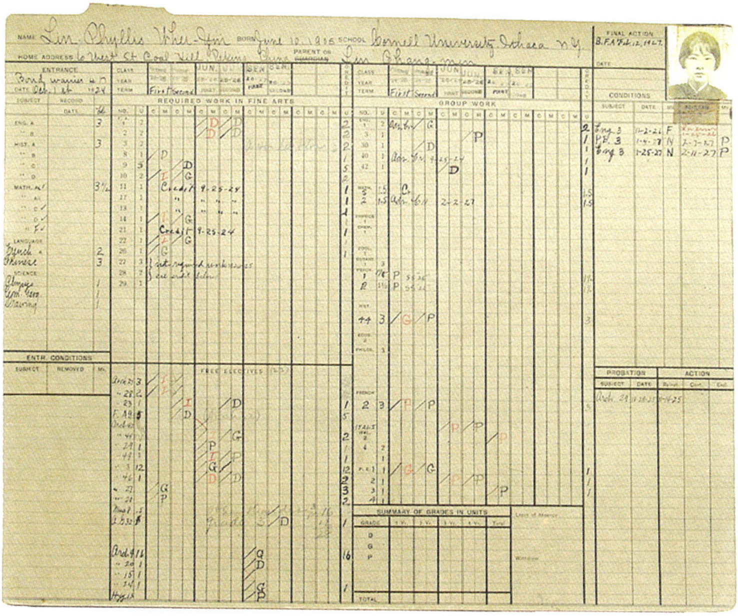

一九二七年，林徽因在美国宾夕法尼亚大学的成绩单

that she laid aside her heavy armour
Early 1430.
armour is made to suit fit.
men at that period are of smaller built -
15th c quite different.

doctors lawyers women flowing robes -
Ermin cape (tippet) worn by kings -
Dominica + robes

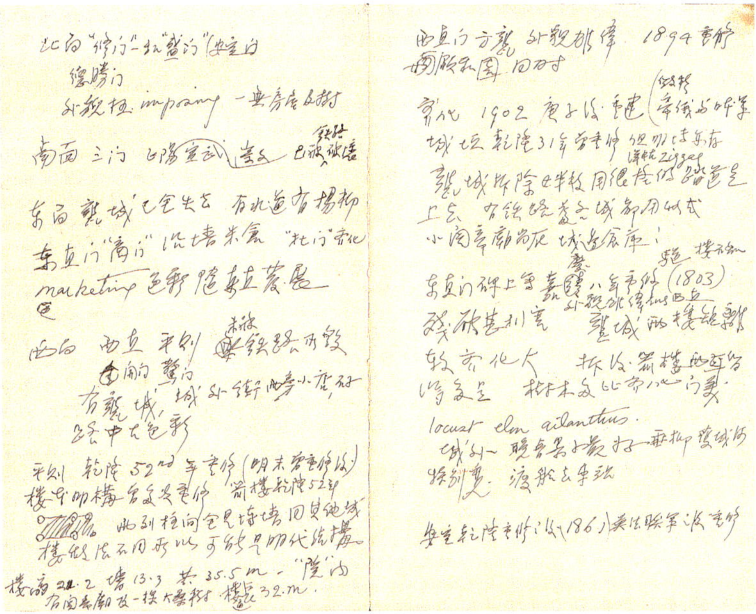

北面"德门"—和"安门"（安定门）
德胜门
外观极 imposing 一无旁屋及树

南面 三门 正阳 宣武 崇文 已被铁路破坏

东面 瓮城已全失去 有轨道 有杨柳
东直门"商门" 沿墙米仓 "朝门"齐化
marketing 色彩随东直发展

西面 西直 平则 未被铁路所毁
阜成门
有瓮城，城外街市小店，石子路中大色彩

平则 乾隆52年重修（明末曾重修过）
楼是明构 但又或重修 箭楼乾隆52年
此别柱间全是砖墙 因其他城楼做法不同所以可能是明代结构
楼高22.2 墙13.3 共35.5m "阜门"
为门最高者 为一楼大梁较 楼长32m.

西直门方瓮 外观雄伟 1894重修
西顺民国 同时

宣化 1902 庚子后重建（铁路 帝俄与日本）
城垣乾隆31年曾重修 但现已东存 详情 zigzag
瓮城拆除 但半较用绳结的路道是上去 有铁路签入城部用砖式
小阁亭前尚存 城道仓库

东直门碑上写嘉庆八年重修（1803） 楼不如 外观雄伟如西直
残破甚利害 瓮城两楼结构较齐化大 拆后 箭楼两面
修复至 树木多比齐化门美
locust elm ailanthus.
城外一 晚会最好 垂柳 护城河 特别美 渡船去车站

安定乾隆重修 以（1861）英法联军后重修

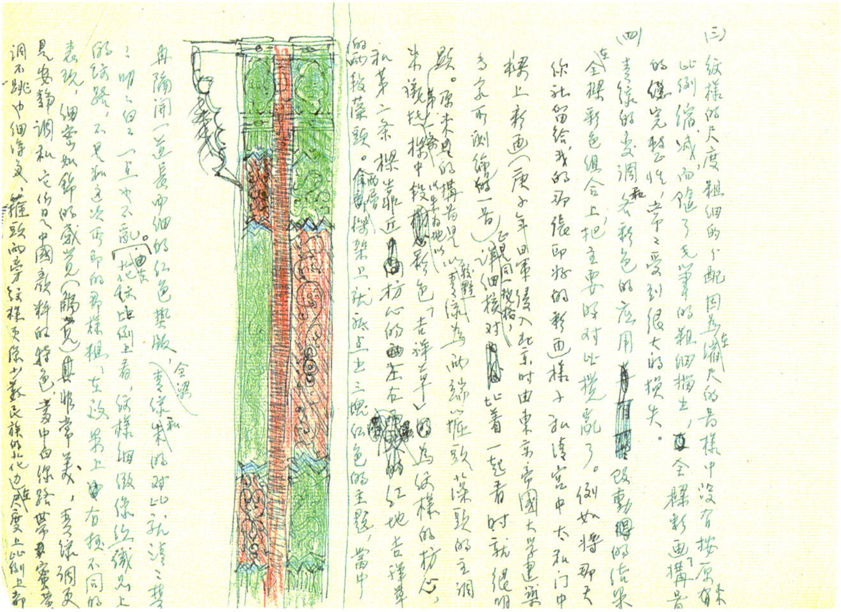

林徽因《关于〈中国建筑彩画图案〉的意见》手稿

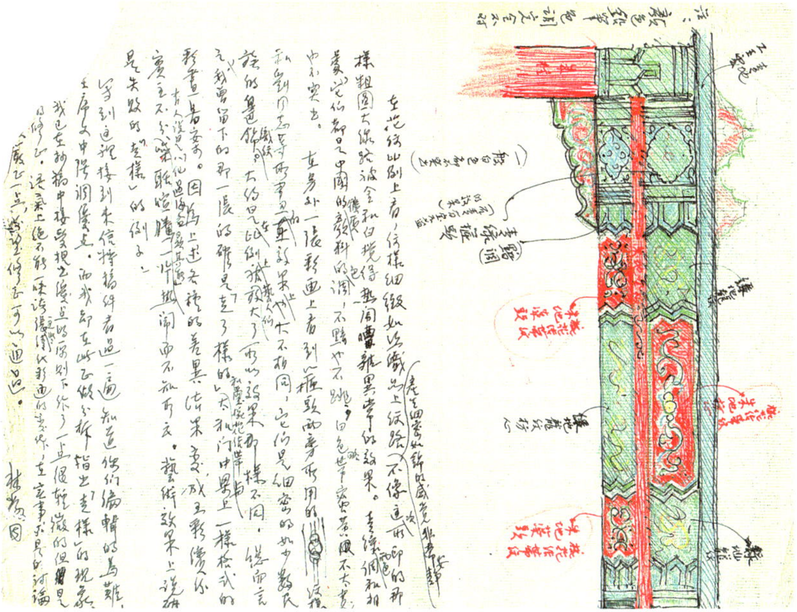

林徽因《关于〈中国建筑彩画图案〉的意见》手稿

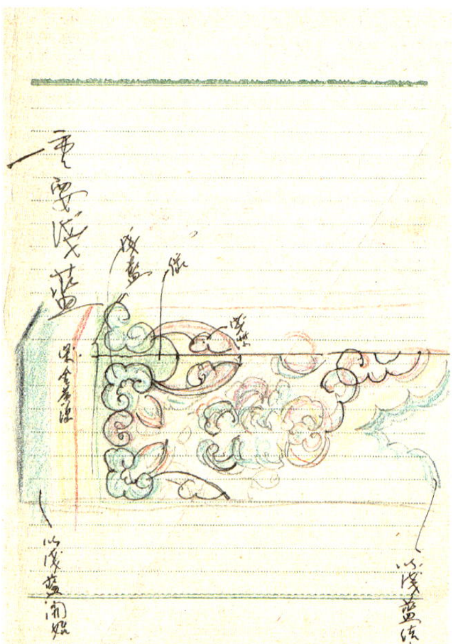

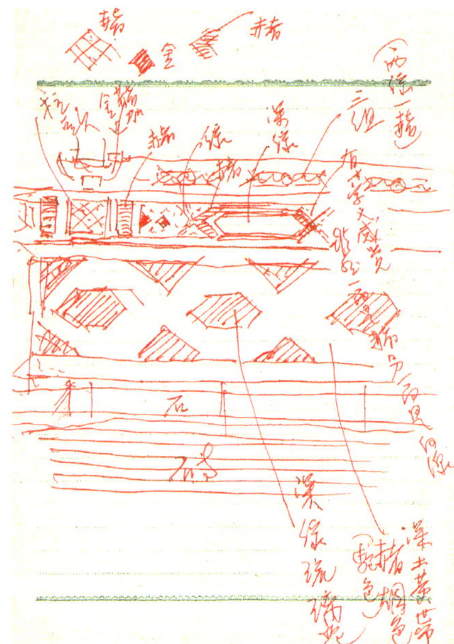

林徽因《关于〈中国建筑彩画图案〉的意见》手稿

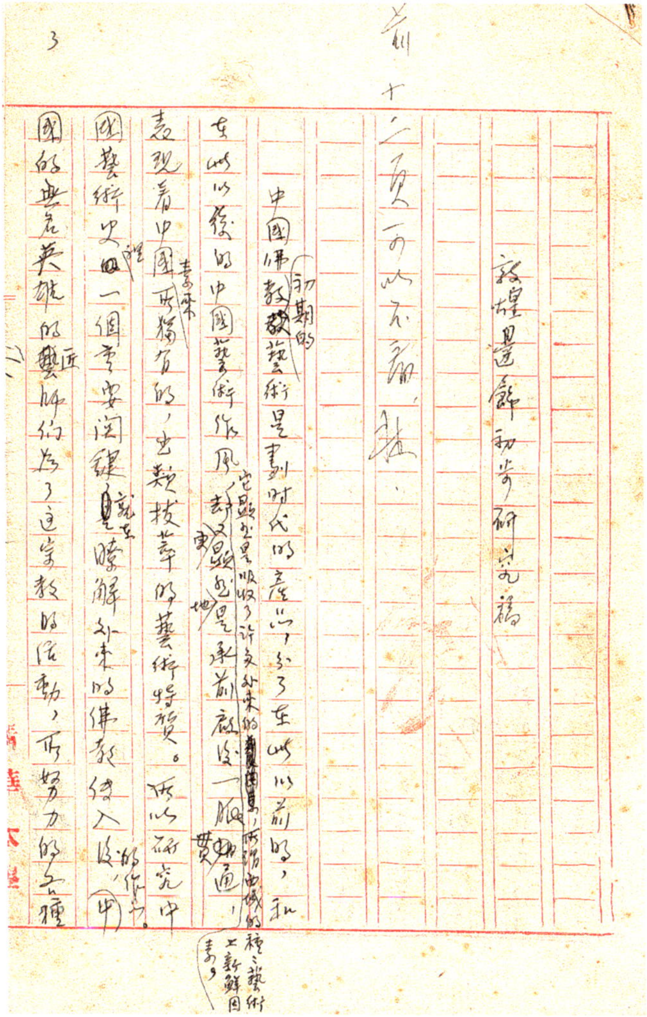

前十二頁一切以下從略,抹

敦煌邊飾初步研究稿

3

中國佛教初期的藝術是劃時代的產品,分了在此以前的,和在此以後的中國藝術作風,它顯然是吸收了許多外來的,所謂西域的種種藝術上新鮮因素,又顯然也是承前啟後一脈貫通,表現着中國所獨有的,甚至數出類拔萃的藝術特質。所以研究中國藝術史的一個重要關鍵就在瞭解外來的佛教傳入後,中國的無名英雄的藝匠們為了適宗教的活動,所努力的各種

林徽因《敦煌边饰初步研究》手稿

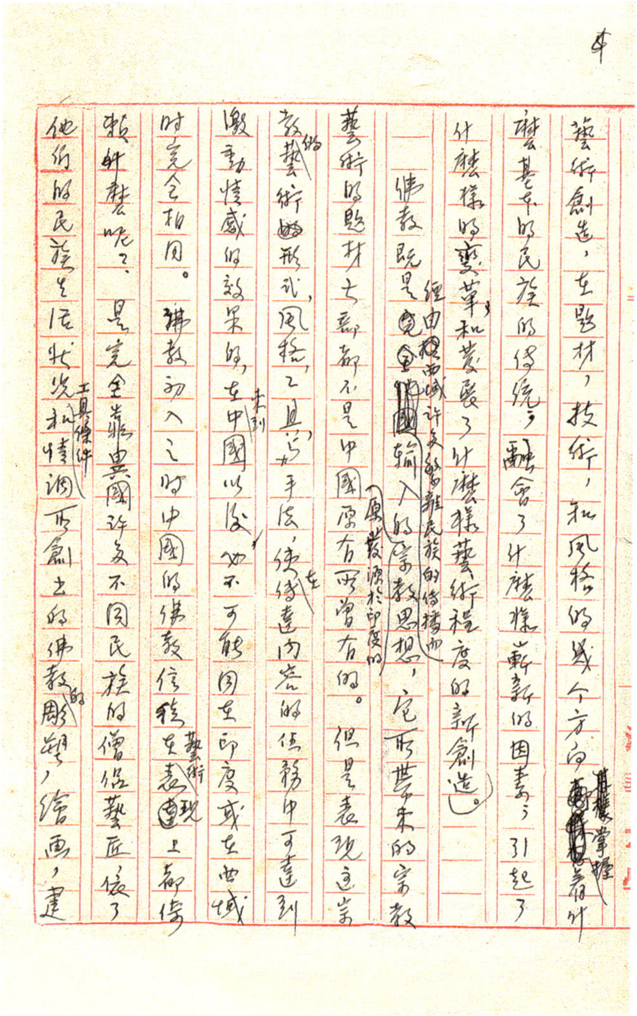

4

藝術創造，在題材，技術，和風格的幾个方向甚麼掌握了甚麼的民族的傳統，融會了什麼樣嶄新的因素，引起了什麼樣的變革和發展了什麼樣藝術程度的新創造。

佛教既是經由西域許多雜民族的傳播而輸入的原發源於印度的宗教思想，它所帶來的宗教藝術的題材大部都不是中國原有所曾有的。但是表現這宗教的藝術的形式，風格，工具，和手法，使傳達內容的任務中可達到激動情感的效果的，在中國以後如不可能同在印度或在西域時完全相同。佛教初入之時中國的佛教信徒在藝術表現上都依賴外來呢？是完全靠異國許多不同民族的僧侶藝匠依了他們的民族生活狀況和工具條件情調所創出的佛教的雕塑，繪畫，建

林徽因《敦煌边饰初步研究》手稿

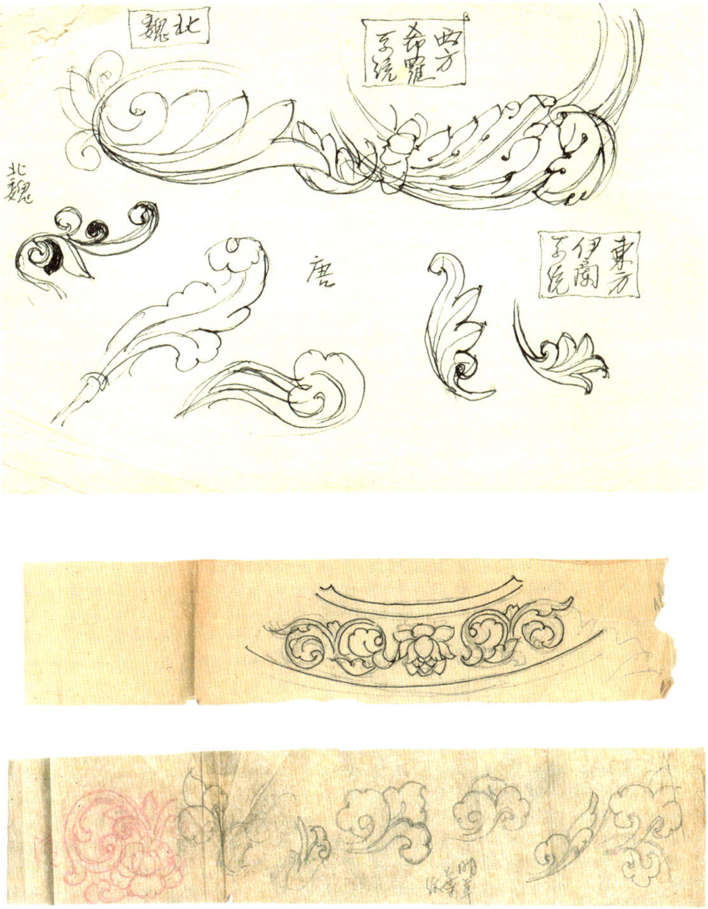

林徽因手绘东西方建筑边饰图样手稿

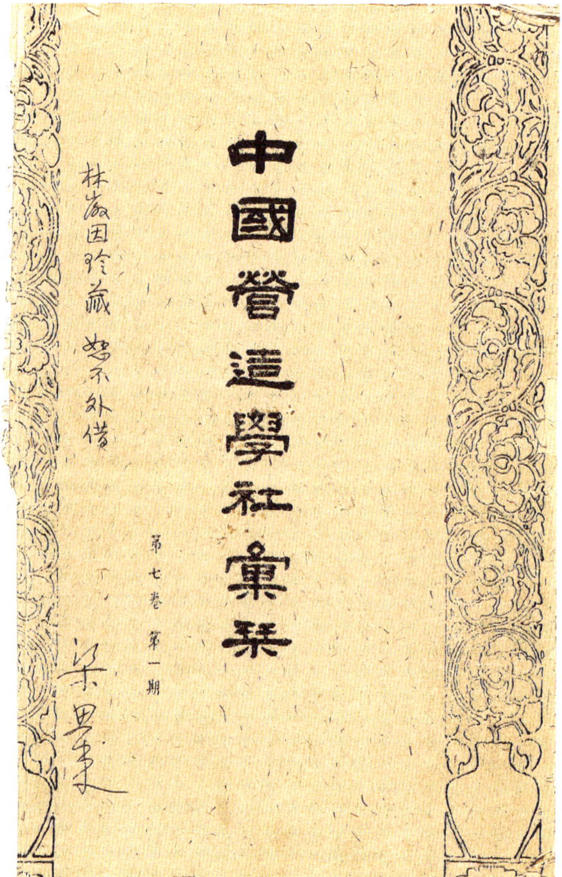

林徽因珍藏的《中国营造学社汇刊》第七卷第一期

左　《城市规划大纲》（梁思成、林徽因为其作序，一九五一年十月龙门联合书局初版）

右　《苏联卫国战争被毁地区之重建》（梁思成、林徽因译，一九五二年五月龙门联合书局初版）

《新观察》(一九五二年第十一期,
林徽因在该期发表了《我们的首都》
系列文章的最后一篇《故宫》)

上左 《林徽因文存·诗歌、小说、戏剧》（陈学勇编，二〇〇五年四川文艺出版社初版）

上右 《林徽因文存·散文、书信、评论、翻译》（陈学勇编，二〇〇五年四川文艺出版社初版）

下 《林徽因文存·建筑》（陈学勇编，二〇〇五年四川文艺出版社初版）

上左《林徽因集·诗歌、散文》（梁从诫编，二〇一四年十二月人民文学出版社初版）
上右《林徽因集·小说、戏剧、翻译、书信》（梁从诫编，二〇一四年十二月人民文学出版社初版）
下《林徽因集·建筑、美术》（梁从诫编，二〇一四年十二月人民文学出版社初版）

代序

建筑家的眼睛 诗人的心灵

梁从诫

原载于一九八三年《读书》杂志第二期，本集将其收入，作为代序。

一座低低的石墓，默默地隐在北京八宝山革命烈士陵园一个僻静的角落里。墓碑上的姓名，在那连死者都不能不呻吟的年月中被人毁去了，只留下一方已经黯淡缺损，但总算幸存下来了的汉白玉，上面镌刻着一簇有着浓厚的民族韵味、丰满而又秀丽的花圈。偶来的凭吊者很少会知道，这花圈原是为天安门前人民英雄纪念碑设计的，是那碑座上雕饰的一个刻样。一九五五年，它被移放到这座墓前，作为一篇无言的墓志，纪念着它的创作者，墓的主人——女建筑学家和诗人林徽因。* 林徽因墓今已修复。

林徽因（早年写作徽音）一九〇四年生于福建闽侯一个官僚知识分子家庭。童年时全家迁居北京。当还是一位少女的时候，她在文学和艺术方面的敏感和能力就引起了人们的注意。一九二〇年，林徽因随父亲去英国。一年后回国时，这个中国女中学生典雅的英语和对英国文学的修养曾使她的英国教师们称赞不已，而她那热情的性格和长于审美的气质也吸引了不少比她年长的新文学界朋友。在英国期间，由于一位同窗英国姑娘的影响，她开始对建筑艺术发生兴趣。

二十年代初，林徽因结识了著名的维新派政论家、学者梁启超先生的长子，当时的清华学生梁思成。在这两个年轻的艺术爱好者之间，很快就建立起了亲密的友情。不久，他们先后来到美国，就读于宾州大学，并共同决定要以建筑学为终生事业。由于当时这所大学的建筑系不收女生，林徽因只得入该校美术学院，但选修的主要却是建筑系的课程。一九二七年，她以学士学位毕业于美术学院；同年，梁思成获得建筑系硕士学位。此后，她又转入著名的耶鲁大学戏剧学院，在 G.P. 贝克教授的工作室中学习舞台美术设计，成为我国第一位在国外学习舞美的学生。一九二八年，这一对新婚的同行回到了祖国。

虽然人们常常把林徽因说成是一位诗人、文学家，但实际上，从整个一生来说，文学创作并不是她的主要事业。三十年代，在梁思成作为一个年轻、热情的建筑学家所进行的对中国古代建筑的开创性的科学研究活动中，林徽因始终是他最密切、最得力的合作者之一。她不仅陪同梁思成多次参加了对河北、山西等地古代建筑的野外调查旅行，而且还同梁思成合作或单独撰写了调查报告多篇，发表在专门的学术刊物——《中国营造学社汇刊》上。它们至今仍被这个行业的专家们认为具有很高的学术价值；而她为我国古代建筑技术的重要工具书《清式营造则例》所写的“绪论”，可以说已成为这个领域中所有研究者必读的文献了。

然而，严肃而又十分专门的科学研究工作并没有限制林徽因文学家的气质。相反，这两个方面在她身上总是自然结合、相得益彰的。她所写的学术报告独具一格，不仅有着严谨的科学性和技术性内容，而且总是以奔放的热情，把她对祖国古代匠师在建筑技术和艺术方面精湛的创造的敬佩和赞美，用诗一般的语言表达出来，使这些报告的许多段落读起来竟像是充满了诗情画意的散文作品。

也是在三十年代，林徽因在学术研究活动之外，开始发表一些文学作品，包括中、短篇小说，剧本，散文和诗。数量虽然不多，却引起了读者相当的反响。

虽然出身于旧式的上层家庭并生活于优裕的环境，但可贵的是，林徽因确实表现出某种突破自身局限的倾向。她早期的几篇文学作品，如小说《九十九度中》，散文《窗子以外》《吉公》和未完成的多幕剧《梅真同他们》等，从一个侧面分明地反映出当时中国社会的阶级分野以及由此而来的各个领域中的矛盾和斗争。尽管她所表现的主题和人物同当时真正严酷的社会现实和矛盾的焦点还有着很大的距离，但从中却可以看出她对自己“窗子”以外的生活的探索和追求。她的感情也是分明的：一切同情都在被压迫、被损害的弱者的一边，而对那些权势者，不论是“旧派”的还是“洋派”的，即或是以“文化人”面目出现的也罢，都投之以直率的敌意和鄙薄。她个人的生活背景，使她对后者的揭露和批判，虽然还谈不上有革命的含义，却表现了一种特有的深刻性和说服力。而且，也许正因为她不是出自对某种政治伦理的概念化的追求，反而使她所表达的爱和憎显得格外真诚而自然。这一切，使她的这一部分作品完全不能同被有些人讥为“客厅文学”的那类东西相提并论。

同样难得的是，以林徽因那样的社会处境，却能够相当清醒地意识到自己同广大劳动人民之间的隔膜，孕育着一种要走向人民的愿望。多次在华北农村地区进行的古建筑野外调查，使她有机会亲眼看到当时那些偏僻农村中困苦的生活，多少体会到劳动者的艰辛、质朴和憨厚。她对他们充满了同情，但又发觉自己同他们之间有着一道她在当时还不能理解也无法逾越的无形的墙，于是写下了以这种矛盾心情为基调的散文《窗子以外》。

林徽因曾以诗闻名于当时的文学界。但她的诗却和上面谈到的其它作品有所不同。如果说，她通过自己的小说、剧本和散文，是有意识地要对当时她所观察到的社会现实有所反映的话，那么，她的早期诗作，除少数几首曾表露了对民族命运所怀的忧患感和深沉的爱国心之外，更多地却是以个人情绪的起伏和波澜为主题的，探索着生活和爱的哲理；是一种恬静生活中内向的精神发掘，因而其社会意义不如前一类作品那样显著，题材也显得比较狭窄。她的诗之所以受到一些读者的赞赏，主要是因为诗中所流露的情感的真挚、细密和纯净，以及在表现形式上和手法上的清新和完美。她在诗中所用的语言，明快而隽永，常能准确、生动地捕捉和描绘出瞬息即逝的意境的幻动和思绪的微妙变化，并有着鲜明的韵律性。特别是在她自己朗读的时候，常常像是一首首隐去了曲谱的动听的歌。她的诗，又长于用写景的手法来抒情。尤其具有特色的是，她对中国古代建筑的了解、热爱和她在美术方面的修养，常常使她的作品中出现对建筑形象和色彩的描绘，或以之作为文学上的比喻。例如，在她的诗《深笑》中，人们就可以读到这样的句子：

是谁笑成这百层塔高耸，
让不知名鸟雀来盘旋？是谁
笑成这万千个风铃的转动，
从每一层琉璃的檐边
　摇上
云天？

在写于抗日战争初期的《昆明即景》中，她曾把当地民居底楼高八尺、二层高七尺的典型制式也纳入了自己的诗句：

那上七下八临街的矮楼，
　半藏着，半挺着，立在街头，
瓦覆着它，窗开一条缝，
夕阳染红它，如写下古远的梦。
…………

这一切，使她的诗别具一格，在我国白话诗的园地里，走了一条旁人没有走过的路。

同他们那个时代的大多数留学生一样，林徽因虽然在国外留学多年，却有着强烈的民族感情。她和梁思成在美国攻读建筑学期间，读到的是欧洲建筑史：古希腊、罗马建筑的遗迹，西欧哥特式、罗柯柯式的宫宇、教堂，几乎每一处拱门、每一根石柱，都有着详尽的记载和分析；而中国建筑，那无数古朴的寺庙、辉煌的宫殿，在西方建筑界眼中，却像是不存在一样。对中国古建筑稍微认真一点的论述，甚至要到日本学者的著作中去寻找！这种情况，正是激励他们立志用现代科学技术的观念来系统研究中国古代建筑的一个基本的推动力。然而，当这项事业刚刚开始不久，日本侵略者的铁蹄就踏遍了我国华北的大片土地，他们的研究工作被迫中断了。一九三七年七月，当日寇的炮火在卢沟桥畔响起的时候，林徽因正和梁思成在山西五台山地区进行野外调查。当他们由于在深山里发现了国内最古老的一座木结构建筑——建于唐代的佛光寺大殿而欣喜万分的时候，却传来了战争爆发的可怕消息。由于正太铁路已不通，他们历尽艰辛才辗转回到日军已兵临城下的北平。这时，林徽因曾用大而整齐的字体给正随亲戚在外地过暑假的八岁的女儿写信说："如果日本人要来占北平，我们都愿意打仗……我觉得现在我们做中国人应该要顶勇敢，什么都不怕，什么都顶有决心方好。"

此后不久，林徽因、梁思成便全家离开了已经沦陷的北平，跋涉数千里，迁到了昆明。在途经长沙时，日寇的飞机曾把他们的住处炸成一片瓦砾，全家人仅以身免。一九四一年冬，他们又从昆明迁到了四川宜宾附近一个偏远的江村。

八年抗战，艰难的生活、飞腾的物价、日寇的空袭、不断的"逃难"、越来越差的生活条件，使林徽因肺病复发。从一九四一年起，她就经常发烧卧床，从此再没有享受过健康人的欢乐。然而这一切，都没有能遏止住她在精神上的创造活动。这个时期，她基本上已经无暇从事认真的文学创作了。在这方面，除了若干诗稿之外，已没有什么重要的作品。但是，战时"大后方"知识分子艰苦的生活、同社会现实更多的接触和更深的了解、对战局的忧虑以及个人的病痛，已使林徽因的精神面貌发生了重大的变化。反映在她的诗稿中，三十年代那种安逸、婉约的格调已不多见，而开始发出某种悲怆、沉郁，甚至是苦涩的音响；诗中也不再限于捉摸个人心绪的沉浮变幻，而渐渐出现了更多尖锐的社会乃至政治主题。为哀悼在与日寇空战中捐躯的弟弟而写的诗稿《哭三弟恒》和鞭笞恶劣的社会风气对年轻知识分子心灵的侵蚀的长诗《刺耳的悲歌》（已佚），表现了她创作思想的这种转变。

这个时期，学术上的研究和创作活动在林徽因的生活中有着更加重要的地位。她在疾病的折磨下，在那穷乡僻壤几乎不蔽风雨的几间农舍里，常常是伴着如豆的菜籽油灯光，用了几年时间，帮助梁思成反复修改并最后完成了《中国建筑史》这部重要著作的初稿和用英文撰写的《中国建筑史图录》稿，初步实现了他们早在学生时代就已怀有的学术宿愿。除了她身边的亲人和最接近的合作者之外，也许没有人会知道，林徽因为了这两部著作曾贡献了多少心血，在自己的健康方面，又做出了多大的牺牲。

一九四六年夏，梁思成应聘到清华大学主持建筑系的创建工作，林徽因终于回到了她在八年战乱中所日夜思念的北平。然而，她却无可奈何地发现，曾经成为她创作基调的那种战前闲逸的生活，同她自己的青春和健康一道，都已成为往日的回忆而不能再现了。这时，她同中国人民大革命的洪流仍是隔膜的，但对于旧政权的腐败和帝国主义的压迫，却已有了切身的感受。多年忧患的生活和长期卧病，曾使她产生过相当灰暗的情绪，并写了一些调子低沉的短诗。然而，也就是在这个时期，她一再谢绝了外国朋友的邀请，不肯到美国去长期疗养，而宁愿留国内，同自己的同胞共命运。解放前夕，她曾在朋友们面前激动地表示过：深信一个有爱国心的中国知识分子，是不会也不该选择这样的时机离开祖国的。也许多少有点偏激吧，她对于不信奉这个原则的人，始终是不能理解也不肯原谅的。

一九四九年初，林徽因所住的清华园已经解放了，而解放大军对北平的包围正紧。林徽因和梁思成一样，不仅为城内亲友、百姓的安危而日夜担心，而且一想到这座举世无双的文化古都，城内那无数辉煌的古代宫殿庙宇，可能即将毁于攻城的战火时，就忧心如焚，几乎夜不能寐了。就在这时，一天，突然有两位解放军来到家中求见，在大吃一惊的梁思成面前摊开了一幅大比例的北平军用地图，请他用红笔圈出一切重要的文物古迹的位置，以便在大军万一被迫攻城时尽一切可能予以保护……这生平第一次同解放军的直接接触，使这一对以中国古建筑为第二生命的夫妻激动得热泪盈眶，而几乎在一夜之间，就消除了他们对共产党的一切疑虑，从此便把自己的命运同新中国凝在了一起。

解放以后，林徽因的病势虽更加沉重，但她却焕发出前所未有的生命力，以极大的热忱，忘我地投入到人民共和国的经济、文化建设事业。她被聘为清华大学建筑系教授；北京市人民政府任命她为北京市都市计划委员会委员；不久，又被选为北京市第一届人民代表大会代表。她以惊人的毅力，忍受着病痛的折磨，认真地参加了首都的城市规划工作，和清华大学建筑系的同志们一道，提出了很有远见的总体规划草案；她还以极大的科学勇气和对人民、对历史负责的精神，抵制了当时来自各方面，包括来自“外国专家”的许多武断的、错误的意见，力主保存北京古城面貌，反对拆毁城墙、城楼和某些重要古建筑物，提出了修建“城上公园”的新颖设想；她十分关心供普通劳动者居住的小型住宅的合理设计问题，为建筑系研究生开了专题课，亲自做出了多种设计方案；她热心于北京传统手工艺的复兴，应工艺美术界一些同志的邀请，扶病来到当时濒临停业的景泰蓝、烧瓷等工艺工场调查研究，熟悉生产程序，为这些工艺品设计了一批具有民族风格而又便于制作的新式图案并亲自参与试制，同时还热情地为工艺美术学院培养研究生。她还热心于文化普及工作，在百忙中曾为《新观察》等刊物写了一系列介绍我国古建筑的通俗性文章。常常为此在病榻上就着一块小画板写作到深夜。

建国后不久，林徽因和清华大学建筑系的几位教师一道，接受了为中华人民共和国设计国徽图案的光荣任务。连续几个月，她把自己的全部热情都倾入了这件工作，呕心沥血，一次次地参与修改设计，又一次次带病亲自和同事们一起把图纸送到中南海，请周总理等领导同志审查、提意见，直到方案最后确定。在讨论国徽图案的全国政协一届二次会议上，林徽因被特邀列席。当她亲眼看到在毛主席的提议下，全体代表以起立方式一致通过了她所参与设计的五星照耀下的天安门国徽图案时，禁不住流下了激动的热泪。而这时，她已经病弱到几乎不能从座椅上站起来了。

这以后，林徽因又参加了天安门人民英雄纪念碑的设计和修建工作，并承担了为碑座设计饰纹和花圈浮雕图案的任务。她凭自己对中国古代雕刻纹饰方面的深刻了解和工艺美术方面的素养，十分出色地完成了这一创作。同时，她也耗尽了自己的最后一分精力，以致没有能亲眼看到这座历史性建筑物的落成。

熟悉林徽因的人还不会忘记，在从事上述这些工作的同时，她又是一个多么热心于培养、引导青年的人。常常一连几个小时为他们讲课，同他们交换意见、谈话，全然不顾自己已是一个多么衰弱的病人。为了启发后学者，她不仅贡献着自己的学识，也贡献了那仅有的一点健康。

一九五五年四月，林徽因教授终因久病医治无效而与世长辞了，终年只有五十一岁。虽然她参加人民的革命工作只有短短的五年时间，但由于她所做出的重要贡献，人民给了她以很高的荣誉，遗体被安葬在八宝山革命烈士公墓中。

作为一个文学、艺术家，林徽因是勇于探索和创新的。由于她对中国和西方传统文化、艺术的广博知识和深厚的修养，她总是孜孜不倦地探求怎样吸取其中最优秀的成分以表现现代的、民族的题材与风格。她的作品，无论是文学方面的，还是建筑或造型艺术方面的，都明显地表现出她在这种探索中所做出的可贵努力。民族的形式已成为她在艺术风格上的一个鲜明特色。她发表过的文学作品虽然不多，但它们在一个时期中，对于我国白话散文和诗歌，在形式、韵律、风格和技巧方面是有一定影响的。可惜的是，现在所能收集到的，仅是她早期作品中的一小部分，而在她思想和艺术上更为成熟时期的许多诗稿、文稿，却再也没有可能同读者见面了。在那灾难性的十年中，它们也遭到了和她墓碑上的名字相同的噩运，毁失殆尽了。

林徽因的一生，也可以说是不幸的。这样一位具有多方面才能、被誉为“一代才女”的女性，在旧社会，潜力却从来没有得到过真正充分的发挥；而她最好的年华，又大半被消磨在动乱的生活和疾病之中了。直到解放后，她的知识和才干才第一次真正找到了施展的天地。时代的需要、对新中国的挚爱，在她身上激发出了令人感佩的创造热情。然而，她心中那曾经是炽烈的生命之火，却过早地燃到了尽头，“蜡炬成灰”，无可奈何地熄灭了。这使一切熟悉她、爱慕她的人都不能不感到深深的惋惜和悲哀。

尽管如此，在半个多世纪以来中国白话文学发展的道路上，林徽因毕竟还是留下了自己那明晰、轻盈的足迹；在中国建筑史的研究工作中，她也以开创者之一的身份，做出了重要的贡献。特别是解放以后，她在建筑教育和美术创作中播出的种子和洒下的心血已开花结果，有的更已凝于历史的丰碑，获得了与人民共和国共存的殊荣。对于死者来说，这也应是具有深意的安慰了。

目录

建筑

美术

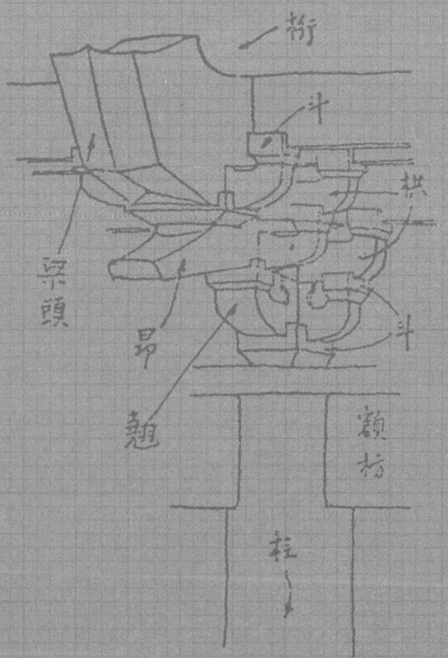
桁
斗
拱
梁頭
昂
斗
翹
額枋
柱

建筑

美术

初刊于一九三二年三月《中国营造学社汇刊》第三卷第一期，署名林徽音。

论中国建筑之几个特征

中国建筑为东方最显著的独立系统；渊源深远，而演进程序简纯，历代继承，线索不紊，而基本结构上又绝未因受外来影响致激起复杂变化者。不止在东方三大系建筑之中，较其它两系——印度及亚拉伯（回教建筑）——享寿特长，通行地面特广，而艺术又独臻于最高成熟点。即在世界东西各建筑派系中，相较起来，也是个极特殊的直贯系统。大凡一系建筑，经过悠长的历史，多参杂外来影响，而在结构，布置乃至外观上，常发生根本变化。或循地理推广迁移，因致渐改旧制，顿易材料外观；待达到全盛时期，则多已脱离原始胎形，另具格式。独有中国建筑经历极长久之时间，流布甚广大的地面，而在其最盛期中或在其后代繁衍期中，诸重要建筑物，均始终不脱其原始面目，保存其固有主要结构部分，及布置规模，虽则同时在艺术工程方面，又皆无可置议的进化至极高程度。更可异的是：产生这建筑的民族的历史却并不简单；且并不缺乏种种宗教上，思想上，政治组织上的叠出变化；更曾经多次与强盛的外族或在思想上和平的接触（如印度佛教之传入），或在实际利害关系上发生冲突战斗。

这结构简单，布置平整的中国建筑初形，会如此的泰然，享受几千年繁衍的直系子嗣，自成一个最特殊，最体面的建筑大族，实是一桩极值得研究的现象。

虽然，因为后代的中国建筑，即达到结构和艺术上极复杂精美的程度，外表上却仍呈现出一种单纯简朴的气象，一般人常误会中国建筑根本简陋无甚发展，较诸别系建筑低劣幼稚。

这种错误观念最初自然是起于西人对东方文化的粗忽观察，常作浮躁轻率的结论，以致影响到中国人自己对本国艺术发生极过当的怀疑乃至于鄙薄。好在近来欧美叠出深刻的学者对于东方文化慎重研究，细心体会之后，见解已迥异从前，积渐彻底会悟中国美术之地位及其价值。但研究中国艺术尤其是对于建筑，比较是一种新近的趋势。外人论著关于中国建筑的，尚极少好的贡献，许多地方尚待我们建筑家今后急起直追，搜寻材料考据，作有价值的研究探讨，更正外人的许多隔膜和谬解处。

在原则上，一种好建筑必含有以下三要点：实用；坚固；美观。实用者：切合于当时当地人民生活习惯，适合于当地地理环境。坚固者：不违背其主要材料之合理的结构原则，在寻常环境之下，含有相当永久性的。美观者：具有合理的权衡（不是上重下轻巍然欲倾，上大下小势不能支，或孤耸高峙或细长突出等等违背自然律的状态），要呈现稳重，舒适，自然的外表，更要诚实的呈露全部及部分的功用；不事掩饰，不矫揉造作，勉强堆砌。美观，也可以说，即是综合实用，坚稳，两点之自然结果。

中国建筑，不容疑义的，曾经包含过以上三种要素。所谓曾经者，是因为在实用和坚固方面，因时代之变迁已有疑问。近代中国与欧西文化接触日深，生活习惯已完全与旧时不同，旧有建筑当然有许多跟着不适用了。在坚稳方面，因科学发达结果，关于非永久的木料，已有更满意的代替，对于构造亦有更经济精审的方法。

已往建筑因人类生活状态时刻推移，致实用方面发生问题以后，仍然保留着它的纯粹美术的价值，是个不可否认的事实。和埃及的金字塔，希腊的巴瑟农庙（Parthenon）一样，北京的坛，庙，宫，殿，是会永远继续着享受荣誉的，虽然它们本来实际的功用已经完全失掉。纯粹美术价值，虽然可以脱离实用方面而存在，它却绝对不能脱离坚稳合理的结构原则而独立的。因为美的权衡比例，美观上的多少特征，全是人的理智技巧，在物理的限制之下，合理的解决了结构上所发生的种种问题的自然结果。人工创造和天然趋势调和至某程度，便是美术的基本，设施雕饰于必需的结构部分，是锦上添花；勉强结构纯为装饰部分，是画蛇添足，足为美术之玷。

中国建筑的美观方面，现时可以说，已被一般人无条件的承认了。但是这建筑的优点，绝不是在那浅现的色彩和雕饰，或特殊之式样上面，却是深藏在那基本的，产生这美观的结构原则里，及中国人的绝对了解控制雕饰的原理上。我们如果要赞扬我们本国光荣的建筑艺术，则应该就他的结构原则，和基本技艺设施方面稍事探讨；不宜只是一味的，不负责任，用极抽象，或肤浅的诗意美谀，披挂在任何外表形式上，学那英国绅士骆斯肯（Ruskin）对高矗式（Gothic）建筑，起劲的唱些高调。

建筑艺术是个在极酷刻的物理限制之下，老实的创作。人类由使两根直柱架一根横楣，而能稳立在地平上起，至建成重楼层塔一类作品，其间辛苦艰难的展进，一部分是工程科学的进境，一部分是美术思想的活动和增富。这两方面是在建筑进步的一个总题之下，同行并进的。虽然美术思想这边，常常背叛他们共同的目标——创造好建筑——脱逾常轨，尽它弄巧的能事，引诱工程方面牺牲结构上诚实原则，来将就外表取巧的地方。在这种情形之下时，建筑本身常被连累，损伤了真的价值。在中国各代建筑之中，也有许多这样证例，所以在中国一系建筑之中的精品，也是极罕有难得的。

大凡一派美术都分有创造，试验，成熟，抄袭，繁衍，堕落诸期，建筑也是一样。初期作品创造力特强，含有试验性。至试验成功，成绩满意，达尽善尽美程度，则进到完全成熟期。成熟之后，必有相当时期因承相袭，不敢，也不能，逾越已有的则例；这期间常常是发生订定则例章程的时候。再来便是在琐节上增繁加富，以避免单调，冀求变换，这便是美术活动越出目标时。这时期始而繁衍，继则堕落，失掉原始骨干精神，变成无意义的形式。堕落之后，继起的新样便是第二潮流的革命元勋。第二潮流有鉴于已往作品的优劣，再研究探讨第一代的精华所在，便是考据学问之所以产生。

中国建筑的经过，用我们现有的，极有限的材料作参考，已经可以略略看出各时期的起落兴衰。我们现在也已走到应作考察研究的时代了。在这有限的各朝代建筑遗物里，很可以观察，探讨其结构和式样的特征，来标证那时代建筑的精神和技艺，是兴废还是优劣。但此节非等将中国建筑基本原则分析以后，是不能有所讨论的。

在分析结构之前，先要明了的是主要建筑材料，因为材料要根本影响其结构法的。中国主要建筑材料为木，次加砖石瓦之混用。

外表上一座中国式建筑物，可明显的分作三大部：台基部分；柱梁部分；屋顶部分。台基是砖石混用。由柱脚至梁上结构部分，直接承托屋顶者则全是木造。屋顶除少数用茅茨，竹片，泥砖之外自然全是用瓦。而这三部分——台基，柱梁，屋顶——可以说是我们建筑最初胎形的基本要素。

《易经》里“上古穴居而野处，后世圣人易之以宫室，上栋。下宇。以待风雨”。还有《史记》里：“尧之有天下也，堂高三尺……”可见这“栋”“宇”及“堂”（基）在最古建筑里便占定了它们的部位势力。自然最经过繁重发达的是“栋”——那木造的全部，所以我们也要特别注意。

木造结构，我们所用的原则是“架构制”Framing System。在四根垂直柱的上端，用两横梁两横枋周围牵制成一“间架”（梁与枋根本为同样材料，梁较枋可略壮大。在“间”之左右称柁或梁，在“间”之前后称枋）。再在两梁之上筑起层叠的梁架以支横桁，桁通一“间”之左右两端，从梁架顶上“脊瓜柱”上次第降下至前枋上为止。桁上钉椽，并排栉篦，以承瓦板，这是“架构制”骨干的最简单的说法。总之“架构制”之最负责要素是：（一）那几根支重的垂直立柱；（二）使这些立柱，互相发生联络关系的梁与枋；（三）横梁以上的构造：梁架，横桁，木缘，及其它附属木造，完全用以支承屋顶的部分。

“间”在平面上是一个建筑的最低单位。普通建筑全是多间的且为单数。有“中间”或“明间”“次间”“梢间”“套间”等称。

中国“架构制”与别种制度（如高矗式之“砌栱制”，或西欧

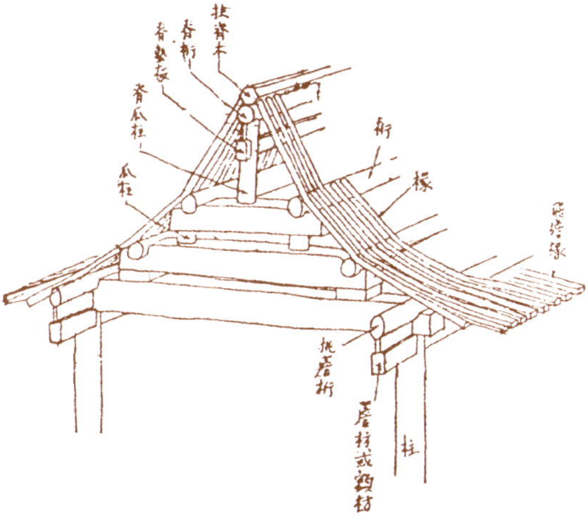

图一

最普通之古典派“垒石”建筑）之最大分别：（一）在支重部分之完全倚赖立柱，使墙的部分不负结构上重责，只同门窗隔屏等，尽相似的义务——间隔房间，分划内外而已。（二）立柱始终保守木质，不似古希腊之迅速代之以垒石柱，且增加负重墙（Bearing wall），致脱离“架构”而成“垒石”制。

这架构制的特征，影响至其外表式样的，有以下最明显的几点：（一）高度无形的受限制，绝不出木材可能的范围。（二）即极庄严的建筑，也是呈现绝对玲珑的外表。结构上既绝不需要坚厚的负重墙，除非故意为表现雄伟的时候，酌量增用外（如城楼等建筑），任何大建，均不需墙壁堵塞部分。（三）门窗部分可以不受限制；柱与柱之间可以完全安装透光线的细木作——门屏窗牖之类。实际方面，即在玻璃未发明以前，室内已有极充分光线。北方因气候关系，墙多于窗，南方则反是，可伸缩自如。

这不过是这结构的基本方面，自然的特征。还有许多完全是经过特别的美术活动，而成功的超等特色，使中国建筑占极高的美术位置的，而同时也是中国建筑之精神所在。这些特色最主要的便是屋顶，台基，斗栱，色彩和均称的平面布置。

屋顶本是建筑上最实际必需的部分，中国则自古，不殚烦难的，使之尽善尽美。使切合于实际需求之外，又特具一种美术风格。屋顶最初即不止为屋之顶，因雨水和日光的切要实题，早就扩张出檐的部分。使檐突出并非难事，但是檐深则低，低则阻碍光线，且雨水顺势急流，檐下溅水问题因之发生。为解决这个问题，我们发明飞檐，用双层瓦椽，使檐沿稍翻上去，微成曲线。又因美观关系，使屋角之檐加甚其仰翻曲度。这种前边成曲线，四角翘起的“飞檐”，在结构上有极自然又合理的布置，几乎可以说它便是结构法所促成的。

如何是结构法所促成的呢？简单说：例如“庑殿”式的屋瓦，共有四坡五脊。正脊寻常称房脊，它的骨架是脊桁。那四根斜脊，称“垂脊”，它们的骨架是从脊桁斜角，下伸至檐桁上的部分，称由戗及角梁。桁上所钉并排的椽子虽像全是平行的，但因偏左右的几根又要同这“角梁平行”，所以椽的部位，乃由真平行而渐斜，像裙裾的开展。

角梁是方的，椽为圆径（有双层时上层便是方的，角梁双层时则仍全是方的）。角梁的木材大小几乎倍于椽子，到椽与角梁并排时，两个的高下不同，以致不能在它们上面铺钉平板，故此必需将

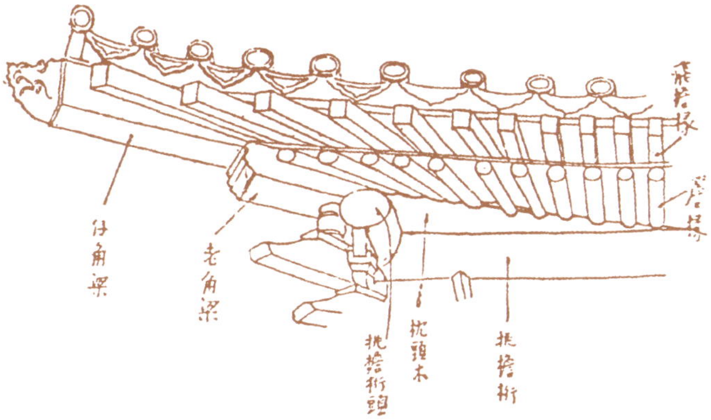

图二

椽依次的抬高，令其上皮同角梁上皮平。在抬高的几根椽子底下填补一片三角形木板称“枕头木”，如图二。

这个曲线在结构上几乎不可信的简单和自然，而同时在美观方面不知增加多少神韵。飞檐的美，绝用不着考据家来指点的。不过注意那过当和极端的倾向常将本来自然合理的结构变成取巧和复杂。这过当的倾向，外表上自然也呈出脆弱，虚张的弱点，不为审美者所取，但一般人常以为愈巧愈繁必是愈美，无形中多鼓励这种倾向。南方手艺灵活的地方，过甚的飞檐便是这种证例。外观上虽是浪漫的姿态，容易引诱赞美，但到底不及北方的庄重恰当，合于审美的最真纯条件。

屋顶曲线不止限于挑檐，即瓦坡的全部也不是一片直坡倾斜下来。屋顶坡的斜度是越往上越增加，如图三。

这斜度之由来是依着梁架叠层的加高，这制度称做“举架法”。这举架的原则极其明显，举架的定例也极简单，只是叠次将梁架上

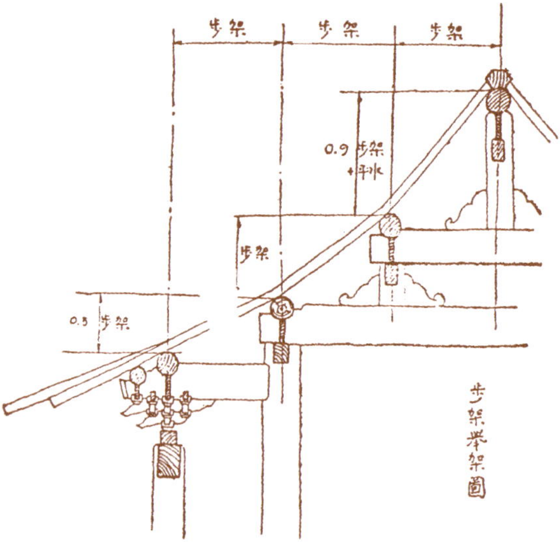

图三

瓜柱增高，尤其是要脊瓜柱特别高。

使檐沿作仰翻曲度的方法，在增加第二层檐椽。这层椽甚短，只驮在头檐椽上面，再出挑一节。这样，则檐的出挑虽加远，而不低下阻蔽光线。

总的说起来，历来被视为极特异神秘之屋顶曲线，并没有什么超出结构原则，和不自然造作之处，同时在美观实用方面均是非常的成功。这屋顶坡的全部曲线，上部巍然高举，檐部如翼轻展，使本来极无趣，极笨拙的屋顶部，一跃而成为整个建筑的美丽冠冕。

在《周礼》里发现有“上欲尊而宇欲卑；上尊而宇卑，则吐水疾而霤远”之句。这句可谓明晰的写出实际方面之功效。

既讲到屋顶，我们当然还要注意到屋瓦上的种种装饰物。上面已说过，雕饰必是设施于结构部分才有价值，那么我们屋瓦上的脊瓦吻兽又是如何?

脊瓦可以说是两坡相联处的脊缝上一种镶边的办法，当然也有过当复杂的，但是诚实的来装饰一个结构部分，而不肯勉强的来掩饰一个结构枢纽或关节，是中国建筑最长之处。

瓦上的脊吻和走兽，无疑的，本来也是结构上的部分。现时的龙头形“正吻”古称“鸱尾”，最初必是总管“扶脊木”和脊桁等部分的一块木质关键。这木质关键突出脊上，略作鸟形，后来略加点缀竟然刻成鸱鸟之尾，也是很自然的变化。其所以为鸱尾者还带有一点象征意义，因有传说鸱鸟能吐水，拿它放在瓦脊上可制火灾。

走兽最初必为一种大木钉，通过垂脊之瓦，至“由戗”及“角梁”上，以防止斜脊上面瓦片的溜下，唐时已变成两座“宝珠”，在今之“戗兽”及“仙人”地位上。后代鸱尾变成“龙吻”，宝珠变成“戗兽”及“仙人”，尚加增“戗兽”“仙人”之间一列“走兽”，也不过是雕饰上变化而已。

并且垂脊上戗兽较大，结束“由戗”一段，底下一列走兽装饰在角梁上面，显露基本结构上的节段，亦甚自然合理。

南方屋瓦上多加增极复杂的花样，完全脱离结构上任务纯粹的显示技巧，甚属无聊，不足称扬。

外国人因为中国人屋顶之特殊形式，迥异于欧西各系，早多注意及之。论说纷纷，妙想天开；有说中国屋顶乃根据游牧时代帐幕者，有说象形蔽天之松枝者，有目中国飞檐为怪诞者，有谓中国建筑类儿戏者，有的全由走兽龙头方面，无谓的探讨意义，几乎不值得在此费时反证。总之这种曲线屋顶已经从结构上分析了，又从雕饰设施原则上审察了，而其美观实用方面又显著明晰，不容否认。我们的结论实可以简单的承认它艺术上的大成功。

中国建筑的第二个显著特征，并且与屋顶有密切关系的，便是，“斗栱”部分。最初檐承于椽，椽承于檐桁，桁则架于梁端。此梁端即是由梁架延长，伸出柱的外边。但高大的建筑物出檐既深，单指梁端支持，势必不胜，结果必产生重叠的木“翘”支于梁端之下。但单藉木翘不够担全檐沿的重量，尤其是建筑物愈大，两柱间之距离也愈远，所以又生左右岔出的横“栱”来接受檐桁。这前后的木翘，左右的横栱，结合而成“斗栱”全部（在栱或翘昂的两端和相交处，介于上下两层或翘之间的斗形木块称“斗”）。“昂”最初为又一种之翘，后部斜伸出斗栱后用以支“金桁”。

斗栱是柱与屋顶间的过渡部分。使支出的房檐的重量渐次集中下来直到柱的上面。斗栱的演化，每是技巧上的进步，但是后代斗栱（约略从宋元以后），便变化到非常复杂，在结构上已有过当的部分，部位上也有改变。本来斗栱只限于柱的上面（今称柱头斗），后来为外观关系，又增加一攒所谓“平身科”者，在柱与柱之间。明清建筑上平身科加增到六七攒，排成一列，完全成为装饰品，失去本来功用。“昂”之后部功用亦废除，只余前部形式而已。

不过当复杂的斗，的确是柱与檐之间最恰当的关节，集中横展的屋檐重量，到垂直的立柱上面，同时变成檐下一种点缀，可作结构本身变成装饰部分的最好条例。可惜后代的建筑多减轻斗栱的结构上重要，使之几乎纯为奢侈的装饰品，令中国建筑失却一个优越的中坚要素。

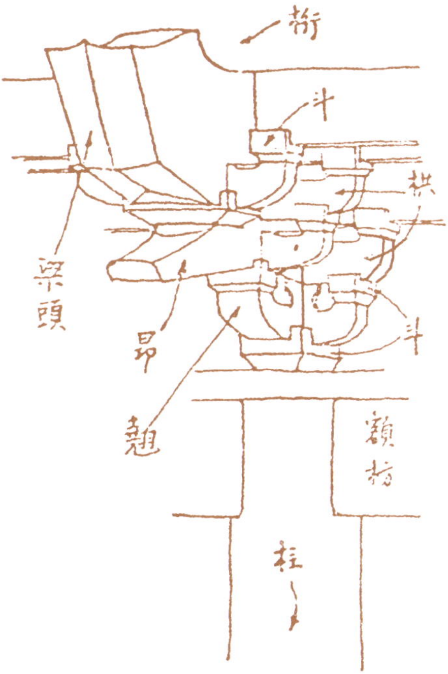

图四

斗栱的演进式样和结构限于篇幅，不能再仔细述说，只能就它的极基本原则上在此指出它的重要及优点。

斗栱以下的最重要部分，自然是柱，及柱与柱之间的细巧的木作。魁伟的圆柱和细致的木刻门窗对照，又是一种艺术上满意之点。不止如此，因为木料不能经久的原始缘故，中国建筑又发生了色彩的特征。涂漆在木料的结构上为的是：（一）保存木质抵制风日雨水，（二）可牢结各处接合关节，（三）加增色彩的特征。这又是兼收美观实际上的好处，不能单以色彩作奇特繁华之表现。彩绘的设施在中国建筑上，非常之慎重，部位多限于檐下结构部分，在阴影掩映之中。主要彩色亦为“冷色”如青蓝碧绿，有时略加金点。其他檐以下的大部分颜色则纯为赤红，与檐下彩绘正成反照。中国人的操纵色彩可谓轻重得当。设使滥用彩色于建筑全部，使上下耀目辉煌，必成野蛮现象，失掉所有庄严和调谐。别系建筑颇有犯此忌者，更可见中国人有超等美术见解。

至彩色琉璃瓦产生之后，连黯淡无光的青瓦，都成为片片堂皇的黄金碧玉，这又是中国建筑的大光荣，不过滥用杂色瓦，也是一种危险，幸免这种引诱，也是我们可骄傲之处。

还有一个最基本结构部分——台基——虽然没有特别可议论称扬之处，不过在全个建筑上看来，有如许壮伟巍峨的屋顶如果没有特别舒展或多层的基座托衬，必显出上重下轻之势，所以既有那特种的屋顶，则必需有这相当的基座。架构建筑本身轻于垒砌建筑，中国又少有多层楼阁，基础结构颇为简陋。大建筑的基座加有相当的石刻花纹，这种花纹的分配似乎是根据原始木质台基而成，积渐施之于石。与台基连带的有石栏，石阶，辇道的附属部分，都是各有各的功用而同时又都是极美的点缀品。

最后的一点关于中国建筑特征的，自然是它的特种的平面布置。平面布置上最特殊处是绝对本均衡相称的原则，左右均分的对峙。这种分配倒并不是由于结构，主要原因是起于原始的宗教思想和形式，社会组织制度，人民俗习，后来又因喜欢守旧仿古，多承袭传统的惯例。结果均衡相称的原则变成中国特有一个固执嗜好。

例外于均衡布置建筑，也有许多。因庄严沉闷的布置，致激起故意浪漫的变化；此类若园庭，别墅，宫苑楼阁者是，平面上极其曲折变幻，与对称的布置正相反其性质。中国建筑有此两种极端相反布置，这两种庄严和浪漫平面之间，也颇有混合变化的实例，供给许多有趣的研究，可以打消西人浮躁的结论，谓中国建筑布置上是完全的单调而且缺乏趣味。但是画廊亭阁的曲折纤巧，也得有相当的限制。过于勉强取巧的人工虽可令寻常人惊叹观止，却是审美者所最鄙薄的。

在这里我们要提出中国建筑上的几个弱点。（一）中国的匠师对木料，尤其是梁，往往用得太费。他们显然不明了横梁载重的力量只与梁高成正比例，而与梁宽的关系较小。所以梁的宽度，由近代的工程眼光看来，往往嫌其太过。同时匠师对于梁的尺寸，因没有计算木力的方法，不得不尽量的放大，用极大的 factor of safety，以保安全。结果是材料的大靡费。（二）他们虽知道三角形是惟一不变动的几何形，但对于这原则极少应用。所以中国的屋架，经过不十分长久的岁月，便有倾斜的危险。我们在北平街上，到处可以看见这种倾斜而用砖墙或木柱支撑的房子。不惟如此，这三角形原则之不应用，也是屋梁费料的一个大原因，因为若能应用此原则，梁就可用较小的木料。（三）地基太浅是中国建筑的大病。普通则例规定是台明高之一半，下面再垫上几步灰土。这种做法很不彻底，尤其是在北方，地基若不刨到结冰线（frost line）以下，建筑物的坚实方面，因地的冻冰，一定要发生问题。好在这几个缺点，在新建筑师的手里，并不成难题。我们只怕不了解，了解之后，要去避免或纠正是很容易的。

结构上细部枢纽，在西洋诸系中，时常成为被憎恶部分。建筑家不惜费尽心思来掩蔽它们。大者如屋顶用女儿墙来遮掩，如梁架内部结构，全部藏入顶篷之内；小者如钉，如合叶，莫不全是要掩藏的细部。独有中国建筑敢袒露所有结构部分，毫无畏缩遮掩的习惯，大者如梁，如椽，如梁头，如屋脊，小者如钉，如合叶，如箍头，莫不全数呈露外部，或略加雕饰，或布置成纹，使转成一种点缀。几乎全部结构各成美术上的贡献。这个特征在历史上，除西方高矗式建筑外，惟有中国建筑有此优点。

现在我们方在起始研究，将来若能将中国建筑的源流变化悉数考察无遗，那时优劣诸点，极明了的陈列出来，当更可以慎重讨论，作将来中国建筑趋途的指导。省得一般建筑家，不是完全遗弃这已往的制度，则是追随西人之后，盲目抄袭中国宫殿，作无意义的尝试。

关于中国建筑之将来，更有特别可注意的一点：我们架构制的原则适巧和现代“洋灰铁筋架”或“钢架”建筑同一道理；以立柱横梁牵制成架为基本。现代欧洲建筑为现代生活所驱，已断然取革命态度，尽量利用近代科学材料，另具方法形式，而迎合近代生活之需求。若工厂，学校，医院，及其他公共建筑等为需要日光便利，已不能仿取古典派之垒砌制，致多墙壁而少窗牖。中国架构制既与现代方法恰巧同一原则，将来只需变更建筑材料，主要结构部分则均可不有过激变动，而同时因材料之可能，更作新的发展，必有极满意的新建筑产生。

初刊于一九三二年十一月《中国营造学社汇刊》第三卷第四期，署名梁思成、林徽音。

平郊建筑杂录

北平四郊近二三百年间建筑遗物极多，偶尔郊游，触目都是饶有趣味的古建。其中辽金元古物虽然也有，但是大部分还是明清的遗构；有的是显赫的“名胜”，有的是消沉的“痕迹”；有的按期受成群的世界游历团的赞扬，有的只偶尔受诗人们的凭吊，或画家的欣赏。

这些美的所在，在建筑审美者的眼里，都能引起特异的感觉，在“诗意”和“画意”之外，还使他感到一种“建筑意”的愉快。这也许是个狂妄的说法——但是，什么叫做“建筑意”？我们很可以找出一个比较近理的定义或解释来。

顽石会不会点头，我们不敢有所争辩，那问题怕要牵涉到物理学家，但经过大匠之手泽，年代之磋磨，有一些石头的确是会蕴含生气的。天然的材料经人的聪明建造，再受时间的洗礼，成美术与历史地理之和，使它不能不引起赏鉴者一种特殊的性灵的融会，神志的感触，这话或者可以算是说得通。

无论那一个巍峨的古城楼，或一角倾颓的殿基的灵魂里，无形中都在诉说，乃至于歌唱，时间上漫不可信的变迁；由温雅的儿女佳话，到流血成渠的杀戮。他们所给的“意”的确是“诗”

与“画”的。但是建筑师要郑重郑重的声明，那里面还有超出这“诗”“画”以外的意存在。眼睛在接触人的智力和生活所产生的一个结构，在光影恰恰可人中，和谐的轮廓，披着风露所赐与的层层生动的色彩；潜意识里更有“眼看他起高楼，眼看他楼塌了”凭吊兴衰的感慨；偶然更发现一片，只要一片，极精致的雕纹，一位不知名匠师的手笔，请问那时锐感，即不叫他做“建筑意”，我们也得要临时给他制造个同样狂妄的名词，是不？

建筑审美可不能势利的。大名显赫，尤其是有乾隆御笔碑石来赞扬的，并不一定便是宝贝；不见经传，湮没在人迹罕至的乱草中间的，更不一定不是一位无名英雄。以貌取人或者不可，“以貌取建”却是个好态度。北平近郊可经人以貌取舍的古建筑实不在少数。摄影图录之后，或考证它的来历，或由村老传说中推测他的过往——可以成一个建筑师为古物打抱不平的事业，和比较有意思的夏假消遣。而他的报酬便是那无穷的建筑意的收获。

一　卧佛寺的平面

说起受帝国主义的压迫，再没有比卧佛寺委屈的了。卧佛寺的住持智宽和尚，前年偶同我们谈天，用“叹息痛恨于桓灵”的口气告诉我，他的先师老和尚，如何如何的与青年会订了合同，以每年一百元的租金，把寺的大部分租借了二十年，如同胶州湾，辽东半岛的条约一样。

其实这都怪那佛一觉睡几百年不醒，到了这危难的关头，还不起来给老和尚当头棒喝，使他早早觉悟，组织个佛教青年会西山消夏团。虽未必可使佛法感化了摩登青年，至少可借以繁荣了寿安山……不错，那山叫寿安山……又何至等到今年五台山些少的补助，才能修葺开始残破的庙宇呢！

我们也不必怪老和尚，也不必怪青年会……其实还应该感谢青年会。要是没有青年会，今天有几个人会知道卧佛寺那样一个山窝子里的去处。在北方——尤其是北平——上学的人，大半都到过卧佛寺。一到夏天，各地学生们，男的，女的，谁不愿意来消消夏，爬山，游水，骑驴，多么优哉游哉。据说每年夏令会总成全了许多爱人儿们的心愿，想不到睡觉的释迦牟尼，还能在梦中代行月下老人的职务，也真是佛法无边了。

从玉泉山到香山的马路，快近北辛村的地方，有条岔路忽然转北上坡的，正是引导你到卧佛寺的大道。寺是向南，一带山屏障似的围住寺的北面，所以寺后有一部分渐高，一直上了山脚。在最前面，迎着来人的，是寺的第一道牌楼，那还在一条柏荫夹道的前头。当初这牌楼是什么模样，我们大概还能想象，前人做的事虽不一定都比我们强，却是关于这牌楼大概无论如何他们要比我们大方得多。现有的这座只说他不顺眼已算十分客气，不知那一位和尚化来的酸缘，在破碎的基上，竖了四根小柱子，上面横钉了几块板，就叫它做牌楼。这算是经济萎衰的直接表现，还是宗教力渐弱的间接表现？一时我还不能答复。

顺着两行古柏的马道上去，骤然间到了上边，才看见另外的鲜明的一座琉璃牌楼在眼前。汉白玉的须弥座，三个汉白玉的圆门洞，黄绿琉璃的柱子，横额，斗栱，檐瓦。如果你相信一个建筑师的自言自语，“那是乾嘉间的作法”。至于《日下旧闻考》所记寺前为门的如来宝塔，却已不知去向了。

琉璃牌楼之内，有一道白石桥，由半月形的小池上过去。池的北面和桥的旁边，都有精致的石栏杆，现在只余北面一半，南面的已改成洋灰抹砖栏杆。这池据说是“放生池”，里面的鱼，都是“放”的。佛寺前的池，本是佛寺的一部分，用不着我们小题大作的讲。但是池上有桥，现在虽处处可见，但它的来由却不见得十分古远。在许多寺池上，没有桥的却较占多数。至于池的半月形，也是个较近的做法，古代的池大半都是方的。池的用途多是放生，养鱼。但是刘士能 * 刘士能，刘敦桢字。先生告诉我们说南京附近有一处律宗的寺，利用山中溪水为月牙池，和尚们每斋都跪在池边吃，风雪无阻，吃完在池中洗碗。幸而卧佛寺的和尚们并不如律宗的苦行，不然放生池不唯不能放生，怕还要变成脏水坑了。

与桥正相对的是山门。山门之外，左右两旁，是钟鼓楼，从前已很破烂，今年忽然大大的修整起来。连角梁下失去的铜铎，也用二十一号的白铅铁焊上，油上红绿颜色，如同东安市场的国货玩具一样的鲜明。

山门平时是不开的，走路的人都从山门旁边的门道出入。入门之后，迎面是一座天王殿，里面供的是四天王——就是四大金刚——东西梢间各两位对面侍立，明间面南的是光肚笑嘻嘻的阿弥陀佛，面北合十站着的是韦驮。

再进去是正殿，前面是月台，月台上（在秋收的时候）铺着金黄色的老玉米，像是专替旧殿着色。正殿五间，供三位喇嘛式的佛像。据说正殿本来也有卧佛一躯，雍正还看见过，是旃檀佛像，

图一 卧佛寺桥图

唐太宗贞观年间的东西。却是到了乾隆年间，这位佛大概睡醒了，不知何时上那儿去了。只剩了后殿那一位，一直睡到如今，还没有醒。

从前面牌楼一直到后殿，都是建立在一条中线上的。这个在寺的平面上并不算稀奇，罕异的却是由山门之左右，有游廊向东西，再折而向北，其间虽有方丈客室和正殿的东西配殿，但是一气连接，直到最后面又折而东西，回到后殿左右。这一周的廊，东西（连山门或后殿算上）十九间，南北（连方丈配殿算上）四十间，成一个大长方形。中间虽立着天王殿和正殿，却不像普通的庙殿，将全寺用“四合头”式前后分成几进，这是少有的。在这点上，本刊上期刘士能先生在智化寺调查记中说：“唐宋以来有伽蓝七堂之称。唯各宗略有异同，而同在一宗，复因地域环境，互有增省……”现在卧佛寺中院，除去最后的后殿外，前面各堂为数适七，虽不敢说这是七堂之例，但可借此略窥制度耳。（见图二）

这种平面布置，在唐宋时代很是平常，敦煌画壁里的伽蓝都是如此布置，在日本各地也有飞鸟平安时代这种的遗例。在北平一带（别处如何未得详究），却只剩这一处唐式平面了。所以人人熟识的卧佛寺，经过许多人用帆布床“卧”过的卧佛寺游廊，是还有一点新的理由，值得游人将来重加注意的。

卧佛寺各部殿宇的立面（外观）和断面（内部结构）却都是清式中极规矩的结构，用不着细讲。至于殿前伟丽的娑罗宝树，和树下消夏的青年们所给与你的是什么复杂的感觉，那是各人的人生观问题，建筑师可以不必参加意见。事实极明显的，如东院几进宜于消夏乘凉；西院的观音堂总有人租住；堂前的方池——旧籍中无数

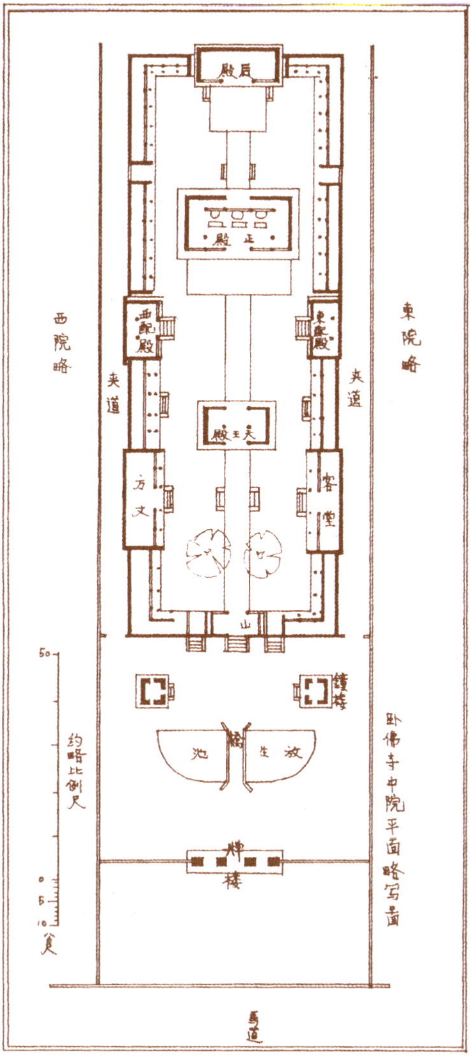

图二 卧佛寺中院平面略写图

记录的方池——现在已成了游泳池，更不必赘述或加任何的注解。

“凝神映性”的池水，用来作锻炼身体之用，在青年会道德观之下，自成道理——没有康健的身体，焉能有康健的精神？或许！或许！但怕池中的微生物杂菌不甚懂事。

池的四周原有精美的白石栏杆，已拆下叠成台阶，做游人下池的路。不知趣的，容易伤感的建筑师，看了又一阵心酸。其实这不算稀奇，中世纪的教皇们不是把古罗马时代的庙宇当石矿用，采取那石头去修“上帝的房子”吗？这台阶——栏杆——或也不过是将原来离经叛道“崇拜偶像者”的迷信废物，拿去为上帝人道尽义务。“保存古物”，在许多人听去当是一句迂腐的废话。“这年头！这年头！”每个时代都有些人在没奈何时，喊着这句话出出气。

二　法海寺门与原先的居庸关

法海寺在香山之南，香山通八大处马路的西边不远。一个很小的山寺，谁也不会上那里去游览的。寺的本身在山坡上，寺门却在寺前一里多远山坡底下。坐汽车走过那一带的人，怕绝对不会看见法海寺门一类无关轻重的东西的。骑驴或走路的人，也很难得注意到在山谷碎石堆里那一点小建筑物。尤其是由远处看，它的颜色和背景非常相似。因此看见过法海寺门的人我敢相信一定不多。

特别留意到这寺门的人，却必定有。因为这寺门的形式是与寻常的极不相同；有圆门洞的城楼模样，上边却顶着一座喇嘛式的塔——一个缩小的北海白塔。这奇特的形式，不是中国建筑里所常见。

这圆门洞是石砌的。东面门额上题着“敕赐法海禅寺”，旁边陪着一行“顺治十七年夏月吉日”的小字。西面额上题着三种文字，其中看得懂的中文是“唵巴得摩乌室尼渴华麻列吽登吒”，其他两种或是满蒙各占其一个。走路到这门下，疲乏之余，读完这一行题字也就觉得轻松许多！

门洞里还有隐约的画壁，顶上一部分居然还勉强剩出一点颜色来。由门洞西望，不远便是一座石桥，微拱的架过一道山沟，接着一条山道直通到山坡上寺的本身。

门上那座塔的平面略似十字形而较复杂。立面分多层，中间束腰石色较白，刻着生猛的浮雕狮子。在束腰上枋以上，各层重叠像阶级，每级每面有三尊佛像。每尊佛像带着背光，成一浮雕薄片，周围有极精致的琉璃边框。像脸不带色釉，眉目口鼻均伶俐秀美，全脸大不及寸余。座上便是塔的圆肚，塔肚四面四个浅龛，中间坐着浮雕造像，刻工甚俊。龛边亦有细刻。更上是相轮（或称刹），刹座刻作莲瓣，外廓微作盆形，底下还有小方十字座。最顶尖上有仰月的教徽。仰月徽去夏还完好，今秋已掉下。据乡人说是八月间大风雨吹掉的，这塔的破坏于是又进了一步。

这座小小带塔的寺门，除门洞上面一围砖栏杆外，完全是石造的。这在中国又是个少有的例。现在塔座上斜长着一棵古劲的柏树，为塔门增了不少的苍姿，更像是做他的年代的保证。为塔门保存计，这种古树似要移去的。怜惜古建的人到了这里真是彷徨不知所措；好在在古物保存如许不周到的中国，这忧虑未免神经过敏！

法海寺门特点却并不在上述诸点，石造及其年代等等，主要的

图三 法海寺塔门

图四 法海寺门上塔

却是它的式样与原先的居庸关相类似。从前居庸关上本有一座塔的，但因倾颓已久，无从考其形状。不想在平郊竟有这样一个发现。虽然在《日下旧闻考》里法海寺只占了两行不重要的位置；一句轻淡的“门上有小塔”，在研究居庸关原状的立脚点看来，却要算个重要的材料了。

三　杏子口的三个石佛龛

由八大处向香山走，出来不过三四里，马路便由一处山口里开过。在山口路转第一个大弯，向下直趋的地方，马路旁边，微偻的山坡上，有两座小小的石亭。其实也无所谓石亭，简直就是两座小石佛龛。两座石龛的大小稍稍不同，而它们的背面却同是不客气的向着马路。因为它们的前面全是向南，朝着另一个山口——那原来的杏子口。

在没有马路的时代，这地方才不愧称做山口。在深入三四十尺的山沟中，一道唯一的蜿蜒险狭的出路；两旁对峙着两堆山，一出口则豁然开朗一片平原田壤，海似的平铺着，远处浮出同孤岛一般的玉泉山，托住山塔。这杏子口的确有小规模的“一夫当关，万夫莫敌”的特异形势。两石佛龛既据住北坡的顶上，对面南坡上也立着一座北向的，相似的石龛，朝着这山口。由石峡底下的杏子口望上看，这三座石龛分峙两崖，虽然很小，却顶着一种超然的庄严，镶在碧澄澄的天空里，给辛苦的行人一种神异的快感和美感。

现时的马路是在北坡两龛背后绕着过去，直趋下山。因其逼近两龛，所以驰车过此地的人，绝对要看到这两个特别的石亭子的。但是同时因为这山路危趋的形势，无论是由香山西行，还是从八大处东去，谁都不愿冒险停住快驶的汽车去细看这么几个石佛龛子。于是多数的过路车客，全都遏制住好奇爱古的心，冲过去便算了。

假若作者是个细看过这石龛的人，那是因为他是例外，遏止不住他的好奇爱古的心，在冲过便算了不知多少次以后发誓要停下来看一次的。那一次也就不算过路，却是带着照相机去专程拜谒；且将车驶过那危险的山路停下，又步行到龛前后去瞻仰丰采的。

在龛前，高高的往下望着那刻着几百年车辙的杏子口石路，看一个小泥人大小的农人挑着担过去，又一个戴朵鬓花的老婆子，夹着黄色包袱，弯着背慢慢的踱过来，才能明白这三座石龛本来的使命。如果这石龛能够说话，他们或不能告诉得完他们所看过经过杏子口底下的图画——那时一串骆驼正在一个跟着一个的，穿出杏子口转下一个斜坡。

北坡上这两座佛龛是并立在一个小台基上，它们的结构都是由几片青石片合成——每面墙是一整片，南面有门洞，屋顶每层檐一片。西边那座龛较大，平面约一米余见方，高约二米。重檐，上层檐四角微微翘起，值得注意。东面墙上有历代的刻字，跑着的马，人脸的正面等等。其中有几个年月人名，较古的有“承安五年四月廿三日到此”，和“至元九年六月十五日□□□贾智记”。（见图六）承安是金章宗年号，五年是公元一二〇〇年。至元九年是元世祖的年号，元顺帝的至元到六年就改元了，所以是公元一二七二年。这小小的佛龛，至迟也是金代遗物，居然在杏子口受了七百多年以上的风雨，依然存在。当时巍然顶在杏子口北崖上的神气，现在被煞风景的马路贬到盘坐路旁的谦抑；但它们的老资格却并不因此减损，那种倚老卖老的倔强，差不多是傲慢冥顽了。西面墙上有古拙的画——佛像和马——那佛像的样子，骤看竟像美洲土人的 Totarn-Pole。（见图七）

龛内有一尊无头趺坐的佛像，虽像身已裂，但是流丽的衣褶纹，还有“南宋期”的遗风。

台基上东边的一座较小，只有单檐，墙上也没字画。龛内有小小无头像一躯，大概是清代补作的。这两座都有苍绿的颜色。

台基前面有宽二公尺长四公尺余的月台，上面的面积勉强可以叩拜佛像。

南崖上只有一座佛龛，大小与北崖上小的那座一样。三面做墙的石片，已成纯厚的深黄色，像纯美的烟叶。西面刻着双钩的“南”字，南面“无”字，东面“佛”字，都是径约八公寸。北面开门，里面的佛像已经失了。

这三座小龛，虽不能说是真正的建筑遗物，也可以说是与建筑有关的小品。不止诗意画意都很充足，“建筑意”更是丰富，实在值得停车一览。至于走下山坡到原来的杏子口里望上真真瞻仰这三龛本来庄严峻立的形势，更是值得。

关于北平掌故的书里，还未曾发现有关于这三座石佛龛的记载。好在对于它们年代的审定，因有墙上的刻字，已没有什么难题。所可惜的是它们渺茫的历史无从参考出来，为我们的研究增些趣味。

（未完）* 作者本拟接续，而此稿最终未完成。

图五 杏子口南崖石佛龛

图六 石佛龛西龛东面刻字

图七 石佛龛西龛西面刻字

初刊于一九三三年十月七日天津《大公报》『文艺副刊』第五期，署名林徽因。原标题后有『（一）』。

闲谈关于古代建筑的一点消息

（附梁思成君通信四则）

在这整个民族和他的文化，均在挣扎着他们垂危的运命的时候，凭你有多少关于古代艺术的消息，你只感到说不出口的难受！艺术是未曾脱离过一个活泼的民族而存在的；一个民族衰败湮没，他们的艺术也就跟着消沉僵死。知道一个民族在过去的时代里，曾有过丰富的成绩，并不保证他们现在仍然在活跃繁荣的。

但是反过来说，如果我们到了连祖宗传留下的家产都没有能力清理，或保护；乃至于让家里的至宝毁坏散失，或竟拿到旧货摊上变卖；这现象却又恰恰证明我们这做子孙的没有出息，智力德行已经都到了不能再堕落的田地。睁着眼睛向旧有的文艺喝一声："去你的，咱们维新了，革命了，用不着再留丝毫旧有的任何智识或技艺了。"这话不但不通，简直是近乎无赖！

话是不能说到太远，题目里已明显的提过有关于古建筑的消息在这里，不幸我们的国家多故，天天都是迫切的危难临头，骤听到艺术方面的消息似乎觉到有点不识时宜，但是，相信我——上边已说了许多——这也是我们当然会关心的一点事，如果我们这民族还没有堕落到不认得祖传宝贝的田地。

这消息简单的说来，就是新近有几个死心眼的建筑师，放弃了他们盖洋房的好机会，卷了铺盖到各处测绘几百年前他们同行中的先进，用他们当时的一切聪明技艺，所盖惊人的伟大建筑物，在我投稿时候正在山西应县辽代的八角五层木塔前边。

山西应县的辽代木塔，说来容易，听来似乎也平淡无奇，值不得心多跳一下，眼睛睁大一分。但是西历一〇五六到现在，算起来是整整的八百七十七年。古代完全木构的建筑物高到二百八十五尺，在中国也就剩这一座独一无二的应县佛宫寺塔了。比这塔更早的木构已经专家看到，加以认识和研究的，在国内的只不过五处*蓟县独乐寺观音阁及山门，辽统和二年（九八四）。大同下华严寺薄伽教藏，辽重熙七年（一〇三八）。宝坻广济寺三大士殿，辽太平五年（一〇二五）。义县奉国寺大雄宝殿，辽开泰九年（一〇二〇）。而已。

中国建筑的演变史在今日还是个灯谜，将来如果有一天，我们有相当的把握写部建筑史时，那部建筑史也就可以像一部最有趣味的侦探小说，其中主要的人物给侦探以相当方便和线索的，左不是那几座现存的最古遗物。现在唐代木构在国内还没找到一个，而宋代所刊营造法式又还有困难不能完全解释的地方，这距唐不久，离宋全盛时代还早的辽代，居然遗留给我们一些顶呱呱的木塔，高阁，佛殿，经藏，帮我们抓住前后许多重要的关键，这在几个研究建筑的死心眼人看来，已是了不起的事了。

我最初对于这应县木塔似乎并没有太多的热心，原因是思成自从知道了有这塔起，对于这塔的关心，几乎超过他自己的日常生活。早晨洗脸的时候，他会说“上应县去不应该是太难吧”。吃饭的时候，他会说“山西都修有顶好的汽车路了”。走路的时候，他会忽然间笑着说，“如果我能够去测绘那应州塔，我想，我一定……”他话常常没有说完，也许因为太严重的事怕语言亵渎了，最难受的一点是他根本还没有看见过这塔的样子，连一张模糊的相片，或翻印都没有见到！

有一天早上，在我们少数信件之中，我发现有一个纸包，寄件人的住址却是山西应县××斋照相馆！——这才是侦探小说有趣的一页，——原来他想了这么一个方法写封信“探投山西应县最高等照相馆”，弄到一张应州木塔的相片。我只得笑着说阿弥陀佛，他所倾心的幸而不是电影明星！这照相馆的索价也很新鲜，他们要一点北平的信纸和信笺作酬金，据说因为应县没有南纸店。

时间过去了三年，让我们来夸他一句“有志者事竟成”吧，这位思成先生居然在应县木塔前边——何止，竟是上边，下边，里边，外边——绕着测绘他素仰的木塔了。

通讯一

……大同工作已完，除了华严寺外都颇详尽，今天是到大同以来最疲倦的一天，然而也就是最近于首途应县的一天了，十分高兴。明晨七时由此搭公共汽车赴岱，由彼换轿车“起旱”，到即电告。你走后我们人感工作不灵，大家都用愉快的意思回忆和你各处同作的畅顺，悔惜你走得太早。我也因为想到我们和应塔特殊的关系，悔不把你硬留下同去瞻仰。家里放下许久实在不放心，事情是绝对没有办法，可恨。应县工作约四五日可完，然后再赴×县……

通讯二

昨晨七时由同乘汽车出发，车还新，路也平坦，有时竟走到每小时五十哩的速度，十时许到岱岳。岱岳是山阴县一个重镇，可是雇车费了两个钟头才找到，到应县时已八点。

离县二十里已见塔，由夕阳返照中见其闪烁，一直看到它成了剪影，那算是我对于这塔的拜见礼。在路上因车摆动太甚，稍稍觉晕，到后即愈。县长养有好马，回程当借匹骑走，可免受晕车苦罪。

……

今天正式的去拜见佛宫寺塔，绝对的Overwbelming，好到令人叫绝，喘不出一口气来半天！

塔共有五层，但是下层有副阶（注：重檐建筑之次要一层，宋式谓之副阶）上四层，每层有平坐，实算共十层。因梁架斗栱之不同，每层须量俯视，仰视，平面各一；共二十个平面图要画！塔平面是八角，每层须做一个正中线和一个斜中线的断面。斗栱不同者三四十种，工作是意外的繁多，意外的有趣，未来前的“五天”工作预算恐怕不够太多。

塔身之大，实在惊人，每面三开间，八面完全同样。我的第一个感触，便是可惜你不在此，同我享此眼福，不然我真不知你要几体投地的倾倒！回想在大同善化寺暮色里同向着塑像瞪目咋舌的情形，使我愉快得不愿忘记那一刹那人生稀有的由审美本能所触发的锐感。尤其是同几个兴趣同样的人在同一个时候浸在那锐感里边。士能忘情时那句“如果元明以后有此精品我的刘字倒挂起来了"，我时常还听得见。这塔比起大同诸殿更加雄伟，单是那高度已可观，士能很高兴他竟听我们的劝说没有放弃这一处，同来看看，虽然他要不待测量先走了。

应县是一个小小的城，是一个产盐区，在地下掘下不深就有咸水，可以煮盐，所以是个没有树的地方，在塔上看全城，只数到十四棵不很高的树！

工作繁重，归期怕要延长很多，但一切吃住都还舒适，住处离塔亦不远，请你放心。……

……

通讯三

士能已回，我同莫君*莫君，指莫宗江。留此详细工作，离家已将一月却似更久。想北平正是秋高气爽的时候。非常想家！

像片已照完，十层平面全量了，并且非常精细，将来誊画正图时可以省事许多。明天起，量斗栱和断面，又该飞檐走壁了。我的腿已有过厄运，所以可以不怕。现在做熟了，希望一天可做两层，最后用仪器测各檐高度和塔刹，三四天或可竣工。

这塔真是个独一无二的伟大作品，不见此塔，不知木构的可能性，到了什么程度。我佩服极了，佩服建造这塔的时代，和那时代里不知名的大建筑师，不知名的匠人。

这塔的现状尚不坏，虽略有朽裂处。八百七十余年的风雨它不动声色的承受。并且它还领教过现代文明：民十六七年间冯玉祥攻山西时，这塔曾吃了不少的炮弹，痕迹依然存在，这实在叫我脸红。第二层有一根泥道栱竟为打去一节，第四层内部阑额内尚嵌着一弹，未经取出，而最下层西面两檐柱都有碗口大小的孔，正穿通柱身，可谓无独有偶。此外枪孔无数，幸而尚未打倒，也算是这塔的福气。现在应县人士有捐钱重修之议，将来回平后将不免为他们奔走一番，不用说动工时还须再来应县一次。

×县至今无音信，虽然前天已发电去询问，若两三天内回信来，与大同诸寺略同则不去，若有唐代特征如人字栱（!）鸱尾等等，则一步一磕头也要去的！……

通讯四

……这两天工作颇顺利，塔第五层（即顶层）的横断面已做了一半，明天可以做完。断面做完之后，将有顶上之行，实测塔顶相轮之高；然后楼梯，栏杆，格扇的详样；然后用仪器测全高及方向；然后抄碑；然后检查损坏处，以备将来修理。我对这座伟大建筑物目前的任务，便暂时告一段落了。

今天工作将完时，忽然来了一阵"不测的风云"。在天晴日美的下午五时前后狂风暴雨，雷电交作。我们正在最上层梁架上，不由得不感到自身的危险，不单是在二百八十多尺高将近千年的木架上，而且紧在塔顶铁质相轮之下，电母风伯不见得会讲特别交情。我们急着爬下，则见实测纪录册子已被吹开，有一页已飞到栏杆上了。若再迟半秒钟，则十天的功作有全部损失的危险，我们追回那一页后，急步下楼——约五分钟——到了楼下，却已有一线骄阳，由蓝天云隙里射出，风雨雷电已全签了停战协定了。

我抬头看塔仍然存在，庆祝它又避过了一次雷打的危险，在急流成渠的街道（?）上，回到住处去。

我在此每天除爬塔外，还到 ×× 斋看了托我买信笺的那位先生。他因生意萧条，现在只修理钟表而不照相了。……

这一段小小的新闻，抄用原来的通讯，似乎比较可以增加读者的兴趣，又可以保存朝拜这古塔的人的工作时印象和经过，又可以省却写这段消息的人说出旁枝的话。虽然在通讯里没讨论到结构上的专门方面，但是在那一部侦探小说里也自成一章，至少那 ×× 斋照相馆的事例颇有始有终，思成和这塔的姻缘也可算圆满。

关于这塔，我只有一桩事要加附注。在佛宫寺的全部平面布置上，这塔恰恰在全寺的中心，前有山门，钟楼，鼓楼东西两配殿，后面有桥通平台，台上还有东西两配殿和大配。这是个极有趣的布置，至少我们疑心古代的伽蓝有许多是如此把高塔放在当中的。

山西应县佛宫寺辽释迦木塔

山西应县佛宫寺辽释迦木塔渲染图

初刊于一九三三年十二月《中国营造学社汇刊》第四卷第三、第四期，署名梁思成、林徽音、刘敦桢。

云冈石窟中所表现的北魏建筑

绪　言

廿二年九月间，营造学社同人，趁着到大同测绘辽金遗建华严寺，善化寺等之便，决定附带到云冈去游览，考察数日。

云冈灵岩石窟寺，为中国早期佛教史迹壮观。因天然的形势，在绵亘峭立的岩壁上，凿造龛像建立寺宇，动伟大的工程，如《水经注》㶟水条所述“凿石开山，因岩结构，真容巨壮，世法所希，山堂水殿，烟寺相望，”又如《续高僧传》中所描写的“面别镌像，穷诸巧丽，龛别异状，骇动人神”，则这灵岩石窟更是后魏艺术之精华——中国美术史上一个极重要时期中难得的大宗实物遗证。

但是或因两个极简单的原因，这云冈石窟的雕刻，除掉其在宗教意义上，频受人民香火，偶遭帝王巡幸礼拜外，十数世纪来直到近三十余年前，在这讲究金石考古学术的中国里，却并未有人注意及之。

我们所疑心的几个简单的原因，第一个浅而易见的，自是地处边僻，交通不便。第二个原因，或是因为云冈石窟诸刻中，没有文字。窟外或崖壁上即使有，如《续高僧传》中所称之碑碣，却早已漫没不存痕迹，所以在这偏重碑拓文字的中国金石学界里，便引不起什么注意。第三个原因，是士大夫阶级好排斥异端，如朱彝尊的《云冈石佛记》，即其一例，宜其湮没千余年，不为通儒硕学所称道。

近人中，最早得见石窟，并且认识其在艺术史方面的价值和地位：发表文章；记载其雕饰形状；考据其兴造年代的，当推日人伊东*伊东忠太著《北清建筑调查报告》，见《建筑杂志》第一八九号，其还著有《支那建筑史》卷。——作者原注，和新会陈援庵先生*陈垣著《山西大同武洲山石窟寺记》。——作者原注，此后专家作有统系的调查和详细摄影的，有法人沙畹（Chavannes）*Edouard Chavannes: *Mission archeologique da la Chine Septentrionae.*——作者原注，日人关野贞，小野*小野玄妙著《极东之三大艺术》。——作者原注诸人，各人的论著均以这时期因佛教的传布，中国艺术固有的血脉中，忽然掺杂旺而有力的外来影响，为可重视。且西域所传入的影响，其根苗可远推至希腊古典的渊源，中间经过复杂的途径，迤逦波斯，蔓延印度（见插图二），更推迁至西域诸族，又由南北两路健驮罗及西藏以达中国。这种不同文化的交流濡染，为历史上最有趣的现象，而云冈石刻便是这种现象，极明晰的实证之一种，自然也就是近代治史者所最珍视的材料了。

根据着云冈诸窟的雕饰花纹的母题（motif）及刻法，佛像的衣褶容貌及姿势（见插图一），断定中国艺术约莫由这时期起，走入一个新的转变，是毫无问题的。以汉代遗刻中所表现的一切戆直古劲的人物车马花纹（见插图二），与六朝以还的佛像饰纹和浮雕的草叶，璎珞，飞仙等等相比较，则前后判然不同的倾向，一望而知。仅以刻法而论，前者单简冥顽，后者在质朴中，忽而柔和生动，更是相去悬殊。

但云冈雕刻中，“非中国”的表现甚多；或显明承袭希腊古典宗脉；或繁富的掺杂印度佛教艺术影响；其主要各派原素多是囫囵包并，不难历历辨认出来的。因此又与后魏迁洛以后所建伊阙石窟——即龙门——诸刻（见插图三）稍不相同。以地点论，洛阳伊阙已是中原文化中心所在；以时间论，魏帝迁洛时，距武州凿窟已经半世纪之久；此期中国本有艺术的风格，得到西域袭入的增益后，更是根深蒂固，一日千里，反将外来势力积渐融化，与本有的精神冶于一炉。

云冈雕刻既然上与汉刻迥异，下与龙门较，又有很大差别，其在中国艺术史中，固自成一特种时期。近来中西人士对于云冈石刻更感兴趣，专程到那里谒拜鉴赏的，便成为常事，摄影翻印，到处可以看到。同人等初意不过是来大同机会不易，顺便去灵岩开开眼界，瞻仰后魏艺术的重要表现；如果获得一些新的材料，则不妨图录笔记下来，作一种云冈研究补遗。

以前从搜集建筑实物史料方面，我们早就注意到云冈，龙门，及天龙山等处石刻上“建筑的”（architectural）价值，所以造像之外，影片中所呈示的各种浮雕花纹及建筑部分（若门楣，栏杆，柱塔等等）均早已列入我们建筑实物史料的档库。这次来到云冈，我们得以亲目抚摩这些珍罕的建筑实物遗证，同行诸人，不约而同的第一转念，便是作一种关于云冈石窟“建筑的”方面比较详尽的分类报告。

这“建筑的”方面有两种：一是洞本身的布置，构造，及年代，与敦煌印度之差别等等，这个倒是比较简单的；一是洞中石刻上所表现的北魏建筑物及建筑部分，这后者却是个大大有意思的研究，也就是本篇所最注重处，亦所以命题者。然后我们当更讨论到云冈飞仙的雕刻，及石刻中所有的雕饰花纹的题材，式样等等，最后当在可能范围内，研究到窟前当时，历来，及现在的附属木构部分，以结束本篇。

一 洞 名

云冈诸窟，自来调查者各以主观命名，所根据的，多倚赖于传闻，以讹传讹，极不一致。如沙畹书中未将东部四洞列入，仅由东部算起；关野虽然将东部补入，却又遗漏中部西端三洞。至于伊东最早的调查，只限于中部诸洞，把东西二部全体遗漏，虽说时间短促，也未免遗漏太厉害了。

本文所以要先厘定各洞名称，俾下文说明，有所根据。兹依云冈地势分云冈为东、中、西三大部。每部自东迄西，依次排号；小洞无关重要者从略。再将沙畹，关野，小野三人对于同一洞的编号及名称，分行列于底下，以作参考。

	沙畹命名	关野命名（附中国名称）	小野调查之名称
东部			
	第一洞	No.1（东塔洞）	石鼓洞
	第二洞	No.2（西塔洞）	寒泉洞
	第三洞	No.3（隋大佛洞）	灵岩寺洞
	第四洞	No.4	
中部			
	第一洞	No.1 No.5（大佛洞）	阿弥陀佛洞

第二洞	No.2 No.6（大四面佛洞）	释迦佛洞
第三洞	No.3 No.7（西来第一佛洞）	准提阁菩萨洞
第四洞	No.4 No.8（佛籁洞）	佛籁洞
第五洞	No.5 No.9（释迦洞）	阿佛闪洞
第六洞	No.6 No.10（持钵佛洞）	毗庐佛洞
第七洞	No.7 No.11（四面佛洞）	接引佛洞
第八洞	No.8 No.12（椅像洞）	离垢地菩萨洞
第九洞	No.9 No.13（弥勒洞）	文殊菩萨洞

西部

第一洞	No.16 No.16（立佛洞）	接引佛洞
第二洞	No.17 No.17（弥勒三尊洞）	阿闪佛洞
第三洞	No.18 No.18（立三佛洞）	阿闪佛洞
第四洞	No.19 No.19（大佛三洞）	宝生佛洞
第五洞	No.20 No.20（大露佛）	白佛耶洞
第六洞	No.21（塔洞）	千佛洞

本文仅就建筑与装饰花纹方面研究，凡无重要价值的小洞，如中部西端三洞与西部东端二洞，均不列入，故篇中名称，与沙畹、关野两人的号数不合（见插图六）。此外云冈对岸西小山上，有相传造像工人所凿，自为功德的鲁班窑二小洞；和云冈西七里姑子庙地方，被川水冲毁，仅余石壁残像的尼寺石祇洹舍，均无关重要，不在本文范围以内。

二　洞的平面及其建造年代

云冈诸窟中，只是西部第一到第五洞，平面作椭圆形，或杏仁形，与其他各洞不同。关野常盘合著的《支那佛教史迹》第二集评解，引《魏书》兴光元年，于五缎大寺为太祖以下五帝铸铜像之例，疑此五洞亦为纪念太祖以下五帝而设，并疑《魏书·释老志》所言昙曜开窟五所，即此五洞，其时代在云冈诸洞中为最早。

考《魏书·释老志》卷百十四原文："兴光元年秋，敕有司于五缎大寺内，为太祖以下五帝，铸释迦立像五，各长一丈六尺。……太安初，有师子国胡沙门邪奢遗多、浮陁难提等五人，奉佛像三到京都，皆云备历西域诸国，见佛影迹及肉髻，外国诸王相承，咸遣工匠摹写其容，莫能及难提所造者。去十余步视之炳然，转近转微。又沙勒胡沙门赴京致佛钵，并画像迹。和平初，师贤卒，昙曜代之，更名沙门统。初，昙曜以复法之明年，自中山被命赴京，值帝出，见于路，……帝后奉以师礼。昙曜白帝，于京城西武州塞，凿山石壁，开窟五所，镌建佛像各一，高者七十尺，次六十尺。雕饰奇伟，冠于一世。"

所谓"复法之明年"，自是兴安二年（公元四五三），魏文成帝即位的第二年，也就是太武帝崩后第二年。关于此节，有《续高僧传》昙曜传中一段记载，年月非常清楚："先是太武皇帝太平真君七年，司徒崔皓令帝崇重道士寇谦之，拜为天师，珍敬老氏。虔刘释种，焚毁寺塔。至庚寅年（太平真君十一年），太武感疠疾，方始开悟。帝心既悔，诛夷崔氏。至壬辰年（太平真君十三年，亦即兴安元年）太武云崩，子文成立，即起塔寺，搜访经典。毁法七载，三宝还兴；曜慨前陵废，欣今重复……”由太平真君七年毁法，到兴安元年“起塔寺”“访经典”的时候，正是前后七年，故有所谓“毁法七载，三宝还兴”的话；那么无疑的“复法之明年”，即是兴安二年了。

所可疑的只是：（一）到底昙曜是否在“复法之明年”见了文成帝便去开窟，还是到了“和平初，师贤卒”他做了沙门统之后，才“白帝于京城西……开窟五所”？这里前后就有八年的差别，因魏文成帝于兴安二年后改号兴光，一年后又改太安，太安共五年，才改号和平的。（二）《释老志》文中“后帝奉以师礼，曜白帝于京城西”，这里“后”字，亦颇蹊跷。到底这时候，距昙曜初见文成帝时候有多久？见文成帝之年固为兴安二年，他禀明要开窟之年（即使不待他做了沙门统），也可在此后两三年，三四年之中，帝奉以师礼之后！

总而言之，我们所知道的只是昙曜于兴安二年（公元四五三）入京见文成帝，到和平初年（公元四六〇）做了沙门统。至于武州塞五窟，到底是在这八年中的那一年兴造的，则不能断定了。

《释老志》关于开窟事，和兴光元年铸像事的中间，又记载那一节太安初师子国（锡兰）胡沙门难提等奉像到京都事。并且有很恭维难提摹写佛容技术的话。这个令人颇疑心与石窟镌像，有相当瓜葛。即不武断的说，难提与石窟巨像，有直接关系，因难提造像之佳，“视之炳然”，而猜测他所摹写的一派佛容，必然大大的影响当时佛像的容貌，或是极合理的。云冈诸刻虽多健陀罗影响，而西部五洞巨像的容貌衣褶，却带极浓厚的中印度气味的。

至于《释老志》，“昙曜开窟五所”的窟，或即是云冈西部的五洞，此说由云冈石窟的平面方面看起来，我们觉得更可以置信。

（一）因为它们的平面配置，自成一统系，且自左至右五洞，适相联贯。（二）此五洞皆有本尊像及胁侍，面貌最富异国情调（见插图四），与他洞佛像大异。（三）洞内壁面列无数小龛小佛，雕刻甚浅，没有释迦事迹图。塔与装饰花纹亦甚少，和中部诸洞不同。（四）洞的平面由不规则的形体，进为有规则之方形或长方形，乃工作自然之进展与要求。因这五洞平面的不规则，故断定其开凿年代必最早。

《支那佛教史迹》第二集评解中，又谓中部第一洞为孝文帝纪念其父献文帝所造，其时代仅次于西部五大洞。因为此洞平面前部，虽有长方形之外室，后部仍为不规则之形体，乃过渡时代最佳之例。这种说法，固甚动听，但文献上无佐证，实不能定谳。

中部第三洞，有太和十三年铭刻；第七洞窗东侧，有太和十九年铭刻，及洞内东壁曾由叶恭绰先生发现之太和七年铭刻。文中有“邑义信士女等五十四人……共相劝合为国兴福，敬造石庙形象九十五区及诸菩萨，愿以此福……”等等。其他中部各洞全无考。但就佛容及零星雕刻作风而论，中部偏东诸洞，仍富于异国情调（见插图六）。偏西诸洞，虽洞内因石质风化过甚，形象多经后世修葺，原有精神完全失掉，而洞外崖壁上的刻像，石质较坚硬，刀法伶俐可观，佛貌又每每微长，口角含笑，衣褶流畅精美，渐类龙门诸像。已是较晚期的作风无疑。和平初年到太和七年，已是二十三年，实在不能不算是一个相当的距离。且由第七洞更偏西去的诸洞，由形势论，当是更晚的增辟，年代当又在太和七年后若干年了。

西部五大洞之外，西边无数龛洞（多已在崖面成浅龛），以作风论，大体较后于中部偏东四洞，而又较古于中部偏西诸洞。但亦偶有例外，如西部第六洞的洞口东侧，有太和十九年铭刻，与其东侧小洞，有延昌年间的铭刻。

我们认为最希奇的是东部未竣工的第三洞。此洞又名灵岩，传为昙曜的译经楼，规模之大，为云冈各洞之最。虽未竣工，但可看出内部佛像之后，原计划似预备凿通，俾可绕行佛后的。外部更在洞顶崖上，凿出独立的塔一对（见插图三十六），塔后石壁上，又有小洞一排，为他洞所无。以事实论，颇疑此洞因孝文帝南迁洛阳，在龙门另营石窟，平城（即大同）日就衰落，故此洞工作，半途中辍，但确否尚须考证。以作风论，关野常盘谓第三洞佛像在北魏与唐之间，疑为隋炀帝纪念其父文帝所建。新海中川合著之《云冈石窟》竟直称为初唐遗物。这两说未免过于武断。事实上，隋唐皆都长安洛阳，绝无于云冈造大窟之理，史上亦无此先例。且即根据作风来察这东部大洞的三尊巨像的时代，也颇有疑难之处。

我们前边所称，早期异国情调的佛像，面容为肥圆的；其衣纹细薄，贴附于像身（所谓湿褶纹者）；佛体呆板，僵硬，且权衡短促；与他像修长微笑的容貌，斜肩而长身，质实垂重的衣裾褶纹，相较起来，显然有大区别。现在这里的三像，事实上虽可信其为云冈最晚的工程，但像貌，衣褶，权衡，反与前者，所谓异国神情者，同出一辙，骤反后期风格。

不过在刀法方面观察起来，这三像的各样刻工，又与前面两派不同，独成一格。这点在背光和头饰的上面，尤其显著。

这三像的背光上火焰，极其回绕柔和之能事，与西部古劲挺强者大有差别；胁侍菩萨的头饰则繁富精致（ornate），花纹更柔圆近于唐代气味（论者定其为初唐遗物，或即为此）。佛容上，耳，鼻，手的外廓刻法，亦肥圆避免锐角，项颈上三纹堆叠，更类他处隋代雕像特征。

这样看来，这三像岂为早期所具规模，至后（迁洛前）才去雕饰的，一种特殊情况下遗留的作品？不然，岂太和以后某时期中云冈造像之风暂敛，至孝文帝迁都以前，镌建东部这大洞时，刻像的手法乃大变，一反中部风格，倒去模仿西部五大洞巨像的神气？再不然，即是兴造此洞时，在佛像方面，有指定的印度佛像作模型镌刻。关于这点，文献上既苦无材料帮同消解这种种哑谜。东部未竣工的大洞兴造年代，与佛像雕刻时期，到底若何，怕仍成为疑问，不是从前论断者所见得的那么简单“洞未完竣而辍工”。近年偏西次洞又遭凿毁一角，东部这三洞，灾故又何多？

现在就平面及雕刻诸点论，我们可约略的说：西部五大洞建筑年代最早，中部偏东诸大洞次之，西部偏西诸洞又次之。中部偏西各洞及崖壁外大龛再次之。东部在雕刻细工上，则无疑的在最后。

离云冈全部稍远，有最偏东的两塔洞，塔居洞中心，注重于建筑形式方面，瓦檐，斗栱及支柱，均极清晰显明，佛像反模糊无甚特长，年代当与中部诸大洞前后相若，尤其是释迦事迹图，宛似中部第二洞中所有。

就塔洞论，洞中央之塔柱雕大尊佛像者较早，雕楼阁者次之。详下文解释。

三　石窟的源流问题

石窟的制作受佛教之启迪，毫无疑问，但印度 Ajanta 诸窟之平面，比较复杂，且纵穴甚深，内有支提塔，有柱廊，非我国所有。据 von Le Coq 在新疆所调查者（见插图五），其平面以一室为最普通，亦有二室者。室为方形，较印度之窟简单，但是诸窟的前面用走廊连贯，骤然看去，多数的独立的小窟团结一气，颇觉复杂，这种布置，似乎在中国窟与印度窟之间。

敦煌诸窟，伯希和书中没有平面图，不得知其详。就像片推测，有二室联结的。有塔柱，四面雕佛像的。室的平面，也是以方形和长方形居多。疑与新疆石窟是属于一个系统，只因没有走廊联络，故更为简单。

云冈中部诸洞，大半都是前后两间。室内以方形和长方形为最普通。当然受敦煌及西域的影响较多，受印度的影响较少。所不可解者，昙曜最初所造的西部五大窟，何以独作椭圆形，杏仁形（见插图六），其后中部诸洞，始与敦煌等处一致？岂此五洞出自昙曜及其工师独创的意匠？抑或受了敦煌西域以外的影响？在全国石窟尚未经精密调查的今日，这个问题又只得悬起待考了。

四　石刻中所表现的建筑形式

（一）塔

云冈石窟所表现的塔分两种：一种是塔柱，另一种便是壁面上浮雕的塔。

甲

塔柱是个立体实质的石柱，四面镂着佛像，最初塔柱是模仿印度石窟中的支提塔（见插图七），纯然为信仰之对象。这种塔柱立在中央，为的是僧众可以绕行柱的周围，礼赞供养。伯希和《敦煌图录》中认为北凉建造的第一百十一洞，就有塔柱，每面皆琢佛像。云冈东部第四洞，及中部第二洞，第七洞，也都是如此琢像在四面的，其受敦煌影响，当没有疑问。所宜注意之点，则是由支提塔变成四面雕像的塔柱，中间或尚有其过渡形式，未经认识，恐怕仍有待于专家的追求。

稍晚的塔柱，中间佛像缩小，柱全体成小楼阁式的塔，每面镂刻着檐柱，斗栱，当中刻门栱形（有时每面三间或五间），浮雕佛像，即坐在门栱里面。虽然因为连着洞顶，塔本身没有顶部，但底下各层，实可作当时木塔极好的模型。

与云冈石窟同时或更前的木构建筑，我们固未得见，但《魏书》中有许多建立多层浮图的记载，且《洛阳伽蓝记》中所描写的木塔，如熙平元年（公元五一六）胡太后所建之永宁寺九层浮图，距云冈开始造窟仅五十余年，木塔营建之术，则已臻极高程度，可见半世纪前，三五层木塔，必已甚普通。于至木造楼阁的历史，根据史料，更无疑的已有相当年代，如《后汉书·陶谦传》，说“笮融大起浮屠寺，上累金盘，下为重楼”。而汉刻中，重楼之外，陶质冥器中，且有极类塔形的三层小阁，每上一层面阔且递减（见插图八）。故我们可以相信云冈塔柱，或浮雕上的层塔，必定是本着当时的木塔而镌刻的，绝非臆造的形式。因此云冈石刻塔，也就可以说是当时木塔的石仿模型了。

属于这种的云冈独立塔柱，共有五处，平面皆方形（《伽蓝记》中木塔亦谓“有四面”）列表如下：

东部第一洞　二层　每层一间（见插图九）

东部第二洞　三层　每层三间（见插图十）

中部东山谷中塔洞　五层？　每层？间

西部第六洞　五层　每层五间（见插图十一）

中部第二洞　中间四大佛像　四角四塔柱　九层　每层三间（见插图十二）

上例五例，以西部第六洞的塔柱为最大，保存最好。塔下原有台基，惜大部残毁不能辨认。上边五层重叠的阁，面阔与高度成递减式，即上层面阔同高度，比下层每次减少，使外观安稳隽秀。这个是中国木塔重要特征之一，不意频频见于北魏石窟雕刻上，可见当时木塔主要形式已是如此，只是平面，似尚限于方形。

日本奈良法隆寺，借高丽东渡僧人监造，建于隋炀帝大业三年（公元六〇七），间接传中国六朝建筑形制。虽较熙平元年永宁寺塔，晚几一世纪，但因远在外境，形制上亦必守旧，不能如文化中区的迅速精进。法隆寺塔（见插图十三）共五层，平面亦是方形；建筑方面已精美成熟，外表玲珑开展。推想在中国本土，先此百余年时，当已有相当可观的木塔建筑无疑。

至于建筑主要各部，在塔柱上亦皆镌刻完备，每层的阁所分各间，用八角柱区隔，中雕龛栱及像（龛有圆栱，五边栱两种间杂而用），柱上部放坐斗，载额枋，额枋上不见平板枋。斗栱仅柱上用一斗三升；补间用“人字栱”；檐椽只一层，断面作圆形，椽到阁的四隅作斜列状，有时檐角亦微微翘起。椽与上部的瓦陇间隔，则上下一致。最上层因须支撑洞的天顶，所以并无似浮雕上所刻的刹柱相轮等等。除此之外，所表现各部，都是北魏木塔难得的参考物。

又东部第一洞第二洞的塔柱，每层四隅皆有柱，现仅第二洞的尚存一部分。柱断面为方形，微去四角。旧时还有栏杆围绕，可惜全已毁坏。第一洞廊上的天花作方格式，还可以辨识。

中部第二洞的四小塔柱，位于刻大像的塔柱上层四隅。平面亦方形。阁共九层，向上递减至第六层。下六层四隅，有凌空支立的方柱。这四个塔柱因平面小，故檐下比较简单，无一斗三升的斗栱，人字栱及额枋。柱是直接支于檐下，上有大坐斗，如同多立克式柱头（Doric order），更有意思的，就是檐下每龛门栱上，左右两旁有伸出两卷瓣的栱头，与奈良法隆寺金堂上“云肘木”（即云形栱）或玉虫厨子柱上的“受肘木”极其相似，惟底下为墙，且无柱故亦无坐斗（见插图十四）。

这几个多层的北魏塔型，又有个共有的现象，值得注意的，便是底下一层檐部，直接托住上层的阁，中间没有平坐。此点即奈良法隆寺五层塔亦如是。阁前虽有勾阑，却非后来的平坐，因其并不伸出阁外，另用斗栱承托着。

乙

浮雕的塔，遍见各洞，种类亦最多。除上层无相轮，仅刻忍冬草纹的，疑为浮雕柱的一种外（伊东因其上有忍冬草，称此种作哥林特式柱（Corinthian order）。其余列表如下：

一层塔——①上方下圆，有相轮五重（见插图十五）。见中部第二洞上层，及中部第九洞。

②方形，见中部第九洞。

三层塔——平面方形，每层间数不同（见插图十六）。

①见中部第七洞，第一层一间，第二层二间，第三层一间，塔下有方座，脊有合角鸱尾，刹上具相轮五重，及宝珠。

②见中部第八第九洞，每层均一间。

③见西部第六洞，第一层二间，第二、三层各一间，每层脊有合角鸱尾。

④见西部第二洞，第一、二层各一间，第三层二间。

五层塔——平面方形

①见东部第二洞，此塔有侧脚。

②见中部第二洞有台基，各层面阔，高度，均向上递减（见插图十七）。

③见中部第七洞。

七层塔——平面方形（见插图十八）。

见中部第七洞塔下有台座，无枭混及莲瓣。每层之角悬幡，刹上具相轮五层，及宝珠。

以上甲、乙两种的塔，虽表现方法稍不同，但所表示的建筑式样，除圆顶塔一种外，全是中国“楼阁式塔”建筑的实例。现在可以综合它们的特征，列成以下各条。

（一）平面全限于方形一种，多边形尚不见。

（二）塔的层数，只有东部第一洞有个偶数的，余全是奇数，与后代同。

（三）各层面阔和高度向上递减，亦与后代一致。

（四）塔下台基没有曲线枭混和莲瓣，颇像敦煌石窟的佛座，疑当时还没有像宋代须弥座的繁缛雕饰。但是后代的枭混曲线，似乎由这种直线枭混演变出来的。

（五）塔的屋檐皆直檐（但浮雕中殿宇的前檐，有数处已明显的上翘），无裹角法，故亦无仔角梁老角梁之结构。

（六）椽子仅一层，但已有斜列的翼角椽子。

（七）东部第二窟之五层塔浮雕，柱上端向内倾斜，大概是后世侧脚之开始。

（八）塔顶之形状（见插图十九）：东部第二洞浮雕五层塔，下有方座。其露盘极像日本奈良法隆寺五重塔，其上忍冬草雕饰，如日本的受花，再上有覆钵，覆钵上刹柱饰，相轮五重顶，冠宝珠。可见法隆寺刹上诸物，俱传自我国，分别只在法隆寺塔刹的覆钵，在受花下，云冈的却居受花上。云冈刹上没有水烟，与日本的亦稍不同。相轮之外廓，上小下大（东部第二洞浮雕），中段稍向外膨出。东部第一洞与中部第二洞之浮雕塔，一塔三刹，关野谓为“三宝”之表征，其制为近世所没有。总之根本全个刹，即是一个窣堵波（stupa）。

（九）中国楼阁向上递减，顶上加一个窣堵波，便为中国式的木塔。所以塔虽是佛教象征意义最重的建筑物，传到中土，却中国化了，变成这中印合璧的规模，而在全个结构及外观上中国成分，实又占得多。如果《后汉书·陶谦传》所记载的，不是虚伪，此种木塔，在东汉末期，恐怕已经布下种子了？

（二）殿宇

壁上浮雕殿宇共有两种，一种是刻成殿宇正面模型，用每两柱间的空隙，镌刻较深佛龛而居像（见插图二十一、二十二），另一种则是浅刻释迦事迹图中所表现的建筑物（见插图二十）。这两种殿宇的规模，虽甚简单，但建筑部分，固颇清晰可观，和浮雕诸塔同样，有许多可供参考的价值，如同檐柱、额枋、斗栱、房基、栏杆、阶级，等等。不过前一种既为佛龛的外饰，有时竟不是十分忠实的建筑模型；檐下瓦上，多增加非结构的花鸟，后者因在事迹图中，故只是单间的极简单的建筑物，所以两种均不足代表当时的宫室全部的规矩。它们所供给的有价值的实证，故仍在几个建筑部分上（详下文）。

（三）洞口柱廊

洞口因石质风化太甚，残破不堪，石刻建筑结构，多已不能辨认。但中部诸洞有前后两室者，前室多作柱廊，形式类希腊神庙前之茵安提斯（inantis）柱廊之布置。廊作长方形，面阔约倍于进深，前面门口加两根独立大支柱，分全面阔为三间。这种布置，亦见于山西天龙山石窟，惟在比例上，天龙山的廊较为低小，形状极近于木构的支柱及阑额。云冈柱廊（最完整的见于中部第八洞）（见插图二十三、二十四），柱身则高大无伦。廊内开敞，刻几层主要佛龛。惜外面其余建筑部分，均风化不稍留痕迹，无法考其原状。

五　石刻中所见建筑部分

（一）柱

柱的平面虽说有八角形，方形两种，但方形的，亦皆微去四角，而八角形的，亦非正八角形，只是所去四角稍多，“斜边”几乎等于“正边”而已。

柱础见于中部第八洞的，也作八角形，颇像宋式所谓櫍。柱身下大上小，但未有 entasis 及卷杀。柱面常有浅刻的花纹，或满琢小佛龛。柱上皆有坐斗，斗下有皿板，与法隆寺同。

柱部分显然得外国影响的，散见各处：如一，中部第八洞入口的两侧有二大柱，柱下承以台座，略如希腊古典的 pedestal，疑是受健陀罗的影响。二，中部第八洞柱廊内墙东南转角处，有一八角短柱立于勾栏上面（见插图二十三）；柱头略像方形小须弥座，柱中段绕以莲瓣雕饰，柱脚下又有忍冬草叶，由四角承托上来。这个柱的外形，极似印度式样，虽然柱头柱身及柱脚的雕饰，严格的全不本着印度花纹。三，各种希腊柱头（见插图二十四）；中部第八洞有“爱奥尼亚”（Ionic order）式柱头，极似 Temple of Neandria 柱头（见插图二十五）。散见于东部第一洞，中部三、四等洞的，有哥林特式柱头，但全极简单，不能与希腊正规的 order 相比；且云冈的柱头乃忍冬草大叶，远不如希腊 acanthus 叶的复杂。四，东部第四洞有人形柱，但极粗糙，且大部已毁。五，中部第二洞龛下，有小短柱支托，则又完全作波斯形式，且中部第八洞壁画上，亦有兽形与波斯兽形柱头相同（见插图二十六）。六，中部某部浮雕柱头，见于印度古石刻（见插图二十七）。

（二）阑额

阑额载于坐斗内，没有平板枋，额亦仅有一层。坐斗与阑额中间有细长替木，见中部第五，第八洞内壁上浮雕的正面殿宇（见插图二十一）。阑额之上又有坐斗，但较阑额下，柱头坐斗小很多，而与其所承托的斗栱上三个升子斗，大小略同。斗栱承柱头枋，枋则又直接承于椽子底下。

（三）斗栱（见插图二十一、二十二及各搭柱图）

柱头铺作一斗三升放在柱头上之阑额上，栱身颇高，无栱瓣，与天龙山的例不同。升有皿板。补间，铺作有人字形栱，有皿板，人字之斜边作直线，或尚存古法。

中部第八洞壁面佛龛上的殿宇正面，其柱头铺作的斗栱，外形略似一斗三升，而实际乃刻两兽背面屈膝状，如波斯柱头（见插图二十六）。

（四）屋顶

一切屋顶全表现四柱式，无歇山，硬山，挑山等。屋角或上翘，或不翘，无仔角梁老角梁之表现（见插图二十一、二十二）。

椽子皆一层，间隔较瓦轮稍密，瓦皆筒瓦。屋脊的装饰，正脊两端用鸱尾，中央及角脊用凤凰形装饰，尚保留汉石刻中所示的式样。正脊偶以三角形之火焰与凤凰，间杂用之，其数不一，非如近代，仅于正脊中央放置宝瓶。见中部第五第六第八等洞。

（五）门与栱

门皆方首。中部第五洞（见插图二十八）门上有斗栱檐椽，似模仿木造门罩的结构。

栱门多见于壁龛。计可分两种：圆栱及五边栱（见插图二十九）。圆栱的内周（introdus）多刻作龙形，两龙头在栱开始处。外周（extrodus）作宝珠形。栱面多雕趺坐的佛像。这种栱见于敦煌石窟，及印度古石刻，其印度的来源，甚为明显。所谓五边栱者，即方门抹去上两角；这种栱也许是中国固有。我国古代未有发券方法以前，有圭门圭窦之称；依字义解释，圭者尖首之谓，宜如⌂形，进一步在上面加一边而成⬠，也是演绎程序中可能的事。在敦煌无这种栱龛，但壁画中所画中国式城门，却是这种形式，至少可以证明云冈的五边栱，不是从西域传来的。后世宋代之城门，元之居庸关，都是用这种栱。云冈的五边栱，栱面都分为若干方格，格内多雕飞天；栱下或垂幔帐，或悬璎珞，做佛像的边框。间有少数佛龛，不用栱门，而用垂幛的（见插图三十）。

（六）栏杆及踏步

踏步只见于中部第二洞佛迹图内殿宇之前（见插图二十）。大都一组置于阶基正中，未见两组三组之列。阶基上的栏杆，刻作直棂，到踏步处并沿踏步两侧斜下。踏步栏杆下端，没有抱鼓石，与南京栖霞山舍利塔雕刻符合。

中部第五洞有万字栏杆（见插图二十四），与日本法隆寺勾栏一致。这种栏杆是六朝唐宋间最普通的做法，图画见于敦煌壁画中；在蓟县独乐寺，应县佛宫寺塔上则都有实物留存至今。

（七）藻井

石窟顶部，多刻作藻井（见插图三十二、三十三、三十四），这无疑的也是按照当时木构在石上模仿的。藻井多用“支条”分格，但也有不分格的。藻井装饰的母题，以飞仙及莲花为主，或单用一种，或两者参杂并用。龙也有用在藻井上的，但不多见（见插图三十五）。

藻井之分划，依室的形状，颇不一律（见插图三十一），较之后世齐整的方格，趣味丰富得多。斗八之制，亦见于此。

窟顶都是平的，敦煌与天龙山之⌂形天顶，不见于云冈，是值得注意的。

六　石刻的飞仙

洞内外壁面与藻井及佛后背光上，多刻有飞仙，作盘翔飞舞的姿势，窈窕活泼，手中或承日月宝珠，或持乐器，有如基督教艺术中的安琪儿。飞仙的式样虽然甚多，大约可分两种，一种是着印度湿褶的衣裳而露脚的（见插图四）；一种是着短裳曳长裙而不露脚，裙末在脚下缠绕后，复张开飘扬的（见插图三十六）。两者相较，前者多肥笨而不自然，后者轻灵飘逸，极能表出乘风羽化的韵致，尤其是那开展的裙裾及肩臂上所披的飘带，生动有力，迎风飞舞，给人以回翔浮荡的印象。

从要考研飞仙的来源方面来观察它们，则我们不能不先以汉代石刻中与飞仙相似的神话人物（见插图二），和印度佛教艺术中的飞仙，两相较比着看。结果极明显的，看出云冈的露脚，肥笨作跳跃状的飞仙，是本着印度的飞仙摹仿出来的无疑，完全与印度飞仙同一趣味。而那后者，长裙飘逸的，有一些并着两腿，望一边曳着腰身，裙末翘起，颇似人鱼，与汉刻中鱼尾托云的神话人物，则又显然同一根源（见插图三十四）。后者这种屈一膝作猛进姿势的，加以更飘散的裙裾，多脱去人鱼形状，更进一步，成为最生动灵敏的飞仙，我们疑心它们在云冈飞仙雕刻程序中，必为最后最成熟的作品。

天龙山石窟飞仙中之佳丽者，则是本着云冈这种长裙飞舞的，但更增富其衣褶，如腰部的散褶及裤带。肩上飘带，在天龙山的，亦更加曲折回绕，而飞翔姿势，亦愈柔和浪漫。每个飞仙加上衣带彩云，在布置上，常有成一圆形图案者（见插图三十七）。

曳长裙而不露脚的飞仙，在印度西域佛教艺术中俱无其例，殆亦可注意之点。且此种飞仙的服装，与唐代陶俑美人甚似，疑是直接写真当代女人服装。

飞仙两臂的伸屈，颇多姿态；手中所持乐器亦颇多种类，计所见有如下条件：

鼓，状，以带系于项上，腰鼓、笛、笙、琵琶、筝（类外国 harp）但无钹。其他则常有持日，月，宝珠及散花者。

总之飞仙的容貌仪态亦如佛像，有带浓重的异国色彩者，有后期表现中国神情美感者。前者身躯肥胖，权衡短促，服装简单，上身几全袒露，下裳则作印度式短裙，缠结于两腿间，粗陋丑俗。后者体态修长，风致娴雅，短衣长裙，衣褶简而有韵，肩带长而回绕，飘忽自如，的确能达到超尘的理想。

七　云冈石刻中装饰花纹及色彩

云冈石刻中的装饰花纹种类奇多，而十之八九，为外国传入的母题及表现（见插图三十八、三十九）。其中所示种种饰纹，全为希腊的来源，经波斯及健陀罗而输入者，尤其是回折的卷草，根本为西方花样之主干，而不见于中国周汉各饰纹中。但自此以后，竟成为中国花样之最普通者，虽经若干变化，其主要左右分枝回旋的原则，仍始终固定不改。

希腊所谓 acanthus 叶，本来颇复杂，云冈所见则比较简单：日人称为忍冬草，以后中国所有卷草，西番草，西番莲者，则全本源于回折的 acanthus 花纹。

图中所示的“连环纹”，其原则是每一环自成一组，与它组交结处，中间空隙，再填入小花样；初望之颇似汉时中国固有的绳纹，但绳纹的原则，与此大不相同，因绳纹多为两根盘结不断；以绳纹复杂交结的本身，作图案母题，不多藉力于其它花样。而此种以三叶花为主的连环纹，则多见于波斯希腊雕饰。

佛教艺术中所最常见的莲瓣，最初无疑根源于希腊水草叶，而又演变而成为莲瓣者。但云冈石刻中所呈示的水草叶，则仍为希腊的本来面目，当是由健陀罗直接输入的装饰。同时佛座上所见的莲瓣，则当是从中印度随佛教所来，重要的宗教饰纹，其来历却又起源于希腊水草叶者。中国佛教艺术积渐发达，莲瓣因为带着象征意义，亦更兴盛，种种变化及应用，叠出不穷，而水草叶则几绝无仅有，不再出现了。

其它饰纹如璎珞（beads），花绳（garlands），及束苇（reeds）等，均为由健陀罗传入的希腊装饰无疑。但尖齿形之幕沿装饰，则绝非希腊式样，而与波斯锯齿饰或有关系（见插图三十九）。真正万字纹未见于云冈石刻中，偶有万字勾栏，其回纹与希腊万字，却绝不相同。水波纹亦偶见，当为中国固有影响。

以兽形为母题之雕饰，共有龙，凤，金翅鸟（Garuda），螭首，正面饕餮，狮子，这些除金翅鸟为中印度传入，狮子带着波斯色彩外，其余皆可说是中国本有的式样，而在刻法上略受西域影响的。

汉石刻砖纹及铜器上所表现的中国固有雕纹，种类不多，最主要的如雷纹，斜线纹，斜方格，斜方万字纹，直线或曲线的水波纹，绳纹，锯齿，乳，箭头叶，半圆弧纹等，此外则多倚赖以鸟兽人物为母题的装饰，如青龙，白虎，饕餮，凤凰，朱雀，及枝柯交纽的树，成列的人物车马，及打猎时奔窜的犬鹿兔豕等等。

对汉代或更早的遗物有相当认识者，见到云冈石刻的雕饰，实不能不惊诧北魏时期由外传入崭新花样的数量及势力！盖在花纹方面，西域所传入的式样，实可谓喧宾夺主，从此成为十数世纪以来，中国雕饰的主要渊源。继后唐宋及后代一切装饰花纹，均无疑义的，无例外的，由此展进演化而成。

色彩方面最难讨论，因石窟中所施彩画，全是经过后世的重修，伧俗得很。外壁悬崖小洞，因其残缺，大概停止修葺较早，所以现时所留色彩痕迹，当是较古的遗制，但恐怕绝不会是北魏原来面目。佛像多用朱，背光绿地；凸起花纹用红或青或绿。像身有无数小穴，或为后代施色时用以钉布布箔以涂丹青的。

八　窟前的附属建筑

论到石窟寺附属殿宇部分，我们得先承认，无论今日的石窟寺木构部分所给与我们的印象为若何；其布置及结构的规模为若何，欲因此而推断一千四百余年前初建时的规制，及历后逐渐增辟建造的程序，是个不可能的事。不过距开窟仅四五十年的文献，如《水经注》里边的记载，应当算是我们考据的最可靠材料，不得不先依其文句，细释而检讨点事实，来作参考。

《水经注》㶟水条里，虽无什么详细的描写，但原文简约清晰，亦非夸大之词。“凿石开山，因岩结构。真容巨壮，世法所希。山堂水殿，烟寺相望。林渊锦镜，缀目新眺。”关于云冈巨构，仅这四句简单的描述而已。这四句中，首次末三段，句句既是个真实情形的简说。至今除却河流干涸，沙床已见外，这描写仍与事实相符，可见其中第三句“山堂水殿，烟寺相望”当也是即景说事。不过这句意义，亦可作两种解说。一个是：山和堂，水和殿，烟和寺，各各对望着，照此解释，则无疑的有“堂”“殿”和“寺”的建筑存在，且所给的印象，是这些建筑物与自然相照对峙，必有相当壮丽，在云冈全景中，占据重要的位置的。

第二种解说，则是疑心上段“山堂水殿”句，为含着诗意的比喻，称颂自然形势的描写。简单说便是：据山为堂（已是事实），因水为殿的比喻式，描写“山而堂，水而殿”的意思，因为就形势看山崖临水，前面地方颇近迫，如果重视自然方面，则此说倒也逼切写真，但如此则建筑部分已是全景毫末，仅剩烟寺相望的“寺”，而这寺到底有多少是木造工程，则又不可得而知了。

《水经注》里这几段文字所以给我们附属木构殿宇的印象，明显的当然是在第三句上，但严格说，第一句里的“因岩结构”，却亦负有相当责任的。观现今清制的木构，殿阁（见插图四十一），尤其是由侧面看去，实令人感到“因岩结构”描写得恰当真切之至。这“结构”两字，实有不止限于山岩方面，而有注重于木造的意义蕴在里面。

现在云冈的石佛寺木建殿宇（见插图四十一、四十二、四十三），只限于中部第一，第二，第三,三大洞前面，山门及关帝庙右第二洞中线上。第一洞，第三洞，遂成全寺东西偏院的两阁，而各有其两厢配殿。因岩之天然形势，东西两阁的结构，高度，布置均不同。第二洞洞前正殿高阁共四层，内中留井，周围如廊，沿梯上达于顶层，可平视佛颜。第一洞同之。第三洞则仅三层（洞中佛像亦较小许多），每层有楼廊通第二洞。但因二洞三洞南北位置之不相同，使楼廊微作曲折，颇增加趣味。此外则第一洞西，有洞门通崖后，洞上有小廊阁。第二洞后崖上，有斗尖亭阁，在全寺的最高处。这些木建殿阁厢庑，依附岩前，左右关连，前后引申，成为一组；绿瓦巍峨，点缀于断崖林木间，遥望颇壮丽，但此寺已是云冈石崖一带现在惟一的木构部分，且完全为清代结构，不见前朝痕迹。近来即此清制楼阁，亦已开始残破，盖断崖前风雨侵凌，固剧于平原各地，木建损毁当亦较速。

关于清以前各时期中云冈木建部分到底若何，在雍正《朔平府志》中记载左云县云冈堡石佛寺古迹一段中，有若干可注意的之点。

《府志》里讲："规制甚宏，寺原十所：一曰同升，二曰灵光，三曰镇国，四曰护国，五曰崇福，六曰童子，七曰能仁，八曰华严，九曰天宫，十曰兜率。其中有元载所造石佛二十龛；石窟千孔，佛像万尊。由隋唐历宋元，楼阁层凌，树木蓊郁，俨然为一方胜概。"这里的"寺原十所"的寺，因为明言数目，当然不是指洞而讲。"石佛二十龛"亦与现存诸洞数目相符。惟"元载所造"的"元"，令人颇不解。雍正《通志》同样句，却又稍稍不同，而曰"内有元时石佛二十龛"。这两处恐皆为"元魏时"所误。这十寺既不是以洞为单位计算的，则疑是以其他木构殿宇为单位而命名者。且"楼阁层凌，树木蓊郁"，当时木构不止现今所余三座，亦恰如当日树木蓊郁，与今之秃树枯干，荒凉景象，相形之下，不能同日而语了。

所谓"由隋唐历宋元"之说，当然只是极普通的述其历代相沿下来的意思。以地理论，大同朔平不属于宋，而是辽金地盘；但在时间上固无分别。且在雍正修《府志》时，辽金建筑本可仍然存在的。大同一城之内，辽金木建，至今尚存七八座之多。佛教盛时，如云冈这样重要的宗教中心，亦必有多少建设。所以府志中所写的"楼阁层凌"，或许还是辽金前后的遗建，至少我们由这府志里，只知道"其山最高处曰云冈，冈上建飞阁三重，阁前有世祖章皇帝

（顺治）御书‘西来第一山’五字及‘康熙三十五年西征回銮幸寺赐’匾额，而未知其他建造工程”。而现今所存之殿阁，则又为乾嘉以后的建筑。

在实物方面，可作参考的材料的，有如下各点：

一，龙门石窟崖前，并无木建庙宇。

二，天龙山有一部分有清代木建，另有一部则有石刻门洞；楣，额，支柱，极为整齐。

三，敦煌石窟前面多有木廊（见插图四十四），见于伯希和《敦煌图录》中。前年关于第一百三十洞前廊的年代问题（见插图四十五）有伯希和先生与思成通信讨论，登载本刊三卷四期，证明其建造年代为宋太平兴国五年的实物。第一百二十窟 A 的年代是宋开宝九年，较第一百三十洞又早四年。

四，云冈西部诸大洞，石质部分已天然剥削过半，地下沙石填高至佛膝或佛腰，洞前布置，石刻或木建，盖早已湮没不可考。

五，云冈中部第五至第九洞，尚留石刻门洞及支柱的遗痕（见插图四十五），约略可辨当时整齐的布置。这几洞岂是与天龙山石刻门洞同一方法，不借力于木造的规制的。

六，云冈东部第三洞及中部第四洞崖面石上，均见排列的若干栓眼，即凿刻的小方孔（见插图四十六），殆为安置木建上的椽子的位置。察其均整排列及每层距离，当推断其为与木构有关系的证据之一。

七，因云冈悬崖的形势，崖上高原与崖下河流的关系，原上的雨水沿崖而下，佛龛壁面不免频频被水冲毁。崖石崩坏堆积崖下，日久填高，底下原积的残碑断片，反倒受上面沙积的保护，或许有若干仍完整的安眠在地下，甘心作埋没英雄，这理至显，不料我们竟意外的得到一点对于这信心的实证。在我们游览云冈时，正遇中部石佛寺旁边，兴建云冈别墅之盛举，大动土木之后，建筑地上，放着初出土的一对石质柱础（见插图四十七），式样奇古，刻法质朴，绝非近代物。不过孤证难成立，云冈岩前建筑问题，惟有等候于将来有程序的科学发掘了。

九 结 论

总观以上各项的观察所及，云冈石刻上所表现的建筑，佛像，飞仙及装饰花纹，给我们以下的结论。

云冈石窟所表现的建筑式样，大部为中国固有的方式，并未受外来多少影响，不但如此，且使外来物同化于中国，塔即其例。印度窣堵波方式，本大异于中国本来所有的建筑，及来到中国，当时仅在楼阁顶上，占一象征及装饰的部分，成为塔刹。至于希腊古典柱头如 gonid order 等虽然偶见，其实只成装饰上偶然变化的点缀，并无影响可说。惟有印度的圆（外周作宝珠形的），还比较的重要，但亦止是建筑部分的形式而已。如中部第八洞门廊大柱底下的高 pedestal（见插图二十三），本亦是西欧古典建筑的特征之一，既已传入中土，本可发达传布，影响及于中国柱础。孰知事实并不如是，隋唐以及后代柱础，均保守石质覆盆等扁圆形式，虽然偶有稍高的筒形（见插图四十七），亦未见多用于后世。后来中国的种种基座，则恐全是由台基及须弥座演化出来的，与此种 pedestal 并无多少关系。

在结构原则上，云冈石刻中的中国建筑，确是明显表示其应用构架原则的。构架上主要部分，如支柱，阑额，斗栱，椽，瓦，檐，脊等，一一均应用如后代；其形式且均为后代同样部分的初型无疑。所以可以证明，在结构根本原则及形式上，中国建筑二千年来保持其独立性，不曾被外来影响所动摇。所谓受印度希腊影响者，实仅限于装饰雕刻两方面的。

佛像雕刻，本不是本篇注意所在，故亦不曾详细作比较研究而讨论之。但可就其最浅见的趣味派别及刀法，略为提到。佛像的容貌衣褶，在云冈一区中，有三种最明显的派别。

第一种是带着浓重的中印度色彩的，比较呆板僵定，刻法呈示在模仿方面的努力。佳者虽勇毅有劲，但缺乏任何韵趣；弱者则颇多伧丑。引人兴趣者，单是其古远的年代，而不是美术的本身。

第二种佛容修长，衣褶质实而流畅。弱者质朴庄严；佳者含笑超尘，美有余韵，气魄纯厚，精神栩栩，感人以超人的定，超神的动；艺术之最高成绩，荟萃于一痕一纹之间，任何刀削雕琢，平畅流丽，全不带烟火气。这种创造，纯为汉族本其固有美感趣味，在宗教艺术方面的发展。其精神与汉刻密切关联，与中印度佛像，反疏隔不同旨趣。

飞仙雕刻亦如佛像，有上面所述两大派别：一为模仿，以印度像为模型；一为创造，综合模仿所得经验，与汉族固有趣味及审美倾向，作新的尝试。

这两种时期距离并不甚远，可见汉族艺术家并未奴隶于模仿，而印度健陀罗刻像雕纹的影响，只作了汉族艺术家发挥天才的引火线。

云冈佛像还有一种，只是东部第三洞三巨像一例。这种佛像雕刻艺术，在精神方面乃大大退步，在技艺方面则加增谙熟繁巧，讲求柔和的曲线、圆滑的表面。这倾向是时代的，还是主刻者个人的，却难断定了。

装饰花纹在云冈所见，中外杂陈，但是外来者，数量超过原有者甚多。观察后代中国所熟见的装饰花纹，则此种外来的影响势力范围极广。殷周秦汉金石上的花纹，始终不能与之抗衡。

云冈石窟乃西域印度佛教艺术大规模侵入中国的实证。但观其结果，在建筑上并未动摇中国基本结构。在雕刻上只强烈的触动了中国雕刻艺术的新创造——其精神，气魄，格调，根本保持着中国固有的。而最后却在装饰花纹上，输给中国以大量的新题材，新变化，新刻法，散布流传直至今日，的确是个值得注意的现象。

插图一 云冈造像

插图二 武梁祠汉代画像

插图三 龙门造像

插图四 云冈中部第四洞门楣西侧像

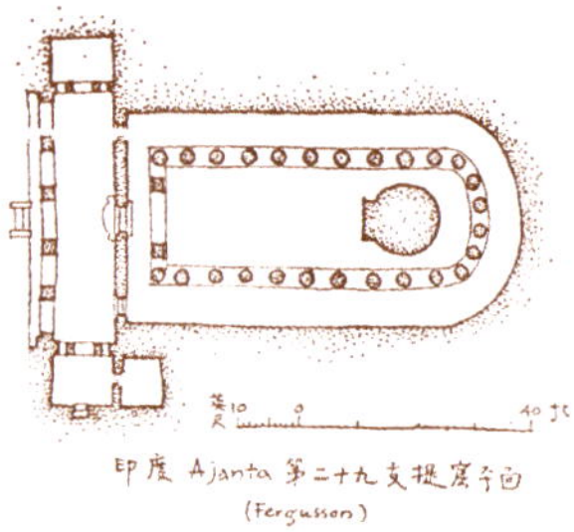

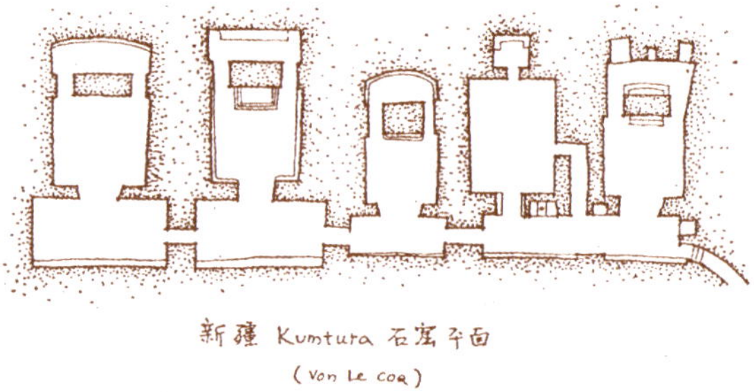

插图五 新疆 kumtura 石窟平面

插图六 云冈石窟全部平面

插图七 Karlê 支提塔

插图八 汉冥器三层楼阁

插图九 云冈东部第一洞二层塔柱

插图十 云冈东部第二洞三层塔柱

插图十一 云冈西部第六洞五层塔柱

插图十二 云冈中部第二洞九层塔柱

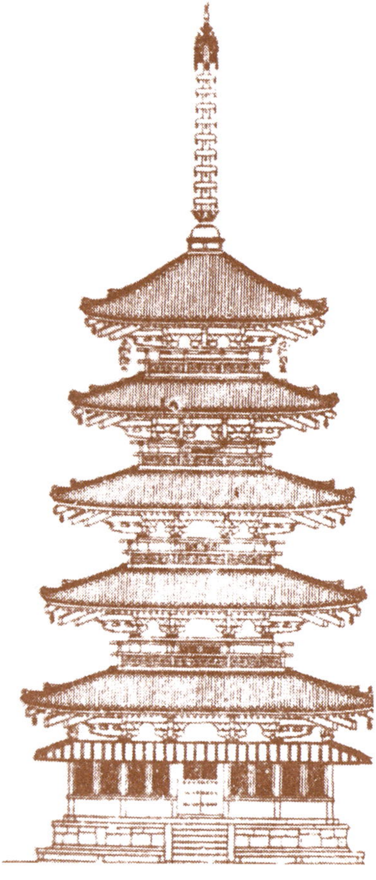

插图十三 日本奈良法隆寺五重塔

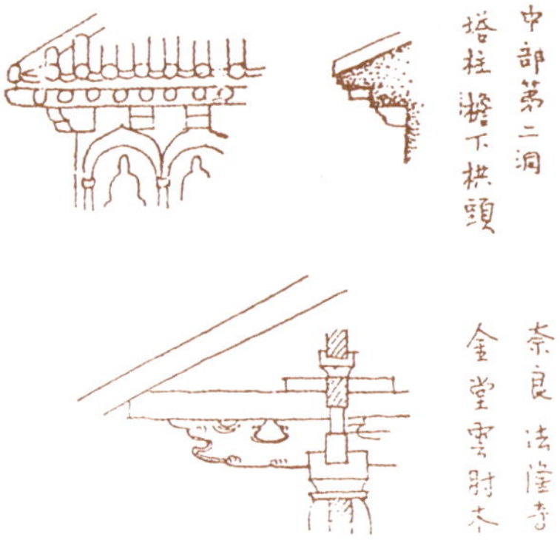

插图十四 中部第二洞塔柱檐下栱头正面（上左）、侧面（上右）及奈良法隆寺金堂云肘木（下）

插图十五 一层塔

插图十六 云冈石窟浮雕三层塔四种

插图十七 a 云冈中部第一洞浮雕五层塔

插图十七 b 云冈中部第二洞浮雕五层塔

插图十八 云冈石窟中部第七洞浮雕七层塔（右）及日本奈良法隆寺五重塔刹（左）

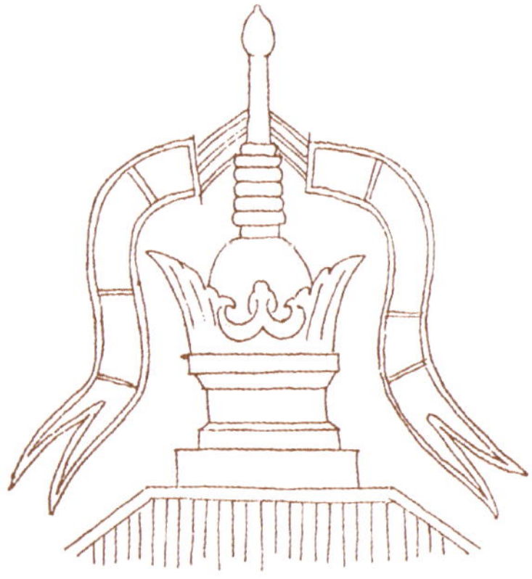

插图十九 云冈东部第二洞浮雕塔刹

插图二十 云冈中部第二洞佛迹图

插图二十一 中部第八洞东壁浮雕佛殿

插图二十二 云冈中部第八洞西壁浮雕佛像

插图二十三 云冈中部第八洞柱二种——浮雕印度式柱（左）、外廊柱（右）

插图二十四 云冈中部第八洞爱奥尼亚及哥林特式柱并万字栏杆

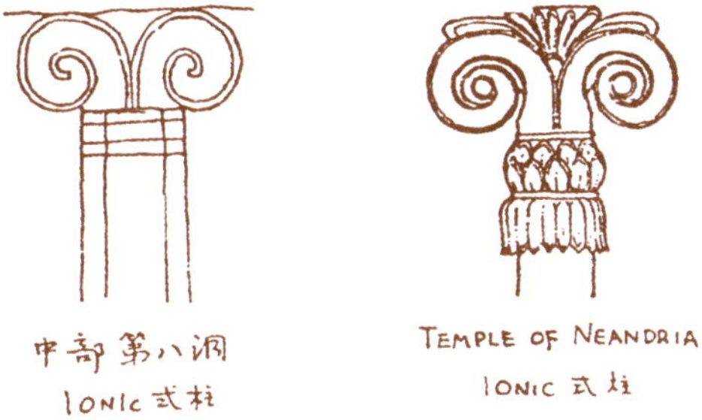

插图二十五 希腊古 Ionic 式柱头

插图二十六 波斯 persepolis 兽形柱头二种、云冈中部第八洞兽形斗拱

插图二十七 印度“元宝式”柱头

插图二十八 云冈中部第五洞内门

插图二十九 栱龛及三层塔

插图三十 垂幛龛

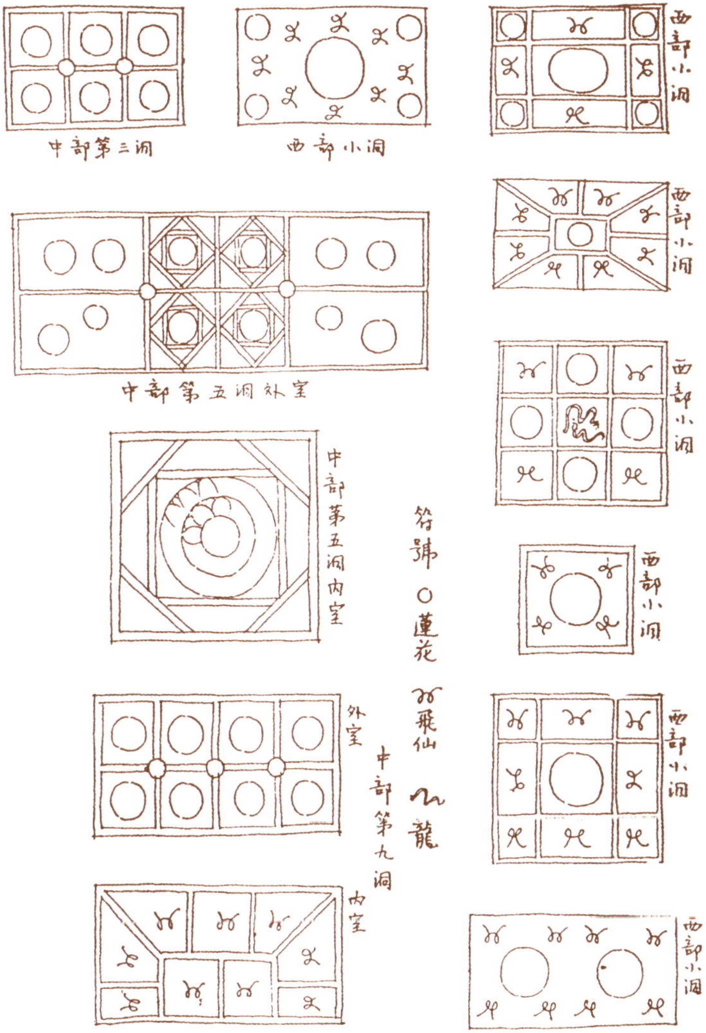

插图三十一 云冈石窟藻井分划法数种

插图三十二 云冈西部某小洞藻井（其一）

插图三十三 云冈西部某小洞藻井（其二）

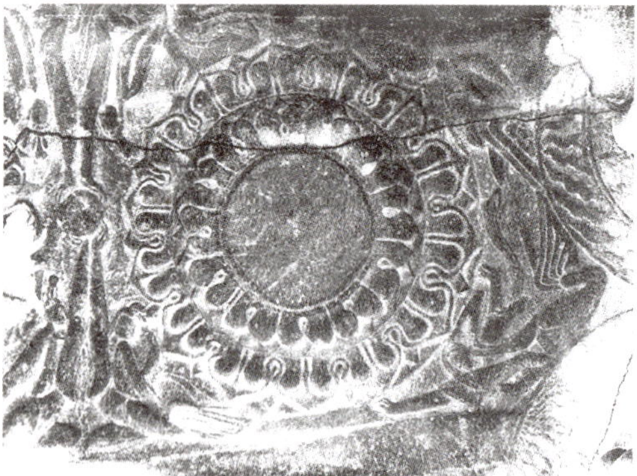

插图三十四 云冈西部某小洞藻井（其三）

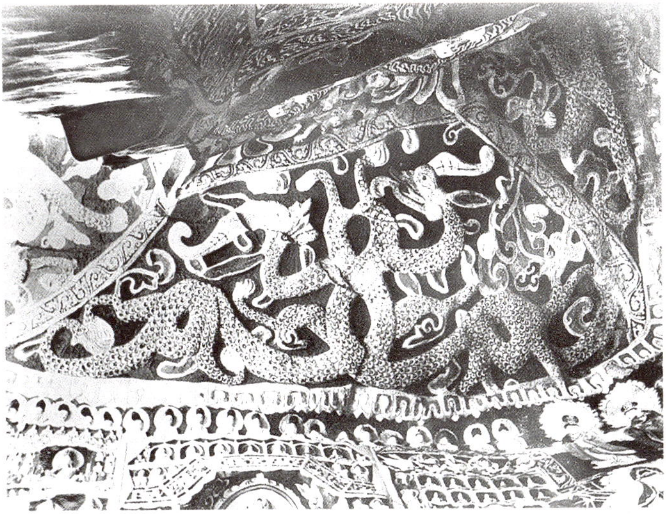

插图三十五 云冈中部第八洞龙文藻井

插图三十六 栱面飞仙

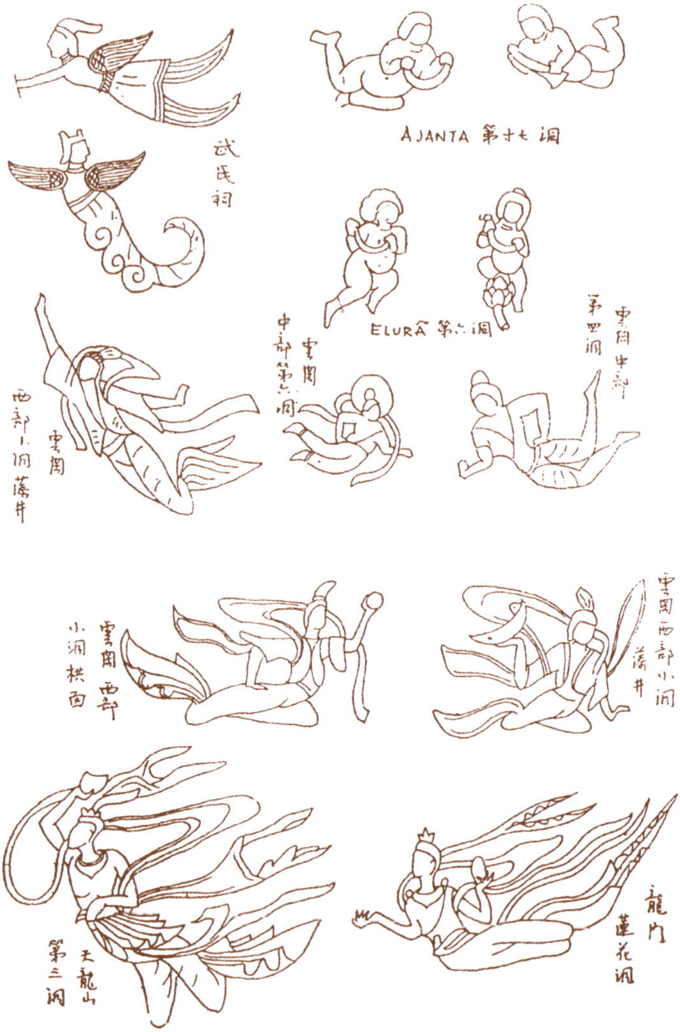

插图三十七 印度汉魏飞天比较

插图三十八 云冈中部诸窟雕饰纹样数种

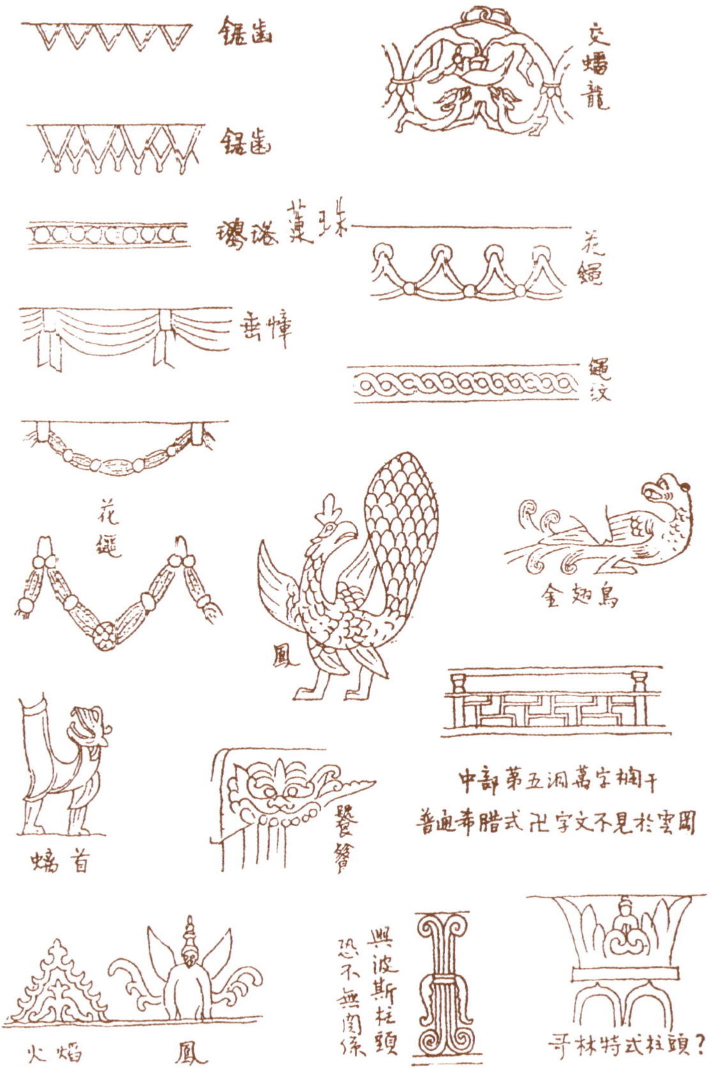

插图三十九 云冈各洞雕饰数种

插图四十 云冈西部第五洞大佛背光装饰

插图四十一 云冈中部第一、第二、第三各洞外部木构正面

插图四十二 云冈中部第二洞外部木构侧面（图中人物为林徽因）

插图四十三 云冈中部第三洞外部木构

插图四十四 敦煌石窟外部木构

插图四十五 云冈中部第八洞外柱

插图四十六 云冈东部第三洞崖上椽孔

插图四十七 云冈别墅建筑时出土莲瓣柱础

初刊于一九三四年一月京城印书局印中国营造学社版梁思成著《清式营造则例》，出版时正文第一章之末署名林徽因。梁思成《清式营造则例》序中说：『内子林徽因在本书上为我分担的工作，除「绪论」外，自开始至脱稿以后数次的增修删改，在照片之摄制及选择，图版之分配上，我实指不出彼此分工区域，最后更精心校读增削。所以至少说她便是这书一半的著者才对。』

《清式营造则例》
第一章　绪论

一

中国建筑为东方独立系统，数千年来，继承演变，流布极广大的区域。虽然在思想及生活上，中国曾多次受外来异族的影响，发生多少变异，而中国建筑直至成熟繁衍的后代，竟仍然保存着它固有的结构方法及布置规模；始终没有失掉它原始面目，形成一个极特殊，极长寿，极体面的建筑系统。故这系统建筑的特征，足以加以注意的，显然不单是其特殊的形式，而是产生这特殊形式的基本结构方法，和这结构法在这数千年中单纯顺序的演进。

所谓原始面目，即是我国所有建筑，由民舍以至宫殿，均由若干单个独立的建筑物集合而成；而这单个建筑物，由最古代简陋的胎形，到最近代穷奢极巧的殿宇，均始终保留着三个基本要素：台基部分，柱梁或木造部分，及屋顶部分。在外形上，三者之中，最庄严美丽，迥然殊异于他系建筑，为中国建筑博得最大荣誉的，自是屋顶部分。但在技艺上，经过最艰巨的努力，最繁复的演变，登峰造极，在科学美学两层条件下最成功的，却是支承那屋顶的柱梁部分，也就是那全部木造的骨架。这全部木造的结构法，也便是研究中国建筑的关键所在。

中国木造结构方法，最主要的就在构架之应用。北方有句通行的谚语，“墙倒房不塌”，正是这结构原则的一种表征。其用法则在构屋程序中，先用木材构成架子作为骨干，然后加上墙壁，如皮肉之附在骨上，负重部分全赖木架，毫不借重墙壁（所有门窗装修部分绝不受限制，可尽量充满木架下空隙，墙壁部分则可无限制的减少）；这种结构法与欧洲古典派建筑的结构法，在演变的程序上，互异其倾向。中国木构正统一贯享了三千多年的寿命，仍还健在。希腊古代木构建筑则在纪元前十几世纪，已被石取代，由构架变成垒石，支重部分完全倚赖“荷重墙”（墙既荷重，墙上开辟门窗处，因能减损荷重力量，遂受极大限制；门窗与墙在同建筑中乃成冲突原素）。在欧洲各派建筑中，除去最现代始盛行的钢架法，及钢筋水泥构架法外，惟有哥特式建筑，曾经用过构架原理；但哥特式仍是垒石发券作为构架，规模与单纯木架甚是不同。哥特式中又有所谓“半木构法”则与中国构架极相类似。惟因有垒石制影响之同时存在，此种半木构法之应用，始终未能如中国构架之彻底纯净。

屋顶的特殊轮廓为中国建筑外形上显著的特征，屋檐支出的深远则又为其特点之一。为求这檐部的支出，用多层曲木承托，便在中国构架中发生了一个重要的斗栱部分；这斗栱本身的进展，且代表了中国各时代建筑演变的大部分历程。斗栱不唯是中国建筑独有的一个部分，而且在后来还成为中国建筑独有的一种制度。就我们所知，至迟自宋始，斗栱就有了一定的大小权衡；以斗栱之一部为全部建筑物权衡的基本单位，如宋式之“材”“栔”与清式之“斗口”。这制度与欧洲文艺复兴以后以希腊罗马旧物作则所制定的法式，以柱径之倍数或分数定建筑物各部一定的权衡极相类似。所以这用斗栱的构架，实是中国建筑真髓所在。

斗栱后来虽然变成构架中极复杂之一部，原始却甚简单，它的历史竟可以说与华夏文化同长。秦汉以前，在实物上，我们现在还没有发现有把握的材料，供我们研究，但在文献里，关于描写构架及斗栱的词句，则多不胜载；如臧文仲之“山节藻棁”，鲁灵光殿赋“层栌磥垝以岌峨，曲枅要绍而环句”等。但单靠文人的辞句，没有实物的映证，由现代研究工作的眼光看去极感到不完满。没有实物我们是永没有法子真正认识，或证实，如“山节”“层栌”“曲枅”这些部分之为何物，但猜疑它们为木构上斗栱部分，则大概不会太谬误的。现在我们只能希望在最近的将来考古家实地挖掘工作里能有所发现，可以帮助我们更确实的了解。

实物真正之有“建筑的”价值者，现在只能上达东汉。墓壁的浮雕画像中（见插图一）往往有建筑的图形；山东、四川、河南多处的墓阙（见插图二），虽非真正的宫室，但是用石料摹仿木造的实物（早代木造建筑，因限于木料之不永久性，不能完整的存在到今日，所以供给我们研究的古代实物，多半是用石料明显的摹仿木造的建筑物。且此例不单限于中国古代建筑）。在这两种不同的石刻之中，构架上许多重要的基本部分，如柱，梁，额，屋顶，瓦饰等等，多已表现；斗栱更是显著，与两千年后的，在制度，权衡，大小上，虽有不同，但其基本的观念和形体，却是始终一贯的。

在云冈，龙门，天龙山诸石窟，我们得见六朝遗物。其中天龙山石窟，尤为完善（见插图三），石窟口凿成整个门廊，柱，额，斗栱，椽，檐，瓦，样样齐全。这是当时木造建筑忠实的石型，由此我们可以看到当时斗栱之形制，和结构雄大，简单疏朗的特征。

唐代给后人留下的实物最多是砖塔，垒砖之上又雕刻成木造部分，如柱，如阑额，斗栱。唐时木构建筑完整存在到今日，虽属可能，但在国内至今尚未发现过一个，所以我们常依赖唐人画壁里所描画的伽蓝，殿宇，来作各种参考。由西安大雁塔门楣上石刻——一幅惊人的清晰写真的描画——研究斗栱，知已较六朝更进一步（见插图四）。在柱头的斗栱上有两层向外伸出的翘，翘头上已有横栱厢栱。敦煌石窟中唐五代的画壁（见插图五），用鲜明准确的色与线，表现出当时殿宇楼阁，凡是在建筑的外表上所看得见的结构，都极忠实的表现出来。斗栱虽是难于描画的部分，但在画里却清晰，可以看到规模。当时建筑的成熟实已可观。

全个木造实物，国内虽尚未得见唐以前物，但在日本则有多处，尚巍然存在。其中著名的，如奈良法隆寺之金堂，五重塔，和中门，乃飞鸟时代物，适当隋代，而其建造者乃由高丽东渡的匠师。奈良唐招提寺的金堂及讲堂乃唐僧鉴真法师所立，建于天平时代，适为唐肃宗至德二年。这些都是隋唐时代中国建筑在远处得流传者，为现时研究中国建筑演变的极重要材料；尤其是唐招提寺的金堂，斗栱的结构与大雁塔石刻画中的斗栱结构，几完全符合——一方面证明大雁塔刻画之可靠，一方面又可以由这实物一探当时斗栱结构之内部。

宋辽遗物甚多，即限于已经专家认识，摄影，或测绘过的各处来说，最古的已有距唐末仅数十年时的遗物。近来发现又重新刊行问世的李明仲《营造法式》一书，将北宋晚年“官式”建筑，详细的用图样说明，乃是罕中又罕的术书。于是宋代建筑蜕变的程序，步步分明。使我们对这上承汉唐，下启明清的关键，已有十分满意的把握。

元明术书虽然没有存在的，但遗物可征者，现在还有很多，不难加以相当整理。清代于雍正十二年钦定公布《工程做法则例》，凡在北平的一切公私建筑，在京师以外许多的“敕建”建筑，都崇奉则例，不敢稍异。现在北平的故宫及无数庙宇，可供清代营造制度及方法之研究。优劣姑不论，其为我国几千年建筑的嫡嗣，则绝无可疑。不研究中国建筑则已，如果认真研究，则非对清代则例相当熟识不可。在年代上既不太远，术书遗物又最完全，先着手研究清代，是势所必然。有一近代建筑知识作根底，研究古代建筑时，在比较上便不至茫然无所依傍，所以研究清式则例，也是研究中国建筑史者所必须经过的第一步。

二

以现代眼光，重新注意到中国建筑的一般人，虽然尊崇中国建筑特殊外形的美丽，却常忽视其结构上之价值。这忽视的原因，常常由于笼统的对中国建筑存一种不满的成见。这不满的成见中最重要的成分，是觉到中国木造建筑之不能永久。其所以不能永久的主因，究为材料本身或是其构造法的简陋，却未尝深加探讨。中国建筑在平面上是离散的，若干座独立的建筑物，分配在院宇各方，所以虽然最主要雄伟的宫殿，若是以一座单独的结构，与欧洲任何全座负盛名的石造建筑物比较起来，显然小而简单，似有逊色。这个无形中也影响到近人对本国建筑的怀疑或蔑视。

中国建筑既然有上述两特征；以木材作为主要结构材料，在平面上是离散的独立的单座建筑物，严格的，我们便不应以单座建筑作为单位，与欧美全座石造繁重的建筑物作任何比较。但是若以今日西洋建筑学和美学的眼光来观察中国建筑本身之所以如是，和其结构历来所本的原则，及其所取的途径，则这统系建筑的内容，的确是最经得起严酷的分析而无所惭愧的。

我们知道一座完善的建筑，必须具有三个要素：适用，坚固，美观。但是这三个条件都不是有绝对的标准的。因为任何建筑皆不能脱离产生它的时代和环境来讲的；其实建筑本身常常是时代环境的写照。建筑里一定不可避免的，会反映着各时代的智识，技能，思想，制度，习惯，和各地方的地理气候。所以所谓适用者，只是适合于当时当地人民生活习惯气候环境而讲。所谓坚固，更不能脱离材料本质而论；建筑艺术是产生在极酷刻的物理限制之下，天然材料种类很多，不一定都凑巧的被人采用，被选择采用的材料，更不一定就是最坚固，最容易驾驭的。既被选用的材料，人们又常常习惯的继续将就它，到极长久的时间，虽然在另一方面，或者又引用其它材料，方法，在可能范围内来补救前者的不足。所以建筑艺术的进展，大部也就是人们选择，驾驭，征服天然材料的试验经过。所谓建筑的坚固，只是不违背其所用材料之合理的结构原则，运用通常智识技巧，使其在普通环境之下——兵火例外——能有相当永久的寿命的。例如石料本身比木料坚固，然在中国用木的方法竟达极高度的圆满，而用石的方法甚不妥当，且建筑上各种问题常不能独用石料解决，即有用石料处亦常发生弊病，反比木质的部分容易损毁。

至于论建筑上的美，浅而易见的，当然是其轮廓，色彩，材质等，但美的大部分精神所在，却蕴于其权衡中；长与短之比，平面上各大小部分之分配，立体上各体积各部分之轻重均等，所谓增一分则太长，减一分则太短的玄妙。但建筑既是主要解决生活上的各种实际问题，而用材料所结构出来的物体，所以无论美的精神多缥缈难以捉摸，建筑上的美，是不能脱离合理的，有机能的，有作用的结构而独立。能呈现平稳，舒适，自然的外象；能诚实的袒露内部有机的结构，各部的功用，及全部的组织；不事掩饰；不矫揉造作；能自然的发挥其所用材料的本质的特性；只设施雕饰于必需的结构部分，以求更和悦的轮廓，更谐调的色彩；不勉强结构出多余的装饰物来增加华丽；不滥用曲线或色彩来求媚于庸俗；这些便是“建筑美”所包含的各条件。

中国建筑，不容疑义的，曾经具备过以上所说的三个要素：适用，坚固，美观。在木料限制下经营结构“权衡俊美的”，“坚固”的各种建筑物，来适应当时当地的种种生活习惯的需求。我们只说其“曾经”具备过这三要素；因为中国现代生活种种与旧日积渐不同。所以旧制建筑的各种分配，随着便渐不适用。尤其是因政治制度，和社会组织忽然改革，迥然与先前不同；一方面许多建筑物完全失掉原来功用——如宫殿，庙宇，官衙，城楼等等；——一方面又需要因新组织而产生的许多公共建筑——如学校，医院，工厂，驿站，图书馆，体育馆，博物馆，商场等等；——在适用一条下，现在既完全的换了新问题，旧的答案之不能适应，自是理之当然。

中国建筑坚固问题，在木料本质的限制之下，实是成功的，下文分析里，更可证明其在技艺上，有过极艰巨的努力，而得到许多圆满，且可骄傲的成绩。如“梁架”，如“斗栱”，如“翼角翘起”种种结构做法及用材。直至最近代科学猛进，坚固标准骤然提高之后，木造建筑之不永久性，才令人感到不满意。但是近代新发明的科学材料，如钢架及钢骨水泥，作木石的更经济更永久的替代，其所应用的结构原则，却正与我们历来木造结构所本的原则符合。所以即使木料本身有遗憾，因木料所产生的中国结构制度的价值则仍然存在，且这制度的设施，将继续的应用在新材料上，效劳于我国将来的新建筑。这一点实在是值得注意的。

已往建筑即使因人类生活状态之更换，至失去原来功用，其历史价值不论，其权衡俊秀或魁伟，结构灵活或诚朴，其纯美术的价值仍显然绝不能讳认的。古埃及的陵殿，希腊的神庙，中世纪的堡垒，文艺复兴中的宫苑，皆是建筑中的至宝，虽然其原始作用已全失去。虽然建筑的美术价值不会因原始作用失去而低减，但是这建筑的“美”却不能脱离适当的，有机的，有作用的结构而独立的。

中国建筑的美就是合于这原则；其轮廓的和谐，权衡的俊秀伟丽，大部分是有机，有用的，结构所直接产生的结果。并非因其有色彩，或因其形式特殊，我们才推崇中国建筑；而是因产生这特殊式样的内部是智慧的组织，诚实的努力。中国木造构架中凡是梁，栋，檩，椽，及其承托，关联的结构部分，全部袒露无遗；或稍经修饰，或略加点缀，大小错杂，功用昭然。

三

虽然中国建筑有如上述的好处，但在这三千年中，各时期差别很大，我们不能笼统的一律看待。大凡一种艺术的始期，都是单简的创造，直率的尝试；规模粗具之后，才节节进步使达完善，那时期的演变常是生气勃勃的。成熟期既达，必有相当时期因承相袭，规定则例，即使对前制有所更改，亦仅限于琐节。单在琐节上用心"过尤不及"的增繁弄巧，久而久之，原始骨干精神必至全然失掉，变成无意义的形式。中国建筑艺术在这一点上也不是例外，其演进和退化的现象极明显的，在各朝代的结构中，可以看得出来。唐以前的，我们没有实物作根据，但以我们所知道的早唐和宋初实物比较，其间显明的进步，使我们相信这时期必仍是生气勃勃，一日千里的时期。结构中含蕴早期的直率及魄力，而在技艺方面又渐精审成熟。以宋代头一百年实物和北宋末年所规定的则例（宋李明仲《营造法式》）比看，它们相差之处，恰恰又证实成熟期到达后，艺术的运命又难免趋向退化。但建筑物的建造不易，且需时日，它的寿命最短亦以数十年，半世纪计算。所以演进退化，也都比较和缓转折。所以由南宋而元而明而清八百余年间，结构上的变化，虽无疑的均趋向退步，但中间尚有起落的波澜，结构上各细部虽多已变成非结构的形式，用材方面虽已渐渐过当的不经济，大部分骨干却仍保留着原始结构的功用，构架的精神尚挺秀健在。

现在且将中国构架中大小结构各部作个简单的分析，再将几个部分的演变略为申述，俾研究清式则例的读者，稍识那些严格规定的大小部分的前身，且知分别何者为功用的，魁伟诚实的骨干，何者为功用部分之堕落，成为纤巧非结构的装饰物。即引用清式则例之时，若需酌量增减变换，亦可因稍知其本来功用而有所凭借，或恢复其结构功用的重要，或矫正其纤细取巧之不适当者，或裁削其不智慧的奢侈的用材。在清制权衡上既知其然，亦可稍知其所以然。

构架 木造构架所用的方法，是在四根立柱的上端，用两横梁两横枋周围牵制成一间。再在两梁之上架起层叠的梁架，以支桁；桁通一间之左右两端，从梁架顶上脊瓜柱上，逐级降落，至前后枋上为止。瓦坡曲线即由此而定。桁上钉椽，排比并列，以承望板；望板以上始铺瓦作，这是构架制骨干最简单的说法。这“间”所以是中国建筑的一个单位；每座建筑物都是由一间或多间合成的。

这构架方法之影响至其外表式样的，有以下最明显的几点：（一）高度受木材长短之限制，绝不出木材可能的范围。假使有高至二层以上的建筑，则每层自成一构架，相叠构成，如希腊，罗马之叠柱式。（二）即极庄严的建筑，也呈现绝对玲珑的外表。结构上无论建筑之大小，绝不需要坚厚的负重墙，除非故意为表现雄伟时，如城楼等建筑，酌量的增厚。（三）门窗大小可以不受限制；柱与柱之间可以全部安装透光线的小木作——门屏窗扇之类，使室内有充分的光线。不似垒石建筑门窗之为负重墙上的洞，门窗之大小与墙之坚弱是成反比例的。（四）层叠的梁架逐层增高，成“举架法”，使屋顶瓦坡自然的，结构的获得一种特别的斜曲线。

斗栱 中国构架中最显著且独有的特征便是屋顶与立柱间过渡的斗栱。椽出为檐，檐承于檐桁上，为求檐伸出深远，故用重叠的曲木——翘——向外支出，以承挑檐桁。为求减少桁与翘相交处的剪力，故在翘头加横的曲木——栱。在栱之两端或栱与翘相交处，用斗形木块——斗——垫托于上下两层栱或翘之间。这多数曲木与斗形木块结合在一起，用以支撑伸出的檐者，谓之斗栱。

这檐下斗栱的职能，是使房檐的重量渐次集中下来直到柱的上面。但斗栱亦不限于檐下，建筑物内部柱头上亦多用之，所以斗栱不分内外，实是横展结构与立柱间最重要的关节。

在中国建筑演变中，斗栱的变化极为显著，竟能大部分的代表各时期建筑技艺的程度及趋向。最早的斗栱实物我们没有木造的，但由仿木造的汉石阙上看，这种斗栱，明显的较后代简单得多；由斗上伸出横，栱之两端承檐桁。不止我们不见向外支出的翘，即和清式最简单的“一斗三升”比较，中间的一升亦未形成（虽有，亦仅为一小斗介于栱之两端）。直至北魏北齐如云冈天龙山石窟前门，始有斗栱像今日的一斗三升之制。唐大雁塔石刻门楣上所画斗栱，给与我们证据，唐时已有前面向外支出的翘（宋称华栱），且是双层，上层托着横栱，然后承桁。关于唐代斗栱形状，我们所知道的，不只限于大雁塔石刻，鉴真所建奈良唐招提寺金堂，其斗栱结构与大雁塔石刻极相似，由此我们也稍知此种斗栱后尾的结束。进化的斗栱中最有机的部分，“昂”，亦由这里初次得见。

国内我们所知道最古的斗栱结构，则是思成前年在河北蓟县所发现的独乐寺的观音阁（见插图六），阁为北宋初年（公元九八四年）物，其斗栱结构的雄伟，诚实，一望而知其为有功用有机能的组织。这个斗栱中两昂斜起，向外伸出特长，以支深远的出檐，后尾斜削挑承梁底，如是故这斗栱上有一种应力；以昂为横杆，以大斗为支点，前檐为荷载，而使昂后尾下金桁上的重量下压维持其均衡。斗栱成为一种有机的结构，可以负担屋顶的荷载。

由建筑物外表之全部看来，独乐寺观音阁与敦煌的五代壁画极相似，连斗栱的构造及分布亦极相同。以此作最古斗栱之实例，向下跟着时代看斗栱演变的步骤，以至清代，我们可以看出一个一定的倾向，因而可以定清式斗栱在结构和美术上的地位。

插图七是辽宋元明清斗栱比较图，不必细看，即可见其（一）由大而小：（二）由简而繁；（三）由雄壮而纤巧；（四）由结构的而装饰的；（五）由真结构的而成假刻的部分如昂部；（六）分布由疏朗而繁密。

图中斗栱 a 及 b 都是辽圣宗朝物，可以说是北宋初年的作品。其高度约占柱高之半至五分之二。f 柱与 b 柱同高，斗栱出踩较多一踩，按《工程做法则例》的尺寸，则斗栱高只及柱高之四分之一。而辽清间的其他斗栱如 c，d，e，f，年代逾后，则斗栱与柱高之比逾小。在比例上如此，实际尺寸亦如此。于是后代的斗栱，日趋繁杂纤巧，斗栱的功用，日渐消失；如斗栱原为支檐之用，至清代则将挑檐桁放在梁头上，其支出远度无所赖于层层支出的曲木（翘或昂）。而辽宋斗栱，如 a 至 d 各图，均为一种有机的结构，负责的承受檐及屋顶的荷载。明清以后的斗栱，除在柱头上者尚有相当结构机能外，其平身科已成为半装饰品了。至于斗栱之分布，在唐画中及独乐寺所见，柱头与柱头之间，率只用补间斗栱（清称平身科）一朵（攒）；《营造法式》规定当心间用两朵，次梢间用一朵。至明清以斗口十一分定攒档，两柱之间，可以用到八攒平身科，密密的排列，不止全没有结构价值，本身反成为额枋上重累，比起宋建，雄壮豪劲相差太多了。

梁架用材的力学问题，清式较古式及现代通用的结构法，都有个显著的大缺点。现代用木梁，多使梁高与宽作二与一或三与二之比，以求其最经济最得力的权衡。宋《营造法式》也规定为三与二之比。《工程做法则例》则定为十与八或十二与十之比，其断面近乎正方形，又是个不科学不经济的用材法。

屋顶　历来被视为极特异极神秘之中国屋顶曲线，其实只是结构上直率自然的结果，并没有什么超出力学原则以外和矫揉造作之处，同时在实用及美观上皆异常的成功。这种屋顶全部的曲线及轮廓，上部巍然高耸，檐部如翼轻展，使本来极无趣，极笨拙的实际部分，成为整个建筑物美丽的冠冕，是别系建筑所没有的特征。

因雨水和光线的切要实题，屋顶早就扩张出檐的部分。出檐远，檐沿则亦低压，阻碍光线，且雨水顺势急流，檐下亦发生溅水问题。为解决这两个问题，于是有飞檐的发明：用双层椽子，上层椽子微曲，使檐沿向上稍翻成曲线。到屋角时，更同时向左右抬高，使屋角之檐加甚其仰翻曲度。这“翼角翘起”，在结构上是极合理，极自然的布置，我们竟可以说：屋角的翘起是结构法所促成的。因为在屋角两檐相交处的那根主要构材——“角梁”及上段“由戗”——是较椽子大得很多的木材，其方向是与建筑物正面成四十五度的，所以那并排一列椽子，与建筑物正面成直角的，到了靠屋角处必须积渐开斜，使渐平行于角梁，并使最后一根直到紧贴在角梁旁边。但又因椽子同这角梁的大小悬殊，要使椽子上皮与角梁上皮平，以铺望板，则必须将这开舒的几根椽子依次抬高，在底下垫“枕头木”。凡此种种皆是结构上的问题适当的，被技巧解决了的。

这道曲线在结构上几乎是不可信的简单和自然；而同时在美观

上不知增加多少神韵。不过我们须注意过当或极端的倾向，常将本来自然合理的结构变成取巧和复杂。这过当的倾向，表面上且呈出脆弱虚矫的弱点，为审美者所不取。但一般人常以愈巧愈繁必是愈美，无形中多鼓励这种倾向。南方手艺灵活的地方，飞檐及翘角均特别过当，外观上虽有浪漫的姿态，容易引人赞美，但到底不及北方现代所常见的庄重恰当，合于审美的真纯条件。

屋顶的曲线不只限于“翼角翘起”与“飞檐”，即瓦坡的全部，也是微曲的不是一片直的斜坡；这曲线之由来乃从梁架逐层加高而成，称为“举架”，使屋顶斜度越上越峻峭，越下越和缓。《考工记》“轮人为盖……上欲尊而宇欲卑，上尊而宇卑，则吐水疾而溜远”，很明白的解释这种屋顶实际上的效用。在外观上又因这“上尊而宇卑”，可以矫正本来屋脊因透视而减低的倾向，使屋顶仍得巍然屹立，增加外表轮廓上的美。

至于屋顶上许多装饰物，在结构上也有它们的功用，或是曾经有过功用的。诚实的来装饰一个结构部分，而不肯勉强的来掩蔽一个结构枢纽或关节，是中国建筑最长之处；在屋顶瓦饰上，这原则仍是适用的。脊瓦是两坡接缝处重要的保护者，值得相当的注意，所以有正脊垂脊等部之应用。又因其位置之重要，略异其大小，所以正脊比垂脊略大。正脊上的正吻和垂脊上的走兽等等，无疑的也曾是结构部分。我们虽然没有证据，但我们若假定正吻原是管着脊部木架及脊外瓦盖的一个总关键，也不算一种太离奇的幻想；虽然正吻形式的原始，据说是因为柏梁台灾后，方士说“南海有鱼虬，尾似鸱，激浪降雨”，所以做成鸱尾象，以厌火样的。垂脊下半的走兽仙人，或是斜脊上钉头经过装饰以后的变形。每行瓦陇前头一块上面至今尚有盖钉头的钉帽，这钉头是防止瓦陇下溜的。垂脊上饰物本来必不如清式复杂，敦煌壁画里常见用两座“宝珠”，显然像木钉的上部略经雕饰的。垂兽在斜脊上段之末，正分划底下骨架里由戗与角梁的节段，使这个瓦脊上饰物，在结构方面又增一种意义，不纯出于偶然。

台基　台基在中国建筑里也是特别发达的一部，也有悠久的历史。《史记》里“尧之有天下也，堂高三尺”。汉有三阶之制，左碱右平；三阶就是基台，碱即台阶的踏道，平即御路。这台基部分如希腊建筑的台基一样，是建筑本身之一部，而不可脱离的。在普通建筑里，台基已是本身中之一部，而在宫殿庙宇中尤为重要。如北平故宫三殿，下有白石崇台三重，为三殿作基座，如汉之三阶。这正足以表示中国建筑历来在布局上也是费了精详的较量，用这舒展的基座，来托衬壮伟巍峨的宫殿。在这点上日本徒知摹仿中国建筑的上部，而不采用底下舒展的基座，致其建筑物常呈上重下轻之势。近时新建筑亦常有只注重摹仿旧式屋顶而摒弃底下基座的。所以那些多层的所谓仿宫殿式的崇楼华宇，许多是生硬的直出泥上，令人生不快之感。

关于台基的演变，我不在此赘述，只提出一个最值得注意之点来以供读《清式则例》时参考。台基有两种：一种平削方整的；另一种上下加枭混，清式称须弥座台基。这须弥座台基就是台基而加雕饰者，唐时已有，见于壁画，宋式更有见于实物的，且详载于《营造法式》中。但清式须弥座台基与唐宋的比较有个大不相同处；清式称“束腰”的部分，介于上下枭混之间，是一条细窄长道，在前时却是较大的主要部分——可以说是整个台基的主体。所以唐宋的须弥座基一望而知是一座台基上下加雕饰者，而清式的上下枭混与束腰竟是不分宾主，使台基失掉主体而纯像雕纹，在外表上大减其原来雄厚力量。在这一点上我们便可以看出清式在雕饰方面加增华丽，反倒失掉主干精神，实是个不可讳认的事实。

色彩　色彩在中国建筑上所占的位置，比在别式建筑中重要得多，所以也成为中国建筑主要特征之一。油漆涂在木料上本来为的是避免风日雨雪的侵蚀；因其色彩分配的得当，所以又兼收实用与美观上的长处，不能单以色彩作奇特繁杂之表现。中国建筑上色彩之分配，是非常慎重的。檐下阴影掩映部分，主要色彩多为“冷色”，如青蓝碧绿，略加金点。柱及墙壁则以母赤为其主色，与檐下幽阴裹冷色的彩画正相反其格调。有时庙宇的柱廊竟以黑色为主，与阶陛的白色相映衬。这种色彩的操纵可谓轻重得当，极含蓄的能事。我们建筑既为用彩色的，设使这些色彩竟滥用于建筑之全部，使上下耀目辉煌，势必鄙俗妖冶，乃至野蛮，无所谓美丽和谐或庄严了。琉璃于汉代自罽宾传入中国；用于屋顶当始于北魏，明清两代，应用尤广，这个由外国传来的宝贵建筑材料，更使中国建筑放一异彩。本来轮廓已极优美的屋宇，再加以琉璃色彩的宏丽，那建筑的冠冕便几无瑕疵可指。但在瓦色的分配上也是因为操纵得宜；尊重纯色的庄严，避免杂色的猥琐，才能如此成功。琉璃瓦即偶有用多色的例，亦只限于庭园小建筑物上面，且用色并不过滥，所砌花样亦能单简不奢。既用色彩又能俭约，实是我们建筑术中值得自豪的一点。

平面　关于中国建筑最后还有个极重要的讨论：那就是它的平面布置问题。但这个问题广大复杂，不包括于本绪论范围之内，现在不能涉及。不过有一点是研究清式则例者不可不知的，当在此略一提到。凡单独一座建筑物的平面布置，依照清《工部工程做法》所规定，虽其种类似乎众多不等，但到底是归纳到极呆板，极简单的定例。所有均以四柱牵制成一间的原则为主体的，所以每座建筑物中柱的分布是极规则的。但就我们所知道宋代单座遗物的平面看来，其布置非常活动，比起清式的单座平面自由得多了。宋遗物中虽多是庙宇，但其殿里供佛设座的地方，两旁供立罗汉的地方，每处不同。在同一殿中，柱之大小有几种不同的，正间、梢间柱的数目地位亦均不同的（参看中国营造学社各期《汇刊》辽宋遗物报告）。

所以宋式不止上部结构如斗栱斜昂是有机的组织，即其平面亦为灵活有功用的布置。现代建筑在平面上需要极端的灵活变化，凡是试验采用中国旧式建筑改为现代用的建筑师们，更不能不稍稍知道清式以外的单座平面，以备参考。

工程　现在讲到中国旧的工程学，本是对于现代建筑师们无所补益的，并无研究的价值。只是其中有几种弱点，不妨举出供读者注意而已。

（一）清代匠人对于木料，尤其是梁，往往用得太费。这点上文已讨论过。他们显然不明了横梁载重的力量只与梁高成正比例，而与梁宽的关系较小。所以梁的宽度，由近代工程学的眼光看来，往往嫌其太过。同时匠师对于梁的尺寸，因没有计算木力的方法，不得不尽量放大，用极高的安全率，以避免危险。结果不但是木料之大靡费，而且因梁本身重量太重，以致影响及于下部的坚固。

（二）中国匠师素不用三角形。他们虽知道三角形是惟一不变动几何形，但对于这原则却极少应用。在清式构架中，上部既有过重的梁，又没有用三角形支撑的柱，所以清代的建筑，经过不甚长久的岁月，便有倾斜的危险。北平街上随处有这种已倾斜而用砖墩或木柱支撑的房子。

（三）地基太浅是中国建筑的一个大病。普通则例规定是台明高之一半，下面垫几步灰土。这种做法很不彻底，尤其是在北方，地基若不刨到冰线以下，建筑物的安全方面，一定要发生问题。

好在这几个缺点，在新建筑师手里，根本就不成问题。我们只怕不了解，了解之后，去避免或纠正它是很容易的。

上文已说到艺术有勃起，呆滞，衰落，各种时期，就中国建筑讲，宋代已是规定则例的时期，留下《营造法式》一书；明代的《营造法式》虽未发见，清代的《工程做法则例》却极完整。所以就我们所确知的则例，已有将近千年的根基了。这九百多年之间，建筑的气魄和结构之直率，的确一代不如一代，但是我认为还在抄袭时期；原始精神尚大部保存，未能说是堕落。可巧在这时间，有新材料新方法在欧美产生，其基本原则适与中国几千年来的构架制同一学理。而现代工厂，学校，医院，及其他需要光线和空气的建筑，其墙壁门窗之配置，其铁筋混凝土及钢骨的构架，除去材料不同外，基本方法与中国固有的方法是相同的。这正是中国老建筑产生新生命的时期。在这时期，中国的新建筑师对于他祖先留下的一份产业实在应当有个充分的认识。因此思成将他所已知道的比较详尽的清式则例整理出来，以供建筑师们和建筑学生们的参考。他嘱我为作绪论，申述中国建筑之沿革，并略论其优劣，我对于中国建筑沿革所识几微，优劣的评论，更非所敢。姑草此数千言，拉杂成此一篇，只怕对《清式则例》读者无所裨益但乱听闻。不过我敢对读者提醒一声，规矩只是匠人的引导，创造的建筑师们和建筑学生们，虽须要明了过去的传统规矩，却不要盲从则例，束缚自己的创造力。我们要记着一句普通谚语："尽信书不如无书。"

林徽音

中华民国二十三年一月

插图一 汉代画像中之建筑

插图二 汉墓石阙

插图三 山西天龙山石窟（北齐）

插图四 西安大雁塔门楣石刻

插图五 敦煌壁画中之建筑

插图六 河北蓟县独乐寺观音阁（辽代建筑）

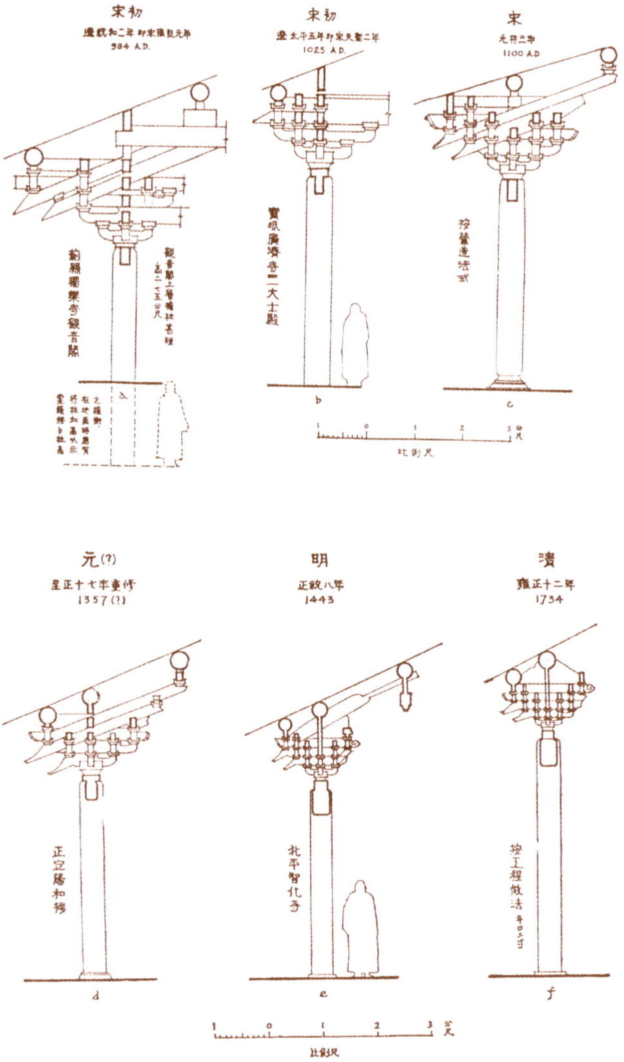

插图七 宋元明清斗栱之比较

初刊于一九三五年二月二十三日《大公报》『艺术周刊』第二十五期。后来本文又在《中国营造学社汇刊》第五卷第四期转载，转载时改题为《平郊建筑杂录·续》，署名林徽因、梁思成。

由天宁寺谈到建筑年代之鉴别问题

北平广安门外天宁寺塔的研究，已在我们《平郊建筑杂录》的初稿中静睡了年余，一年来，我们在内地各处跑了些路，反倒和北平生疏了许多。近郊虽近，在我们心里却像远了一些，许多地方竟未再去图影实测。于是一年半前所关怀的平郊胜迹，那许多美丽的塔影，城角，小楼，残碣全都淡淡的，委曲的在角落里初稿中尽睡着下去。

前几天《大公报》上（本市副刊版）有篇《天宁寺写生记》，白纸上印着黑的大字"隋朝古塔至今巍然矗立，浮雕精妙纯为唐人作风"这样赫然惊人的标题一连登了三日，我们不会描写我们当日所受的感觉是如何的，反正在天宁寺底下有那么大字的隋唐的标题，那么武断大意的鉴定（显然误于康熙乾隆浪漫的碑文），在我们神经上的影响，颇像根针刺，煞是不好受。

具体点讲，我们想到国内爱好美术古迹的人日渐增加，爱慕北平名胜者更不知凡几，读到此种登载，或从此刻入印象中一巍然燕郊隋塔，访古寻胜，传说远近，势必影响及国人美术常识，殊觉可憾。不客气点，或者可说心里起了类似良心上责任问题，感到要写篇我们关于如何鉴定天宁寺塔的文字，供研究者之参考。

不过这不是说，我们关于天宁寺塔建造的年代，有一个单独的，秘密的铁证在手里。却正是说我们关于这塔的传说，及其近代碑记，有极大疑问，所以向着塔的本身要证据。塔既不会动，他的年代证据，如同其他所有古建一样，又都明显的放在他的全身上下，只要有人作过实物比较工作的，肯将这一切逐件指点出来，多面的引证反证，谁也可以明白这塔之绝不能为隋代物。

国内隋唐遗建，纯木者尚未得见，砖石者亦大罕贵，但因其为佛教全盛时代，常大规模的遗留图画雕刻教迹于各处如敦煌云冈龙门等等，其艺术作风，建筑规模，或花纹手法，则又为研究美术者所熟审。宋辽以后遗物虽有不载朝代年月的，可考者终是较多，且同时代，同式样，同一作风的遗物亦较繁夥，互相印证比较容易，故前人泥于可疑的文献，相传某物为某代原物的，今日均不难以实物比较方法，用科学考据态度，重新探讨，辩证其确实时代。这本为今日治史及考古者最重要亦最有趣的工作。

本来我们的《平郊建筑杂录》的定例，不录无自己图影或测绘的古迹，且均附游记，但是这次不得不例外。原因是我（徽因）见了“艺术周刊”已预告的文章一篇，一时因图片关系交不了卷，近日这天宁寺又尽在我们心里欠伸活动，再也不肯在稿件中间继续睡眠状态，所以我们决意不待细测全塔，先将对天宁寺简略的考证及鉴定，提早写出，聊作我们对于鉴别建筑年代方法程序的意见，以供同好者的参考。希望各处专家读者给以指正。

广安门外天宁寺塔，是属于那种特殊形式，研究塔者常直称其为“天宁式”的，因为此类塔散见于北方各地，自成一派，天宁则又是其中规模最大者（见图一）。此塔不仅是北平近郊古建遗迹之一，且是历来传说中颇多认为隋朝建造的实物。但其塔型显然为辽金最普通的式样，细部手法亦均未出宋辽规制范围，关于塔之文献方面材料又全属于可疑一类，直至清代碑记，及《冷然志》，《顺天府志》等，始以坚确口气直称其为隋建。传说塔最上一层南面有碑 *《日下旧闻考》引《冷然志》。，关于其建造年代，将来或可找到确证，今姑分文献材料及实物作风两方面而讨论之。讨论之前，先略述今塔的形状如下。

简略的说，塔的平面为八角形，立面显著的分三部：一、繁复之塔座，二、较塔座略细之第一层塔身，三、以上十二层支出的密檐。全塔砖造高五七. 八〇公尺，合国尺十七丈有奇。

塔建于一方形大平台之上，平台之上始立八角形塔座。座甚高，最下一部为须弥座，其“束腰” *须弥座中段之板称“束腰”，其上有拱形池子称壶门。有“壶门”花饰，转角有浮雕像。此上又有镂刻着壶门浮雕之束腰一道，最上一部为勾栏斗栱俱全之“平座” *即露廊 balcony。一围，栏上承三层仰翻莲瓣（见图二）。

微细的第一层塔身立于仰莲之上，其高度几等于整个塔座，四面有门及浮雕像，其他四面又各有直棂窗及浮雕像。此段塔身与其上十三层密檐是划然成塔座以上的两个不同部分。十三层密檐中，最下一层是属于这第一层塔身的，出檐稍远，檐下斗栱亦与上层稍稍不同。

上部十二层，每层仅有出檐及斗栱，各层重叠不露塔身。宽度则每层向上递减，递减率且向上增加，使塔外廓作缓和之“卷杀”*直立柱向上缩小其径，使轮廓成微曲线谓之“卷杀”，entasis。。

塔各层出檐不远，檐下均施“双抄斗栱”*向外伸出两栱，清称“重翘”，宋称“双抄”。。塔的转角为立柱，故其主要的“柱头铺作”*在柱上之斗栱称“柱头铺作”。，亦即为其“转角铺作”*在角上之斗栱称“转角铺作”。。在上十二层两转角间均用“补间铺作”*不在柱上之斗栱称“补间铺作”。两朵。惟有第一层只用补间铺作一朵。第一层斗栱与上各层做法不同之处在转角及补间均加用“斜栱”*与建筑物正面及华栱均作四十五度之栱，谓之斜栱。一道。

塔顶无刹，用两层八角仰莲上托小须弥座，座承宝珠。塔纯为砖造，内心并无梯级可登。

历来关于天宁寺的文献，《日下旧闻考》中，殆已搜集无遗，共计集有《神州塔传》《续高僧传》《广宏明集》《帝京景物略》《长安客话》《析津日记》《隩志》《艮斋笔记》《明典汇》《冷然志》，及其他关于这塔的记载，以及乾隆重修天宁寺碑文及各处许多的题诗（惟康熙天宁寺《礼塔碑记》并未在内）。所收材料虽多，但关于现存砖塔建造的年代，则除却年代最后一个乾隆碑之外，综前代的文献中，无一句有确实性的明文记载。

不过，《顺天府志》将《日下旧闻考》所集的各种记述，竟然自由草率的综合起来，以确定的语气说“寺为元魏所造，隋为宏业，唐为天王，金为大万安，寺当元末兵火荡尽，明初重修，宣德改曰天宁，正统更名广善戒坛，后复今名，……寺内隋塔高二十七丈五尺五寸……”等。

按《日下旧闻考》中诸文多重复抄袭及迷信传述，有朝代年月，及实物之记载的，有下列重要的几段。

（一）《神州塔传》："隋仁寿间幽州宏业寺建塔藏舍利。"此书在文献中年代大概最早，但传中并未有丝毫关于塔身形状材料位置之记述，故此段建塔的记载，与现存砖塔的关系完全是疑问的。仁寿间宏业寺建塔，藏舍利，并不见得就是今天立着的天宁寺塔，这是很明显的。

（二）《续高僧传》："仁寿下敕召送舍利于幽州宏业寺，即元魏孝文之所造，旧号光林……自开皇末，舍利到前，山恒倾摇……及安塔竟，山动自息。……"

《续高僧传》，唐时书，亦为集中早代文献之一。按此在隋开皇中"安塔"，但其关系与今塔如何则仍然是疑问的。

（三）《广宏明集》："仁寿二年分布舍利五十一州，建立灵塔。幽州表云，三月二十六日，于宏业寺安置舍利，……"

这段与上两项一样的与今塔之关系无甚把握。

（四）《帝京景物略》："隋文帝遇阿罗汉授舍利一囊……乃以七宝函致雍岐等十三州建一塔，天宁寺其一也，塔高十三寻，四周缀铎万计，……塔前一幢，书体遒美，开皇中立。"

这是一部明末的书，距隋已隔许多朝代，在这里我们第一次见到隋文帝建塔藏舍利的历史与天宁寺塔串成一起的记载。据文中所述高十三寻缀铎的塔，已似今存之塔，但这高十三寻缀铎的塔，是否即隋文帝所建，则仍无根据。

此书行世为明末，明代以前有元，元前金，金前辽，辽前五代及唐，除唐以外，辽金元对此塔既无记载，隋文帝之塔，本可几经建造而不为此明末作者所识。且六朝及早唐之塔多木构，如《洛阳伽蓝记》所述之"胡太后塔"及日本现存之京都法隆寺塔 * 日本京都法隆寺五重塔，乃“飞鸟”时代物，适当隋代，其建造者乃由高丽东渡的匠师，其结构与《洛阳伽蓝记》中所述木塔及云冈石刻中的塔多符合。，我们所见的邓州大兴国寺，仁寿二年的舍利宝塔下铭，铭石为圆形的，大约即是埋在木塔之“塔心柱”下那块圆础底下的，使我们疑心仁寿分布诸州之舍利塔均为隋时最普遍之木塔。至于开皇石幢，据《析津日记》（亦明代书）所载，则早已失所在。

（五）《析津日记》：“寺在元魏为光林，在隋为宏业，在唐为天王，在金为大万安，宣德修之曰天宁，正统中修之曰万寿，戒坛，名凡数易。访其碑记，开皇石幢已失所在，即金元旧碣亦无片石矣。盖此寺本名宏业，而王元美谓幽州无宏业，刘同人谓天宁之先不为宏业，皆考之不审也。”

《析津日记》与《帝京景物略》同为明书，但其所载“天宁之先不为宏业”，及“考之不审也”，这种疑问态度与《帝京景物略》之武断恰恰相反，且作者“访其碑记”要寻“金元旧碣”，对于考据之慎重亦与“景物略”不同。

（六）《隩志》，不知明代何时书，似乎较以上两书稍早。文中：“天王寺之更名天宁也，宣德十年事也；今塔下有碑勒更名勅，碑阴则正统十年刊行藏经敕也。碑后有尊胜陀罗尼石幢，辽重熙十七年五月立。”

此段记载，性质确实之外，还有个可注意之点，即辽重熙年号及刻有此年号之实物，在此轻轻提到，至少可以证明两桩事：一、辽代对于此塔亦有过建设或增益，二、此段历史完全不见记载，乃至于完全失传。

（七）《长安客话》：“寺当元末兵火荡尽，文皇在潜邸命所司重修。姚广孝曾居焉。宣德间敕更今名。”这段所记“寺当元末兵火荡尽”，因下文重修及“姚广孝曾居焉”等语气，灾祸似乎仅限于寺院，不及于塔。如果塔亦荡尽，文皇（成祖）重修时岂不还要重建塔？且《长安客话》距元末，至少已两百年，兵火之后的光景，那作者并不甚了了，他的注重处在夸扬文皇在潜邸重修的事耳。但事实如何，单借文献，实在无法下断语。

（八）《冷然志》，书的时代既晚，长篇的描写对于塔的神话式来源又已取坚信态度，更不足凭信。不过这里认塔前传有开皇幢，为辽重熙幢之误，可注意。

关于天宁寺的文献，完全限于此种疑问式的短段记载。至于康熙乾隆长篇的碑文，虽然说得天花乱坠，对于天宁寺过去的历史似乎非常明白，毫无疑问之处，但其所根据，也只是限于我们今日所知道的一把疑云般的不完全的文献材料，其确实性根本不能成立。且综以上文献看来，唐以后关于塔只有明末清初的记载，中间要紧的各朝代经过，除金大定易名大万安禅寺外，并无一点记述，今塔的真实历史在文献上实无可考。

文献资料既如上述的不完全，不可靠，我们惟有在形式上鉴定其年代。这种鉴别法，完全赖观察及比较工作所得的经验，如同鉴定字画金石陶瓷的年代及真伪一样，虽有许多为绝对的，且可以用文字笔墨形容之点，也有一些是较难，乃至不能言传的，只好等观者由经验去意会。

其可以言传之点，我们可以分作两大类去观察：（一）整个建筑物之形式也可以说是图案之概念；（二）建筑各部之手法或作风。

关于图案概念一点，我们可以分作平面（Plan）及立面（Elevation）讨论。唐以前的塔，我们所知道的，平面差不多全作正方形。实物如西安大雁塔（见图三），小雁塔，玄奘塔（见图四），香积寺塔，嵩山永泰寺塔及房山云居寺（见图七）四个小石塔……河南山东无数的唐代或以前高僧墓塔，如山东神通寺四门塔，灵岩寺法定塔，嵩山少林寺法玩塔……等等等等。刻绘如云冈龙门石刻，敦煌壁画等等，平面都是作正方形的。我们所知的惟一的例外，在唐以前的，惟有嵩山嵩岳寺塔平面作十二角形，这十二角形平面，不惟在唐以前是例外，就是在唐以后，也没有第二个，所以它是个例外之最特殊者，是中国建筑史中之独例（见图五）。除此以外，则直到中唐或晚唐，方有非正方形平面的八角形塔出现，这个罕贵的遗物即嵩山会善寺净藏禅师塔（见插图六）。按禅师于天宝五年圆寂，这塔的兴建，绝不会在这年以前，这塔短稳古拙亦是孤例，而比这塔还古的八角形平面塔，除去天宁寺——假设它是隋建的话——别处还未得见过。在我们今日，觉得塔的平面或作方形，或作多角形，没甚奇特。但是一个时代的作者，大多数跳不出他本时代盛行的作风或规律以外的——建筑物尤甚——所以生在塔平面作方形的时代，能做出一个平面不作方形的塔来，是极罕有的事。

至于立面（Elevation）方面，我们请先看塔全个的轮廓及这轮廓之所以型成。天宁寺的塔，是在一个基坛之上立须弥座，须弥座上立极高的第一层，第一层以上有多层密而扁的檐的。这种第一层高，以上多层扁矮的塔，最古的例当然是那十二角形嵩山嵩岳寺塔，但除它而外，是须到唐开元以后才见有那类似的做法，如房山云居寺四小石塔。在初唐期间，砖塔的做法，多如大雁塔一类各层均等递减的（见图三）。但是我们须注意，唐以前的这类上段多层密檐塔，不惟是平面全作方形而且第一层之下无须弥座等等雕饰，且上层各檐是用砖层层垒出，不施斗栱，其所呈的外表，完全是两样的。

由平面及轮廓看来，已略可证明天宁寺塔，为隋代所建之绝不可能，因为唐以前的建筑师就根本没有这种塔的观念。

至于建筑各部的手法作风，更可以辅助着图案概念方面不足的证据，而且往往更可靠，更易于鉴别。建筑各部构材，在中国建筑中占位置最重要的，莫过于斗栱。斗栱演变的沿革，差不多就可以说是中国建筑结构法演变史。在看多了的人，差不多只须一看斗栱，对一座建筑物的年代，便有七八分把握。砖塔石塔之用斗栱，据我们所知道的，是由简而繁。最古的例如北周神通寺四门塔及东魏嵩岳寺十二角十五层塔，都没有斗栱。次古的如西安大雁塔及香积寺砖塔，皆属初唐物，只用斗而无栱。与之约略同时或略后者如西安兴教寺玄奘塔（见图四）则用简单的一斗三升交蚂蚱头在柱头上。直至会善寺净藏塔（见图六），我们始得见简单人字栱的补间铺作。神通寺龙虎塔建于唐末，只用双抄偷心华栱*华栱与建筑物正面成直角，其上无横栱者，谓之偷心。。真正用砖石来完全模仿成朵复杂的斗栱的，至五代宋初始见，其中如我们所见许多的“天宁式”塔。其中年代正确的有辽天庆七年的房山云居寺南塔，金大定二十五年的正定临济寺青塔（见图七、图八）。还有蓟县白塔，正定清塔等等，在那时候还有许多砖塔的斗栱是木质的，如杭州雷峰塔保俶塔六和塔等等。

天宁寺的斗栱，最下层平坐，用华栱两跳偷心，补间铺作多至三朵。主要的第一层，斗栱出两跳华栱，角柱上的转角铺作，在大斗之旁，用附角斗，补间铺作一朵，用四十五度斜栱。这两个特点，都与大同善化寺金代的三圣殿相同。第二层以上，则每面用补间铺作两朵；补间铺作之繁重，亦与转角铺作相埒，都是出华栱两跳，第二跳偷心的。就我们所知，唐以前的建筑，不惟没有用补间铺作两朵的，而且虽用一朵，亦只极简单，纯处于辅材的地位的直斗或人字栱等而已。就斗栱看来，这塔是绝对不能早过辽宋时代的。

承托斗栱的柱额，亦极清楚的表示它的年代。我们只须一看年代确定的唐塔或六朝塔，凡是用倚柱（engaged column）的，如嵩岳寺塔，玄奘塔，净藏塔，都用八角形（或六角?）柱，虽然有一两个用扁柱（pilaster）的，如大雁塔，却是显然不模仿圆或角柱形。圆形倚柱之用在砖塔，唐以前虽然不能定其必没有，而唐以后始盛行。天宁寺塔的柱，是圆的。这圆柱之上，有额枋，额枋在角柱上出头处，斫齐如辽建中所常见，蓟县独乐寺，大同下华岩寺都有如此的做法。额枋上的普拍枋，更令人疑它年代之不能很古，因为唐以前的建筑，十之八九不用普拍枋，上文所举之许多例，率皆如此。但自宋辽以后，普拍枋已占了重要位置。这额枋与普拍枋，虽非绝对证据，但亦表示结构是辽金以后而又早于元时的极高可能性。

在天宁寺塔的四正面有圆栱门，四隅面有直棂窗。这诚然都是古制，尤其直棂窗，那是宋以后所少用。但是圆门券上，不用火焰形券饰，与大多数唐代及以前佛教遗物异其趣旨。虽然，其上浮雕璎珞宝盖略作火焰形，疑原物或照古制，为重修时所改。至于门扇上的菱花格棂，则尤非宋以前所曾见，唐五代砖石各塔的门及敦煌画壁中我们所见的都是钉门钉的板门。

栏杆的做法，又予我们以一个更狭的年代范围。现在常见的明清栏杆，都是每两栏版之间立一望柱的。宋元以前，只在每面转角处立望柱而“寻杖”特长。天宁寺塔便是如此，这可以证明它是明代以前的形制。这种的栏杆，均用斗子蜀柱。*每段栏杆之两端小柱，高出栏杆者称望柱，栏杆最上一条横木称寻杖。在寻杖以下，分隔各栏板之小柱称蜀柱，隔于栏板及寻杖之间之斗称斗子，明清以后无此制。分隔各栏版，不用明清式的荷叶墩。我们所知道的辽金塔，斗子蜀柱都做得非常清楚，但这塔已将原形失去，斗子与柱之间，只马马虎虎的用两道线条表示，想是后世重修时所改。至于栏版上的几何形花纹，已不用六朝隋唐所必用的特种卍字纹，而代以较复杂者。与蓟县独乐寺观音阁内栏版及大同华岩寺壁藏上栏版相同。凡此种种，莫不倾向着辽金原形而又经明清重修的表示。

平坐斗栱之下，更有间柱及壶门。间柱的位置，与斗栱不相对，其上力神像当在下文讨论。壶门的形式及其起线，软弱柔圆，不必说没有丝毫六朝刚强的劲儿，就是与我们所习见的宋代扁桃式壶门也还比不上其健稳。我们的推论，也以为是明清重修的结果。

至于承托这整个塔的须弥座，则上枋之下用枭混（Cyma recta）*建筑物上隆起的边作交背之双弧线者ʒ称枭混。而我们所见过的须弥座，自云冈龙门以至辽宋遗物，无一不是层层方角叠出，间或用四十五度斜角线者。枭混之用，最早也过不了五代末期。若说到隋，那更是绝不可能的事。

关于雕刻，在第一主层上，夹门立天王，夹窗立菩萨，窗上有飞天，不必“从事美术十余年”，只要将中国历代雕刻遗物略看一遍，便可定其大略的年代。由北魏到隋唐的佛像飞天，到宋辽塑像画壁，到元明清塑刻，刀法笔意及布局姿势，莫不清清楚楚的可以顺着源流鉴别的。若必欲与隋唐的比较，则山东青州云门山，山西天龙山，河南龙门，都有不少的石刻。这些相距千里的约略同时的遗作，都有几个或许多个共同之点，而绝非天宁寺塔像所有。隋代石刻，虽在中国佛教美术中算是较早期的作品，但已将南北朝时所含的健陀罗风味摆脱得一干二净而自成一种淳朴古拙的气息。若在天宁寺塔上看出健陀罗作风来岂不是“白昼见鬼”了么？

至于平坐以下的力神，狮子，和垫栱板上的卷草西番莲一类的花纹，我想勉强说它是辽金的作品，还不甚够资格，恐怕仍是经过明清照原样修补的，那里来的唐人作风？虽然各像衣褶，仍较清全盛时单纯静美，无后代繁缛云朵及俗气逼人的飘带。但窗棂上部之飞仙已类似后来常见之童子，与隋唐那些脱尽人间烟火气的飞天，岂能混做一谈。

综上所述，我们可以断定天宁寺塔绝对不是隋宏业寺的原塔。而在年代确定的砖塔中，有房山云居寺辽代南塔（见图七）与之最相似，此外确为辽金而年代未经记明的塔如云居寺北塔，通州塔（见图九）及辽宁境内许多的砖塔，式样手法都与之相仿佛。正定临济寺金大定二十五年的青塔也与之相似，但较之稍清秀。

与之采同式而年代较后者有安阳天宁寺八角五层砖塔，虽无正确的文献纪其年代，但是各部作风纯是元代法式。

北平八里庄慈寿寺塔（见图十），建于明万历四年，据说是照天宁寺塔建筑的，但是细查其各部，则斗栱，檐椽，额枋，普拍枋（清称平板枋），券门，券窗，格棂如意头，莲瓣栏杆（望柱极密），平坐枭混，圭脚——由顶至踵，无一不是明清官式则例。所以天宁寺塔之年代，在这许多类似砖塔中比较起来，我们暂时假定它与云居寺南塔时代约略相同，是辽末（十二世纪初期）的作品，较之细瘦之通州塔及正定临济寺青塔早，但其细部或有极晚之重修。在未得到文献方面更确实证据之前，我们的鉴定只能如此了。

我们希望“从事美术”的同志们对于史料之选择及鉴别，须十分慎重，对于实物制度作风之认识尤绝不可少，单凭一座乾隆碑追述往事，便认为确实史料，则未免太不认真，以前的皇帝考古家尽可以自由浪漫的记述，在民国二十年以后一个老百姓美术家说句话都得负得起责任的，除非我们根本放弃做现代国家的国民的权利。

最后我们要向天宁寺塔赔罪，因为辩证它的建造年代，我们竟不及提到塔之现状，其美丽处，如其隆重的权衡，淳和的色斑，及其他细部上许多意外的美点，不过无论如何天宁寺塔也绝不会因其建造时代之被证实，而减损其本身任何的价值的。喜欢写生者只要不以隋代古建，唐人作风目之，此塔则仍是可写生的极好题材。

图一 北平广安门外天宁寺塔

图二 天宁寺塔详部

图三 陕西西安慈恩寺大雁塔

图四 陕西西安玄奘塔详部

图五 河南登封嵩山嵩岳寺十六角塔

图六 河南嵩山会善寺净藏禅师塔

图七 北平房山县云居寺南塔

图八 河北正定临济寺青塔

图九 通州砖塔详部

图十 北平八里庄慈寿寺塔

初刊于一九三五年《中国营造学社汇刊》第五卷第四期，署名梁思成、林徽因。此文系将《由天宁寺谈判到建筑年代之鉴别问题》一文略加删改而成。本集仅节选其开头所增部分。

平郊建筑杂录（续·节选）

本文曾在二十四年二月二十三日《大公报·艺术周刊》发表，兹得编者同意，略加删改，转载本刊。

一年来，我们在内地各处跑了些路，反倒和北平生疏了许多，近郊虽近，在我们心里却像远了一些，北平广安门外天宁寺塔的研究的初稿竟然原封未动，许多地方竟未再去图影实测，一年半前所关怀的平郊胜迹，那许多美丽的塔影，城角，小楼，残碣于是全都淡淡的，委曲的在角落里初稿中尽睡着下去。

我们想国内爱好美术古迹的人日渐增加，爱慕北平名胜者更是不知凡几，或许对于如何鉴别一个建筑物的年代也常有人感到兴趣，我们这篇讨论天宁寺塔的文字或可供研究者的参考。

关于天宁寺塔建造的年代，据一般人的传说及康熙乾隆的碑记，多不负责的指为隋建，但依塔的式样来做实物的比较，将全塔上下各部逐件指点出来，与各时代其他砖塔对比，再由多面引证反证所有关于这塔的文献，谁也可以明白这塔之绝对不能是隋代原物。

国内隋唐遗建，纯木者尚未得见，砖石者亦大罕贵，但因其为佛教全盛时代，常留大规模的图画雕刻教迹于各处，如敦煌云冈龙门等等，其艺术作风，建筑规模，或花纹手法，则又为研究美术者所熟审。宋辽以后遗物虽有不载朝代年月的，可考者终是较多，且同时代，同式样，同一作风的遗物亦较繁夥，互相印证比较容易。故前人泥于可疑的文献，相传某物为某代原物的，今日均不难以实物比较方法，用科学考据态度，重新探讨，辩证其确实时代。这本为今日治史及考古者最重要亦最有趣的工作。

我们的《平郊建筑杂录》，本预定不录无自己图影或测绘的古迹，且均附游记，但是这次不得不例外。原因是《艺术周刊》已预告我们的文章一篇，一时因图片关系交不了卷，近日这天宁寺又尽在我们心里欠伸活动，再也不肯在稿件中间继续睡眠状态，所以决意不待细测全塔，先将对天宁寺简略的考证及鉴定，提早写出，聊作我们对于鉴别建筑年代方法程序的意见，以供同好者的参考。希望各处专家读者给以指正。

初刊于一九三五年《中国营造学社汇刊》第五卷第三期，署名林徽因、梁思成，后于一九三五年由中国营造学社印行单行本。

晋汾古建筑预查纪略

去夏乘暑假之便，作晋汾之游。汾阳城外峪道河，为山右绝好消夏的去处；地据白彪山麓，因神头有“马跑神泉”，自从宋太宗的骏骑蹄下踢出甘泉，救了干渴的三军，这泉水便没有停流过，千年来为沿溪数十家磨坊供给原动力，直至电气磨机在平遥创立了山西面粉业的中心，这源源清流始闲散的单剩曲折的画意。辘辘轮声既然消寂下来，而空静的磨坊，便也成了许多洋人避暑的别墅。

说起来中国人避暑的地方，那一处不是洋人开的天地，北戴河，牯岭，莫干山……所以峪道河也不是例外。其实去年在峪道河避暑的，除去一位娶英籍太太的教授和我们外，全体都是山西内地传教的洋人，还不能说是中国人避暑的地方呢。在那短短的十几天，令人大有“人何寥落”之感。

以汾阳峪道河为根据，我们曾向邻近诸县作了多次的旅行，计停留过八县地方，为太原，文水，汾阳，孝义，介休，灵石，霍县，赵城，其中介休至赵城间三百余里，因同蒲铁路正在炸山兴筑，公路多段被毁，故大半竟至徒步，滋味尤为浓厚。餐风宿雨，两周间艰苦简陋的生活，与寻常都市相较，至少有两世纪的分别。我们所参诣的古构，不下三四十处，元明遗物，随地遇见，现在仅择要纪述。

汾阳县　峪道河　龙天庙

在我们住处，峪道河的两壁山岩上，有几处小小庙宇。东岩上的实际寺，以风景幽胜著名。神头的龙王庙，因马跑泉享受了千年的烟火，正殿前有拓黑了的宋碑，为这年代的保证，这碑也就是这庙里惟一的“古物”。西岩上南头有一座关帝庙，几经修建，式样混杂，别有趣味。北头一座龙天庙，虽然在年代或结构上并无可以惊人之处，但秀整不俗，我们却可以当他作山西南部小庙宇的代表作品。

龙天庙在西岩上，庙南向，其东边立面，厢庑后背，钟楼及围墙，成一长线剪影，隔溪居高临下，隐约白杨间。在斜阳掩映之中，最能引起沿溪行人的兴趣。山西庙宇的远景，无论大小都有两个特征：一是立体的组织，权衡俊美，各部参差高下，大小相依附，从任何观点望去均恰到好处；一是在山西，砖筑或石砌物，斑彩淳和，多带红黄色，在日光里与山冈原野同醉，浓艳夺人，尤其是在夕阳西下时，砖石如染，远近殷红映照，绮丽特甚。在这两点上，龙天庙亦非例外。谷中外人三十年来不识其名，但据这种印象，称这庙做“落日庙”并非无因的。

庙周围土坡上下有盘旋小路，坡孤立如岛，远距村落人家。庙前本有一片松柏，现时只剩一老松，孤傲耸立，缄默如同守卫将士。庙门镇日闭锁，少有开时，尚遇一老人耕作门外，则可暂借锁钥，随意出入；本来这一带地方多是道不拾遗，夜不闭户的，所谓锁钥亦只余一条铁钉及一种形式上的保管手续而已。这现象竟亦可代表山西内地其他许多大小庙宇的保管情形。

庙中空无一人，蔓草晚照，伴着殿庑石级，静穆神秘，如在画中。两厢为“窑”，上平顶，有砖级可登，天晴日美时，周围风景全可入览。此带山势和缓，平趋连接汾河东西区域；远望绵山峰峦，竟似天外烟霞；但傍晚时，默立高处，实不竟古原夕阳之感。近山各处全是赤土山级，层层平削，像是出自人工；农民多辟洞“穴居”，耕种其上。麦黍赤土，红绿相间成横层，每级土崖上所辟各穴，远望似平列桥洞，景物自成一种特殊风趣。沿溪白杨丛中，点缀土筑平屋小院及磨坊，更错落可爱。

龙天庙的平面布置（见插图一）南北中线甚长，南面围墙上辟山门。门内无照壁，却为戏楼背面。山西中部南部我们所见的庙宇多附属戏楼，在平面布置上没有向外伸出的舞台。楼下部实心基坛，上部三面墙壁，一面开敞，向着正殿，即为戏台。台正中有山柱一列，预备挂上帏幕可分成前后台。楼左阙门，有石级十余可上下。在龙天庙里，这座戏楼正堵截山门入口处成一大照壁。

转过戏楼，院落甚深，楼之北，左右为钟鼓楼，中间有小小牌楼，庭院在此也高起两三级划入正院。院北为正殿，左右厢房为砖砌窑屋各三间，前有廊檐，旁有砖级，可登屋顶。山西乡间穴居仍盛行，民居喜砌砖为窑（即券洞），庙宇两厢亦多砌窑以供僧侣居住。窑顶平台均可从窑外梯级上下。此点酷似墨西哥红印人之叠层土屋，有立体堆垒组织之美。钟鼓楼也以发券的窑为下层台基，上立木造方亭，台基外亦设砖级，依附基墙，可登方亭。全建筑物以砖造部分为主，与他省木架钟鼓楼异其风趣。

正殿前廊外尚有一座开敞的过厅，紧接廊前，称“献食棚”（见图版一乙）。这个结构实是一座卷棚式过廊，两山有墙而前后檐柱间开敞，没有装修及墙壁。它的功用则在名义上已很明了，不用赘释了。在别省称祭堂或前殿的，与正殿都有相当的距离，而且不是开敞的，这献食棚实是祭堂的另一种有趣的做法。

龙天庙里的主要建筑物为正殿。殿三间，前出廊，内供龙天及夫人像。按廊下清乾隆十二年碑说：

> 龙天者，介休令贾侯也。公讳浑，晋惠帝永兴元年，刘元海……攻陷介休，公……死而守节，不愧青天。后人……故建庙崇祀……像神立祠，盖自此始矣。……

这座小小正殿，“前廊后无廊”，本为山西常见的做法，前廊檐下用硕大的斗栱，后檐却用极小，乃至不用斗栱，将前后不均齐的配置完全表现在外面，是河北省所不经见的，尤其是在旁面看其所呈现象，颇为奇特。

至于这殿，按乾隆十二年《重增修龙天庙碑记》说：

> 按正殿上梁所志系元季丁亥（元顺帝至正七年，公元一三四七）重建。
>
> 正殿三小间，献食棚一间，东西厦窑二眼，殿旁两小房二间，乐楼三间。……鸠工改修，计正殿三大间，献食棚三间，东西窑六眼，殿旁东西房六间，大门洞一座……零余银备异日牌楼钟鼓楼之费。……

所以我们知道龙天庙的建筑，虽然曾经重建于元季，但是现在所见，竟全是乾嘉增修的新构。

殿的构架，由大木上说，是悬山造，因为各檩头皆伸出到柱中线以外甚远；但是由外表上看，却似硬山造（见图版一甲），因为山墙不在山柱中线上，而向外移出，以封护檩头。这种做法亦为清代官式建筑所无。

这殿前檐的斗栱（见图版一丙），权衡甚大，斗栱之高，约及柱高之四分之一；斗栱之布置，亦极疏朗，当心间用补间铺作一朵，次间不用。当心间左右两柱头并补间铺作均用四十五度斜栱。柱身微有卷杀：阑额为月梁式；普拍枋宽过阑额。这许多特征，在河北省内惟在宋元以前建筑乃得见；但在山西，明末清初比比皆是，但细查各头的雕饰（见图版一丁），则光怪陆离，绝无古代沉静的气味；两平柱上的丁头栱（清称雀替），且刻成龙头象头等形状。

殿内梁架所用梁的断面，亦较小于清代官式的规定，且所用驼峰，替木，叉手等等结构部分，都保留下古代的做法，而在清式中所不见的。

全殿最古的部分是正殿匾牌（见图版一戊），匾文说（见右图）：

施碑人当里四乡○○○任○○男任智孙男 任选

任达

不敢○○○○周桥旦邑张元景

龙天庙

至元二年三月十二日创建　太正○○○

大木都料汾阳○从识男 ○忠

○成

这牌的牌首，牌带，牌舌，皆极奇特，与古今定制都不同，不知是否原物，虽然牌面的年代是确无可疑的。

汾阳县　大相村　崇胜寺

由太原至汾阳公路上，将到汾阳时，便可望见路东南百余米处，耸起一座庞大的殿宇，出檐深远，四角用砖筑立柱支着，引人注意。由大殿之东，进村之北门，沿寺东墙外南行颇远，始到寺门。寺规模宏敞，连山门一共六进。山门之内为天王门，天王门内左右为钟鼓楼，后为天王殿，天王殿之后为前殿，正殿（毗庐殿）及后殿（七佛殿）。除去第一进院之外，每院都有左右厢，在平面布置上，完全是明清以后的式样，而在构架上，则差不多各进都有不同的特征，明初至清末各种的式样都有代表“列席”。在建筑本身以外，正殿廊前放着一造像碑，为北齐天保三年物。

天王殿正中弘治元年（公元一四八八）碑说：

大相里横枕卜山之下……古来舍刹稽自大齐天保三年（公元五五二），大元延祐四年（公元一三一七）……奉敕建立后殿，增饰慈尊，额题崇胜禅寺，于是而渐成规模，……大明宣德庚戌五年（公元一四三〇），功竖中殿，廊庑翼如；周植树千本。……大明成化乙未十一年（公元一四七五），……构造大土殿，伽蓝宇祠，堂室俱备……

按现在情形看，天王殿与中殿之间，尚有前殿，天王殿前尚有钟楼鼓楼，为碑文中所未及。而所“植树千本”，则一根也不存在了。

山门三间，最平淡无奇；檐下用一斗三升斗栱，权衡甚小，但布置尚疏朗。

天王门三间，左右挟以斜照壁及掖门（见图版二甲）。斗栱权衡颇大，布置亦疏朗。每间用补间铺作二朵，角柱微生起，乍看确有古风。但是各昂头上过甚的雕饰（见图版二乙），立刻表示其较晚的年代。天王门内部梁架都用月梁。但因前后廊子均异常的浅隘，故前后檐部斗栱的布置都有特别的结构，成为一个有趣的断面；前面用两列斗栱，高下不同，上下亦不相列（见图版二丙），后檐却用垂莲柱（见图版二丁），使檐部伸出墙外。

钟鼓楼天王门之后，左右为钟鼓楼，其中钟楼结构精巧，前有抱厦，顶用十字脊，山花向前，甚为奇特（见图版二戊）。

天王殿五间（见图版三甲），即成化十一年所建，弘治元年碑，就立在殿之正中；天王像四尊，坐在东西梢间内。斗栱颇大，当心间用补间铺作两朵，次梢间用一朵，雄壮有古风。

前殿五间（见图版三乙），大概是崇胜寺最新的建筑物，斗栱用品字式，上交托角替，垫栱板前罗列着全副博古，雕工精细异常，不惟是太琐碎了，而且是违反一切好建筑上结构及雕饰两方面的常矩的（见图版三丙）。

前殿的东西**配殿**各三间，亦有几处值得注意之点。在横断面上，前后是不均齐的；如峪道河龙天庙正殿一样，“前廊后无廊”，而前廊用极大的斗栱，后廊用小斗栱，使侧面呈不均齐象。斗栱布置（见图版三丁）亦疏朗，每间用补间铺作一朵。出跳虽只一跳，在昂下及泥道栱下，却用替木式的短栱实拍承托，如大同华严寺海会殿及应县木塔顶层所见；但在此短栱栱头，又以极薄小之翼形栱相交，都是他处所未见。最奇特的乃在阑额与柱头的联接法，将阑额两端斫去一部，使额之上部托在柱头之上，下部与柱相交，是以一构材而兼阑额及普拍枋两者的功用的。阑额之下，托以较小的枋，长尽梢间，而在当心间插出柱头作角替，也许是《营造法式》卷五所谓“绰幕方”一类的东西。

正殿（毗庐殿）（见图版四甲）大概是崇胜寺内最古的结构，明弘治元年碑所载建于宣德庚戌五年（公元一四三〇）的中殿即指此。殿是硬山造，“前廊后无廊”，前檐用硕大的斗栱，前后亦不均齐。斗栱布置（见图版四乙），每间只用补间铺作一朵。前后各出两跳，单抄单下昂，重栱造，昂尾斜上，以承上一缝抟（见图版四丙）。当心间补间铺作用四十五度斜栱。阑额甚小，上有很宽的普拍枋，一切尚如古制。当心间两柱，八角形，这种柱常见于六朝隋唐的砖塔及石刻，但用木的，这是我们所得见惟一的例。檐出颇远，但只用椽而无飞椽，在这种大的建筑物上还是初见。

前廊西端立北齐天保三年任敬志等造像碑（见图版四丁），碑阳造像两层，各刻一佛二菩萨，额亦刻佛一尊。上层龛左右刻天王，略像龙门两大天王。座下刻狮子二；碑头刻蟠龙，都是极品，底下刻字则更劲古可爱。可惜佛面已毁，碑阴字迹亦见剥落了。清初顾亭林到汾访此碑，见先生《金石文字记》。

最后为**七佛殿**七间，是寺内最大的建筑物，在公路上可以望见（见图版五甲）。按明万历二十年《增修崇胜寺记》碑，乃“以万历十二年动工，至二十年落成”。无疑的这座晚明结构已替换了“大元元祐四年”的原建，在全部权衡上，这座明建尚保存着许多古代的美德；例如斗栱疏朗，出檐深远，尚表现一些雄壮气概。但各部本身，则尽雕饰之能事。外檐斗栱（见图版五乙），上昂嘴特多，弯曲已甚；耍头上雕饰细巧；替木两端的花纹盘缠；阑额下更有龙形的角替；且金柱内额上斗栱坐斗之剔空花（见图版五丙），竟将荷载之集中点（主要的建筑部分），作成脆弱的纤巧的花样；匠人弄巧，害及好建筑，以至如此，实令人怅然。虽然在雕工上看来，这些都是精妙绝伦的技艺，可惜太不得其道，以建筑物作卖技之场，结果因小失大，这巍峨大殿，在美术上竟要永远蒙耻低头。

七佛殿格扇上花心，精巧异常，为一种菱花与球纹混合的花样，在装饰图案上，实是登峰造极的（见图版五丁），殿顶的脊饰，是山西所常见的普通做法（见图版五戊）。

汾阳县　杏花村　国宁寺

杏花村是做汾酒的古村，离汾阳甚近。国宁寺大殿由公路上可以望见。殿重檐，上檐檐椽毁损一部，露出橑檐枋及阑额，远望似唐代刻画中所见双层额枋的建筑，故引起我们绝大的兴趣及希望，及到近前才知道是一片极大的寺址中仅剩的，一座极不规矩的正殿；前檐倾圮，檐檩暴落，竟给人以奢侈的误会。廊下乾隆二十八年碑说："敕赐于唐贞观，重建于宋，历修于明代。"现存建筑大约是明时重建的。

在山西明代建筑甚多，形形色色，式样各异，斗栱布置或仍古制，或变换纤巧，陆离光怪，几不若以建筑规制论之。大殿的平面布置几成方形（见插图二），重檐金柱的分间，与外檐柱及内柱不相排列。而在结构方面，此殿做法很奇特，内部梁架，两山将采步金梁经过复杂勾结的斗栱，放在顺梁上，而采步金上，又承托两山顺扒梁（或大昂尾），法式新异，未见于他处（见图版六乙）。

至于下檐前面的斗栱（见图版六甲），不安在柱头上，致使柱上空虚，做法错谬，大大违反结构原则，在老建筑上是甚少有的。

文水县　开栅镇　圣母庙

开栅镇并不在公路上，由大路东转沿着山势，微微向下曲折，因为有溪流，有大树，庙宇村巷全都隐藏，不易即见。庙门规模甚大，丹青剥落。院内古树合抱，浓荫四布，气味严肃之极。建筑物除北首正殿，南首乐楼，巍峨对峙外，尚有东西两堂，皆南向与正殿并列，雅有古风；廊庑，碑碣，钟楼，偏院，给人以浪漫印象较他庙为深，尤其是因正殿屋顶歇山向前，玲珑古制，如展看画里楼阁。屋顶歇山，山面向前，是宋代极普通的式制，在日本至今还用得很普遍，然在中国，由明以后，除去城角楼外，这种做法已不多见。正定隆兴寺摩尼殿，是这种做法的，且由其他结构部分看去，我们知道它是宋初物。据我们所见过其他建筑歇山向前的，共有元代庙宇两处，均在正定。此外即在文水开栅镇圣母庙正殿又得见之（见图版六丙）。

殿平面作凸字形（见插图三），后部为正方形殿三间，屋顶悬山造；前有抱厦，进深与后部同，面阔则较之稍狭，屋顶歇山造，山面向前。

后部斗栱，单昂出一跳，抱厦则重昂出两跳，布置极疏朗，补间仅一朵。昂并没有挑起的后尾，但斗栱在结构上还是有绝对的机能。耍头之上，撑头木伸出，刻略如麻叶云头，这可说是后来清式挑尖梁头之开始。前面歇山部分的构架（见图版六戊），抟枋全承在斗栱之上，结构精密，堪称上品。正定阳和楼前关帝庙的构架和斗栱，与此多有相同的特征。但此处内部木料非常粗糙，呈简陋印象。

抱厦正面骤见虽似三间，但实只一间，有角柱而无平柱，而代之以槏柱（或称抱框），额枋是长同通面阔的。额枋的用法正面与侧面略异，亦是应注意之点，侧面额枋之上用普拍枋，而正面则不用；正面额枋之高度，与侧面额枋及普拍枋之总高度相同，这也是少见的做法。

至于这殿的年代，在正面梢间壁上有元至元二十年（公元一二八三）嵌石，刻文说：

> 夫庙者元近西溪，未知何代，……后于此方要修其庙，……梁书万岁大汉之时，天会十年季春之月……今者石匠张莹，嗟岁月之弥深，睹栋梁之抽换，……恐后无闻，发愿刻碑。……

刻石如是。由形制上看来，殿宇必建于明以前，且因与正定关帝庙相同之点甚多，当可断定其为元代物。

圣母庙在平面布置上有一特殊值得注意之点。在正殿之东西，各有殿三间，南向，与正殿并列，尚存魏晋六朝东西堂之制。关于此点，刘敦桢先生在本刊五卷二期已申论得很清楚，不必在此赘述了。

文水县　文庙

文水县，县城周整，文庙建筑亦宏大出人意外。院正中泮池，两边廊庑，碑石栏杆，围衬大成门及后殿，壮丽较之都邑文庙有过无不及；但建筑本身分析起来，颇多弱点，仅为山西中部清以后虚有其表的代表作之一种。庙里最古的碑记，有宋元符三年的县学进士碑，元明历代重修碑也不少。就形制看来，现存殿宇大概都是清以后所重建。

正殿（见图版七甲），开间狭而柱高，外观似欠舒适。柱头上用阑额和由额，二者之间用由额垫板，间以“荷叶墩”，阑额之上又用肥厚的普拍枋（见图版七乙），这四层构材，本来阑额为主，其他为辅，但此处则全一样大小，使宾主不分，极不合结构原则。斗栱不甚大，每间只用补间铺作一朵。坐斗下面，托以“皿板”，刻作古玩座形，当亦是当地匠人，纤细弄巧做法之一种表现。斗栱外出两跳华栱，无昂，但后尾却有挑杆，大概是由耍头及撑头木引上。两山柱头铺作承托顺扒梁外端，内端坦然放在大梁上却倒率直（见图版七丙）。

戟门三间，大略与大成殿同时。斗栱前出两跳，单抄单下昂，正心用重栱，第一跳单栱上施替木承罗汉枋，第二跳不用栱，跳头直接承托替木，以承挑檐枋及檐桁，也是少见的做法。转角铺作不用由昂，也不用角神或宝瓶，只用多跳的实拍栱（或鞾楔），层层伸出，以承角梁，这做法不止新颖，且较其他常见的尚为合理（见图版七丁）。

汾阳县　小相村　灵岩寺

小相村与大相村一样在汾阳文水之间的公路旁，但大相村在路东，而小相村却在路西，且离汾阳亦较远。灵岩寺在山坡上，远在村后，一塔秀挺，楼阁巍然，殿瓦琉璃，辉映闪烁夕阳中，望去易知为明清物，但景物婉丽可人，不容过路人弃置不睬。

离开公路，沿土路行可四五里达村前门楼。楼跨土城上，底下圆券洞门，一如其他山西所见村落。村内一路贯全村前后，雨后泥泞崎岖，难同入蜀，愈行愈疲，愈觉灵岩寺之远，始悟汾阳一带，平原楼阁远望转近，不易用印象来计算距离的。及到寺前，残破中虽仅存山门券洞，但寺址之大，一望而知。

进门只见瓦砾土丘，满目荒凉，中间天王殿遗址，隆起如冢，气象堂皇。道中所见砖塔及重楼，尚落后甚远，更进又一土丘，当为原来前殿——中间露天趺坐两铁佛，中挟一无像大莲座；斜阳一瞥，奇趣动人，行人倦旅，至此几顿生妙悟，进入新境。再后当为正殿址（见图版八甲），背景里楼塔愈迫近，更有铁佛三尊，趺坐慈静如前，东首一尊且低头前伛，现悯恻垂注之情（见图版八乙）。此时远山晚晴，天空如宇，两址反不殿而殿，严肃丽都，不借梁栋丹青，朝拜者亦更沉默虔敬，不由自主了。

铁像有明正德年号，铸工极精，前殿止中一尊已倾欹坐地下，半埋入土，塑工清秀，在明代佛像中可称上品（见图版八丙）。

灵岩寺各殿本皆发券窑洞建筑，砖砌券洞繁复相接，如古罗马遗建，由断墙土丘上边下望，正殿偏西，残窑多眼尚存。更像隧道密室相关连，有阴森之气，微觉可怕，中间多停棺柩，外砌砖椁，印象亦略如罗马石棺，在木造建筑的中国里探访遗迹，极少有此经验的。券洞中一处，尚存券底画壁（见图版八丁），颜色鲜好，画工精美，当为明代遗物。

砖塔在正殿之后，建于明嘉靖二十八年。这塔可作晋冀两省一种晚明砖塔的代表（见图版九甲）。

砖塔之后，有砖砌小城，由旁面小门入方城内，别有天地，楼阁廊舍，尚极完整，但阒无人声，院内荒芜，野草丛生，幽静如梦；与“城”以外的堂皇残址，露坐铁佛，风味迥殊。

这院内左右配殿各窑五眼，窑筑巩固，背面向外，即为所见小城墙。殿中各余明刻木像一尊。北面有基窑七眼，上建楼殿七大间（见图版九乙），即远望巍然有琉璃瓦者。两旁更有簃楼，石级露台曲折，可从窑外登小阁，转入正楼。夕阳落漠，淡影随人转移，处处是诗情画趣，一时记忆几不及于建筑结构形状。

下楼徘徊在东西配殿廊下看读碑文，在荆棘拥护之中，得朱之俊崇祯年间碑，碑文叙述水陆楼的建造原始甚详。

朱之俊自述：“夜宿寺中，俄梦散步院落，仰视左右，有楼翼然，赫辉壮观，若新成形……觉而异焉，质明举似普门师，师为余言水陆阁像，颇与梦合。余因征水陆缘起，慨然首事。……”

各处尚存碑碣多座，叙述寺已往的盛史。惟有现在破烂的情形，及其原因，在碑上是找不出来的。

正在留恋中，老村人好事进来，打断我们的沉思，开始问答，告诉我们这寺最后的一页惨史。据说是光绪二十六年替换村长时，新旧两长各竖一帜，怂恿村人械斗，将寺拆毁。数日间竟成一片瓦砾之场，触目伤心；现在全寺只余此一院楼厢，及院外一塔而已。

孝义县　吴屯村　东岳庙

由汾阳出发南行，本来可雇教会汽车到介休，由介休改乘公共汽车到霍州赵城等县。但大雨之后，道路泥泞，且同蒲路正在炸山筑路，公共汽车道多段已拆毁不能通行，沿途跋涉露宿，大部竟以徒步得达。

我们曾因道阻留于孝义城外吴屯村，夜宿村东门东岳庙正殿廊下；庙本甚小，仅余一院一殿，正殿结构奇特，屋顶的繁复做法，是我们在山西所见的庙宇中最已甚的。小殿向着东门，在田野中间镇座，好像乡间新娘，满头花钿，正要回门的神气（见图版九丙）。

庙院平铺砖块，填筑甚高，围墙矮短如栏杆，因墙外地洼，用不着高墙围护；三面风景，一面城楼，地方亦极别致。庙厢已作乡间学校，但仅在日中授课，顽童日出即到，落暮始散。夜里仅一老人看守，闻说日间亦是教员，薪金每年得二十金而已。

院略为方形，殿在院正中，平面则为正方形，前加浅隘的抱厦。两旁有斜照壁，殿身屋顶是歇山造：抱厦亦然，但山面向前，与开栅圣母庙正殿极相似，但因前为抱厦，全顶呈繁乱状，加以装饰物，愈富缛不堪设想（见图版九丙）。这殿的斗栱甚为奇特，其全朵的权衡，为普通斗栱所不常有，因为横栱——尤其是泥道栱及其慢栱——甚短，以致斗栱的轮廓耸峻，呈高瘦状。殿深一间，用补间斗栱三朵。抱厦较殿身稍狭，用补间铺作一朵，各层出四十五度斜昂。昂嘴纤弱，鰤入颇深。各斗栱上的耍头，厚只及材之半，刻作霸王拳，劣匠弄巧的弊病，在在可见。

侧面阑额之下，在柱头外用角替，而不用由额，这角替外一头伸出柱外，托阑额头下，方整无饰，这种做法无意中巧合力学原则，倒是罕贵的一例。檐部用椽子一层，并无飞椽，亦奇。但建造年月不易断定。我们夜宿廊下，仰首静观檐底黑影，看凉月出没云底，星斗时现时隐，人工自然，悠然溶合入梦，滋味深长。

霍县　太清观

以上所记，除大相村崇胜寺规模宏大及圣母庙年代在明以前，结构适当外，其他建筑都不甚重要。霍州县城甚大，庙观多，且魁伟，登城楼上望眺，城外景物和城内嵯峨的殿宇对照，堪称壮观。以全城印象而论，我们所到各处，当无能出霍州右者。

霍县太清观在北门内，志称宋天圣二年，道人陶崇人建，元延祐三年道人陈泰师修。观建于土丘之上，高出两旁地面甚多，而且愈往后愈高，最后部庭院与城墙顶平，全部布局颇饶趣味。

观中现存建筑，多明清以后物。惟有前殿（见图版九丁），额曰“金阙玄元之殿”，最饶古趣。殿三间，悬山顶，立在很高的阶基上；前有月台，高如阶基。斗栱雄大，重栱重昂造，当心间用补间铺作两朵，梢间用一朵。柱头铺作（见图版九戊）上的耍头，已成桃尖梁头形式，但昂的宽度，却仍早制，未曾加大。想当是明初近乎官式的作品。这殿的檐部，也是不用飞椽的。

最后一殿，歇山重檐造，由形制上看来，恐是清中叶以后新建。

霍县　文庙

霍县文庙，建于元至元间，现在大门内还存元碑四座。由结构上看来，大概有许多座殿宇，还是元代遗构。在平面布置上，自大成门左右一直到后面，四周都有廊庑，显然是古代的制度。可惜现在全庙被划分两半，前半——大成殿以南——驻有军队，后半是一所小学校，前后并不通行，各分门户，与我们视察上许多不便。

前后各主要殿宇，在结构法上是一贯的。棂星门以内，便是大成门（见图版十甲），门三间，屋顶悬山造。柱瘦高而额细，全部权衡颇高，尤其是因为柱之瘦长，颇类唐代壁画中所常视的现象。斗栱简单（见插图四、图版十乙），单抄四铺作，令栱上施替木，以承橑檐槫。华栱之上施耍头，与令栱及慢栱相交，耍头后尾作楷头，承托在梁下；梁头也伸出到楷头之上，至为妥当合理。斗栱布置疏朗，每间只用补间铺作一朵，放在细长的阑额及其厚阔的普拍枋上。普拍枋出柱头处抹角斜割，与他处所见元代遗物刻海棠卷瓣者略同。中柱上亦用简单的斗栱，华栱上一材，前后出楷头以承大梁。左右两中柱间用柱头枋一材在慢栱上相联络；这柱头枋在左右中柱上向梢间出头作蚂蚱头，并不通排山。大成门梁架用材轻爽经济，将本身的重量减轻，是极妥善的做法。我们所见檐部只用圆椽，其上无飞檐椽的，这又是一例。

大成殿亦三间（见图版十丙），规模并不大。殿立在比例高耸的阶基上，前有月台；上用砖砌栏杆（这矮的月台上本是用不着的）。殿顶歇山造。全部权衡也是峻耸状。因柱子很高，故斗栱比例显得很小。

斗栱（见图版十丁），单下昂四铺作，出一跳，昂头施令栱以承橑檐桙及枋。昂嘴鰤势圜和，但转角铺作角昂及由昂，则较为纤长。昂尾单独一根（见图版十戊），斜挑下平桙下，结构异常简洁，也许稍嫌薄弱。斗栱布置疏朗，每门只用补间铺作一朵，三角形的垫栱板在这里竟成扁长形状。

歇山部分的构架，是用两层的丁栿，将山部托住。下层丁栿与阑额平，其上托斗栱。上层丁栿外端托在外檐斗栱之上，内端在金柱上，上托山部构架。

霍县 东福昌寺

祝圣寺原名东福昌寺，明万历间始改今名。唐贞观四年，僧清宣奉敕建。元延祐四年，僧圆琳重建，后改为霍山驿。明洪武十八年，仍建为寺。现时因与西福昌寺关系，俗称上寺下寺。就现存的建筑看，大概还多是元代的遗物。

东福昌寺诸建筑中，最值得注意的，莫过于正殿。殿七楹，斗栱疏朗，尤其在昂嘴的鰤势上，富于元代的意味。殿顶结构，至为奇特（见图版十一甲）。乍见是歇山顶，但是殿本身屋顶与其下围廊顶是不连续成一整片的，殿上盖悬山顶，而在周围廊上盖一面坡顶（围廊虽有转角绕殿左右，但止及殿左右朵殿前面为止）。上面悬山顶有它自己的勾滴，降一级将水泄到下面一面坡顶上。汉代遗物中，瓦顶有这种两坡做法，如高颐石阙及纽约博物馆藏汉明器，便是两个例，其中一个是四阿顶，一个是歇山顶。日本奈良法隆寺玉虫厨子，也用同式的顶。这种古式的结构，不意在此得见其遗制，是我们所极高兴的。关于这种屋顶，已在本刊五卷二期《汉代建筑式样与装饰》一文中详论，不必在此赘述。

在正殿左右为朵殿，这朵殿与正殿殿身，正殿围廊三部屋顶连接的结构法（见图版十一乙、插图五），至为妥善，在清式建筑中已不见这种智巧灵活的做法，官式规制更守住呆板办法删除特种变化的结构，殊可惜。

正殿阶基颇高，前有月台，阶基及月台角石上，均刻蟠龙，如《营造法式》石作之制；此例雕饰曾见于应县佛宫寺塔月台角石上。可见此处建筑规制必早在辽明以前。

后殿由形制上看，大概与正殿同时，当心间补间铺作用斜栱斜昂，如大同善化寺金建三圣殿所见。

后殿前庭院正中，尚有唐代经幢一柱存在，经幢之旁，有北魏造像残石，用砖龛砌护（见图版十一丙）。石原为五像，弥勒（?）正中坐，左右各二菩萨挟侍，惜残破不堪；左面二菩萨且已缺毁不存。弥勒垂足交胫坐，与云冈初期作品同，衣纹体态，无一非北魏初期的表征，古拙可喜。

霍县　西福昌寺

西福昌寺与东福昌寺在城内大街上东西相称。按《霍州志》，贞观四年，敕尉迟恭监造。初名普济寺。太宗以破宋老生于此，贞观三年，设建寺以树福田，济营魄。乃命虞世南，李百药，褚遂良，颜师古，岑文本，许敬宗，朱子奢等为碑文。可惜现时许多碑石，一件也没有存在的了。

现在正殿五间（见图版十一丁）。左右朵殿三间，当属元明遗构。殿廊下金泰和二年碑，则称寺创自太平兴国三年。前廊檐柱尚有宋式覆盆柱础。

前殿三间，歇山造，形制较古，门上用两门簪，也是辽宋之制。殿内塑像，颇似大同善化寺诸像。惜过游时，天色已晚，细雨不辍，未得摄影。但在殿中摸索，燃火在什物尘垢之中，瞻望佛容而已。

全寺地势前低后高。庭院层层高起，亦如太清观，但跨院旧址尚广，断墙倒壁，老榭荒草中，杂以民居，破落已极。

霍县　火星圣母庙

火星圣母庙在县北门内。这庙并不古，却颇有几处值得注意之点。在大门之内，左右厢房各三间，当心间支出垂花雨罩，新颖可爱，足供新设计参考采用（见图版十二甲）。正殿及献食棚屋顶的结构，各部相互间的联络，在复杂中倒合理有趣。在平面的布置上，正殿三间，左右朵殿各一间，正殿前有廊三间，廊前为正方形献食棚，左右廊子各一间（见图版十二乙）。这多数相联络殿廊的屋顶（见插图六）；正殿及朵殿悬山造，殿廊一面坡顶，较正殿顶低一级，略如东福昌寺大殿的做法。献食棚顶用十字脊，正面及左右歇山，后面脊延长，与一面坡相交；左右廊子则用卷棚悬山顶。全部联络法至为灵巧，非北平官式建筑物屋顶所能有。

献食棚前琉璃狮子一对（见图版十二丙），塑工至精，纹路秀丽，神气生猛，堪称上品。

东廊下明清碑碣及嵌石颇多。

霍县　县政府大堂

在霍县县政府的大堂的结构上，我们得见到滑稽绝伦的建筑独例。大堂前有抱厦，面阔三间。当心间阔而梢间稍狭，四柱之上，以极小的阑额相联络，其上却托着一整根极大的普拍枋，将中国建筑传统的构材权衡完全颠倒。这还不足为奇；最荒谬的是这大普拍枋之上，承托斗栱七朵，朵与朵间都是等距离，而没有一朵是放在任何柱头之上（见图版十二丁），作者竟将斗栱在结构上之原意义，完全忘却，随便位置。斗栱位置不随立柱安排，除此一例外，惟在以善于作中国式建筑自命的慕菲氏所设计的南京金陵女子大学得又见之。

斗栱单昂四铺作，令栱与耍头相交，梁头放在耍头之上。补间铺作则将撑头木伸出于耍头之上，刻作麻叶云。令栱两散斗特大，两旁有卷耳，略如爱奥尼克（Ionic）柱头形。中部几朵斗栱，大斗之下，用版块垫起，但其作用与皿版并不相同。阑额两端刻卷草纹，花样颇美。柱础宝装莲瓣覆盆，只分八瓣，雕工精到（见图版十二戊）。

据壁上嵌石；元大德九年（公元一三〇五），某宗室“自明远郡（现地名待考）朝觐往返，霍郡适当其冲，虑郡廨隘陋”，所以增大重建。至于现存建筑物的做法及权衡，古今所无，年代殊难断定。

县府大门上斗栱（见插图七）华栱层层作卷瓣，也是违背常规的做法。

霍县　北门外桥及铁牛

北门桥上的铁牛，算是霍州一景，其实牛很平常，桥上栏杆则在建筑师的眼中，不但可算一景，简直可称一出喜剧。

桥五孔，是北方所常见的石桥，本无足怪（见图版十三甲）。少见的是桥栏杆的雕刻，尤以望柱为甚。栏版的花纹，各个不同，或用莲花，如意，万字，钟，鼓等等纹样，刻工虽不精而布置尚可，可称粗枝大叶的石刻。至于望柱柱头上的雕饰，则动植物，博古，几何形，无所不有，个个不同，没有重复，其中如猴子，人手，鼓，瓶，佛手，仙桃，葫芦，十六角形块，以及许多无名的怪形体，粗糙胪列，如同儿戏，无一不足，令人发笑（见图版十三乙）。

至于铁牛（见图版十三丙），与我们曾见过无数的明代铁牛一样，笨蠢无生气，虽然相传为尉迟恭铸造，以制河保城的。牛日夜为村童骑坐抚摸，古色光润，自是当地一宝。

赵城县　侯村　女娲庙

由赵城县城上霍山，离城八里，路过侯村，离村三四里，已看见巍然高起的殿宇。女娲庙，《志》称唐构，访谒时我们固是抱着很大的希望的。

庙的平面，地面深广，以正殿——娲皇殿——为中心，四周为廊屋，南面廊屋中部为二门，二门之外，左右仍为廊屋，南面为墙，正中辟山门，这样将庙分为内外两院。内院正殿居中，外院则有碑亭两座东西对立，印象宏大。这种是比较少见的平面布置。

按庙内宋开宝六年碑："乃于平阳故都，得女娲原庙重修，……南北百丈，东西九筵；雾罩檐楹，香飞户牖，……"但《志》称天宝六年重修，也许是开宝六年之误。次古的有元至元十四年重修碑，此外明清两代重修或祀祭的碑碣无数。

现存的正殿五间（见图版十三丁），重檐歇山，额曰娲皇殿。柱高瘦而斗栱不甚大。上檐斗栱（见图版十四甲），重栱双下昂造，每间用补间铺作一朵；下檐单下昂，无补间铺作。就上檐斗栱看，柱头铺作的下昂，较补间铺作者稍宽，其上有颇大的梁头伸出，略具"桃尖"之形，下檐亦有梁头，但较小。就这点上看来，这殿的年代，恐不能早过元末明初。现在正脊桁下且尚大书崇祯年间重修的字样。

柱头间联络的阑额甚细小，上承宽厚的普拍枋。歇山部分的梁架，也似汾阳国宁寺所见，用斗栱在顺梁（或额）上承托采步金梁，因顺梁大小只同阑额，颇呈脆弱之状（见图版十四乙）。这殿的彩画，尤其是内檐的，尚富古风，颇有《营造法式》彩画的意味（见图版十四乙）。殿门上铁铸门钹（见图版十四丙），门钉，铸工极精俊。

二门内偏东宋石经幢，全部权衡虽不算十分优美，但是各部的浮雕精绝（见图版十四丁），如图版下段（为须弥座之上枋）的佛迹图，正中刻城门，甚似敦煌壁画中所绘，左右图"太子"所见。中段覆盘，八面各刻狮象。上段仰莲座，各瓣均有精美花纹，其上刻花蕊。除大相村天保造像外，这经幢当为此行所见石刻中之最上妙品。

赵城县　广胜寺下寺

一年多以前，赵城宋版藏经之发现，轰动了学术界，广胜寺之名，已传遍全国了。国人只知藏经之可贵，而不知广胜寺建筑之珍奇。

广胜寺距赵城县城东南约四十里，据霍山南端。寺分上下两院，俗称“上寺”“下寺”。上寺在山上，下寺在山麓，相距里许（但是照当地乡人的说法，却是上山五里，下山一里）。

由赵城县出发，约经二十里平原，地势始渐高，此二十里虽说是平原，但多黏土平头小冈，路陷赤土谷中，蜿蜒出入，左右只见土崖及其上麦黍，头上一线蓝天，炎日当顶，极乏趣味。后二十里积渐坡斜，直上高冈，盘绕上下，既可前望山峦屏嶂，俯瞰田陇农舍，乃又穿行几处山庄村落，中间小庙城楼，街巷里井，均极幽雅有画意，树亦渐多渐茂，古干有合抱的，底下必供着树神，留着香火的痕迹。山中甘泉至此已成溪，所经地域，妇人童子多在濯菜浣衣，利用天然。泉清如琉璃，常可见底，见之使人顿觉清凉，风景是越前进越妩媚可爱。

但快到广胜寺时，却又走到一片平原上，这平原浩荡辽阔乃是最高一座山脚的干河床，满地石片，几乎不毛，不过霍山如屏，晚照斜阳早已在望，气象反开朗宏壮，现出北方风景的性格来。

因为我们向着正东，恰好对着广胜寺前行，可看其上下两院殿宇，及宝塔，附依着山侧，在夕阳渲染中闪烁辉映，直至日落。寺由山下望着虽近，我们却在暮霭中兼程一时许，至人困骡乏，始赶到下寺门前。

下寺据在山坡上，前低后高，规模并不甚大。前为山门三间，由兜峻的甬道可上。山门之内为前院，又上而达前殿。前殿五间，左右有钟鼓楼，紧贴在山墙上，楼下券洞可通行，即为前殿之左右掖门（见图版十五丙）。前殿之后为后院，正殿七间居后面正中，左右有东西配殿。

山门　山门外观奇特，最饶古趣（见图版十五甲）。屋盖歇山造，柱高，出檐远，主檐之下前后各有“垂花雨搭”，悬出檐柱以外（见图版十五乙），故前后面为重檐，侧面为单檐。主檐斗栱单抄单下昂造，重栱五铺作，外出两跳。下昂并不挑起。但侧面小柱上，则用双抄。泥道重栱之上，只施柱头枋一层，其上并无压槽枋。外第一跳重栱，第二跳令栱之上施替木以承挑檐槫。耍头斫作蚂蚱头形，斜面微顱，如大同各寺所见。

雨搭由檐柱挑出，悬柱上施阑额，普拍枋，其上斗栱单抄四铺作单栱造。悬柱下端截齐，并无雕饰。

殿身檐柱甚高，阑额纤细，普拍枋宽大，阑额出头斫作蚂蚱头形。普拍枋则斜抹角。

内部中柱上用斗栱，承托六椽栿下，前后平椽缝下，施替木及襻间。脊槫及上平槫，均用蜀柱直接立于四椽栿上。檐椽只一层，不施飞椽。

如山门这样外表，尚为我们初见；四椽栿上三蜀柱并立，可以省却一道平梁，也是少见的。

前殿 前殿五间，殿顶悬山造；殿之东西为钟鼓楼。阶基高出前院约三公尺，前有月台；月台左右为礓礤甬道，通钟鼓楼之下（见图版十五丙）。

前殿除当心间南面外，只有柱头铺作，而没有补间铺作。斗栱（见图版十五丁），正心用泥道重栱，单昂出一跳，四铺作，跳头施令栱替木，以承橑檐槫，甚古简。令栱与梁头相交，昂嘴鰤势甚弯。后面不用补间铺作，更为简洁（见图版十六甲）。

在平面上，南面左右第二缝金柱地位上不用柱（见插图八），却用极大的内额，由内平柱直跨至山柱上，而将左右第二缝前后檐柱上的“乳栿”（？）尾特别伸长，斜向上挑起，中段放在上述内额之上，上端在平梁之下相接，承托着平梁之中部（见图版十六乙、图版十六丙），这与斗栱的用昂，在原则上，是相同的，可以说是一根极大的昂。广胜寺上下两院，都用与此相类的结构法。这种构架，在我们历年国内各地所见许多的遗物中，这还是第一个例。尤其重要的，是因日本的古建筑，尤其是飞鸟灵乐等初期的遗构，都是用极大的昂，结构法与此相类，这个实例乃大可佐证建筑家早就怀疑的问题，这问题便是日本这种结构法，是直接承受中国宋以前建筑规制，并非自创，而此种规制，在中国后代反倒失传或罕见。同时使我们相信广胜寺各构，在建筑遗物实例中的重要，远超过于我们起初所想象的。

两山梁架用材极为轻秀，为普通大建筑物中所少见。前后出檐飞子极短，博风版狭而长。正脊垂脊及吻兽均雕饰繁富。

殿北面门内供僧像一躯，显然埃及风味，煞是可怪（见图版十六丁）。

两山墙外为钟鼓楼下有砖砌阶基。下为发券门道可以通行。阶基立小小方亭。斗栱单昂，十字脊歇山顶。就钟鼓楼的位置论，这也不是一个常见的布置法。

殿内佛像颇笨拙，没有特别精彩处。

正殿 正殿七间居最后。正中三间辟门，门左右有很高的直棂槛窗。殿顶也是悬山造（见图版十七甲）。

斗栱（见图版十七乙），五铺作，重栱，出两跳，单抄单下昂，昂是明清所常见的假昂，乃将平置的华栱而加以昂嘴的。斗栱只施于柱头不用补间铺作。令栱上施替木，以承橑檐槫。泥道重栱之上，只施柱头枋一层，其上相隔颇远，方置压槽枋。论到用斗栱之简洁，我们所见到的古建筑，以这两处为最；虽然就斗栱与建筑物本身的权衡比起来，并不算特别大，而且在昂嘴及普拍枋出头处等详部，似乎倾向较后的年代，但是就大体看，这寺的建筑，其古洁的确是超过现存所有中国古建筑的。这个到底是后代承袭较早的遗制，还是原来古构已含了后代的几个特征，却甚难说。

正殿的梁架结构，与前殿大致相同。在平面上左右缝内柱与檐柱不对中（见插图九），所以左右第一二缝檐柱上的乳栿，皆将后尾翘起，搭在大内额上（见图版十七丙），但栿（或昂）尾只压在四椽栿下，不似前殿之在平梁下正中相交。四椽栿以上侏儒柱及平梁均轻秀如前殿，这两殿用材之经济，虽尚未细测，只就肉眼观察，较以前我们所看过的辽代建筑尚过之。若与官式清代梁架比，真可算中国建筑物中梁架轻重之两极端，就比例上计算，这寺梁的横断面的面积，也许不到清式梁的横断面三分之一。

正殿佛像五尊，塑工精极，虽经过多次的重妆，还与大同华岩寺簿伽教藏殿塑像多少相似。侍立诸菩萨尤为俏丽有神，饶有唐风，佛容衣带，庄者庄，逸者逸，塑造技艺，实臻绝顶（见图版十七丁）。东西山墙下十八罗汉，并无特长，当非原物。

东山墙尖象眼壁上，尚有壁画一小块，图像色泽皆美。据说民十六寺僧将两山壁画卖与古玩商，以价款修葺殿宇，这虽是极不幸的事，但是据说当时殿宇倾颓，若不如此，便将殿画同归于尽，如果此语属实，殿宇因此而存，壁画虽流落异邦，但也算两者均得其所。惟恐此种计划仍然是盗卖古物谋利的动机。现在美国彭省大学博物院所陈列的一幅精美的称为“唐”的壁画，与此甚似。近又闻美国甘撒斯省立博物院，新近得壁画，售者告以出处，即云此寺。

朵殿　正殿之东西各有朵殿三间（见图版十七戊）。朵殿亦悬山造，柱瘦高，额细，普拍枋甚宽。斗栱四铺作单下昂。当心间用补间铺作两朵，梢间一朵。全部与正殿前殿大致相似，当是同年代物。

赵城县　广胜寺上寺

上寺在霍山最南的低峦上。寺前的“琉璃宝塔”，兀立山头，由四五十里外望之，已极清晰。

由下寺到上寺的路颇兜峻，盘石奇大，但石皮极平润，坡上点缀着山松，风景如中国画里山水近景常见的布局，峦顶却是一个小小的高原，由此望下，可看下寺，鸟瞰全景；高原的南头就是上寺山门所在。山门之内是空院，空院之北，与山门相对者为垂花门。垂花门内在正中线上，立着“琉璃宝塔”。塔后为前殿，著名的宋版藏经，就藏在这殿里。前殿之后是个空敞的前院，左右为厢房，北面为正殿。正殿之后为后殿，左右亦有两厢。此外在山坡上尚有两三处附属的小屋子。

琉璃宝塔 亦称飞虹塔（见图版十八甲）。就平面的位置上说，塔立在垂花门之内，前殿之前的正中线上，本是唐制。塔平面作八角形，高十三级，塔身砖砌，饰以琉璃瓦的角柱，斗栱檐瓦佛像等等。最下层有木围廊。这种做法，与热河永庥寺舍利塔及北平香山静宜园琉璃塔是一样的。但这塔围廊之上，南面尚出小抱厦一间，上交十字脊。

全部的权衡上看，这塔的收分特别的急速，最上层檐与最下层砖檐相较，其大小只及下者三分之一强。而且上下各层的塔檐轮廓成一直线，没有卷杀（entasis）圜和之味。各层檐角也不翘起，全部呆板的直线，绝无寻常中国建筑柔和的线路。

塔之最下层供极大的释迦坐像一尊，如应县佛宫寺木塔之制。下层顶棚作穹窿式，饰以极繁细的琉璃斗栱。塔内有级可登，其结构法之奇特，在我们尚属初见。普通的砖塔内部，大半不可入，尤少可以攀登的。这塔却是个较罕的例外。塔内阶级每步高约六七十公分，宽约十余公分，成一个约合六十度的兜峻的坡度。这极高极狭的踏步每段到了终点，平常用“半楼板”lanaing 的地方，却不用 lanaing，竟忽然停止，由这一段的最上一级，反身却可迈过空的 lanaing，攀住背面墙上又一段踏步的最下一级（见插图十）；在梯的两旁墙上，留下小砖孔，可以容两手攀扶及放烛火的地方。走上这没有半丝光线的峻梯的人，在战栗之余，不由得不赞叹设计者心思之巧妙。

关于这塔的年代，相传建于北周，我们除在形制上可以断定其为明清规模外，在许多的琉璃上，我们得见正德十年的年号，所以现存塔身之型成，年代很少可疑之点。底层木廊正檩下，又有“天启二年创建”字样，就是廊子过大而不相称的权衡看来，我们差不多可以断定正德的原塔是没有这廊子的。

虽然在建筑的全部上看来，各种琉璃瓦饰用得繁缛不得当，如各朵斗栱的耍头，均塑作狰狞的鬼脸，尤为滑稽；但就琉璃自身的质地及塑工说，可算无上精品（见图版十八乙）。

前殿 前殿在塔之北；殿的前面及殿前不甚大的院子，整个被高大的塔挡住。殿面阔五间，进深四间，屋顶单檐歇山造（见图版十八丙）。斗栱（见图版十八丁），重栱造，双下昂；正面当心间用补间铺作两朵，次间一朵，梢间不用；这种的布置，实在是疏朗的，但因开间狭而柱高，故颇呈密挤之状，骤看似晚代布置法。但在山面，却不用补间铺作，这种正侧两面完全不同的布置，又是他处所未见。柱头与柱头间之联络，阑额较小而普拍枋宽大，角柱上出头处，阑额斫作楷头，普拍枋头斜抹角。我们以往所见两普拍枋在柱头相接处（即《营造法式》所谓“普拍枋间缝”），都顶头放置，但此殿所见，则如《营造法式》卷三十所见“勾头搭掌”的做法，也许以前我们疏忽了，所以迟迟至今才初次开眼。

前殿的梁架，与下寺诸殿梁架亦有一个相同之点，就是大昂之应用。除去前后檐间的大昂外，两山下的大昂（见插图十一），尤为巧妙。可惜摄影失败，只留得不甚准确的速写断面图。这大昂的下端承托在斗栱耍头之上，中部放在“采步金”梁之上，后尾高高翘起，挑着平梁的中段，这种做法，与下寺所见者同一原则，而用得尤为得当。

前殿塑像颇佳（见图版十八戊），虽已经过多次的重塑，但尚保存原来清秀之气。佛像两旁侍立像，宋风十足，背面像则略次。

正殿 面阔五间，悬山造（见图版十九甲），前殿开敞的庭院，与前殿隔院相望。骤见殿前廊檐，极易误认为近世的构造，但廊檐之内，抱头梁上，赫然犹见单昂斗栱的原状（见图版十九乙）。如同下寺正殿一样，这殿并不用补间铺作，结构异常简洁。内部梁架，因有顶棚，故未得见，但一定也有伟大奇特的做法。

正殿供像三尊，释迦及文殊普贤，塑工极精，富有宋风；其中尤以菩萨为美（见图版十九丙）。佛帐上剔空浮雕花草龙兽几何纹（见图版十九丁），精美绝伦，乃木雕中之无上好品。两山墙下列坐十八罗汉铁像，大概是明代所铸。

后殿 居寺之最后。面阔五间，进深四间，四阿顶（见图版二十甲）。因面阔进深为五与四之比，所以正脊长只及当心间之广，异常短促，为别处所未见。内柱相距甚远，与檐柱不并列。斗栱为五铺作双下昂（见图版二十乙）。当心间用补间铺作两朵，次间梢间及两山各用一朵。柱头铺作两下昂平置，托在梁下，补间铺作则将第二层昂尾挑起。柱瘦高，额细长，普拍枋较阑额略宽。角柱上出头处，阑额斫作楷头，普拍枋抹角，做法与前殿完全相同。殿内梁架用材轻巧，可与前殿相埒。山面中线上有大昂尾挑上平榑下。内柱上无内额，四阿并不推山。梁架一部分的彩画，如儿道榑下红地白绿色的宝相华（?），及斗栱上的细边古织锦文，想都是原来色泽。

殿除南面当心间辟门外，四周全有厚壁。壁上画像不见得十分古，也不见得十分好。当心间格扇，花心用雕镂拼镶极精细的圆形相交花纹（见图版二十丙），略如《营造法式》卷三十二所见“挑白毬文格眼”，而精细过之。这格扇的格眼，乃由许多各个的梭形或箭形雕片镶成，在做工上是极高的成就。在横披上，格扇纹样与下面略异，而较近乎清式“菱花格扇”的图案。

后殿佛像五尊，塑工甚劣，面貌肥俗，手臂无骨，衣褶圆而不垂，背光繁缛不堪，佛冕及发全是密宗的做法（见图版二十丁）。侍立菩萨较清秀，但都不如正殿塑像远甚。

广胜寺上下两院的主要殿宇，除琉璃宝塔而外，大概都属于同一个时期，它们的结构法及作风都是一致的。

上下两寺壁间嵌石颇多，碑碣也不少，其中叙述寺之起原者，有治平元年重刻的郭子仪奏碣。碣字体及花边均甚古雅。文如下：

晋州赵城县城东南三十里，霍山南脚上，古育王塔院一所。右河东□观察使司徒□兼中书令，汾阳郡王郭子仪奏；臣据□朔方左厢兵马使，开府仪同三司，试太常卿，五原郡王李光瓒状称；前塔接山带水，古迹见存，堪置伽蓝，自愿成立。伏乞奏置一寺，为国崇益福□，仍请以阿育王为额者。臣准状牒州勘责，得耆寿百姓陈仙童等状，与光瓒所请，置寺为广胜。因伏乞　天恩，遂其诚愿，如蒙　特命赐以为额，仍请于当州诸寺选僧住持洒扫。中书门下牒河东观察使牒奉敕故牒。大历四年五月二十七日牒。住寺阇梨僧□切见当寺石碣岁久，隳坏年深，今欲整新，重标斯记。治平元年，十一月二十九日。

由右碣文看来，寺之创立甚古，而在唐代宗朝就原有塔院建立伽蓝，敕名广胜。至宋英宗时，伽蓝想仍是唐代原建。但不知何时伽蓝颓毁，以致需要将下寺：

计九殿自（金）皇统元年辛酉（公元一一四一）至贞元元年癸酉（公元一一五三），历二十三年，无年不兴工。……

却是这样大的工程，据元延祐六年（公元一三一九）石，则：

大德七年（公元一三〇三），地震，古刹毁，大德九年修渠（按即下寺前水渠），木装。延祐六年始修殿。

大德七年的地震一定很剧烈，以致“古刹毁”。现存的殿宇，用大昂的梁架虽属初次拜见，无由与其他梁架遗例比较。但就斗栱枋额看，如下昂嘴纤弱的卷杀，普拍枋出头处之抹去方角，都与他处所见相似。至于瘦高的檐柱和细长的额枋，又与霍县文庙如出一手。其为元代遗物，殆少可疑。不过梁架的做法，极为奇特，在近数年寻求所得，这还是惟一的一个孤例，极值得我们研究的。

赵城县　广胜寺　明应王殿

广胜寺在赵城一带，以其泉水出名。在山麓下下寺之前，有无数的甘泉，由石缝及地下涌出，供给赵城洪洞两县饮料及灌溉之用。凡是有水的地方都得有一位龙王，所以就有龙王庙。

这一处龙王庙规模之大，远在普通龙王庙之上，其正殿——明应王殿——竟是个五间正方重檐的大建筑物（见图版二十一甲）。若是论到殿的年代，也是龙王庙中之极古者。

明应王殿平面五间，正方形，其中三间正方为殿身，周以回廊。上檐显山顶，檐下施重栱双下昂斗栱。当心间施补间铺作两朵，次间施一朵。斗栱（见图版二十一乙）权衡颇为雄大，但两下昂都是平置的华栱，而加以昂嘴的。下檐只用单下昂，次间梢间不施补间铺作，当心间只施一朵，而这一朵却有四十五度角的斜昂。阑额的权衡上下两檐有显著之异点，上檐阑额较高较薄，下檐则极小；而普拍枋则上檐宽薄，而下檐高厚。上檐以阑额为主而辅以普拍枋，下檐与之正相反，且在额下施繁缛的雕花罩子。殿身内前面两金柱省去，而用大梁由前面重檐柱直达后金柱，而在前金柱分位上施扒梁（见插图十二）。并无特殊之点。

明应王殿四壁皆有壁画，为元代匠师笔迹。据说正门之上有画师的姓名及年月，须登梯拂尘燃灯始得读，惜匆匆未能如愿。至于壁画，其题材纯为非宗教的，现有古代壁画，大多为佛像，这种题材，至为罕贵。

至于殿的年代，大概是元大德地震以后所建，与嵩山少林寺大德年间所建鼓楼，有许多相似之点。

明应王殿的壁画，和上下寺的梁架，都是极罕贵的遗物，都是我们所未见过的独例。由美术史上看来，都是绝端重要的史料。我们预备再到赵城作较长时间的逗留，俾得对此数物，作一个较精密的研究。目前只能作此简略的记述而已。

赵城县　霍山　中镇庙

照《县志》的说法，广胜寺在县城东南四十里霍山顶，兴唐寺唐建，在城东三十里霍山中，所以我们认为它们在同一相近的去处，同在霍山上，相去不过二十余里，因而预定先到广胜寺，再由山上绕至兴唐寺去。却是事实乃有大谬不然者。到了广胜寺始知到兴唐寺还须下山绕到去城八里的侯村，再折回向东行再行入山，始能到达。我心想既称唐建，又在山中，如果原构仍然完好，我们岂可惮烦，轻轻放过。

我们晨九时离开广胜寺下山，等到折回又到了霍山时已走了十二小时！沿途风景较广胜寺更佳，但近山时实已入夜，山路崎岖峰峦迫近如巨屏，谷中渐黑，凉风四起，只听脚下泉声奔湍，看山后一两颗星点透出夜色，骡役俱疲，摸索难进，竟落后里许。我们本是一直徒步先行的，至此更得奋勇前进，不敢稍息（怕夫役强主回头，在小村落里住下），入山深处，出手已不见掌，加以脚下危石错落，松柏横斜，行颇不易。喘息攀登，约一小时，始见远处一灯高悬，掩映松间，知已近庙，更急进敲门。

等到老道出来应对，始知原来我们仍还离着兴唐寺三里多，这处为霍岳山神之庙亦称中镇庙。乃将错就错，在此住下。

我们到时已数小时未食，故第一事便到“香厨”里去烹煮，厨在山坡上窑穴中，高踞庙后左角，庙址既大，高下不齐，废园荒圃，在黑夜中更是神秘，当夜我们就在正殿塑像下秉烛洗脸铺床，同时细察梁架，知其非近代物。这殿奇高，烛影之中，印象森然。

第二天起来忙到兴唐寺去，一夜的希望顿成泡影。兴唐寺虽在山中，却不知如何竟已全部拆建，除却几座清式的小殿外，还加洋式门面等等；新塑像极小，或罩以玻璃框，鄙俗无比，全庙无一样值得纪录的。

中镇庙虽非我们初时所属意，来后倒觉得可以略略研究一下。据《山西古物古迹调查表》，谓庙之创建在隋开皇十四年，其实就形制上看来，恐最早不过元代。

殿身五间，周围廊，重檐歇山顶。上檐施单抄单下昂五铺作斗栱，下檐则仅单下昂。斗栱颇大，上下檐俱用补间铺作一朵（见图版二十一丙）。昂嘴细长而直；耍头前面微頔，而上部圆头突起，至为奇特。

太原县　晋祠

晋祠离太原仅五十里，汽车一点多钟可达，历来为出名的“名胜”，闻人名士由太原去游览的风气自古盛行。我们在探访古建的习惯中，多对“名胜”怀疑：因为最是“名胜”容易遭“重修”乃至于“重建”的大毁坏，原有建筑故最难得保存！所以我们虽然知道晋祠离太原近在咫尺，且在太原至汾阳的公路上，我们亦未尝预备去访“胜”的。

直至赴汾的公共汽车上了一个小小山坡，绕着晋祠的背后过去时，忽然间我们才惊异的抓住车窗，望着那一角正殿的侧影，爱不忍释。相信晋祠虽成“名胜”，却仍为“古迹”无疑。那样魁伟的殿顶，雄大的斗栱，深远的出檐，到汽车过了对面山坡时，尚巍巍在望，非常醒目。晋祠全部的布置，则因有树木看不清楚，但范围不小，却也是一望可知。

我们惭愧不应因其列为名胜而即定其不古，故相约一月后归途至此下车，虽不能详察或测量，至少亦得浏览摄影，略考其年代结构。

由汾回太原时我们在山西已过了月余的旅行生活，心力俱疲，还带着种种行李什物，诸多不便，但因那一角殿宇常在心目中，无论如何不肯失之交臂，所以到底停下来预备作半日的勾留，如果错过那末后一趟公共汽车回太原的话，也只好听天由命，晚上再设法露宿或住店！

在那种不便的情形下，带着一不做，二不休的拼命心理，我们下了那挤到水泄不通的公共汽车，在大堆行李中检出我们的“粗重细软”——由杏花村的酒坛子到峪道河边的兰芝种子——累累赘赘的，背着掮着，到车站里安顿时，我们几乎埋怨到晋祠的建筑太像样——如果花花簇簇的来个乾隆重建，我们这些麻烦不全省了么?

但是一进了晋祠大门，那一种说不出的美丽辉映的大花园，使我们惊喜愉悦，过于初时的期望。无以名之，只得叫它做花园。其实晋祠布置又像庙观的院落，又像华丽的宫苑，全部兼有开敞堂皇的局面和曲折深邃的雅趣，大殿楼阁在古树婆娑池流映带之间，实像个放大的私家园亭。

所谓唐槐周柏，虽不能断其为原物，但枝干奇伟，虬曲横卧，煞是可观。池水清碧，游鱼闲逸，还有后山石级小径楼观石亭各种衬托。各殿雄壮，巍然其间，使初进园时的印象，感到俯仰堂皇，左右秀媚，无所不适。虽然再进去即发见近代名流所增建的中西合壁的丑怪小亭子等等，夹杂其间。

圣母庙为晋祠中间最大的一组建筑；除正殿外，尚有前面“飞梁”（即十字木桥），献殿及金人台，牌楼等等（见插图十三），今分述如下：

正殿 晋祠圣母庙大殿（见图版二十二甲），重檐歇山顶，面阔七间进深六间，平面几成方形，在布置上，至为奇特。殿身五间，副阶周匝。但是前廊之深为两间，内槽深三间（见插图十三），故前廊异常空敞，在我们尚属初见。

斗栱的分配，至为疏朗（见图版二十二乙）。在殿之正面，每间用补间铺作一朵，侧面则仅梢间用补间铺作。下檐斗栱五铺作，单栱出两跳；柱头出双下昂，补间出单抄单下昂。上檐斗栱六铺作，单栱出三跳，柱头出双抄单下昂，补间出单抄双下昂，第一跳偷心，但饰以翼形栱。但是在下昂的形式及用法上，这里又是一种曾未得见的奇例。柱头铺作上极长大的昂嘴两层，与地面完全平行，与柱成正角，下面平，上面斫鰤，并未将昂嘴向下斜斫或斜插，亦不求其与补间铺作的真下昂平行，完全真率的坦然放在那里，诚然是大胆诚实的做法。在补间铺作上，第一层昂昂尾向上挑起，第二层则将与令栱相交的耍头加长斫成昂嘴形，并不与真昂平行的向外伸出。这种做法与正定龙［隆］兴寺摩尼殿斗栱极相似，至于其豪放生动，似较之尤胜。在转角铺作上，各层昂及由昂均水平的伸出，由下面望去，颇呈高爽之象。山面除梢间外，均不用补间铺作。斗栱彩画与《营造法式》卷三十四“五彩遍装”者极相似。虽属后世重装，当是古法。

这殿斗栱俱用单栱，泥道单栱上用柱头枋四层，各层枋间用斗垫托。阑额狭而高，上施薄而宽的普拍枋。角柱上只普拍枋出头，阑额不出。平柱至角柱间，有显著的生起。梁架为普通平置的梁，殿内因黑暗，时间匆促，未得细查。前殿因深两间，故在四椽栿上立童柱，以承上檐，童柱与相对之内柱间，除斗栱上之乳栿及劄牵外，柱头上更用普拍枋一道以相固济（见图版二十二丙）。

按卫聚贤《晋祠指南》，称圣母庙为宋天圣年间建。由结构法及外形姿势看来，较《营造法式》所订的做法的确更古拙豪放，天圣之说当属可靠。

献殿　献殿（见图版二十三甲）在正殿之前，中隔放生池。殿三间，歇山顶。与正殿结构法手法完全是同一时代同一规制之下的。斗栱（见图版二十三乙）单栱五铺作；柱头铺作双下昂，补间铺作单抄单下昂，第一跳偷心，但饰以小小翼形栱。正面每间用补间铺作一朵，山面惟正中间用补间铺作。柱头铺作的双下昂，完全平置，后尾承托梁下，昂嘴与地面平行，如正殿的昂。补间则下昂后尾挑起，耍头与令栱相交，长长伸出，斫作昂嘴形。两殿斗栱外面不同之点，惟在令栱之上，正殿用通长的挑檐枋，而献殿则用替木。斗栱后尾惟下昂挑起，全部偷心，第二跳跳头安梭形"栱"（见图版二十三丙），单独的昂尾挑在平栲之下。至于柱额普拍枋，与正殿完全相同。

献殿的梁架，只是简单的四椽栿上放一层平梁，梁身简单轻巧，不弱不费，故能经久不坏。

殿之四周均无墙壁，当心间前后辟门，其余各间在坚厚的槛墙之上安直棂栅栏，如《营造法式》小木作中之义子，当心间门扇亦为直棂栅栏门。

殿前阶基上铁狮子一对（见图版二十三丁），极精美，筋肉真实，灵动如生。左狮胸前文曰“太原文水弟子郭丑牛兄……政和八年四月二十六日”，座后文为“灵石县任章常杜任用段和定……”，右狮字不全，只余“乐善”二字。

飞梁　正殿与献殿之间，有所谓“飞梁”者，横跨鱼沼之上。在建筑史上，这“飞梁”是我们现在所知的惟一的孤例。本刊五卷一期中，刘敦桢先生在《石轴柱桥述要》一文中，对于石柱桥有详细的伸述，并引《关中记》及《唐六典》中所纪录的石柱桥。就晋祠所见，则在池中立方约三十公分的石柱若干，柱上端微卷杀如殿宇之柱；柱上有普拍枋相交，其上置斗，斗上施十字栱相交，以承梁或额（见图版二十四甲）。在形制上这桥诚然极古，当与正殿献殿属于同一时期。而在名称上尚保存着古名，谓之飞梁，这也是极罕贵值得注意的。

金人　献殿前牌楼之前，有方形的台基，上面四角上各立铁人一，谓之金人台。四金人之中，有两个是宋代所铸，其西南角金人（见图版二十四乙、图版二十四丙）胸前铸字，为宋故绵州魏城令刘植……等于绍圣四年立。像塑法平庸，字体尚佳。其中两个近代补铸，一清朝，一民国，塑铸都同等的恶劣。

晋祠范围以内，尚有唐叔虞祠，关帝庙等处，匆促未得入览，只好俟诸异日。唐贞观碑原石及后代另摹刻的一碑均存，且有碑亭妥为保护。

山西民居

门楼　山西的村落无论大小，很少没有一个门楼的（见图版二十五甲）。村落的四周，并不一定都有围墙，但是在大道入村处，必须建一座这种纪念性建筑物，提醒旅客，告诉他又到一处村镇了。河北境内虽也有这种布局，但究竟不如山西普遍。

山西民居的建筑也非常复杂，由最简单的穴居到村庄里深邃富丽的财主住宅院落，到城市中紧凑细致的讲究房子（见图版二十五戊），颇有许多特殊之点，值得注意的。但限于篇幅及不多的相片，只能略举一二，详细分类研究，只能等候以后的机会了。

穴居　穴居之风，盛行于黄河流域，散见于河南，山西，陕西，甘肃诸省，龙非了先生在本刊五卷一期《穴居杂考》一文中，已讨论得极为详尽。这次在山西随处得见；穴内冬暖夏凉，住居颇为舒适，但空气不流通，是一个极大的缺憾。穴窑均作抛物线形，内部有装饰极精者，窑壁抹灰，乃至用油漆护墙。窑内除火炕外，更有衣橱桌椅等等家具。窑穴时常据在削壁之旁，成一幅雄壮的风景画（见图版二十五乙），或有穴门权衡优美纯净，可在建筑术中称上品的（见图版二十五丙、图版二十五丁）。

砖窑　这并非北平所谓烧砖的窑，乃是指用砖发券的房子而言（见图版二十六甲）。虽没有向深处研究，我们若说砖窑是用砖来模仿崖旁的土窑，当不至于大错。这是因住惯了穴居的人，要脱去土窑的短处，如潮湿，土陷的危险等等，而保存其长处，如高度的隔热力等，所以用砖砌成窑形，三眼或五眼，内部可以互通。为要压下券的推力，故在两旁须用极厚的墙墩；为要使券顶坚固，故须用土作撞券。

这种极厚的墙壁，自然有极高的隔热力的。

这种窑券顶上，均用砖墁平（见图版二十六乙），在秋收的时候，可以用作曝晒粮食的露台。或防匪时村中临时城楼，因各家窑顶多相联，为便于升上窑顶，所以窑旁均有阶级可登。山西的民居，无论贫富，什九以上都有砖窑或土窑的，乃至在寺庙建筑中，往往也用这种做法。在赵城至霍山途中，适过一所建筑中的砖窑（见图版二十六丙），颇饶趣味。

在这里我们要特别介绍在霍山某民居门上所见的木版印门神（见图版二十六丁），那种简洁刚劲的笔法，是匠画中所绝无仅有的。

磨坊 磨坊虽不是一种普通的民居，但是住着却别有风味。磨坊利用急流的溪水做发动力，所以必须引水入庭院而入室下，推动机轮，然后再循着水道出去流入山溪。因磨粉机不息的震动，所以房子不能用发券，而用特别粗大的梁架。因求面粉洁净，坊内均铺光润的地板。凡此种种，都使得磨坊成为一种极舒适凉爽，又富有雅趣的住处（见图版二十七甲、图版二十七乙、图版二十七丙），尤其是峪道河深山深溪之间，世外桃源里，难怪得被洋人看中做消夏最合宜的别墅。

由全部的布局上看来，山西的村野的民居，最善利用地势，就山崖的峻缓高下，层层叠叠，自然成画！使建筑在它所在的地上，如同自然由地里长出来，权衡适宜，不带丝毫勉强，无意中得到建筑术上极难得的优点。

农庄内民居 就是在很小的村庄之内，庄中富有的农人也常有极其讲究的房子。这种房子和北方城市中“瓦房”同一模型，皆以“四合头”为基本，分配的形式，中加屏门，垂花门等等。其与北平通常所见最不同处有四点：

一、在平面上，假设正房向南，东西厢房的位置全在北房“通面阔”的宽度以内，使正院成一南北长东西窄，狭长的一条，失去四方的形式（见图版二十五戊）。这个布置在平面上当然是省了许多地盘，比将厢房移出正房通面阔以外经济，且因其如此，正房及厢房的屋顶（多半平顶）极容易联络，石梯的位置，就可在厢房北头，夹在正房与厢房之间，上到某程便可分两面，一面旁转上到厢房顶，又一面再上几级可达正房顶。

二、虽说是瓦房，实仍为平顶砖窑，仅留前廊或前檐部分用斜坡青瓦。侧面看去实像砖墙前加用“雨搭”。

三、屋外观印象与所谓三开间同，但内部却仍为三窑眼，窑与窑间亦用发券门，印象完全不似寻常堂屋。

四、屋的后面女儿墙上做成城楼式的箭垛，所以整个房子后身由外面看去直成一座堡垒（见图版二十七丁）。

城市中民房　如介休灵石城市中民房与村落中讲究的大同小异，但多有楼，如用窑造亦仅限于下层。城中房屋栉比，拥挤不堪，平面布置尤其经济，不多占地盘，正院普通的更瘦窄。

一房与他房间多用夹道，大门多在曲折的夹道内，不像北平房子之庄重均衡，虽然内部则仍沿用一正两厢的规模。

这种房子最特异之点，在瓦坡前后两片不平均的分配。房脊靠后许多，约在全进深四分之三的地方，所以前坡斜长，后坡短促，前檐玲珑，后墙高垒，作内秀外雄的样子，倒极合理有趣。

赵城霍州的民房所占地盘较介休一般从容得多。赵城房子的檐廊部分尤多繁富的木雕，院内真是画梁雕栋琳琅满目，房子虽大，联络甚好，因厢房与正屋多相连属，可通行。

山庄财主的住房 这种房子在一个庄中可有两三家，遥遥相对，仍可以令人想象到当日的气焰。其所占地面之大，外墙之高，砖石木料上之工艺，楼阁别院之复杂，均出于我们意料之外甚多。灵石往南，在汾水东西有几个山庄，背山临水，不宜耕种，其中富户均经商别省，发财后回来筑舍显耀宗族的。

房子造法形式与其他山西讲究房子相同，但较近于北平官式，做工极其完美。外墙石造雄厚惊人，有所谓“百尺楼”者，即此种房子的外墙，依着山崖筑造，楼居其上。由庄外遥望，十数里外犹可见，百尺矗立，崔嵬奇伟，足镇山河，为建筑上之荣耀！

结　尾

这次晋汾一带暑假的旅行，正巧遇着同蒲铁路兴工期间，公路被毁，给我们机会将三百余里的路程，慢慢的细看，假使坐汽车或火车，则有许多地方都没有停留的机会，我们所错过的古建，是如何的可惜。

山西因历代争战较少，故古建筑保存得特多。我们以前在河北及晋北调查古建筑所得的若干见识，到太原以南的区域，若观察不慎，时常有以今乱古的危险。在山西中部以南，大个儿斗栱并不希罕，古制犹存。但是明清期间山西的大斗栱，栱头昂嘴的卷杀，极其弯矫，斜栱用得毫无节制，而斗栱上加入纤细的三福云一类的无谓雕饰，允其曝露后期的弱点，所以在时代的鉴别上，仔细观察，还不十分扰乱。

殿宇的制度，有许多极大的寺观，主要的殿宇都用悬山顶，如赵城广胜下寺的正殿前殿，上寺的正殿等等，与清代对于殿顶的观念略有不同。同时又有多种复杂的屋顶结构，如霍县火星圣母庙，文水县开栅镇圣母庙等等，为明清以后官式建筑中所少见。有许多重要的殿宇，檐椽之上不用飞椽，有时用而极短。明清以后的作品，雕饰偏于繁缛，尤其屋顶上的琉璃瓦，制瓦者往往为对于一件一题雕塑的兴趣所驱，而忘却了全部的布局，甚悖建筑图案简洁的美德。

发券的建筑，为山西一个重要的特征，其来源大概是由于穴居而起，所以民居庙宇莫不用之，而自成一种特征，如太原的永祚寺大雄宝殿，是中国发券建筑中的主要作品，我们虽然怀疑它是受了耶稣会士东来的影响，但若没有山西原有通用的方法，也不会形成那样一种特殊的建筑的。在券上筑楼，也是山西的一种特征，所以在古剧里，凡以山西为背景的，多有上楼下楼的情形，可见其为一种极普遍的建筑法。

赵城县广胜寺在结构上最特殊，寺旁明应王殿的壁画，为壁画不以佛道为题材的惟一孤例，所以我们在最近的将来，即将前往详究。晋祠圣母庙的正殿，飞梁，献殿，为宋天圣间重要的遗构，我们也必须去作进一步的研究的。

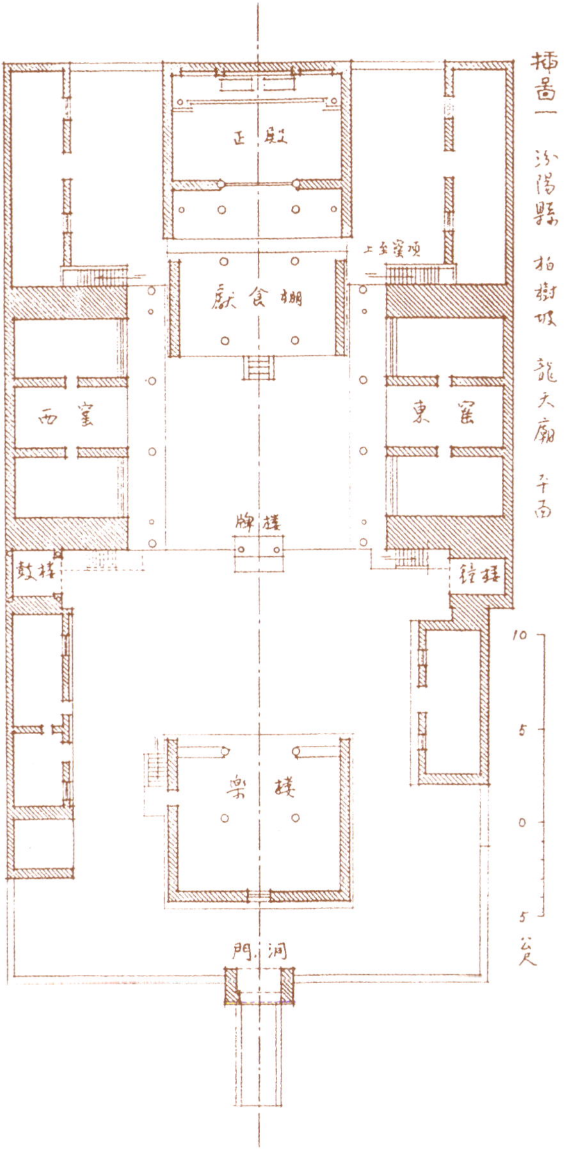

插图一 汾阳县柏树坡龙天庙平面

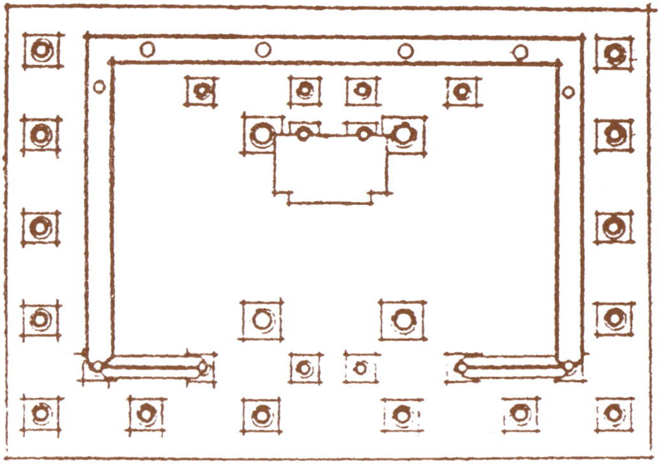

插图二 汾阳国宁寺平面略写

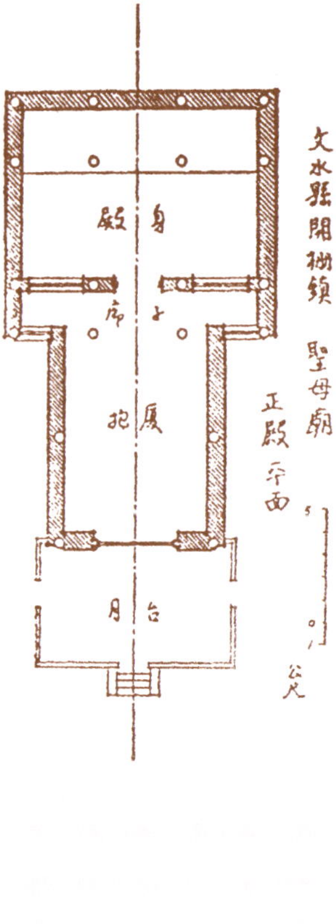

插图三 文水县开栅镇圣母庙正殿平面

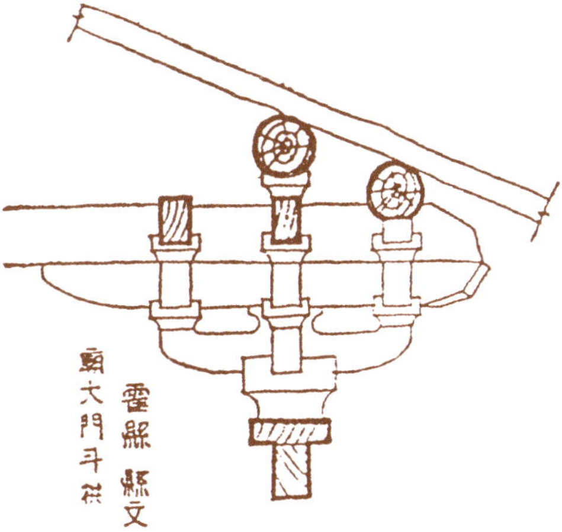

插图四 霍县县文庙大门斗栱

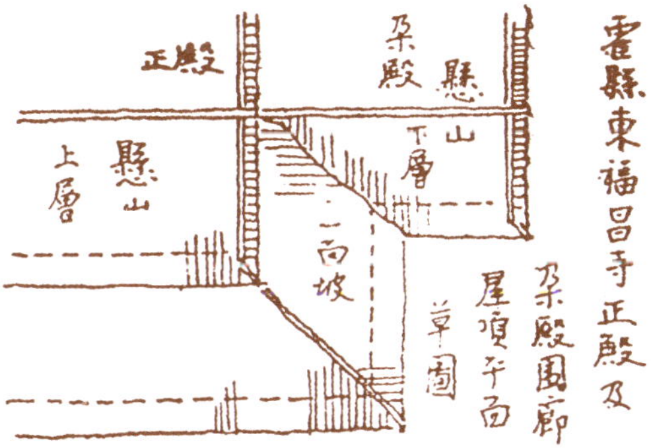

插图五 霍县东福昌寺正殿及朵殿围廊屋顶平面草图

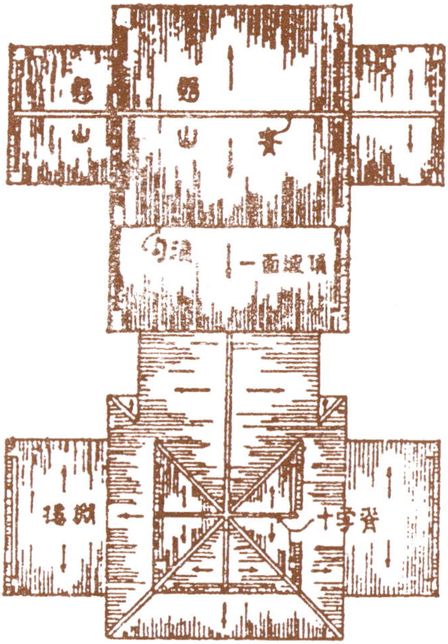

插图六 霍县火星圣母庙屋顶平面

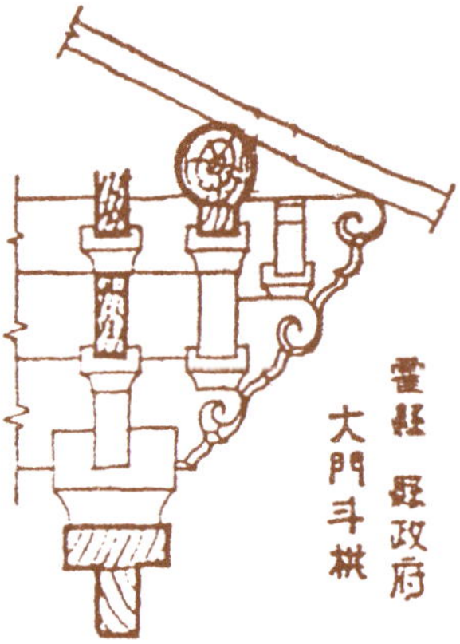

插图七 霍县县政府大门斗栱

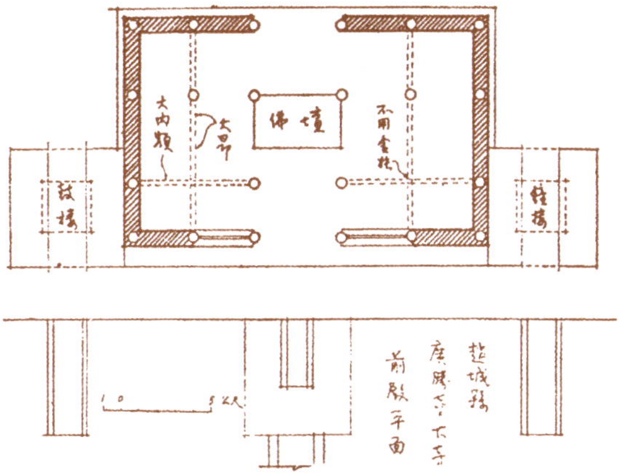

插图八 赵城县广胜寺下寺前殿平面

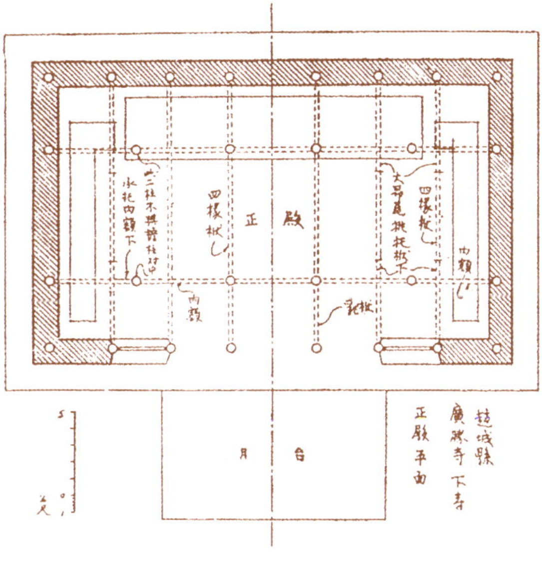

插图九 赵城县广胜寺下寺正殿平面

插图十 赵城县广胜寺飞虹塔内部楼梯断面

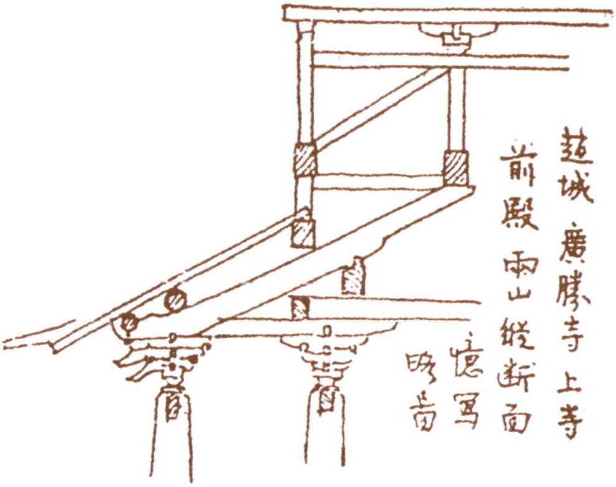

插图十一 赵城县广胜寺上寺前殿两山纵断面忆写略图

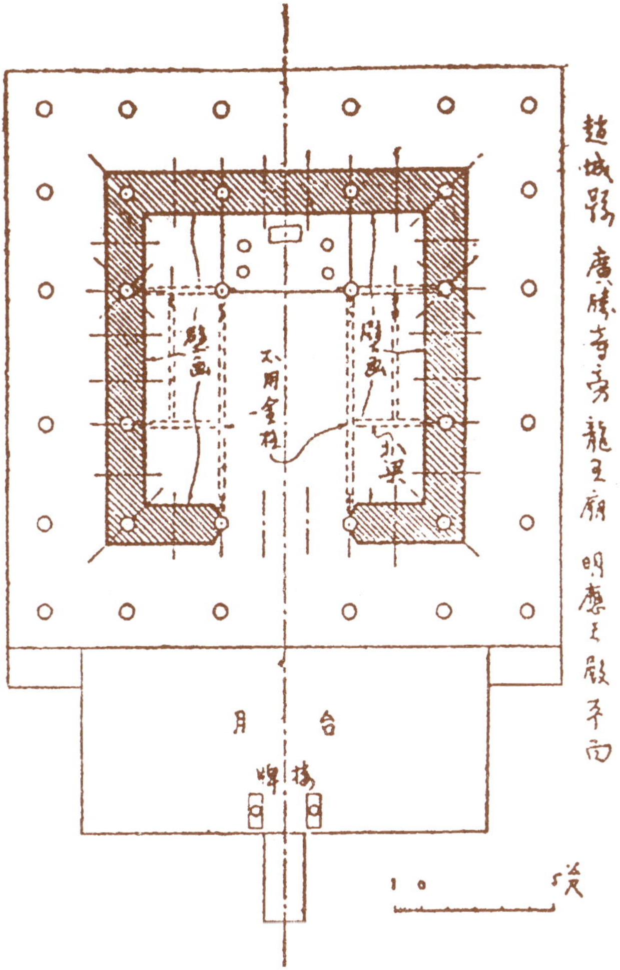

插图十二 赵城县广胜寺旁龙王庙明应王殿平面

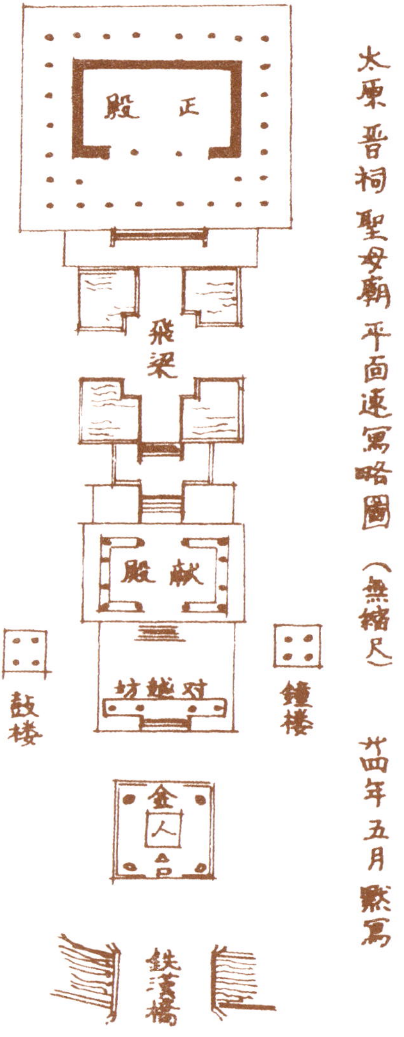

插图十三 太原晋祠圣母庙平面速写略图

图版一（甲）汾阳龙天庙

图版一（乙）龙天庙献食棚及牌楼

图版一（丙）龙天庙正殿前檐柱及斗栱

图版一（丁）龙天庙正殿斗栱

图版一（戊）龙天庙正殿元匾

图版二（甲）汾阳大相村崇圣寺天王门

图版二（乙）汾阳大相村崇圣寺天王门斗栱

图版二（丙）崇圣寺天王门前檐斗拱后尾

图版二（丁）崇圣寺天王门后檐斗栱

图版二（戊）汾阳大相村崇圣寺钟楼

图版三（甲）汾阳大相村崇圣寺天王殿

图版三（乙）汾阳大相村崇圣寺前殿

图版三（丙）汾阳大相村崇圣寺前殿斗栱

图版三（丁）汾阳大相村崇圣寺前殿东配殿斗栱

图版四（甲）汾阳大相村崇圣寺正殿

图版四（乙）汾阳大相村崇圣寺正殿斗栱

图版四（丙）汾阳大相村崇圣寺正殿斗栱后尾

图版四（丁）汾阳大相村崇圣寺正殿廊下齐碑

图版五（甲）汾阳大相村崇圣寺后殿（图中人物为林徽因）

图版五（乙）汾阳大相村崇圣寺后殿外檐斗栱

图版五（丙）汾阳大相村崇圣寺后殿内额及斗栱

图版五（丁）汾阳大相村崇圣寺后殿格扇

图版五（戊）汾阳大相村崇圣寺后殿脊饰

图版六（甲）汾阳杏花村国宁寺正殿斗栱

图版六（乙）国宁寺正殿梁架

图版六（丙）文水开栅镇圣母庙正殿（图中人物为林徽因）

图版六（丁）圣母庙正殿斗栱

图版六（戊）文水开栅镇圣母庙正殿歇山结构

图版七（甲）文水文庙大成殿

图版七（乙）文水文庙大成殿斗栱

图版七（丙）文水文庙大成殿梁架

图版七（丁）文水文庙戟门转角斗栱

图版八（甲）汾阳小相村灵岩寺
正殿址及铁佛像

图版八（乙）灵岩寺正殿东侧铁
佛像（图中人物为林徽因）

图版八（丙）汾阳小相村灵岩寺前殿佛像

图版八（丁）汾阳小相村灵岩寺西部残窟券壁

图版九（甲）灵岩寺砖塔

图版九（乙）灵岩寺水陆楼

图版九（丙）孝义吴屯村东岳庙正殿

图版九（丁）霍县太清观正殿

图版九（戊）霍县太清观正殿斗栱

图版十（甲）霍县文庙大成门

图版十（乙）文庙大成门斗栱

图版十（丙）文庙大成殿

图版十（丁）文庙大成殿斗栱

图版十（戊）文庙大成殿斗栱后尾及梁架

图版十一（甲）霍县东福昌寺正殿

图版十一（乙）霍县东福昌寺正殿东侧围廊檐部

图版十一（丙）霍县东福昌寺魏造像残石

图版十一（丁）霍县西福昌寺正殿

图版十二（甲）霍县火星圣母庙大门内厢房（图中人物为林徽因）

图版十二（乙）霍县火星圣母庙正殿

图版十二（丙）霍县火星圣母庙琉璃狮子

图版十二（丁）霍县县政府大堂抱厦及斗栱

图版十二（戊）霍县县政府大堂柱础

图版十三（甲）霍县北门外石桥

图版十三（乙）霍县北门外石桥栏杆

图版十三（丙）霍县北门外石桥铁牛

图版十三（丁）赵城县侯村娲皇庙正殿

图版十四（甲）赵城县侯村娲皇庙正殿上檐斗栱

图版十四（乙）赵城县侯村娲皇庙正殿歇山梁架

图版十四（丙）赵城县侯村娲皇庙正殿门钹

图版十四（丁）赵城县侯村娲皇庙宋经幢座雕刻

图版十五（甲）赵城县广胜寺下寺山门

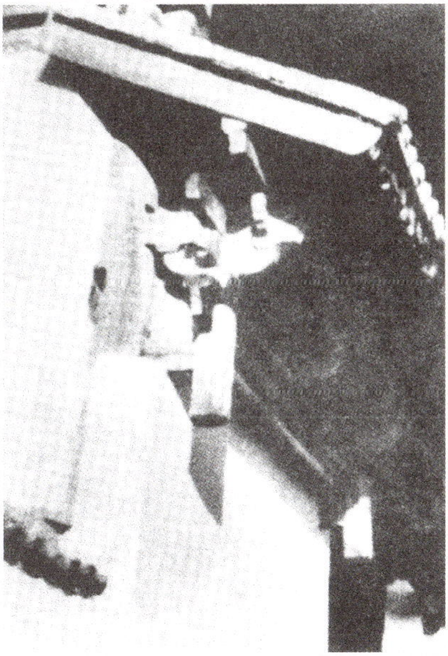

图版十五（乙）广胜寺下寺山门下檐

图版十五（丙）赵城县广胜寺下寺前殿前面

图版十五（丁）广胜寺下寺前檐斗拱

图版十六（甲）赵城县广胜寺下寺前殿后面

图版十六（乙）广胜寺下寺前殿梁架（其一）

图版十六（丙）广胜寺下寺前殿梁架（其二）

图版十六（丁）赵城县广胜寺下寺前殿僧像

图版十七（甲）广胜寺下寺正殿外景

图版十七（乙）赵城县广胜寺下寺正殿斗栱

图版十七（丙）广胜寺下寺正殿梁架

图版十七（丁）赵城县广胜寺下寺正殿菩萨

图版十七（戊）赵城县广胜寺下寺朵殿

图版十八（甲）广胜寺上寺飞虹塔

图版十八（乙）广胜寺上寺飞虹塔琉璃雕饰

图版十八（丙）赵城县广胜寺上寺前殿

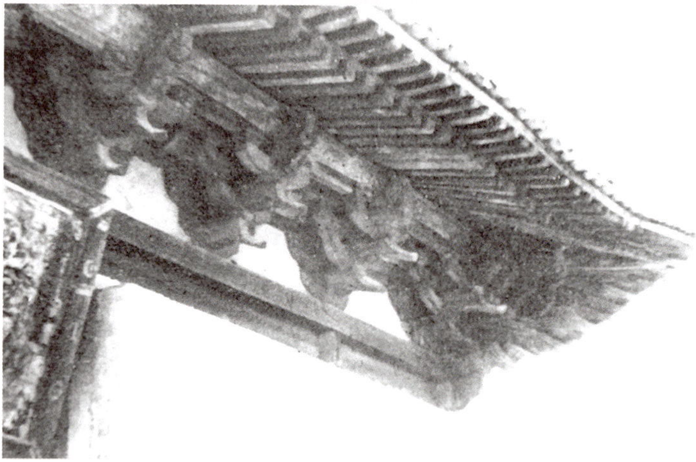

图版十八（丁）赵城县广胜寺上寺前殿斗栱

图版十八（戊）赵城县广胜寺上寺前殿佛像

图版十九（甲）赵城县广胜寺上寺正殿

图版十九（乙）赵城县广胜寺上寺正殿斗栱

图版十九（丙）赵城县广胜寺上寺正殿菩萨

图版十九（丁）赵城县广胜寺上寺正殿佛像雕饰

图版二十（甲）赵城县广胜寺上寺后殿

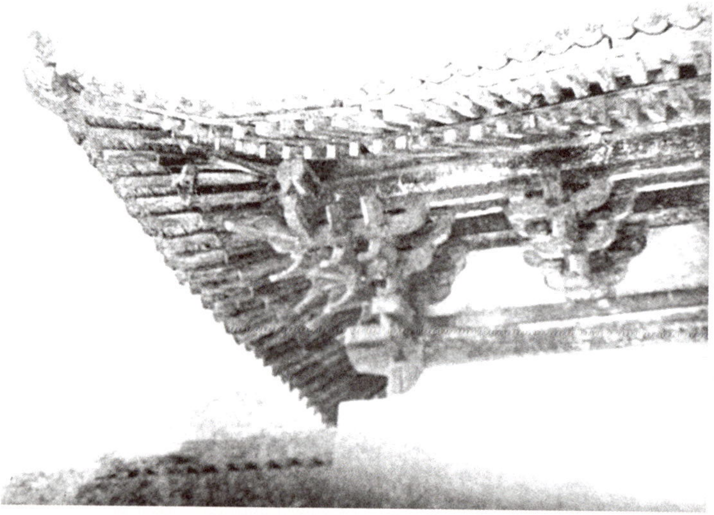

图版二十（乙）赵城县广胜寺上寺后殿斗栱

图版二十（丙）赵城县广胜寺上寺后殿格扇

图版二十（丁）赵城县广胜寺上寺后殿佛像

图版二十一（甲）广胜寺龙王庙明应王殿

图版二十一（乙）广胜寺龙王庙明应王殿斗栱

图版二十一（丙）赵城县霍山中镇庙斗栱

图版二十二（甲）太原县晋祠圣母庙正殿

图版二十二（乙）太原县晋祠圣母庙正殿斗栱

图版二十二（丙）晋祠圣母庙正殿外槽梁架

图版二十三（甲）晋祠圣母庙献殿

图版二十三（乙）晋祠圣母庙献殿斗栱

图版二十三（丙）晋祠圣母庙献殿梁架及斗栱后尾

图版二十三（丁）晋祠圣母庙献殿前宋铁狮

图版二十四（甲）晋祠圣母庙飞梁柱及斗拱

图版二十四（乙）晋祠宋金人

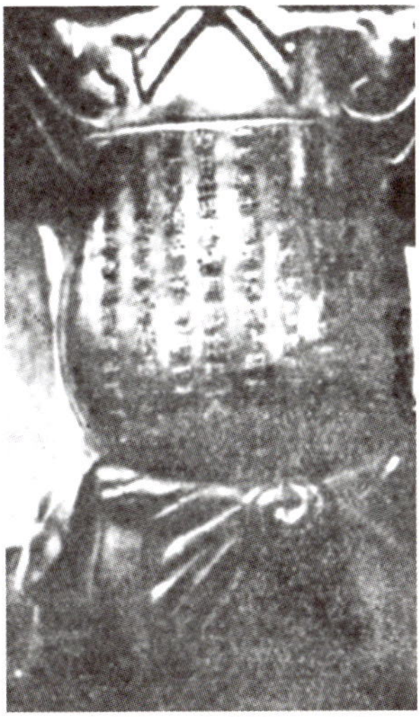

图版二十四（丙）晋祠宋金人铸字

图版二十五（甲）山西村落门楼（图中骑驴者为林徽因）

图版二十五（乙）山西民居土窑（其一）

图版二十五（丙）山西民居土窑（其二）

图版二十五（丁）山西民居土窑（其三）（图中门前立者为林徽因）

图版二十五（戊）山西民居庭院（图中左二为林徽因）

图版二十六（甲）山西民居砖窑

图版二十六（乙）山西民居砖窑顶上（图中人物为林徽因）

图版二十六（丙）建筑中之土坯砖窑

图版二十六（丁）霍山某民居门神

图版二十七（甲）峪道河磨坊外景

图版二十七（乙）峪道河磨坊内院（其一）

图版二十七（丙）峪道河磨坊内院（其二）

图版二十七（丁）山西乡村民居外墙

初刊于一九三六年四月《中国建筑展览会会刊》，署名林徽音。原文无分段，收入本集时分为三段。

清代建筑述略

吾国近年建筑，采取中国式曰渐加多；而吾人所可参考之现存实物，自以清代者为最多，故所采之本国式亦不期然而趋重于清代式。但清代式较之历代之式，优劣之点安在？暨所适宜于现代者安在？应加改进者安在？吾人若非先有详晰之研究与明白之认识，势必随波逐流，依违钞袭，甚至舍长取短，得粗遗精：不但不足表现固有之特长，而且成为一种降而愈下之作。其所关固非细故也。

清代建筑，就大体而论可谓完全沿袭明代，其间稍殊异者，为康熙以来之吸收欧式及采用回藏式。然并未能达融化之域，且仍为局部的。故清代只能称为明代式之附庸，而远不及宋元式之有特色与匠心，例如房屋之平面，清式概为四合头（指北方）。此式乃明代所创，清代充分完成其用；但只觉呆滞而缺变化。再就屋架结构而论，清代柱之配列，亦极呆板，绝未顾及室内空闲之需要，使柱之配增减，不致与之相妨。至用料一层，不知是否因缺乏相当材料所致，致发生拼凑迁就，（如箍札披麻等做法，）不但减少美观，而且多违建筑原则。又如宋元式梁之横断面，恒为一与二或二与三之比，与现代科学上法则暗合。清代则恒为八与十或十与十二之比，如此则横断面称为方形，徒增加梁之分量，而于全屋架之承重力，绝少增加。此外斗拱益形缩小，数虽加多而承力愈减，致完全变为装饰物。至屋面各装饰以及雕刻彩画等等大抵趋于繁碎软弱纤巧，失去以前浑雅庄严之致。

故综论清代建筑，实罕堪以取法之点。此非有意苛责，盖事实本来如是，吾人亦不容故为辩解也。吾人今日而欲真明我国建筑之优点，及如何取则，固非由清溯明，上逮宋元，以远追六朝及唐代不可，窃愿同志于此加之意焉！

梁思成在一九五四年一月油印本《中国建筑史》前言中说：『这部稿子是一部集体劳动的果实。……林徽因同志除了对辽、宋的文献部分负责搜集资料并执笔外，全稿都经过她校阅补充。』这里明确说明《中国建筑史》初稿第六章的宋、辽、金文献部分原为林徽因执笔。《中国建筑史》成书后未能及时出版，随后一九五四年稍有修改，稿本第六章为『宋、辽、金』，油印本和中国建筑工业出版社一九八五年版《梁思成文集》及百花文艺出版社的一九九八年单行本，将第六章改为『五代·宋·辽·金』。林徽因原撰写的『第一节 北宋之宫殿苑囿寺观都市』至『第四节 南宋之临安』在刊印本中均依次排为第二至第五节；刊印本『第一节 五代汴梁之建筑』，不是林徽因执笔。

《中国建筑史》第六章　宋、辽、金部分

第二节　北宋之宫殿、苑囿、寺观、都市

宋太祖受周禅，仍以开封为东京，累朝建设于此，故日增月异，极称繁华，洛阳为宋西京，退处屏藩，拱卫京畿，附带繁荣而已。真宗时，虽以太祖旧藩称应天府，建为南京（今河南商丘县），乃即卫城为宫，奉太祖、太宗圣像，终北宋之世，未曾建殿。其正门“犹是双门，未尝改作”*叶少蕴《石林燕语》。此文注释均为作者原注。仁宗以大名府为北京，则因契丹声言南下，权为军略措置，建都河北，“示将亲征，以伐其谋”*《通鉴辑览》。；亦非美术或经济之动态，实少所营建。

北宋政治经济文化之力量，集中于东京建设者百数十年。汴京宫室坊市繁复增盛之状，乃最代表北宋建筑发展之趋势。

东京旧为汴州，唐建中节度使重筑，周二十里许，宋初号“里城”。新城为周显德所筑，周四十八里许，号曰“外城”。*《历代帝王宅京记》引赵德麟《侯鲭录》。宋太祖因其制，仅略广城东北隅，仿洛阳制度修大内宫殿而已。真宗以“都城之外，居民颇多，复置京新城外八厢”*《宋会要辑稿》。神宗、徽宗再缮外城，则建敌楼瓮城，又稍增

广，城始周五十里余*李濂《汴京遗迹志》。

太宗之世，城内已“比汉唐京邑繁庶，十倍其人”*《续通鉴长篇》至道元年张洎语。；继则“甲第星罗，比屋鳞次，坊无广巷，市不通骑”*《汴京遗迹志》载《皇畿赋》。迄北宋盛世，再接再厉，至于“栋宇密接，略无容隙，纵得价钱，何处买地？”*《宋会要辑稿》。其建筑之活跃，不言可喻，汴京因其水路交通，成为经济中枢，乃商业之雄邑，而建为国都者；加以政治原因，“乘舆之下，士庶走集”，其繁荣尤急促；官私建置均随环境展拓，非若隋、唐两京皇帝坊市之预布计划，经纬井井者也。其特殊布置，因地理限制及逐渐改善者，后代或模仿以为定制。

汴京有穿城水道四，其上桥梁之盛，为其壮观，河街桥市，景象尤为殊异。大者蔡河，自城西南隅入，至东南隅出，有桥十一。汴河则自东水门外七里，至西水门外，共有桥十三。小者五丈河，自城东北入，有桥五，金水河从西北水门入城，夹墙遮檵入大内，灌后苑池浦，共有桥三。*孟元老《东京梦华录》。

桥最著者，为汴河上之州桥，正名“大汉桥”，正对大内御街，即范成大所谓“州桥南北是大街”者也。桥低平，不通舟船，惟西河平船可过，其下密排石柱，皆青石为之；又有石梁、石笋、楯栏。近桥两岸皆石壁，镌刻海马、水兽、飞云之状。“州桥之北，御路东西，两阙楼观对耸。”*孟元老《东京梦华录》。金元两都之周桥，盖有意仿此，为宫前制度之一。桥以结构巧异称者，为东水门外之虹桥，“无柱，以巨木虚架，饰以丹雘，宛如飞虹”*孟元老《东京梦华录》。

大内本唐节度使治所，梁建都以为建昌宫，晋号大宁宫，周加营缮，皆未增大，“如王者之制”。太祖始“广皇城东北隅，……命有司画洛阳宫殿，按图修之……，皇居始壮丽”*《宋会要辑稿》。

“宫城周五里”*《宋史·地理志》。南三门，正门名凡数易，至仁宗明道后，始称宣德*《玉海》卷一七○。，两侧称左掖、右掖。宫城东西之门，称“东华、西华”，北门曰“拱宸”。东华门北更有便门，“西与内直门相直”，成曲屈形。称谚门*叶少蕴《石林燕语》。此门之设及其位置，与太祖所广皇城之东北隅，或大略有关。

宣德门又称宣德楼，“下列五门，皆金钉朱漆。壁皆砖石间甃，镌镂龙凤飞云之状。……莫非雕甍画栋，峻桷层榱。覆以琉璃瓦，曲尺朵楼，朱栏彩槛。下列两阙亭相对”。自宣德门南去，“坊巷御街……约阔三百余步。两边乃御廊，旧许市人买卖其间。自政和间，官司禁止，各安立黑漆杈子，路心又安朱漆杈子两行，中心道不得人马行往。行人皆在朱杈子外。杈子内有砖石甃砌御沟水两道，尽植莲荷。近岸植桃李梨杏杂花；春夏之日，望之如绣”*孟元老《东京梦华录》。宣德楼建筑极壮丽，宫前布置又改缮至此，无怪金、元效法作“千步廊”之制矣。

大内正殿之大致，据史志概括所述，则“正南门（大庆门）内，正殿曰“大庆”，正衙曰“文德”。……大庆殿北有紫宸殿，视朝之前殿也。西有垂拱殿，常日视朝之所也。……次西有皇仪殿，又次西有集英殿，宴殿也。殿后有需云殿，东有升平楼，宫中观宴之所也。后宫有崇政殿，阅事之所也。殿后有景福殿，西有殿北向曰“延和”，便坐殿也。凡殿有门者皆随殿名”*《宋史·地理志》。

大庆殿本为梁之正衙，称崇元殿，在周为外朝，至宋太祖重修，改为乾元殿，后五十年间曾两被火灾，重建易名“大庆”。至仁宗景祐中（公元一○三四年），始又展拓为广庭。“改为大庆殿九间，挟各五间，东西廊各六十间，有龙墀、沙墀，正值朝会册尊号御此殿。……郊祀斋宿殿之后阁……”*《玉海》卷一六〇。又十余年，皇祐中“飨明堂，恭谢天地，即此殿行礼”，“仁宗御篆‘明堂’二字行礼则揭之”。*叶少蕴《石林燕语》。

秦、汉至唐叙述大殿之略者，多举其台基之高峻为其规模之要点；独宋之史志及记述无一语及于大殿之台基，仅称大庆殿有龙墀、沙墀之制。

“文德殿在大庆殿之西少次”*叶少蕴《石林燕语》。，亦五代旧有，后唐曰“端明”，在周为中朝，宋初改“文明”。灾后重建，改名“文德”*《玉海》卷一六〇。。“紫宸殿在大庆殿之后，少西其次又为‘垂拱’……紫宸与垂拱之间有柱廊相通，每日视朝则御文德，所谓过殿也。东西阁门皆在殿后之两旁，月朔不御过殿，则御紫宸，所谓入阁也。”*叶少蕴《石林燕语》。文德殿之位置实堪注意，盖据各种记载文德、紫宸、垂拱三殿成东西约略横列之一组，文德既为“过殿”，居其中轴，反不处于大庆殿之正中线上，而在其西北偏也*《玉海》卷一六〇。。宋殿之区布情况，即此四大殿论之，似已非绝对均称或设立一主要南北中心线者。

初，太祖营治宫殿“既成，帝坐万岁殿（福宁殿在垂拱后，国初曰‘万岁’）”*《玉海》卷一六〇。，“洞开诸门，端直如绳，叹曰‘此如吾心，小有私曲人皆见之矣”*《邵氏闻见录》。对于中线引直似极感兴味。又“命怀义等凡诸门与殿顶相望，无得辄差。故垂拱、福宁、柔仪、清居四殿正重，而左右掖与左右升龙、银台等诸门皆然”*叶少蕴《石林燕语》。福宁为帝之正寝，柔仪为其后殿，乃后寝，故垂拱之南北中心线，颇为重要。大庆殿之前为大庆门，其后为紫宸殿，再后，越东华惟西华横街之北，则有崇政殿，再后更有景福殿，实亦有南北中线之成立，惟各大殿东西部位零落，相距颇远，多与日后发展之便。如皇仪在垂拱之西，集英宴殿自成一组，又在皇仪之西，似皆非有密切关系者，故福宁之两侧后又建置太后宫，如庆寿宝慈，而无困难 *《玉海》卷一五八。 而柔仪之西，日后又有睿思殿等。*《玉海》卷一六〇。

崇政初为太祖之简贤讲武，“有柱廊，次北为景福殿，临放生池”，规模甚壮。太宗、真宗、仁宗及神宗之世，均试进士于此，后增置东西两阁，时设讲读，诸帝日常“观阵图，或对藩夷，及宴近臣，赐花作乐于此”，盖为宫后宏壮而又实用之常御正殿，非惟“阅事之所”而已。*《玉海》卷一六〇。

宋宫城以内称宫者，初有庆圣及延福，均在后苑，为真宗奉道教所置。广圣宫供奉道家神像，后示奉真宗神御，内有五殿，一阁曰“降真”，延福宫内有三殿，其中灵顾殿，亦为奉真宗圣容之所。真宗咸平中，“宰臣等言：汉制帝母所居称宫，如长乐、积庆……等，请命有司为皇太后李建宫立名。……诏以滋福殿（即皇仪）为万安宫”。*《玉海》卷一五八。母后之宫自此始，英宗以曹太后所居为慈寿宫，至神宗时曹为太皇太后，故改名“庆寿”（在福宁殿东）；又为高太后建宝慈宫（在福宁西）等皆是也。母后所居既尊为“宫”，内立两殿，或三殿，与宋以前所谓“宫”者规模大异。此外又有太子所居，至即帝位时改名称“宫”，如英宗之庆宁宫，神宗之睿成宫皆是 *《玉海》卷一五八。。

初，宋内廷藏书之所最壮丽者为太宗所置崇文院三馆，及其中秘阁，收藏天下图籍 *《玉海》卷一六三。，“栋宇之制皆帝亲授”，后苑又有太清楼，尤在崇政殿西北，楼“与延春、仪凤、翔鸾诸阁相接，贮四库书”。真宗常“曲宴后苑临水阁垂钓，又登太清楼，观太宗圣制御书，及亲为四库群书，宴太清楼下”*《玉海》卷一六四。，作诗赐射赏花钓鱼等均在此。及祥符中，真宗“以龙图阁奉太宗御制文集及典籍，图画，宝瑞之物，并置待制学士官，自是每帝置一阁”*李濂《汴京遗迹志》。天章宝文两阁（在龙图后集英殿西）*李濂《汴京遗迹志》。为真、仁两帝时所自命以藏御集，神宗之显谟阁、哲宗之徽猷阁，皆后追建，惟太祖英宗无集不为阁*叶少蕴《石林燕语》。徽宗御笔则藏敷文阁，是所谓宋“文阁”者也*李濂《汴京遗迹志》。每阁东、西序皆有殿，龙图阁四序曰资政、崇和、宣德、述古*《玉海》卷一五八。，天章阁两序曰群玉蕊珠；宝文阁两序曰嘉德、延康*《玉海》卷一六三。内庭风雅，以此为最，有宋珍视图书翰墨之风，历朝不改，至徽宗世乃臻极盛。宋代精神实多无形寓此类建筑之上。

后苑禁中诸殿，龙图等阁，及太后各宫，无在崇政殿之东者。惟太子读书之资善堂在元符观，居宫之东北隅，盖宫东部为百司供应之所，如六尚局，御厨殿等及禁卫、辇官亲从等所在*孟元老《东京梦华录》。东华门及宫城供应入口；其外“市井最盛，盖禁中买卖所在”*孟元老《东京梦华录》。

所谓外诸司，供应一切燃料、食料、器具、车驾及百物之司，虽散处宫城外，亦仍在旧城外城之东部。盖此以五丈河入城及汴、蔡两河出城处两岸为依据。粮仓均沿河而设，由东水门外虹桥至陈州门里，及在五丈河上者，可五十余处*孟元老《东京梦华录》。东京宫城以内布置，乃不免受汴梁全城交通趋势之影响。后苑部署偏于宫之西北者，亦缘于“金水河由西北水门入大内，灌其池浦”，地理上之便利也。*孟元老《东京梦华录》。

考宋诸帝土木之功，国初太祖朝（公元九六〇年至九七六年）建设未尝求奢，而多豪壮，或因周庙之制，宋初视为当然，故每有建置，动辄数百间。如太祖诏“于右掖门街临汴水起大第五百间”*《宋朝事实》卷二〇。，以赐蜀主孟昶；又于“朱雀门外建大第甲于辇下，名礼贤宅，以待钱俶”*《玉海》卷七五。及“开宝寺重起缭廊，朵殿凡二百八十区”*李濂《汴京遗迹志》。，皆为豪举壮观。及太宗世（公元九七六～九九七年），规模愈大。以其降生地建启圣院，“六年而功毕，殿宇凡九百余间，皆以琉璃瓦覆之”*《玉海》卷六八。又建上清太平宫：“宫成，总千二百四十二区”*《玉海》卷一〇〇。，实启北宋崇奉道教侈置宫殿之端。其他如崇文院、三馆、秘阁之建筑，“轮奂壮丽，冠乎内庭，近世鲜比”*《玉海》卷六八。“端栱中，开宝寺造塔八角十三层，高三百六十尺。”塔成，“田锡上疏曰：众谓金碧荧煌，臣以为涂膏衅血，帝亦不怒”。*李濂《汴京遗迹志》。画家郭忠恕、巧匠喻浩，皆当时建筑人材，超绝流辈者也*僧文莹《玉壶清话》。。

真宗朝（公元九九七年至一〇二二年）愈崇道教，趋祥异之说，盛礼缛仪，费金最多。作玉清照应宫“凡二千六百一十楹，以丁谓为修宫使，调诸州工匠为之，七年而成”。不仅工程浩大，乃尤重巧丽制作。所用木石彩色颜料均四方精选*《宋朝事实》卷七。殿宇外有山池亭阁之设，环殿及廊庑皆遍绘壁画。艺术之精，冠于北宋历朝宫观。殿上梁曰：“上皆亲临护，……工人以文缯裹梁，金饰木，寓龙负之辂以升。……修宫使以下及营缮掌事者，咸赐以衣带金帛”。*《宋朝事实》卷七。此宫兴作之严重，实为特殊，此后真宗其他建置莫能及。但南熏门外奉五岳之会灵观，及大内南，奉圣祖之景灵宫（宫之南壁绘赵氏事迹二十八事）则皆制度华美，均以丁谓董其事。京师以外，宫观亦多宏大，且诏天下州府，皆建道观一所，即以天庆为名。*李濂《汴京遗迹志》。

仁宗之世（公元一〇二三年至一〇六三年），夏始自大，屡年构兵，国用枯竭，土木之事仍不稍衰，但多务重修。明道元年（公元一〇三二年），修文德殿成，宫中又大火，延烧八殿，皆大内主要，如紫宸、垂拱、福宁、集英、延和等殿。“乃命宰相吕夷简为修葺大内使，发四路工匠给役，又出内库乘舆物及缗钱二十万助其费。”*《宋史·地理志》。先此两年（天圣七年），玉清照应宫因雷雨灾，时帝幼，太后垂帘泣告辅臣，众恐有再葺意，力言“先朝以此竭天下之力，遽为灰烬，非出人意；如因其所存，又复修葺，则民不堪命。……”*李濂《汴京遗迹志》。于是宫不复修，仅葺两殿。二十五年后（至和中），始又增缮两殿，改名万寿观。仁宗末季，多修葺增建，现存之开封琉璃塔，即其中之一。名臣迭上疏乞罢修寺观*李濂《汴京遗迹志》。欧阳修上疏《上仁宗论京师土木劳费》中云：“开先殿初因两条柱损，今所用材植物料共一万七千五有零。又有睦亲宅、神御殿，……醴泉观……等处物料不可悉数，……军营库务合行修造者百余处。……使厚地不生它物，惟产木材，亦不能供此广费。”又云：“累年火灾，自玉清、照应、洞真、上清、鸿庆、祥源、会灵七宫，开宝、兴国两寺塔殿，并皆焚烧荡尽，足见天厌土木之华侈，为陛下惜国力民财……”*李濂《汴京遗迹志》。终仁宗朝，四十年间，焚毁旧建，与重修劳费，适成国家双重之痛也。

英宗在位仅四年（公元一〇六四年至一〇六七年），土木之事已于司马光《乞停寝京城不急修造》之疏中见其端倪*李濂《汴京遗迹志》。盖是时宫室之修造，非为帝王一己之意，臣下有司固不时以土木之宏丽取悦上心。人君之侧，实多如温公所言，“外以希旨求知，内以营私规利”之人也。

神宗（公元一〇六七年至一〇八五年）行新政，富改革精神以强国富民为目的，故“宫室弗营，池籞苟完，而府寺是崇” *《汴京遗迹志》载曾肇《重修御史记》。所作盖多衙署之建置：如东西两府 *《汴京遗迹志》载陈绎《新修东府西府记》、御史台 *《汴京遗迹志》载曾肇《重修御史记》、太学等 *《宋朝燕翼诒谋录》。皆是也。元丰中，缮葺城垣，浚治壕堑，亦皆市政之事 *《历代帝王宅京记》引宋敏求《东京记》。又因各帝御容散寓宫中，及宫外诸寺观，未合礼制，故创各帝原庙之制。建六殿于景宁宫内，以奉祖宗像，又别为三殿以奉母后 *李心传《朝野杂记》,《汴京遗迹志》引。熙宁中，从司天监之奏，请建中太一宫，但仅就五岳观旧址为之 *《宋会要辑稿》。遵故事“太一”行五宫，四十五年一易，“行度所至，国民受其福” *《汴京遗迹志》引龚明之《中吴纪闻》，实不得不从民意。太宗建东太一宫四十五年，至仁宗天圣建西太一宫，至是又四十五年也 *《宋会要辑稿》。

哲宗（公元一〇八六年至一一〇〇年）制作多承神宗之训，完成御史台其一也。又于禁中神宗睿思殿后建宣和殿。末年则建景宁西宫于驰道西 *《玉海》卷一〇〇，亦如神宗所创原庙制度，及崩，徽宗即位续成之。宫期年完工，以神宗原庙为首，哲宗次之 *李心传《朝野杂记》,《汴京遗迹志》引。哲宗即位之初，宣仁太后垂帘，时上清太平宫已久毁于火，后重建，称上清储祥宫，以内庭物及金六千两成之 *《汴京遗迹志》引苏轼《上清储祥宫碑》。苏轼承旨撰碑。碑云“雄丽靓深，凡七百余间”，宫之规模虽不如太宗时，当尚可观。

迨徽宗立（公元一一〇一年至一一二五年），以天纵艺资，入绍大统，其好奢丽之习，出自天性。且奸邪盈朝，掊剥横赋，倡丰亨豫大之说 *《通鉴辑览》，故尤侈为营建。崇宁大观以还，大内朝寝均丽若琼瑶，宫苑殿阁又增于昔矣。其著者如“政和三年辟延福新宫于大内之北拱宸门外；悉移其地供应诸库，及两僧寺、两军营，而作焉” *《宋史·地理志》。宫共五位，分任五人，各为制度，不务沿袭。其殿阁亭台园苑之制，已为艮岳前驱，“叠石为山，凿池为海，作石梁以升山亭，筑土冈以植杏林，又为茅亭鹤庄之属” *《宋史·地理志》，以仿天然。此后作撷芳园，“称延福第六位，跨城之外，西自天波门，东过景龙门，至封邱门”，实沿金水河横贯旧城北面之全部。“名景龙江，绝岸至龙德宫，皆奇花珍木，殿宇比比对峙” *《宋史·地理志》。又作上清宝箓宫，“密连禁署，内列亭台馆舍，不可胜计。……开景龙门，城上作复道通宫内，……徽宗数从复道往来” *《宋史·地理志》。其他如作神霄玉清万寿宫于禁中，又铸九鼎，置九成宫于五岳观后。政和以后，年年营建，皆工程浩大，缀饰繁缛之作。及造艮岳万寿山，驱役万夫，大兴土木；五六年间，穷索珍奇，纲运花石；尽天下之巧工绝技，以营假山、池沼 *《汴京遗迹志》僧祖秀《华阳宫记》，至于山周十余里，峰高九十步；怪石崭崖，洞峡溪涧，巧牟造化；而亭台馆阁，日增月益，不可殚记 *《汴京遗迹志》徽宗御制《艮岳记略》。其部署缔构颇越乎常轨，非建筑壮健之姿态，实失艺术真旨。时金已亡辽，宋人纳岁币于金，引狼入室，宫庭犹营建不已，后世目艮岳为亡国之孽，固非无因也。

宋初宫苑已非秦汉游猎时代林囿之规模，即与盛唐离宫园馆相较亦大不相同。北宋百余年间，御苑作风渐趋绮丽纤巧。尤以徽宗宣政以后所辟诸苑为甚。玉津园，太祖之世习射、观稼而已。乾德初，置琼林苑，太宗凿金明池于苑北 *《玉海》卷一七二。，于是各朝每岁驾幸观楼船水嬉，赐群臣宴射于此。后苑池名象瀛山，殿阁临水，云屋连簃，诸帝常观御书，流杯泛觞游宴于玉宸等殿 *《玉海》卷一七一。。“太宗雍熙三年，后常以暮春召近臣赏花、钓鱼于苑中” *《宋朝事实》卷十二。，“命群臣赋诗赏花曲宴自此始。” *《通鉴辑览》。

金明池布置情状，政和以后所纪，当经徽宗增置展拓而成。“池在顺天门街北，周围约九里三十步，池东西径七里许。入池门内南岸西去百余步，有西北临水殿。……又西去数百步乃仙桥，南北约数百步；桥面三虹，朱漆栏楯，下排雁柱，中央隆起，谓之‘骆驼虹’，若飞虹之状。桥尽处五殿正在池之中心，四岸石甃向背大殿，中坐各设御幄。……殿上下回廊。……桥之南立棂星门，门里对立彩楼。……门相对街南有砖石甃砌高台，上有楼，观骑射百戏于此……” *孟元老《东京梦华录》。规制之绮丽、窈窕与宋画中楼阁廊庑最为迫肖。

徽宗之延福、撷芳及艮岳万寿山布置又大异，朱勔，蔡攸辈穷搜太湖灵壁等地花石以实之，“宣和五年，朱勔于太湖取石，高广数丈，载以大舟，挽以千夫，凿河断桥，毁堰坼闸，数月乃至” *李濂《汴京遗迹志》。盖所着重者及峰峦崖壑之缔构；珍禽奇石，环花异木之积累；以人工造天然山水之奇巧，然后以楼阁点缀其间。*《汴京遗迹志》僧祖秀《华阳宫记》及《汴京遗迹志》徽宗御制《艮岳记略》。作风又不同于琼林苑金明池等矣。叠山之风，至南宋乃盛行于江南私园，迄元、明、清不稍衰。

真仁以后，殖货致富者愈众，巨量交易出入京师，官方管理之设备及民间商业之建筑，皆因之侈大。公卿商贾拥有资产者之园圃第宅，皆争尚靡丽，京师每岁所需木材之夥，使官民由各路市木不已，且有以此居积取利者*《宋会要辑稿·食货》。营造之盛实普遍民间。

市街店楼之各种建筑，因汴京之富，乃登峰造极。商业区如“潘楼街……南通一巷，谓之界身，并是金银彩帛交易之所；屋宇雄壮，门面广阔，望之森然”*孟元老《东京梦华录》。娱乐场如所谓“瓦子”，“其中大小勾栏五十余座，……中瓦莲花棚牡丹棚；里瓦夜叉棚、象棚；最大者可容数千人”*孟元老《东京梦华录》。酒店则“凡京师酒店门首皆缚彩楼欢门。……入门一直主廊，约百余步，南北天井，两廊皆小阁子，向晚灯烛荧煌，上下相映。……白矾楼后改丰乐楼，宣和间更修三层相高，五楼相向，各有飞桥栏槛，明暗相通”*孟元老《东京梦华录》。其它店面如“马行街南北十几里，夹道药肆，盖多国医，咸巨富。……上元夜烧灯，尤壮观”*蔡绦《铁围山丛谈》卷四。。

住宅则仁宗景祐中已是：“士民之族，罔遵矩度，争尚纷华。……室屋宏丽，交穷土木之工”*《宋朝事实》卷一三。。“宗戚贵臣之家，第宅园圃，服饰器用，往往穷天下之珍怪……以豪华相尚，以俭陋相訾”*《温国文正公集·论财利疏》。。

市政上特种设备，如“望火楼……于高处砖砌，……楼上有人卓望，下有官屋数间，屯驻军兵百余人，及储藏救火用具。每坊巷三百步设有军巡铺屋一所，容铺兵五人”。新城战棚皆“旦暮修整”。“城里牙道各植榆柳，每二百步置一防城库，贮守御之器，有广固兵士二十指挥，每日修造泥饰。”*孟元老《东京梦华录》。

工艺所在，则有绫锦院、筑院、裁造院、官窑等等之产生。工商影响所及，虽远至蜀中锦官城，如神宗元丰六年，亦“作锦院于府治之东。……创楼于前，以为积藏待发之所。……织室吏舍出纳之府，为屋百一十七间，而后足居”*费著《蜀锦谱》。

有宋一代，宫廷多崇奉道教，故宫观景盛，对佛寺惟禀续唐风，仍其既成势力，不时修建。汴京梵刹多唐之旧，及宋增修改名者。太祖开宝三年，改唐封禅寺为开宝寺，“重起缭廊、朵殿凡二百八十区。太宗端拱中建塔，极其伟丽”*李濂《汴京遗迹志》。塔八角十三层，乃木工喻浩所作，后真宗赐名“灵感”，至仁宗庆历四年塔毁*李濂《汴京遗迹志》，乃于其东，上方院建铁色琉璃砖塔，亦为八角十三层，俗称“铁塔”，至今犹存，为开封古迹之一*杨廷宝《汴郑古建筑游览纪录》，见《中国营造学社汇刊》第六卷第三期。又如开宝二年诏重建唐龙兴寺，太宗赐额太平兴国寺*《宋会要辑稿》。天清寺则周世宗创建于陈州门里繁台之上，塔曰“兴慈塔”，俗名“繁塔”，太宗重建。明初重建，削塔之顶，仅留三级*杨廷宝《汴郑古建筑游览纪录》，见《中国营造学社汇刊》第六卷第三期，今日俗称婆塔者是。宝相寺亦五代创建，内有弥勒大像，五百罗汉塑像，元末始为兵毁*李濂《汴京遗迹志》。

规模最宏者为相国寺，寺建于北齐天保中，唐睿宗景云二年（公元七一一年）改为相国寺；玄宗天宝四年（公元七四五年）建资圣阁；宋至道二年（公元九九六年）敕建三门，制楼其上，赐额大相国寺。曹翰曾夺庐山东林寺五百罗汉北归，诏置寺中*叶梦得《石林诗话》。当时寺“乃瓦市也，僧房散处，而中庭两庑可容万余人，凡商旅交易皆萃其中。四方趋京师以货物求售转售他物者，必由于此”*《宋朝燕翼诒谋录》。实为东京最大之商场*孟元老《东京梦华录》。寺内“有两琉璃塔，……东西塔院。大殿两廊皆国相名公笔迹，左壁画炽盛光佛降九曜鬼百戏。右壁佛降鬼子母，建立殿庭，供献乐部马队之类。大殿朵廊皆壁隐，楼殿人物莫非精妙”*孟元老《东京梦华录》。

京外名刹当首推正定府龙［隆］兴寺。寺隋开皇创建，初为龙藏寺，宋开宝四年，于原有讲殿之后建大悲阁，内铸铜观音像，高与阁等。宋太祖曾幸之，像至今屹立，阁已残破不堪修葺，其周围廊庑塑壁，虽仅余鳞爪，尚有可观者。寺中宋构如摩尼殿、慈氏阁、转轮藏等，亦幸存至今。*梁思成《正定调查纪略》，发于《中国营造学社汇刊》第四卷第二期。

北宋道观，始于太祖，改周之太清观为建隆观，亦诏以扬州行宫为建隆观。太宗建上清太平宫，规模始大。真宗尤溺于符谶之说，营建最多，尤侈丽无比。大中祥符元年，即建隆观增建为玉清照应宫，凡役工日三四万。*《宋朝事实》卷七。“初议营宫料工须十五年，修宫使丁谓令以夜续昼，每画一壁给二烛，故七年而成。……制度宏丽，屋宇稍不中程式，虽金碧已具，刘承珪必令毁而更造”。*《宋史纪事本末》。又诏天下遍置天庆观，迄于徽宗，惑于道士林灵素等，作上清宝箓宫。亦诏“天下洞天福地，修建宫观，塑造圣像”*《通鉴辑览》。宣和元年，竟诏天下更寺院为宫观，次年始复寺院额。*《通鉴辑览》。

洛阳宋为西京，山陵在焉。“开宝初，遣王仁珪等修洛阳宫室，太祖至洛，睹其壮丽，王等并进秩。……太祖生于洛阳，乐其土风，常有迁都之意”*《玉海》卷一五八。，臣下谏而未果。宫城周九里有奇，城南三门，中曰五凤楼，伟丽之建筑也。东、西、北各有一门。曰“苍龙”，曰“金虎”，曰“拱宸”。正殿曰太极殿，前有左右龙尾道及日楼月楼*《玉海》卷一五八。“宫室合九千九百九十余区”*《宋史·地理志》，规模可称宏壮。皇城周十八里有奇，各门与宫城东西诸门相直，内则诸司处之。*《宋史·地理志》。京城周五十二里余，尤大于汴京。神宗曾诏修西京大内。*《玉海》卷一五八。徽宗政和元年至六年间之重修，预为谒陵西幸之备，规模尤大。“以真漆为饰，工役甚大，为费不资。”*《宋史·地理志》。至于洛阳园林之盛，几与汴京相伯仲。重臣致仕，往往径第西洛。自富郑公至吕文穆等十九园*李格非《洛阳名园记》。其馆榭池台配造之巧，亦可见当时洛阳经营之劳，与财力之盛也。

徽宗崇宁二年（公元一一〇三年），李诫作营造法式，其中所定建筑规制，较与宋、辽早期手法，已迥然不同。盖宋初禀承唐末五代作风，结构犹硕健质朴。太宗太平兴国（公元九七六年）以后，至徽宗即位之初（公元一一〇一年），百余年间，营建旺盛，木造规制已迅速变更；崇宁所定，多去前之硕大，易以纤靡，其趋势乃刻意修饰而不重魁伟矣。徽宗末季，政和迄宣和间，锐意制作，所本风格，尤尚绮丽，正为实施营造法式之时期，现存山西榆次大中祥符元年（公元一〇〇八年）之永寿寺雨华宫，与太原天圣间（公元一〇二三年至一〇三一年）之晋祠等，结构秀整犹带雄劲，骨干虽已无唐制之硕建庞大，细部犹未有崇宁法式之繁琐纤弱，可称其为北宋中坚之典型风格也。

第三节　辽之都市及宫殿

契丹之初为东北部落，游牧射生，以给日用，故“草居野处，靡有定所”*《辽史·营卫志》。至辽太祖耶律阿保机并东、西奚，统一本族八部，国势始张。其汉化创业之始，用幽州人韩延徽等，“营都邑，建宫殿，法度井井”*《辽史·韩延徽传》。，中原所为者悉备。迨援立石晋，太宗耶律德光得晋所献燕云十六州，改元会同（公元九三七年），建号称辽，诏以皇都临潢府（今热河林西县）为上京，升幽州为南京，定辽阳为东京。辽势力从此侵入云、朔、幽、蓟（今山西、河北北部），危患北宋百数十年。圣宗统和二十五年（公元一〇〇七年）即宋真宗大中祥符之初，以大定府为中京（今热河朝阳平泉、赤峰等县地），又三十余年至兴宗重熙十三年（公元一〇四四年），更以大同府为西京，于是五京备焉。

辽东为汉旧郡，渤人居之，奚与渤海皆深受唐风之熏染。契丹部落之崛起与五代为同时，耶律氏实宗唐末边疆之文化，同化于汉族，进而承袭中原北首州县文物制度之雄者也。契丹本富于盐铁之利，其初有“回国使”*《通鉴·后晋记》。往来贩易，鬻其牛羊、橐、䴥、驰马、皮革、金珠、药材等以市他国货物，其后辽更与北宋、西夏、高丽、女真诸国沿边所在，共置榷场市易，商业甚形发达，都市因此繁盛*王家琦《辽赋税考》，见《东北集刊》第一期。。其都市街隅，“有楼对峙，下连市肆”。其中“邑屋市肆有绫锦之作，宦者、伎术、教坊、角抵、儒僧、尼、道皆中国人，并汾、幽、蓟为多”*《历代帝王宅京记》引胡峤记。。辽世重佛教，营僧寺，刊经藏，不遗余力，尝“择良工于燕蓟”。凡宫殿佛寺主要建筑，实均与北宋相同。盖两者均上承唐制，继五代之余，下启金、元之中国传统木构也。

太祖于神册三年（公元九一六年）治城临潢，名曰皇都；二十一年后，至太宗，改称上京*《历代帝王宅京记》。。太祖建元神册之前，所居之地曾称“西楼”。“阿保机以其所为上京，起楼其间，号‘西楼’，又于其东……起东楼，北……起北楼，南木叶山起南楼，往来射猎四楼之间。”*《五代史·四夷附录》。盖阿保机自立之始，创建明王楼。初未筑成，其都亦未有名称。如“以所获僧……五十人归西楼，建天雄寺以居之”。“其党神速姑复劫西楼，焚明王楼”，“壬戌上发自西楼”*《辽史·太祖本纪》。等。“契丹好鬼，贵日，朔旦东向而拜日，其大会聚视国事，皆以东向为尊，四楼门屋皆东向。”*《五代史·四夷附录》。岂西楼时期，契丹营建乃保有汉、魏、盛唐建楼之古风；而又保留其部族东向为尊之特征欤？

辽建“殿”之事，始于太祖八年冬，建开皇殿于明王楼基，早于城皇都约四年，其方向如何，今无考。“天显元年，平渤海归，乃展郛郭，建宫室，名之以‘天赞’。起三大殿曰：开皇、安德、五銮。中有历代帝王御容，”*《历代帝王宅京记》。制度似略改。迨晋遣使上尊号，太宗“诏番部，并依汉制御开皇殿，辟承天门受礼，改皇都为上京”*《辽史·地理志》。以后开皇五銮及宣政殿皆数见于太宗纪。

上京“城高二丈，……幅员二十七里。……其北谓之皇城，……中有大内。……大内南门曰‘承天’；有楼阁，……东华、西华。……通内出入之所”*《辽史·地理志》。城正南街两侧为各司、衙、寺、观、国子监、孔子庙及二仓。天雄寺与八作司相对，均在大内南。“南城谓之汉城；南当横街，各有楼对峙，下列井肆。”*《辽史·地理志》。市容整备，具形制已无所异于汉族。然至圣宗开泰五年，距此时已八十年，宋人记云：“承天门内有昭德宣政二殿，与毡庐皆东向。”*《历代帝王宅京记》。然则辽上京制度，殆始终留有其部族特殊尊东向之风俗。

辽阳之大部建设为辽以前渤海大氏所遗，而大氏又本唐之旧郡，“拟建宫阙”。辽初以为东丹王国，葺其城，后升为南京，又改东京。“幅员三十里，共八门，……宫城在城东北隅……南为三门，壮以楼观。四隅有角楼，相去各二里。宫墙北有让国皇帝御容殿，大内建二殿。……外城谓之汉城，分南北市，中为看楼，……街西有金德寺、大悲寺。驸马寺铁幡竿在焉”。*《辽史·地理志》。

辽南京古冀州地，唐属幽州范阳郡；唐末刘仁恭尝据以僭帝号。石晋时地入于辽。太宗立为南京，又曰燕京，是为北京奠都之始。城有八门，其四至广阔，虽屡经史家考证，仍久惑后人。地理志称“方三十六里”，其他或称二十五里及二十七里者。或言三十六里“乃并大内计度”者，其说不一。但燕城令人注意者，乃其基址与今日北京城阙之关系。其址盖在今北京宣武门迤西，越右安、广宁门郊外之地。*奉宽《燕京故城考》，见《燕京学报》第五期。金之中都承其旧城而展拓之，非元、明、清建都之北京城也。今其址之北面有旧土城及会城门村等可考。其东南隅有古之悯忠寺（今之法源寺）可考*奉宽《燕京故城考》，见《燕京学报》第五期。，而今郊外之“鹅房营，有土城角，作曲尺式，幸存未铲；有豁口俗呼‘凤凰嘴’，当因辽城丹凤门得名”*奉宽《燕京故城考》，见《燕京学报》第五期。，乃燕城之西南隅也。今日北京南城著名之海王村琉璃厂等皆在燕城东壁之外。

辽太宗升幽州为南京，初无迁都之举，故不经意于营建，即以幽州子城为大内，位于大城之西南隅；宫殿门楼一仍其旧，幽州经安、史之徒，暨刘仁恭父子割据僭号，已有所设施，如拱宸门、元和殿等，太宗入时均已有之。*关承琳《西郊乡土纪》。太宗但于西城巅诏建一“凉殿”，特书于本纪，岂仍循其“西楼”遗意者耶？

南京初虽仍幽州之旧，未事张皇改建，但至“景宗保宁五年，春正月，御五凤楼观灯”，及“圣宗开泰驻跸，宴于内果园”*《日下旧闻考》。之时，当已有若干增置，“六街灯火如昼，士庶嬉游，上亦微行观之”*《日下旧闻考》。，其时市坊繁盛之概，约略可见。及兴宗重熙五年（公元一〇三六年）始诏修南京宫阙府署，辽宫廷土木之功虽不侈，固亦慎重其事，佛寺浮图则多雄伟。迨金世宗二十八年（公元一一八八年）距此时已百五十余年，而金主尚谓其宰臣曰：“宫殿制度苟务华饰，必不坚固。今仁政殿，辽时所建，全无华饰，但其他处岁岁修完，惟此殿如旧。以此见虚华无实者不能经久也。”*《金史·世宗本纪》。辽代建筑类北宋初期形制，以雄朴为主，结构完固，不尚华饰，证之文献实物，均可征信。今日山西大同应县所幸存之重熙、清宁等辽建，实为海内遗物之尤足珍贵者也。

第四节　金之都市宫殿佛寺

金之先，出靺鞨，古之肃慎也。唐初，其黑水一部曾附高丽，其后渤海强盛，契丹又取渤海地，乃附属于契丹。其在南者号“熟女真”，在北者不在契丹族，号“生女真”。金太祖之先，已统一部落，修弓矢，备器械，日臻强盛，不受辽籍。*《金史·太祖本纪》。至太祖败辽兵，招渤海，乃建号称“大金”。收国元年（公元一一一五年），更节节进攻。数年之间，尽得辽旧地，进逼宋境。

金建会宁府为上京，“初无城郭，星散而居，呼曰‘皇帝寨’‘国相寨’‘太子寨’”*《历代帝王宅京记》。，当尚为部落帐幕时期。及“升皇帝寨为会宁府，城邑宫室，无异于中原州县廨宇。制度极草创，居民往来，车马杂遝，……略无禁制。……春击土牛，父老士庶皆聚观于殿侧”*《历代帝王宅京记》。至熙宗皇统六年（公元一一四六年），“始设五路工匠，撤而新之，规模虽仿汴京，然仅得十之二三而已”*《历代帝王宅京记》。宣和六年（公元一一二四年），宋使贺金太宗登位时，所见之上京，则“去北庭十里，一望平原旷野间，有居民千余家，近阙北有阜园，绕三数顷，高丈余，云‘皇城’也。山棚之左曰‘桃园洞’，右曰‘紫微洞’，中作大牌曰‘翠微宫’，高五七丈，建殿七栋甚壮，榜额曰‘乾元殿’，阶高四尺，土坛方阔数丈，名‘龙墀’”*许亢宗《行程录》。，类一道观所改，亦非中原州县制度。其初即此乾元殿亦不常用。“女真之初无城郭，国主屋舍、车马……与其下无异，……所独享者惟一殿名曰‘乾元’。所居四处栽柳以作禁宫而已。殿宇绕壁尽置火炕，平居无事则锁之，或时开钥，则与臣下坐于炕，后妃躬侍饮食。”*《大金国志》。

金初部落色彩浓厚，汉化成分甚微，破辽之时劫夺俘虏；徙辽豪族子女、部曲、人民，又括其金帛、牧马，分赐将帅诸军。燕京经此洗劫，仅余空城。既破坏辽之建设，更进而滋扰宋土，初索岁币银绢，以燕京及涿、易、檀、顺、景、蓟六州归宋。既盟复悔。乃破太原、真定，兵临汴京城下，掳徽、钦二帝北去。所经城邑荡毁，老幼流离鲜能恢复。至征江、淮诸州，焚毁屠城，所为愈酷。终金太宗之世，上京会宁草创，宫室简陋，未曾着意土木之事，首都若此，他可想见。

金以武力与中原文物接触，十余年后亦步辽之后尘，得汉人辅翼，反受影响，乃逐渐摹仿中原。至熙宗即位，稍崇仪制，亲祭孔子庙，诏封衍圣公等。即位之初（公元一一三五年），建天开殿于爻剌，此后时幸，若行宫焉。上京则于天眷元年（公元一一三八年）四月，“命少府监……营建宫室”*《金史·熙宗本纪》。，虽云“止从俭素”，“十二月宫成”，为时过促，恐非工程全部。此后有“明德宫享太宗御容于此，太后所居”；“五云楼及重明等殿成”；又有太庙、社稷等建置。皇统六年，以“会宁府太狭，才如郡制，……设五路工匠，撤而新之”*《大金国志》。天眷皇统间，北方干戈稍息，州郡亦略有增修之迹，遗物中多有天眷年号者。

自海陵王弑熙宗自立，迄其入汴南征，以暴戾遇刺，为时仅十二年，金之最大建筑活动即在此天德至正隆之时（公元一一四九年至一一六一年）。

海陵既跋扈狂躁，对于营建惟求侈丽，不殚工费，或“赐工匠及役夫帛”，或“杖提举营造官”，所为皆任性*《金史·海陵王纪》。天德三年，“诏广燕城，建宫室，按图兴修，规模宏大”。贞元元年，迁入燕京，“称中都，以迁都诏中外”。以宋之汴京为南京，大定为北京，辽阳为东京，大同为西京。乃迎太后居中都寿康宫；增妃嫔以实后宫，临常武殿击鞠，登宝昌门观角抵，御宣华门观迎佛；赐诸寺僧绢。园苑则有瑶池殿之成，御宴已有泰和殿之称，生活与其营建皆息息相关。又以大房山云峰寺为山陵，建行宫其麓。正隆元年，奉迁金始祖以下梓宫葬山陵，翌年，“命会宁府毁旧宫殿，诸大族第宅，及储庆寺，仍夷其址，而耕种之”*《金史·地理志》。削上京号，“称为国中者，以违制论”*《金史·地理志》。既而慕汴京风土，急于巡幸，于正隆四年（公元一一五九年），复诏营建宫室于南京。

汴京烽燧之余，蹂躏烬毁，至是侈其营缮，仍宋之旧，勉力恢复。“宫殿运一木之费至二千万，牵一车之力至五百人；宫殿之饰，遍傅黄金，而后间以五采。……一殿之费以亿万计；成而复毁，务极华丽。”*《金史·海陵王纪》。但海陵虽崇饰宫阙，民间固荒残自若。“新城内大抵皆墟，至有犁为田处。四望时见楼阁峥嵘，皆旧宫观寺宇，无不颓毁”*范成大《揽辔录》。各刹若大相国寺亦“倾檐缺吻，无复旧观”*范成大《揽辔录》。汴都此时已失其政治经济地位，绝无繁荣之可能。

中都宫殿营建既毕，又增高燕城，辟其四面十二门，广辽旧城之东壁约三里，世宗以后均都于此，与宋剖分疆宇，升平殷富将五十余载，始遭北人兵燹，其间各朝尚多增置，朝市寺观日臻繁盛。

初海陵丞相张浩等，“取真定材木营建宫室及凉位十六”*《金史·地理志》。制度实多取法汴京。皇城周回“九里三十步”，则几倍于汴之皇城，而与洛阳相埒。自内城南门天津桥北之宣阳门至应天楼，东西千步廊各二百余间*范成大《揽辔录》，中间驰道宏阔，两旁植柳。有东西横街三道，通左右民居及太庙三省六部*楼钥《北行日录》。宣阳门以金钉绘龙凤，“上有重楼，制度宏大，三门并立，中门常不开，惟车驾出入”*《大金国志》；应天门初名通天门，“高八丈，朱门五，饰以金钉”*《大金国志》；宫阙门户皆用青琉璃瓦*范成大《揽辔录》，两旁相去里许为左、右掖门。内城四角皆有垛楼。宣华、玉华、拱宸各门均“金碧翚飞，规制宏丽”*《大金国志》。

“内殿凡九重，殿三十有六，楼阁倍之”*《大金国志》。其正朝曰“大安殿”，东、西亦皆有廊庑。东北为母后寿康宫及太子东宫（初称隆庆）*《日下旧闻考》。大安殿后宣明门内为仁政殿，乃常朝之所。殿则为辽故物，其朵殿为两高楼，称东、西上阁门。“西出玉华门则为同乐园，若瑶池、蓬瀛、柳庄、杏村在焉”*《大金国志》，宫中十六位妃嫔所居略在正殿之西；宴殿如泰和、神龙等均近鱼藻池，后苑亦偏宫西，一若汴京。辽时本有楼阁、球场在右掖门南*《辽史·地理志》，经金营建，乃有常武殿等为击球、习射之所*《日下旧闻考》。太庙标名衍庆之宫*《金图经》，在千步廊东。金庭规制堂皇，仪卫华整，宋使范成大，虽云“前后殿屋崛起甚多，制度不经”，但亦称其“工巧无遗力”*范成大《揽辔录》。

中都外城布置，尤为特异。金初灭辽，粘罕有志都燕，为百年计，“因辽人宫阙于内城外筑四城，每城各三里，前后各一门，楼橹池堑，一如边城。……穿复道与内城通”*《金国南迁录》。海陵定都，欲撤其城而止，故终金之世未毁*奉宽《燕京故城考》，见《燕京学报》第五期。世宗之立，由于劝进，颇以省约为务，在位二十九年，始终以大定为年号，世称“大定之治”。即位之初，中都已宏丽，不欲扰民，故少所增建。元年（公元一一六一年）入中都，“诏凡宫殿张设，毋得增置”*《金史·世宗本纪》。三年又敕有司“宫中张设，毋得涂金”，有诏修辽东边堡，颇重守御政策，即位数年，与宋讲好，国内承平，土木之功渐举，重修灾后泰和神龙宴殿，六年幸大同华严寺，观故辽诸帝铜像，诏主僧谨视；有护古物之意。大定七年，建社稷坛；十四年，增建衍庆宫，图画功臣于左右庑，如宋制。十九年，建京城北离宫，宫始称“大宁”（后改寿宁、寿安），即明昌后之万宁宫，章宗李妃“妆台”所在，瑶光台、琼华岛始终为明清宫苑胜地，今日北京北海团城及琼华塔所在也。二十一年，复修会宁宫殿，以甓束其城。二十六年，曾自言“朕尝自思岂能无过，所患过而不改。……省朕之过，颇喜兴土木之工，自今不复作矣”。二十八年盛誉辽之仁政殿之不尚虚华，而能经久，叹曰：“今土木之工，灭裂尤甚，下则吏与工匠相结为奸，侵克工物；上则户、工部官支钱、度材，惟务苟办；至有工役才毕，随即欹漏者；……劳民费财，莫甚于此。自今体究，重抵以罪。”*《金史·世宗本纪》。海陵专事虚华，急于营建，且辽、宋劫后，匠师星散，金时构造之工已逊前代巨构甚远，世宗固已知之。

大定之后，惟章宗之世（公元一一九〇年至一二〇八年），略有营造，大者如卢沟石桥，增修曲阜孔庙，重修大同善化寺佛像，及重修登封中岳庙等普遍修缮之活动。赵州小石桥至今仍存，亦为明昌原物*梁思成《赵县安济桥》，见《中国营造学社汇刊》第五卷第一期。。至于中都宫苑之间，章宗建置多为游幸娱乐之所。常幸南园玉泉山、香山。北苑万宁宫尤多增设*《金史·章宗本纪》。。瑶光殿之作，后世称章宗李妃妆台。琼华阁及绛绡、翠霄两殿，亦为大定后所增。“宸妃郑氏又尝见白石，爱而辇归，筑崖洞于芳华阁，用工二万，牛马七百”*《大金国志》。，贻内侍余琬以艮岳亡国之讽。章宗末季，南与宋战，北御元军，十年之间，边事愈频，承安之后，已非营建时代。卫绍王即位，政乱兵败，中都被围，“城中乏薪，拆绛绡殿、翠霄殿、琼华阁材分给四城”*《大金国志》。。距燕京城破之时（公元一二一五年）已不及三年，卫绍王废，宣宗立，中都危殆，金室乃仓皇南迁。都汴之后，修城葺库，一切从简，无所谓建设。及元代之朝，日臻隆盛，金之北方疆土尽失，复南下入宋，以图自存。迄于金亡，二十年间，中原中部重遭争夺，城邑多成戎烬之余，宋、辽、金三朝文物得以幸存至今者难矣。幸辽、金素重佛法，寺院多有田产自给*《辽文汇·妙行师行状碑》及《金史·食货志》。，易朝之际，虽遭兵燹，寺之大者，尚有局部恢复，而得后代之资助增建者。今日辽宁，河北，山西佛寺殿堂及浮图，每有辽、金雄大原构渗与其中，已是我国建筑遗产重要之一部。

第五节　南宋之临安

靖康变作，二帝被掳，高宗即位于南京（应天府），改元建炎（公元一一二七年，适为金太宗天会五年），迄宋幼帝昺蹈海死（公元一二七九年），为时一世纪有半，是为南宋；后金之亡约四十余年。

建炎三年，金兵愈逼，高宗驻跸杭州，以州治为行宫，下诏罪己，自无心于宫室之营建。且适当金人破徐州，焚扬州，宋虽改江宁为建康府，升杭州为临安府，固未遑定都。及金人再度进迫，高宗出走，如越州，奔明州，又航于海入温州。行迹无定，百司零乱。金兵亦追迹至杭州，破越明，屠潭州。游骑又至平江、常州、镇江焚掠，江南处处尚在破坏中；及韩世忠、岳飞挫金将乌珠于江中，绍兴二年，高宗始又如临安。时军事稍振，臣下颇有建议奠都建康以图恢复者。高宗犹豫，“命守臣具图经画建康行宫”，又“命漕臣即平江子城营治宫室”，而尤属意临安。绍兴五年还临安作太庙；挫岳飞北进之策；乃显然欲早定行宫，以苟宴安，绍兴八年乃定都焉。

高宗诏曰：“朕荷祖宗之休，克绍大统，夙夜危惧不常厥居，比者巡幸建康，抚绥淮甸既已……是故复还临安，内修政事，缮治甲兵以定基业。非厌霜露之苦而图宫室之安也……”实则绍兴元年，已诏守臣修内司百间*《行在所录》。“二年九月，南门成，诏名行宫之门；三年诏梁汝嘉创廊庑于南门之内”*咸淳《临安志》。四年八月，知临安府，梁汝嘉奏明堂行礼，殿成。此即临安初创时之正殿，盖“凡上寿则曰‘紫宸殿’，朝贺则曰‘大庆殿’，宗祠则曰‘明堂殿’，策士则曰‘集英殿’，四殿皆即文德殿随事揭名也”*《行在所录》。高宗自绍兴初年蓄意议和，受制于秦桧，坐失兵机，迄三十二年禅位于孝宗，自“以秦桧旧地作德寿宫，凿池引水，叠石作山”*《南宋古迹考》，优游其间，无非皆“图宫室之安”者，园苑建造之频，尤甚于其后诸帝。为太上皇时曾“甃石池以水银浮金凫鱼于上……指示曰水银正乏，此买之汪尚书家”*《宋史·高宗本纪》。实不失当艮岳之裔。

南宋宫室制度，初创时因国耻未雪，诸多顾忌，未克任意施展，仅就州城府治兴葺重造，故云“皆从简省”。临安州治本为钱王宫，地址虽较他州宏敞，宋建之正殿，碍于时势，未曾侈大；及增垂拱、崇政“其修广仅如大郡之设厅”。《舆服志》云：“其实垂拱、崇政二殿，权更其号而已。殿为屋五间，十二架，修六丈，广八丈四尺。殿南檐屋三间，修一丈五尺，广亦如之。两朵殿各二间。东、西廊各二十间，南廊九间，其中为殿门，三间六架。”*《宋史·舆服志》。孝宗又以“殿后拥合七间为延和殿，其制尤卑，陛阶一段，小如常人所居”，其“上梁文云：听朝决事，兼汴都延和、崇政之名……”。崇政究与垂拱易名，抑与延和同为一殿，尚待考证。正殿宫阁无多，又随时异额，勉袭汴都旧名，尤显其隘窄。

及和议成，韦太后回銮，“宫中庆典复始”，禁城内外乃年年增建。“绍兴八年，作慈宁宫；绍兴十二年作太社太学；十三年筑圜丘、景灵宫及秘书省；十五年作内中神御殿（钦先孝思殿）；十六年广太庙；十七年作玉津园、太一宫、万寿观……”禁中则营祥曦福宁等殿及后苑堂阁。十八年至二十八年间，曾增筑皇城、外城及宫前丽正门御路，建执政府，筑两相第、太医殿、尚书六府等*《历代帝王宅京记》。高宗禅位后所辟别宫、园苑及所赐府第、私园，亦多工巧靡丽，但建筑无宏大者。继后各朝所增造亭榭及便殿，或为习射、蹴鞠，或揽湖山之胜，多为宫廷宴游而作。偏安一隅之南宋首都，盖风雅有余，气魄不足，非复中原帝京之气象，建筑多水榭园亭之属，大殿无所增置，史志美其名曰“务简约，不尚华饰，以遵祖制”耳。

临安外城“包山距河，故南北长峙”*《南宋古迹考》。凡十三门，东壁有七门，西壁临湖有四门。其中涌金门为“北宋政和六年重建，颇极壮丽”*《南宋古迹考》。南北则仅各有一门，南即嘉会门，稍偏西与皇城丽正门引直，北曰“余杭”，亦曰“北关”。外另有水门五。全城“东沿河（钱塘江）西至山岗（凤凰山），自平陆至山岗，随其上下，以为宫殿”*《南宋古迹考》。形势乃不规则之山城。

“绍兴十八年，名皇城南门曰‘丽正’，北门曰‘和宁’，东苑曰‘东华’……皇城周回九里”*咸淳《临安志》，南面丽正“其门有三，皆金钉朱户，画栋雕甍，覆以铜瓦，镌镂龙凤飞骧之状，巍峨壮丽，光耀溢目。左右列百官侍立阁子，登闻鼓院，检院相对，悉皆红杈子，排列森然，门禁严甚”*《梦梁录》。外城之嘉会门，营建亦精，其“城楼绚彩，为诸门冠”。盖南门为御道，“至丽正门计九里三百二十步，皆潮沙填筑，其平如席，以便五辂往来”*《梦梁录》，过南郊，从此幸郊台也。

自大内北出和宁新路，井市最盛，“南北宝玉珍异、花果时新、海鲜奇品，悉集于此”，一若汴京时之东华门外，和宁门之重要亦乃临安河道及市区地位所使然。门“在仁孝登平坊巷之中。亦列三门，金碧辉映，与丽正同，门外列百僚侍班阁子……”其内因与宫中后殿密迩，故帝后臣僚率多出入于此。“皇后出宫，至祥曦殿，上升龙檐，出和宁门。”“皇帝御垂拱殿，提举等官奉迎诸书至和宁门，步导致垂拱殿，各取合进呈……”等 *《南宋古迹考》。

皇城内之宫殿，随事给名，后代改额，不易悉考。前殿建于绍兴四年，行在所录谓之正衙，即文德殿，凡上寿朝贺宗祠策士皆御此殿，故或称紫宸、大庆、明堂、集英。绍兴十二年，增建垂拱“以内诸司地为之”。“殿后有拥舍，孝宗改为别殿，是为延和便殿” *《玉海》卷一六〇。东部丽正门内为东宫。建炎初，“孝宗初育宫中，只造书院于宫门，曰内资善堂……迨为太子……止建厅堂并诸官属从屋……光宗升储，建太子宫门。淳熙二年（公元一一七五年）创射圃为游艺之所。度宗时（几九十年后）更为增广” *《行在所录》。孝宗于乾道初“辟射殿于禁垣之东，名曰‘选德’”，及至淳熙五年，“中设漆屏，书郡国守相名氏其上”，图事揆策于此，以示着意军机，周必大被旨撰选德殿记 *《玉海》卷一六〇。殿近东华门，近臣常于此召入。“自北宫门循廊而左，转南为祥曦殿，西接修廊为后殿” *陈随应《南渡行宫记》。而“钦先孝思在崇政之东”。

此外宁福寝殿及后妃等位于后苑偏宫之西部，称为“南内”。“苑中亭殿名称可见者仅有复古殿、损斋、观堂、芙蓉阁、翠寒堂、清华阁、椤木堂、隐岫、澄碧、倚柱、隐秀、碧琳堂之类……” *《宋史·舆服志》。宁福殿后改为寿康宫，光宗逊位后居之。复古殿，损斋均高宗所常御，为其观摩书画玩器之处；观堂建于山顶，盖“碧琳堂近之一山崔嵬作观堂为上焚香祝天之所”*陈随应《南渡行宫记》。芙蓉阁则在山背，“翠寒堂以日本国松木为之，不施丹雘，白如象齿，环以古松”*陈随应《南渡行宫记》。澄碧殿位置近宫池，“淳熙二年孝宗曲宴宰执……至一小亭中，前有大池，潴水平岸，其下为石渠贯亭，以函启闸，奔流入渠，其声如雷，上曰：‘朕于饮食、衣服、宫室务从简俭，至所喜者惟此水尔……”*《宋会要辑稿》。内苑大略如此，实皆高宗所建饰，孝宗以后少有增置。

慈宁殿亦曰慈宁宫，为高宗因太后有归期而建，“上谓辅臣曰：行宫地步窄隘，今营建太后宫，抵是依山因地势修筑……”其址当在皇城前部西面山地一带。后易名慈福、慈寿，仍为各朝太后所居之殿也，宁宗开禧二年焚。

南宋内苑御园之经营，借江南湖山之美。继艮岳风格之后，着意林石幽韵，多独创之雅致，加以临安花卉妍丽，松竹自然。若梅花、白莲、芙蓉、芍药、翠竹、古松，皆御苑之主体点缀，建筑成分反成衬托。所谓堂与亭者最多，皆为赏玩花木，就近营建，如为古梅题匾曰“冷香”，石曰“芙蓉”，又为蟠松作清华堂，荼蘼作清研亭，皆此之类也。高宗究心艺事，内禅后尤多闲情逸致，所营德寿宫苑内万岁桥，“桥长六丈，并用吴璘进到玉石甃成，莹澈可爱。桥中心作四面亭，用新罗白木建造，极为雅洁。大池十余亩，皆种千叶白莲”*乾淳《起居注》。

德寿宫“在望仙桥东，高宗倦勤，即秦桧旧地筑新宫……内禅后遂移仗居焉。都人称为‘北大内’。凿大池，续竹笕数里，引湖水注之。其上垒石为山，象飞来峰，有堂名‘冷泉’，楼名‘聚远'。又分四地为四时游览之所"。其中布置精雅，花木泉流，多有匾额亭榭之名，尤为新颖。至孝宗禅位亦居之，改名重华宫 *《南宋古迹考》。

外御园有玉津、聚景（东园）、富景（西园）、集芳、屏山诸园，玉津园为帝王较射之所，在嘉会门南四里洋泮桥侧，清时在杭州龙华寺后，犹得见。淳熙八年、十年驾幸玉津园，韩彦直等扈从题名，俱正书摩崖。聚景园之南门在清波门外，北门在涌金门外，西湖之东岸也。亭宇皆孝宗御匾，尝请两宫临幸，后光宗、宁宗亦皆奉太后同幸。乾淳《起居注》云："淳熙六年……幸此园，太上太后至会芳殿降辇，上及皇后至翠光降辇，并坐瑶津西轩入御筵……遂至锦壁赏大花。牡丹约千余丛，又至清辉少歇，由翠光登御舟入湖……泊花光亭，仍至会芳少歇还内。" *乾淳《起居注》。其布署略可窥见。富景以芙蓉临池秀发，高孝两朝尝登龙舟卧看，建筑不详。集芳在葛岭，前临湖山，园归太后，藻饰甚丽，诸匾皆高宗御题。屏山园在钱湖门外，正对南屏，又名翠芳。理宗"开庆初，内司展建东至希夷堂，直抵雷峰山下……水环五花亭外"，"内有八面亭"，其建筑显为纤细亭榭之属 *《南宋古迹考》。

其他如庆乐园，光宗曾以赐韩侂胄，后复归御有。内多古桂，亦有"十样亭榭，工巧无二。射圃、走马廊、流杯池、山洞，堂宇宏丽，野店村庄，装点时景"，谢太后府园歇凉亭之布署则尤着重滨湖亭馆之建筑。"有眉寿堂、百花堂、一碧万顷堂、湖山清观，皆宏丽特甚……地宅百余间，后为元帅夏若水所居……元夕放灯，上下辉映"。高宗所赐杨存中之水月园，其中之水月堂"俯瞰平湖，前列万柳"，亦为近水堂榭，西湖园苑之特征也 *《南宋古迹考》。

南宋宫中殿宇无宏大之作，禁御则皆亭榭窈窕，曲径通幽，为优游忘世，高雅情绪之所托。其配属实创园亭设计之另一意识。北宋洛阳诸园本已渐有江南气息，倾向雅素，避脱侈丽之作，着重自然之美。宫苑中延福开其端，艮岳继其后，因无天然湖山之便，蔡京用朱冲父子，以人工兴筑，致成花石之扰，反病奢狂。高宗定都临安，以园苑论，实得山川之助，继艮岳之态，造成庭园建筑之佳例。吴中则自政和以后，进奉花石，开始叠假山之风，为之者愈多。其著者如光宗时之俞澂所作石山，秀拔有奇趣 *《哲匠录》。见《中国营造学社汇刊》第四卷第三、四期。。

南宋建筑每单位之结构本嗣北宋崇宁格式。绍兴初“平江郡守王唤承兵火之余，兴葺官署学校，不遗余力，又重刊《营造法式》，即世所称绍兴本者，故其兴作犹遵奉汴梁遗法” *刘敦桢《苏州古建筑调查记》。见《中国营造学社汇刊》第六卷第三期。。证之今日江南最大南宋殿宇，苏州玄妙观之三清殿亦可识其大略，“此殿自南宋淳熙六年重建后，迄今七百五十余年，虽迭经修治，然迄无再建之纪录” *刘敦桢《苏州古建筑调查记》。见《中国营造学社汇刊》第六卷第三期。。

王唤究心艺事，尤重建筑。平江府治“北垣之齐云楼，循城为屋，轮奂雄特，一时称最。吴人至谓兵火之后，惟王唤重建此楼，差胜旧制” *刘敦桢《苏州古建筑调查记》。见《中国营造学社汇刊》第六卷第三期。。此盖与滕王阁、黄鹤楼、岳阳楼等同一性质之城上台观也。其下为府治宅堂北之斋园，亭轩柱廊亦皆唤之经营。绍兴十五年，又绘大成殿两庑，刱讲堂，辟斋舍。十六年重作圆妙观两廊“画灵宝度人经变相。召画史工山林人物楼橹花木各专一技者，分任其事，极其工致” *光绪《苏州府志》卷四四。。唤与梁汝嘉先后直宝文阁，皆监修平江府治及临安行宫最力者，北宋建筑遗法之得以传播江南，唤尤有功焉。盖当时民间建筑严受限制，“凡庶民家不得施重棋、藻井及五色文采为饰，仍不得四铺飞檐。庶人舍屋许五架门，一间、两厦而已”。微官府不时兴修，建筑艺术及法式最易废弛。董其役者，既以旧法为重，则技术虽有演变，系统究不中断。

宋代陵寝依其分布，可别为三区。“保定诸陵，皆开国后追建者；巩县为太祖、太宗以下诸帝后之陵及乾德间徙建之宣祖安陵，在宋陵中规模最为宏巨；最后为南渡诸帝之陵，权厝于会稽宝山，称为‘攒宫’，示异日恢复中原，归葬巩洛也”*陈仲篪《宋永思陵之初步研究》。

北宋陵寝北域悉围以竹篱，谓之“篱寨”。篱寨有内外之别，外篱在前。建有神御殿、斋宫、东西序、神厨、库室、公宇等，位在山陵下，故称“下宫”。“外篱之后为内篱，其范围包括石象生、献殿、陵台，谓之上宫。”上宫为陵之主体，其平面布置系“于南端建有鹊台，次乳台，次象生，次神墙，每面各辟一门，门内更为正方形之陵台，其下即帝后埋骨所也”*陈仲篪《宋永思陵之初步研究》。

南宋攒宫制度，比之巩县诸陵则大小悬殊，不可同日而语；然除象生、陵台数者外，其上下二宫，犹能具体而微，遵奉旧制。诸帝攒宫，凡所设施，乃参酌时宜，适合南渡后之物力，故废象生神墙及方上陵台，而藏梓宫于上宫献殿之后，为龟头屋覆之。明、清方城明楼之制，或即由此演变，而又另成形制，盖亦迥然与古代陵墓布署不同。此实研究我国陵墓沿革之可注意者。

永思陵者，高宗之陵也。建于孝宗淳熙十四年（公元一一八七年）冬，至翌年春季落成。陵之规模及间架尺寸，与彩画、瓦饰材料，见于周必大《思陵录》者异常详密* 陈仲篪《宋永思陵之初步研究》。“下宫之构成，系以前后殿与殿门回廊为主体，其外周以围墙一重，外复以竹篱绕之”。上宫部分，其外亦有篱门，内有红灰墙，周回六十三丈五尺，叠砌“鹊台”两堵。内为殿门，面阔三间，其内为火窑子，更内为献殿。“殿面阔三间，为上宫之主体，其后附龟头屋三间，设皇堂石藏子，置梓宫于内。殿外绕以砖砌之阶，施勾栏十七间，正面设踏道。”《思陵录》中关于结构尺寸甚详，尤以大木方面，柱高与开间面阔之比例等，对于宋代结构式样研究极有俾助，故洵足宝异也。

林徽因集

增订本

建筑

美术

下

梁从诚

— 编 —

中国大百科全书出版社

图书在版编目（CIP）数据

林徽因集．建筑　美术．下 / 林徽因著；梁从诫编．—增订本．— 北京：中国大百科全书出版社，2022.8

ISBN 978-7-5202-1171-0

Ⅰ. ①林… Ⅱ. ①林… ②梁… Ⅲ. ①林徽因（1904-1955）—文集 ②建筑学—文集 ③美术—文集 Ⅳ. ① Z427

中国版本图书馆 CIP 数据核字 (2022) 第 125536 号

出 版 人：刘祚臣
策 划 人：王一珂　曾　辉
责任编辑：王一珂
营销编辑：王　廓
责任发行：绳　蕴
责任印制：魏　婷
装帧设计：今亮後聲 HOPESOUND 2580590616@qq.com · 张今亮　王秋萍
出版发行：中国大百科全书出版社
地　　址：北京阜成门北大街 17 号　邮政编码 100037
电　　话：010-88390969
网　　址：http://www.ecph.com.cn
印　　刷：小森印刷（北京）有限公司
开　　本：889 毫米 ×1194 毫米　1/32
印　　张：13
字　　数：312 千字
印　　次：2022 年 8 月第 1 版　2022 年 8 月第 1 次印刷
书　　号：ISBN 978-7-5202-1171-0
定　　价：178.00 元（上、下）

现代住宅设计的参考

初刊于一九四五年十月《中国营造学社汇刊》第七卷第二期，署名林徽因。

一、美国印第安那州福特魏茵城五十所低租住宅

二、英国伯明罕市之住宅调查

三、美国伊里诺州数组“朝阳住宅”的设计及实验

四、美国 TVA 之“分部组合住宅”（Sectional House）

住宅设计在半世纪前，除却少数例外，都是有产阶级者私人的经营，不论是为自用或为营业。自用的，除却解决实际生活需要之外，还存为着娱乐自己，或给儿孙体面的目的，所以建屋常是少数人的奢侈。营业的则既为着利润的目标而建造，经营者常以若干面积造若干所，每所包含若干固定形式的房间来估计。他们决不枉费心思为租户的生活，城市的卫生，人口或交通设想的。在贫富情形不同的区域里都有相当于那区域生活程度的普通住宅出赁。这些房屋只保守着拥挤的行列，呆板的定型及随俗的装饰标准。他们极少在美术上努力，也极少随着现代生活的进展去取得科学的便利，更没有事先按着租户的经济能力为他们设计最妥善的住宅单位。

现在的时代不同了，多数国家都对于人民个别或集体的住的问

题极端重视，认为它是国家或社会的责任。以最新的理想与技术合作，使住宅设计，不但是美术，且成为特种的社会科学。它是全国经济的一个方面，公共卫生的一个因素，行政上一个理想，也是文化上一个表现。故建造能给予每个人民所应得的健康便利的住处，并非容易达到的目的。它牵涉着整一个时代政治理想及经济发展的途径以及国际间之了解与和平。但如同其他我们所企望的目的一样，各国社会上总不免有许多人向着那个目标努力。尤其是现在在两次世界大战之后，各国都企望着和平，都认为是眼前必须是个建设的时代，这时代并且必须是个平民世纪，为大多数人造幸福的时期的开始。

向着这个理想，解决人民健康住宅的目标迈进，先需要两种努力。一、是调查现存人民生活习惯及经济能力。每城每市按着他们的工商农各业的倾向，估计着他们人口职业的特点及能量，对已有的交通，已有的公共建筑，已有的卫生工程设备，及已有的住宅，作测量调查及统计。然后检讨各方面的缺憾与完满的因素，作为实际筹划的根据。二、是培养专家，鼓励科学工程及艺术部署的精神，以技术供应最可能的经济美丽且实用的建造，也使国家人民各方设计的途径相互呼应，综合功效，造成完美的城市。

这种努力，在英美两国也不过有极短期的历史。上次大战的前后，建设倾向还是赓续十九世纪末叶工业机器畸形发展的能力，没有经过冷静的时间，一切建设发展过分蓬勃常是顾此失彼，不但互相妨碍，且常彼此冲突。不正常的经济压迫及无秩序的利益争夺使得合理清醒的统筹无从产生，直到城市住处——本来该是为健康幸福而设备的——反成了疾病罪恶的来源——如工业区的拥挤，贫民窟的形成等等——最近才唤醒了英美各国普遍的注意。

因为英国是个根深蒂固的资本主义国家，不能剧烈的以社会主义的经济立场来应付这种问题，所以市政上的改善，除却一部分为交通工程的建设外，现在一部分直属于公共卫生部，以公共卫生的立场来改善住宅及区域。美国则因为是商业自由极端发达的国家，故改善市区房屋或开辟住宅新区，常以商业方法来经营。所谓房产公司的势力可以支配着许多区域的进步，也可以阻碍许多区域的改善。因此政府常要处于指导地位。故纠正错误及恶劣的街道与房屋，或由地方催促政府通过便利的法案，或由政府催促地方的协助，多数仍由经济团体来完成的。

我国的情形与英美都不相同，但在建设初期，许多都要参考他国取得经验与教训。美国虽为大富之国，但直到现时尚有一个庞大数目的人民没有适当住处，最新技术常以最便利、最经济为目的。我们在这方面仍然可以采取他们的许多实验作为参考。但因天气，环境，生活，材料，人工物价的不同，许多模范我们也还要有适当的更动始能适用。英国近年对旧有拥挤穷苦的区域曾经不断做繁细详尽的调查。这种工作的目的在避免设计之过于理想无法切实实行，或虽实行而所害更甚于所使。我国一般人经济上皆极贫困，旧有住宅又多已不合现代卫生，如何改善，更是必须之务。我们如能效法英国在这方面的努力，必可避免许多不妥善的尝试，而采用许多简便而合理的办法。

无论如何，改善住宅的主要事项，如住宅内部的合理分配，外部的艺术形体，住区与工作地点的联络关系，住区每平方公里内的人口密度，如何取得绿荫隙地，如何设立公共设备，及如何使租金与房屋造价及人民经济配合等等，则是各国同样的。虽然如何能合理的解决这些问题，各国各城会有特殊的便利或困难，但互相参考办法与技术，可以俾益各地个别设施，仍是无可疑问的。

本文这里所选择的参考资料都是经过各国实验过的佳例。匆促里不及作有秩序的安排，仅凭材料来到的先后及其本身兴趣与价值逐项介绍。至于我国对于这一些建设是否有采访的可能及我国环境与每项所述他国情形有何显著的异同，在可能范围内，笔者均作简单的评论及提示附在后面。

一　五十所最小单位贫民住宅的实验 美国印第安那州福特魏茵城（FORT WAYNE，INDIANA）

美国是个商业自由的国家，许多社会性的事业都用商业方式来解决，不直接将经济负担加在政府或任何慈善团体上。许多有关人民福利的建设，不单是由于伤感或慷慨，却是因市中经济与卫生的需要用最有效的实际方法来应付并长期维持。所以许多低廉租金平民住宅的试验都是由政府提倡，根据着法律，由地方协助，用商业方式来建造及处理的。

一个试验　根据一九三八年美国联邦政府住宅管理处所发表的一个报告，清理贫民区及为最低收入的人民建筑住所，不是这管理处直接的职责。可是因为住宅管理处这机关是由于用抵押贷款营业办法来协助改善一般的住所情形，且倚借这种经营来维持它本身的

经济独立，所以它不能不注意到美国各城区中最“不堪”的地带。这种地带影响到房产地价，且此带贫民每年医药、燃料、衣食的救济靡费全市税收极巨的一部，间接成为其他住户的税额的负担。所以住所管理处开始调查恶劣的住所情形，协助任何合法团体利用管理处这抵押贷款算法来改善贫民住处。

福特魏茵城 这一个试验是在印第安那州中一个小城福特魏茵实行的，用减债基金抵押贷款方法完成了五十所，每所每周租金为二点五美元的住宅。他们相信虽然改善贫民住宅所遇到的问题是全国性的，其解决方式则需要各区特殊的应付。但福特魏茵的试验得到极好的效果，大可以作为一个市镇自身努力解决这种住宅的佳例。且因其他市政府或团体对此种设施有同样的兴趣，所以管理处特别将这次福特魏茵（以下简称魏城）试验建造贫民住宅的始末，以详细描述的方法印成册子公布。

人民情形 魏城是个西方中部的工业城市，人口约为

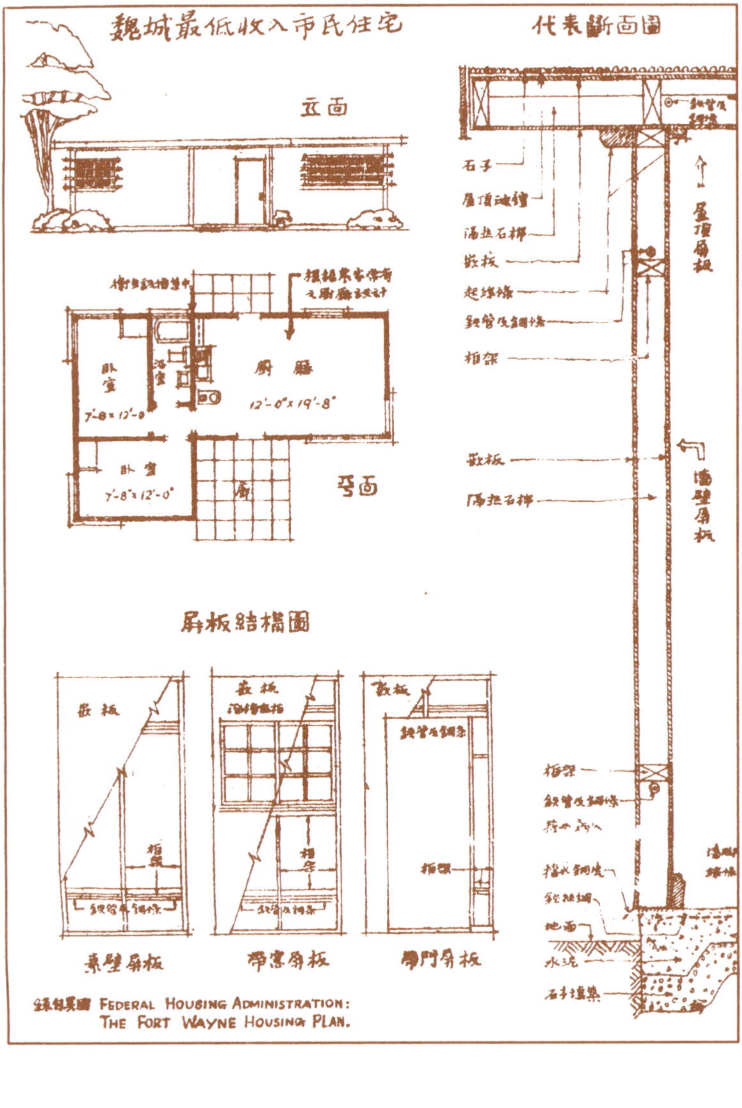

魏城最低收入市民住宅图

十二万五千人。城中一般住所情形比各处平均水准稍好，住宅之半数为住户自己的产业，与美国其他城市相同，只有少数——约百分之五——的人民住在公寓里，大部的住宅为单门独户的，全市贫民救济费每年达五十余万元，其中四十余万元为救济贫者的粮食、燃料及衣物，公共卫生费为十万元，津贴贫者房租约一万元，无家者之救济费约三万元。

住屋情形 据调查，魏城一万六千所住处中，有九百所没有自来水，二千七百所内没有私家室内的卫生厕所，四千六百所没有沐浴设备，所以公共救济费的重负有一部分是住宅情况所使然的结果显然有它的根据。

改善目标及办法 改善住所的水准是要直接减轻救济费的数目，但如果只拆去最恶劣的破屋，是不会有助于实际情形的。因为在低租金的一堆房子中本已患住户过挤的情形，如果再减去现存之若干房屋，则拥挤的情形更将增加。所以这里的改善必须添造，直至恶劣住屋中有了空出的现象时始能将这种不堪居住的房屋拆毁。

最需要改善也最可能因改善而减低地方救济负担的自然是那九百所没有自来水设备的住屋，其次为那二千七百所没有卫生厕所的住房，再次为那四千六百所没有沐浴设备的房子，但不知有若干住所单位因为漏的屋顶及漏风的墙壁直接增加了地方燃料救济费。所以在节省救济经费的立场上改善住所则必须添造温暖而严密附带着自来水及卫生设备的房屋。且租金必须是那些不能享受这些便利的家庭所能担负的。

合实际的租额 据实际调查，这些家庭所费租金，最高为每月十二元，令人可注意的是这种租金并非按着房间单位计算的，而是按着住户所能出的租金总数所能交换来的房间而定，他们是不能按着他们所需要的面积或间数来租赁住处的。

针对着这问题的住宅建造的第一点，即是决定每单位住所的租金为二点五元；不是按月而是按每周收付租金的办法，对于这些家庭更为合适。因为他们的收入本以每周计算的。

房子形式间数及设备　虽然现时魏城的小房子多是单层木板住宅，并不证明集体多层住屋之不合适，不过考虑到受助的居民素来所习惯的生活是很重要的。

初步设计的考虑指示出独户的小住宅包含三个房间，及一浴室，以租价每周两元半为标准，最为重要。此种住屋需要现成的电线装设，且因为利用浴室设备需要教育，有热水的供应非常重要。要达到以上目标，自然要一种非常精巧经济的设计图样。且必须根据种种使这种建造可能实现的方面。

造价的预计　在租金方面如果每所造价定为九百元，用二十年抵押减债基金贷款方式付出百分之四的利息，百分之零点五的保险，则每年收入，付债息外，尚能保留维持费，由魏城市政府先设立一住宅委员会，按着印第安那州的法律，住宅委员会办的房屋可以免税，因为这种经营目的在于帮贫困的人民，可以减低各种救济费的负担，所以允许此种房子免税，结果并非市政府的损失。

利用本地失业人工　在减省工价方面，委员会请求利用W·P·A（失业工人救济会）的工人，因为这种工人即为需要这种住屋最切的主顾，所以移用救济会的工人来建造贫民住宅是最合理的。事实上因为他们觉得是为自己福利努力，他们对工作加增很多踊跃。

地皮的取得 为这种计划中的住宅寻觅适当的地皮时，发现大量的空地散处城中。有许多空地即在非常恶劣住宅的附近。其他的常散处在工业区旁边。它们在相当时期内绝无用途，只在将来如果遇到添造工厂时有可能之用的。这带空地的地主对这一时无用地皮每年还必须负担着地税。

这种一时无用的空地，如在有卫生水道工程的街道左边的，即被视为极适当的低租住宅暂时建造的地区。住宅委员会同他们的地主的接洽协定是委员会以一个象征数目，美金一元暂时购取一个单位地皮来营造一所住宅，随时地主有重新购回原地之权。重新购回原地的办法是：（一）如果地主在新建屋后的第一年内要求购回地皮，则由地主付出迁移那一所新住屋再建在另一地区的全部工程费用。（二）如果地主在建屋后的第二，或第三或第四年中要求购回原地，则按借出年期之长短比例，减低负担迁移费之若干。（三）直至五年以后，如果地主要求收回原地时，则仍只需美金一元购还，全部迁移住屋的工费由委员会完全担负。

这种取得地皮的办法，产生三个特点，要早预计到的。（一）因所建新屋分散城中各处适当空地，施工时因略不便，必稍费工。（二）从租金收入里除却付出贷款的减债基金还本法及利息保险外，因根据与地主借地之协定，必须保留若干款额，足够必要时作迁移重建住屋至其他地区的费用。（三）选择地点的目的有一部分必须是要使建屋之后能影响提高周围地产之价格，有利于借出空地的地主的。

这种地皮每单位包括象征之一元购价，地契价及接引自来水与下水管的费用，总数为四十美元。

综合事况 综合以上情况，展在委员会面前的事实是：（一）委员会可以由 WPA（失业工人会）得到不必付出工价的人工。（二）委员会可以用四十美元的代价取得每个单位的地皮。（三）因所决定每所每周二百五十元的租金，用廿年典押贷款方法取得资本，所以每所住宅的工料价需定为九百美元。（四）因住屋所供应的家庭情形，需要的是建造三个房间的住宅，附有热水浴室及电线的设备。（五）这种住屋因借用地皮的协定必须用易于迁移及重建的结构。（六）因为所用的失业人工不是专门技工，所以房屋的结构工程程序必须是预先设计极为简单，使一般普通工人均可胜任的。

结构方法 这些住宅所用结构方法是根据威斯康辛省麦迪生城联邦森林出产实验室所作的研究，及普都理工大学住屋研究系所进展的试验。

这个结构方法主要是应用“板屏”的制式（by Prefabricaled Panels）用固定木框两面钉上薄嵌板（Plywood）（上海称夹板）制成标准大小的“板屏”（Panels），再将各屏拼聚作为墙壁（见《魏城最低收入市民住宅》图），外墙与内部隔断墙所用板屏皆是二乘四英寸的木条作框架，屋顶所用板屏则用二乘六英寸之木条作框架，木框的两面都钉上且胶住 Phenol-résin Plywood 薄嵌板。这种屏板结构的负重力量已数倍超过一层木屋所需要的负重墙面。

制造程序 为建造这些住宅，委员会先租赁一所小工厂，这个设备即为造价之一部分支出。一切结构部分均先在厂内制造，以减少工场上的工作。工厂内简单设备只是一个数人共作的锯木床（cut-off table），为锯出标准木条及裁断木条成必要长度之用的。又另置特种“嵌板锯”（Plywood saw），用以锯出门上或窗边所用的小片嵌板等。此外即是各种“台桌”（jig tables），在那上面可以钉制木框及铺胶嵌板，制成各面板屏的。厂内全部用失业救济会的工人。

定为制式 这种结构规律化之后，成了一种制式，共用四种板屏：（1）素壁部分（外墙或隔断墙），（2）带门的墙壁部分，（3）带窗的墙壁部分，（4）屋顶部分（见《魏城最低收入市民住宅》图）。素壁部分，每面板屏高八英尺，宽四英尺。板屏木框两面嵌板夹成的空心用石棉铺满以防止外墙敏性传达户外的冷热。屋顶板屏每面也是宽四英尺，但有长十六英尺及长二十四英尺的两种，他们中间都铺上四英寸厚的隔冷热的石棉。每面板屏上都加上一层胶质的保护材料，将木缝填满。

整所房子所需为二十二面素壁板屏，八面带窗板屏，五面带门板屏，及六面二十四英尺长，三面十六英尺长的屋顶板屏。

室内地面是用铁网水泥倒在碎石夯平的地上。这种室内地面从舒适，耐用及工料价的经济立场上估计都是最为适宜的。因为洋灰直接铺在土地上，它可以维持与土地差不多的温度，所以冬天较暖，而夏天又较凉于架空的地板结构。自来水管及下水道的粗管，均先由最近的干线接引埋在地下。粗管头在预定地点由水泥地面伸出，以备它们在上面安置室内各种卫生设备。

结构程序 各面板屏都安放在水泥的地面上，一个屋角或正角的两面先准确的安置，其它板屏便可迅速的随着安放外墙及隔断墙的板屏，带窗子的及带门的板屏，都像玩具房子的部分一样聚拢起来。各面板屏之间用某种腻子使它们拼紧，并以长钢条横贯各屏中间，联络扣紧。长钢条横着由屋的一端到他端，穿过每面板屏木条处均用铁片托住（bearing plates），在屋角两面板屏相接处则穿出角铁（angle iron）然后纠紧。

屋顶各板屏亦同样用横贯的钢条牵住。每隔四英尺用一条。钢条穿出之两端用生铁的母螺丝（washer and nut）纠紧。此外再在每屋角用两条垂直钢条，一条由上面下来，上端钩在屋顶横条上，另一条由下面上来，底下钩在水泥地下，两钢条中间用旋紧子（turnbuckle），联接扣紧。这样全屋四角都紧牵在洋灰地面上。屋顶板屏上用保险十七年的四层石子屋顶油毡完成。

室内墙壁均有上下横条，金属装备均外露。外墙，内壁及天花顶均刷涂三重油漆，完成光滑皮面，以便于洗刷。

卫生设备 一种烧油的炉子，内中带着热水盘香管，可以供给屋内取暖，烧水及煮饭之用。它的烟囱是一整条金属的烟囱由炉上直至瓦外，这是按着便于移动重新安置的办法。烟囱四周用二英寸木棉隔热，并留二英寸距离木料的空隙（air space）以防火力的燃焦。

厨房的水道设备与浴室的水道，计划时即安置它们背向背的在隔壁相连之处。上下水道设备为一洗碗盆（sink），浴盆，面盆，茶桶及一个三十加仑的热水储藏锅。所用水管全露在壁外，以便修理。

时间 建造工程程序预定为每所住宅全体工人用一个“工作日”——即八小时——完成。结果在实际施工时，维持这个速率毫无困难。

资本及经营的办法 为这五十所住宅供给资本的办法，是分给三个商业团体来投资——两个银行及一个保险公司。三处贷款共计四万五千美元，以全部五十所房产作抵押，利息百分之四点五。虽然典押定为廿年减债基金法，因为预计的盈余利益可能改成六十年。全部房产按美国政府《住所法案》第二〇七条中联邦政府住宅管理处将其保险。如有地主收回原地时，则将此地退出保险，另换新区一处。

魏城五十所低租住宅资本经营办法

地价每区 $40 象征数，上下水道地契在内	$2，000
工价 W.P.A 借来的人工价值	23，000
共计	25，000
典押贷款总数，全部料价及工厂设备用	45，000
竣工后全部房产估定价值	70，000
每年房租收入总数	6，500
因空闲可能损失	260
净收入共计	6，240
利息债务偿付	3，600
住屋维持费每所 $32	1，6000
每四年一次油漆	500
每十年一次换屋顶油毡	270
设备更换修理	150
保险	80
管理费等	600
总付出共计	5，200
每年盈余	1，040

百分率表

贷款为房产估定价值之	百分之	64.3
利息债务偿付为总收入之	百分之	55.4
利息债务偿付为净收入之	百分之	57.7
维持费为净收入之	百分之	25.6
每年盈余为净收入之	百分之	16.7

如果这些住宅有了百分之二十空闲时期，每所住屋每月收入可能减至八点六六美元，但平均当以百分之四的损失计算。这五十所房屋每年的债务偿付本来约占其收入百分之五十五余。计算损失则为百分之五十八。

住户的选择　最初五十所房子建成之后，已有六百家请求预定的住户。决定选择适当的优先住户是根据着他们在请求时本来住处的不堪，急需调济程度，及有无能力付出较二点五美元更多的租金而定的。能够负担较二点五美元更高的住户及已有相当可以居住的房屋，租价亦不比二点五美元更高的住户，均暂不得迁入这些新住宅的权利。这种选择住户的工作是藉力于地方社会服务团体的协助的。在某一些情形下，服务团且代住户保证房租按期的偿付。这些住屋的一切的管理事务完全由福特魏茵城住宅委员会主持。

参考提示与评论

（甲）我们有无注意低租住宅的必要？

（乙）低租住宅建造的原则是什么？

（丙）分析魏城试验住宅总造价低廉的因素

（丁）分析资本债息与租金的种种

（甲）我们有无注意低租住宅的必要？

1. 这里魏城廉价住宅建造试验的报告，表示得非常清楚，美国小住宅研究已渐施于社会。这些住宅是以服务城中最低收入的市民家庭及改善市区的眼光来经营的。

战前中国“住宅设计”亦只为中产阶级以上的利益。贫困劳工人民衣食皆成问题，更无论他们的住处。八年来，不仅我们知识阶级人人体验生活的困顿，对一般衣，食，住的安定，多了深切注意，盟邦各国为政者更是对人民生活换了一个新的眼光。提高平民生活水准，今日已成各国国家任务的大目标。故为追上建设生产时代，参与创造和平世纪，我国复员后一部努力必须注意到劳工阶级合理的建造，是理之当然。

2. 近来后方工厂均为新创，常在郊野，少有邻近住屋，故多自附工人宿舍。复员后工业在各城市郊外正常开展的时候，绝不应仅造单身工人宿舍，而不顾及劳工的家庭。有眷工人脱离家庭，群聚宿舍，生活极不正常。这个或加增城市罪恶因素，或妨碍个人身心健康，都必为社会严重问题。添造劳工家庭合理的低租住宅，附近工作地点必须为政府及工业家今后应负责任中之一种，亦无疑问。

（乙）低租住宅建造的原则是什么？

上面的资料，低租住宅的建造是为收入最低阶级添设住宅。为给予他们合理的生活，救济他们的拥挤，改善他们的卫生，而先决条件，是租金定为他们所能负担的数目。换句话说，低租住宅最要紧的就是低租，住屋却又不能因低租而不合健康，或不适用于一个正常的贫民家庭。原则就是：

1. 需要连这足够一家之用，改善卫生标准，而租额是收入最低的劳工家庭所能担负的数目。

2. 这种建造经费的负担不必悉数倚赖捐助（由政府团体或私人），大部可藉经常营业方式（用典押借贷办法筹到需要的资本，以租金收入来长期维持这种事业）。只在创始之时取得各方的协助（使资本的借贷部分极端减低，以节省债息的便可促成低额租金的可能）。

总说起来，低租主要的因素有三：（一）为每单位地区工料等总造价本身的低廉。（二）借贷资本债息低。（三）造屋目的为服务，却不为赚利的营业；租金的最大作用只为维持这种住宅本身的可能及存在，租额可以减低到最小限度。

（丙）分析魏城试验住宅总造费低廉的因素

1. 地皮廉价的取得。这个藉力于政府机构辅导的力量，同时也得力于有地产者实际的协助。魏城借地协定表示并不要求无条件的捐助。保留地主在必要之时收回原地之权利，且定下具体办法。地主借出无用空地可以省了地税，地产因住宅改善可以增价都是地主所得利益。但这事本身本为社会效劳，我们相信即使利益不大，地主亦不至刁难或勒索，来阻碍地方改善的政策。这个美国可以办到的，在中国以后亦不应办不到。困难在还地办法牵涉了移屋，移屋办法又影响结构条件。因高度工业化的活动结构在美国可能简便而且经济的，在中国不见得能够如此。所以地皮的取得恐必须考虑其他办法。

2. 利用政府或地方所已担负薪资的失业工人可以省掉工价。这个我国以后是否有类此组织可供应用。变通办法如利用闲着常驻的军队，或合法征调民工等，都可以研究。

3.（a）经济的结构方法。（b）经济的面积分配。在这两方面美国都是参考大学校，及试验所专家的研究结果，且依据社会服务团体的生活调查来设计的。我国当然应该同样采取研究的方法努力多做试验。如果缺乏专家的研究，便必须鼓励产生研究的机构来配合实施设计的进行。细究魏城设计（a）与（b）两方面：

（a）在材料结构及工程方面：因中国之工业化程度与美国相去千里，各城市各地区亦各不相同，故欲效法某项特殊试验必有困难。必要时仅能采取它的原则，接受大略的指示，计划　种变通办法。利用当地固有工料方法加以科学调整，作类似的处置，最属可能，也极适宜。一味模仿工业化的材料及结构，在勉强情形下，只是增加造价的负担。

魏城试验所注重的一点，是用科学化的木料，不但尽量在工厂内先制成“结构的部分”，且先制毕“房屋的门窗墙壁部分”，等候在工程地时简便的聚拢，以省人工。中国建墙的材料方法最经济的都是“泥作”“竹作”之类，如版筑土墙，如夹泥，如干砖墙等，都比纯用木料版壁为经济。这种工程却需用人工在工程地筑造，绝不能在厂内预制的。且工程时间及人工数目都无法极端减省，能与现代木工相比。可能定为制式在厂内预制的只有门窗一类。至于屋顶最经济的构造，更需要试验及考虑。

（b）在面积分配方面：详究魏城住宅平面，可以提示三点中美生活之主要不同，以便明了我国不能完全采用近代英美现成设计图案之原因，分述如下：

1.魏城所造是包含三个房间及一浴室的单层独立的木质小住屋，这与中国生活本无不合，但主要起居室是附带炉火设备，用以做饭的大房间，此外并无厨房，便不适于我们习惯。这个大房间的设计是以欧美农舍中所谓 Farm-kitchen“农家厨厅”为蓝本的。欧美劳动阶级都习惯于在起居室里做饭，日常生活也都在这里集中。这种“厨厅”在欧洲就有几世纪的历史。它是欧美平民所习惯的居住方式，与中国生活迥然不同。

我们平民从来不以厨房为起居中心，因家族群居习惯，居处多以院落为单位，厨灶总是处于室外，室后或院中角隅的地位。生活中心的堂屋或厅，另有祭祖礼法的背景。虽然实际上亦即聚食操作的地点，堂及厅的性质总有婚丧庆贺，戚友来往的礼节意义，不是专为起居而设，更不是设灶地方。我们烹调方式使贫户仅有一室的时候，灶火也常设在门外。

所以英美小住宅将厨厅合以为一的设计是绝对不合我国的适用。通常他们中产阶级因不常用佣工，在餐室内设新式电灶，附带备餐的简便办法，更非我们所习惯。故近代英美面积经济的各级住宅平面分配十之八九均不合中国之用。

2. 魏城住宅如同美国一般住宅一样，有治安上的保障。四面临街之处均可不用围墙。这点在中国可是一种困难。以围墙周绕以保安全是我国住宅通常的设备。但围墙周绕，如不加增地皮的面积，便使房子狭迫，视线短促。且围墙的造价占了小住宅总造价里一个极大百分率，要维持租价与造价间一个不变的百分率时，则因围墙的造价租价也需要增加许多。这个考虑要从市政治安上入手，根本解决。折冲办法是使房子一面或两面临街以节省围墙。但如此已是与改进的分离独立住屋的倾向相背而驰，仍不能令人满意。

3. 卫生设备问题：魏城因利用市中已有之卫生工程干线，故引接上下水道所费无多。中国许多城市小街深巷过多，可以建屋之地区可能距离大街干线甚远，如遇有这种情形，市府方面应极力协助改善，不应将接引的工料价负担加在住宅造价之上。室内浴盆热水恭桶等设备，因美国之工业化程度甚高，可以廉价取得，在中国这些设备以后是否仍为用外汇的奢侈品，及能以如何价格自制，一时尚无把握可以预计。如果室内卫生设备暂不可能，则代替这种设备的室外处置方法必须要附属小建筑物。如何计划这种附属廊屋，使合乎卫生实用要求而又经济，也是我国的特殊问题，需要新的解决方法。在平面的总面积上，工业化的程度愈高，面积愈小，所以中国的低租住宅的面积很难不较英美新式的略大。

（丁）分析资本债息与租金的种种

1. 这五十所住宅的建造目的是为服务，不在赚利，租金的收入数目最大作用只是为偿付贷款的债息，此外仅保留若干维持费。贷款的数目愈低，租金亦可能愈低。故在资本方面，他们设法使借贷款额减少，以不用付款的许多实际便利来协助完成。同时它仍是一种正式营业，用廿年典押方式，用租金收入偿付债息，留出盈余维持管理。二十年后归政府机构所有。政府设此集中的机构来辅导改善住宅的任务，亦便藉此种合法营业，正当的盈余，长期维持它的力量。一切可不藉社会偶然慈善事业。

中国以后亦应由政府倡导辅助地方进行，不在赚利，却足维持其本身的房屋经营，以便市民，且抑制市上高价的营业住屋的垄断。但为最低收入阶级建造，在中国则租金所入绝不足偿付资本，极不易成为一种“营业”，必须藉义务的协助才能办理。

2. 他们取得资本的途径是由政府领导，地方协助，商业团体来投资，以商业正常方式取息，这一点我国当然亦可同样办理。但在中国，即使地皮等一切条件均相同，三间可住的房屋最低造价，在正常时期，各城市均不止九百元，而中国最低收入的劳工家庭每月可以负担的租金，在战前约为国币三元。房租每年收入数绝不足偿付资本之债务。故如何调整，必需其他办法。一部分资本恐必须由团体捐助。各工厂可能有负担工人“福利住宅”开办费之规定等帮同完成。

3. 虽然第一批五十所造成时已有六百家预定名单，市府秉公，不但不因此加增租价，且在定户中选择不能负担二点五美元以上租金之家庭为优先赁主，决不变动决定的租额，亦即不变为何种等级家庭解决住处的目标，此点极为重要，主持者必须注意。

4. 保留足够管理及重修的费用，如定每若干年重漆，若干年更换新屋顶一次等规定，即是维持住屋正常合用的状况。能长期维持就是不至损失住户，使住屋空闲的保证亦即收入损失的保障。中国办事常有始无终，在这种地方，极宜效法英美办理事业耐久性质的谨慎处置。

第二项参考资料
英国伯明罕市之住宅调查

（一）关于调查

（二）伯市发展的历史

（三）研究所得的实况统计

（四）原则的提议

（五）参考提示

（一）关于调查

伯明罕市（Burmingham）是伦敦之外英国第一位的大城市。市区面积达五万余英亩，人口一百零四万八千。它是英国市政改善最早的一城，开了捐拨地产创辟公园和清除“贫民窟”（slum）的先例。

一九四一年，当英国在世界大战里尚在吃紧阶段时，伯明罕市的波恩维尔新村信托公司（Bournville Village Trust）住宅研究会便将他们费时三年的伯市住宅实况的调查全部发表。书名为

《再建之时》(*When We Build Again*)，内附表格，照片，插图，统计图解及地区图等。这个报告对全城住宅情况的各方面无所不包括，无所不详细。全书用了简单清晰的分析，指出各区房屋在一切方面对于居民生活实况的适应，与矛盾程度，作为将来建设时改善的指南。这虽为伯明罕市本身的特殊情形，但一切研究与分析的方法，则是普遍可以适用于任何旧城，以和缓调整政策为前提的改善计划。

伯市虽曾自豪，且仍可以自豪，它是英国最努力进步的工业大城，在第一次大战之后至第二次大战之前约二十年中，共添造了十万四千八百八十一所住宅，但他们却得到一个痛心的教训。用了庞大的代价，他们换得一个醒悟。他们恍然觉悟当时急于解决住处，缺乏全市之间及市郊乡之间的“统盘市镇计划”的失算。研究会坦白的承认：因当时所有计划每次之限于一地一区的过于“消极性”，致使今日“损失并毁坏了许多可贵的绿郊隙地，全城发展的紊乱竟直接危害于国家应有的福利”。换句话说，二十年来“个别改善”的努力，由今天科学化的鸟瞰看来，已大明了他的错误。筹划上缺乏总纲领产生畸形及矛盾的局面自在意中。各区各业生活及交通的要求互相抵触，缺乏呼应的时候，自然只得到更大的不便，留下严重的教训，如果改善人民住处只是“个别改善”的住宅建筑活动，则所有努力不但积极的不能在全市合理组织中尽职，连消极的解决每个住户的方便也都成了失败。

调查的意义　所谓波恩维尔信托公司(Bourmville Trust)即是著名世界的卡德伯里可可糖果工厂(Cadbury Chocolate Company)主人所创设的波恩维尔住宅新村组织所扩大的建造住宅的机构。是不断对市政有贡献的私人团体。

远在一九三五年，它的住宅研究组，对于伯明罕市发展趋势，就感到忧虑，决定进行一种有计划的实况调查。这调查历时三年，以劳工及低薪资市民住的状况为主要研究对象，同时审查住宅区以往与工业区及郊区的关系，如全市扩展之利弊及住户密度增消的缘由及办法。换一句话说，就是要研究住宅的问题症结所在。

这种调查是根深蒂固民主主义国家的动态；民主国对私有产业权利必须保留尊重，不肯横加统治，而同时进行又是社会性的改善计划时，则所先做的一件事，必会是详细的调查。一切实况由专家团体的调查得以大明，提供当局及社会参考，然后法律的合理制裁，科学的缜密计划，社会的踊跃合作才得以产生。这是艰难的，和缓的，但确合实际的改善的调整，目的在经由演变向着市镇的完善。这种调整的性质与受过剧烈破坏大部后重建的市镇计划不同，与在社会主义下发展新区，创立城市作崭新建造试验的自然也不同。但今日世界在建设之时，这几种趋向的努力都必须注意及明了，因为我们都有参考他们的必要。

调查的内容 波恩维尔研究组的调查，为统计的清晰起见，分伯市环绕的为三个围城中心，内围及外围。各种住宅情况都划入这三个不同地带中互相比较。因为中心为最早旧有之市镇，街道狭迫经工业革命的突袭骤成拥挤错乱的区域，多不堪居住的房屋，及突兀丑恶的工厂。内围发展在一九一一年前后，外围则发展在一九一八年以后，情况因社会的努力，各围愈后愈见良好，密度也逐渐减轻。同时因东西南北各区域的工商业情形不同，住宅调查也将住宅划在七个市区下研究（见图一）。

这个调查对房屋本身的各种统计及其租金之外（见表一、表二、表三、表四）社会性的资料如（1）劳工市民由家中到工作地的往返时间与费用（见表五、表六、表七）；（2）百分之若干工人可以回家中餐（见表八）；（3）市区内公园面积与人口之比率（见表九、表十）；（4）儿童户外活动及游戏在何种地方（见表十一）；（5）若干住宅前后小圃要经常整治，表示事实它们是否为住户所需要（见表十二、表十三）；（6）若干住户愿意保留原来住处及他们的理由（见表十四、表十五、表十六），这些方面都取得正确的统计以增加事实的了解。

同时这报告先将伯明罕市的演变历史，如各时期社会及政府对市府的态度和努力，议会各次所通过的法案，及地方上各次所实行的调查和建设都作了简单的叙述。这一段历史非常有趣，可以代表一个现代城市的传略，可以增进社会人士对市镇的了解。

调查目的　这个调查的主要目的是：

（a）现时住宅的一切状况。

（b）一九一九年以后所努力进行的扩展市区计划，它的结果到底如何？

（c）据实际所得材料有何结论可以指示将来设计的倾向或宗旨？

调查方法　研究组利用许多公共卫生及户口调查的统计，但主要倚藉自己实际的调查。调查分两部测量及访问工作。

（甲）测量　测量分两段：

（一）详细的住宅及住区测量。

（二）普通测量，指示以伯明罕市为中心的四郊发展。

这是在六英寸比例尺的地方地图上标出已经建屋的地区，现在工厂位置及永久的空隙，如公园等地区。整个面积包括一千一百方英里。因为这项研究计划的目的也注意“邻区”（Regional）整体的组织，不但注重“市区”而已。这部分工作着重给计划地区时做参考，预先保留各种地区的用途，为此后五十年内的新陈代谢一旦演变及发展定出有系统的途径，不至紊乱互相抵触。

（乙）访问工作　注重在取例的逐户调查。他们按着公共卫生部所给予工人住址，每三十五家工人住处中巡视一家。二十九位有经验的社会服务人员共同参观了七千一百六十一所劳工居民的住处。访问员将预先计划好的问答表格，在参观住户时填写。调查后经手人立刻将这表格交给专家，划在三个围域及七个市区下综合分析，要知道伯市百分之八十强为工人，所以他们的住宅是全市住宅的主要问题。调查住户时必须同住户中之主要负责人问答（三分之一的访问必须同男主人问答），如果所访住屋空寂无人，经三次访问后仍然没有住户或不得接待时，则可另访距离此屋最近的一家，但必须与原来访问住址在街的同一旁边，以避免牵涉不正确的其它因素。改访他户必须在访问原址三次失败之后的原因，是免得遗漏整日必须外出工作的住户。如果房屋已改成工厂或公司办事处，访问员仍须访问看守人，因为可能看守人的住家问题就需要考虑。

在访问时最需要的是引起住户的兴趣，自动的合作。故在访问之始，先就解释访员们代表一个研究住宅的组织，在努力调查伯明罕全市住户的需要，他们希望将关于住宅的几种实况请教于选出的住户。

问答表格分两种：（一）主要问题的问答表。此表分前后两面。

（二）愿望问答表，亦分前后两面。

主要问题回答表（前面）

BOURNVILIE 新村信托公司——研究组住宅调查表							
区 4　次区 11	编号 3601						
市有地产　1937 年 11 月 19 日	单独住宅	住宅公寓	合坊公寓				
住户姓名 A.B.Cee. 地址 13 The Cincle	调查时间 始 7：30 终 7：40		住宅公寓：市	私	公	合坊公寓：市 / 私 / 公	
		单独住宅：市 √	私	公	厨厕自用　厨厕合用　地面 地面		
					附铺面　否		
何时迁入？　1928	若是房客	每周租金　地方租及水在内 15/2 分租收入　无					
房屋年龄	战前	1921—31 √	1931—37	若是主人	还付 年付地方税及水费 地税年付		
住宅内家庭户数　1							
房间数 5	起居室 2	厨 —	杂 1	浴 1	卧室 3	是否部分	分租　是　否 √　有家具　无家具
庭　园							
有园？√			无园？　房外另置庭园				
爱园？√	不爱园？	情形：好 √　平　劣	爱园？	不爱园？	有	无 √	
六十岁以上老人详情							
配偶	每周收入	收入性质	小住宅？	何处？	何故？		
注意——以上各项必须亦在背面各栏中照所需填入。 附言 房客认为满意，但称潮湿为憾。							

主要问题问答表（背面）

关系（受访问人×，户主如非丈夫作"H"）		年龄	职业	登记否	夜工	失业	雇主及工作地	区	在职年月	雇主职业性质	由家至工作地距离	全日工作（以最近一日为例）					每周交通费
												早程			今日交通费	中午交通费	
												离家	报到	交通工具			
有收入者																	
	成人																

无收入者	儿童		昨日空闲时间	星期……	天气　晴	小雨　大雨
			游戏时间	地点	距家距离（英里）	行程所需时间

户主　　　　　　　　　　　　　　　　主妇（或女户主生地）

（男性）生地　何时来到 Birmingham？　　何时来到 Birmingham？

调查人

愿望表（前面）

总号 1650

Bournville 新村信托公司

研究部

姓名　Mr.X.Y.Z.

地址　IO.the square.

1. 下面是可能的十二个原因，使你住在现在的房子。那一个是适应于你的？

（1）你离你的朋友们近。√

（2）你喜欢这房子。

（3）离丈夫的（或主要生活维持人）工作地近。

（4）房租低。√

（5）这房子是自己的产业。

（6）你喜欢一个花园。

（7）你喜欢住近市中心。

（8）你愿意住在离市中心较远处。

（9）你是当地教堂，俱乐部，或集会的会员。

（10）你憎恶迁移的麻烦与费用。

（11）你若迁移大概需要付较高的租金。√

（12）这房子以外另外找不到。

如有其他原因亦应加入。

愿望表（背面）

2. 下面是十个可能使你迁移的原因，假使你想迁移，那一个原因是适应于你的？

（1）你愿意离你的朋友近点。

（2）你想要一个花园。

（3）你愿意离郊外或公园近点。

（4）你愿意离丈夫（或主要生活维持人）工作地近。

（5）你愿意一所较好的房子。√

（6）现在的房租太高。

（7）你愿意得一所新房子。

（8）你愿意住在公寓。

（9）你愿意住近市中心。

（10）你愿意住远离市中心。

如有其它原因亦应加入。

3. 综合而论你是否想迁移？是

4. 你愿意住何处？

5. 然则是否离丈夫的（或主要生活维持人）工作地更远？

6. 车资是否会增加？是

7. 你已否登记请求一所市营住宅？是

8. 在何处？

9. 在何时？一九三二

调查人 G.J.C.

（二）伯市发展的历史

伯明罕市发展的历史极为有趣，知道它演变的梗概才能明白它现状的来源与特质，亦即可以明了这一百年中一个工业城市的形成是怎样一回事。

乡村集镇时期 英国的市镇，当时为了保护其居民中的工艺匠人立了所谓 Charter。可以禁止他处匠工的迁入。伯明罕市的发展，在工业革命以前，正因它是个古代的集镇（Market Town）而无 Charter 的结果。

伯市直至一八三八年成为市镇才立了 Charter，所以一向是有技能有作为的工艺匠人的自由地，却得不到业会会员的资格。由十六世纪起，这城就吸收许多独身起家各个部门的铁匠，发展出工业城市的主要原素。

工业革命带来的大变 十九世纪初，伯明罕已扩大许多，但尚是带着乡村色彩，匠工各自工作的市镇。直至十九世纪的末期，方形成另一面目的大都市，旺盛活跃。但亦有几分可怕。工业革命带来黑烟，将近郊逐渐吞并了，在狭迫的小街巷中，零乱产生丑恶的工厂仓库及工作场（见图二、图三、图四）。因为那时代的社会相信人人自己知道取得与自己有利的一切，人人尽可自由发展，其结果是虽然集体的市是有财力的，一切都自然发展，没有地方当局来负责。当时的社会觉到如果男女儿童，为着某种工资，自愿在缺乏阳光的湫隘区域中日夜工作，那都是那一些人民的事，不关他人。所以伯明罕市日益富有，而矛盾的丑陋愈代替了所有悦目的乡镇色彩。而贫困的工人加增，生活程度到了不堪的情形。这时期所造成可怕状态，自然也不限于伯明罕一城。

新市镇的开始 到了一八六九年以后的约瑟·迁伯伦（Joseph Chamberlain）做了多年市长，产生一种新的市镇观点，他发愤改善那里的贫民窟，大胆的从事一个空前的措施。那时的市议会已有许多富于个性的杰出人物，他们筹出一千五百万镑的款，将特别不堪，最不卫生的一大区域扫除了，成为今日主要大道的 Corporation Street，同时在许多抗议下，将自来水瓦斯等由私人手中取归市府，作为公用工程的基础，一时伯市便成为英国最前进之都市。

公园的开辟 这时期中的社会意识渐高，有了种种改善住户生活的感觉，感到人民有游息及享受林木趣味的必要，故在这时所建的内围一带产生出较多的公园（见图十），但当时这种设备完全需倚赖捐出的私人产业，故其分配并不能平均合理。

一八四六年，开辟了第一个公园，Adderley 公园，占地十一英亩；一八五七年，Calthorpe 公园面积三十一英亩；又隔七年一八六四年，开了 Aston Hall 及公园，四十九英亩；至一八七三年的 Cannon Hall 公园，则有八十一英亩。这个最后的公园，至今仍认为最佳的一个。

第一个空地由市府股份银行公司购买的是八英亩的 Highgate 公园，它是约瑟·迁伯伦在一八七六年所辟，同时也是伯市“中心”唯一的真正公园。

一八七六年，议会特别通过伯市府可将“中心”墓地改成公园的法案，St.Martin，St.Mary，St.Paul，St.John，St.Philip 等都陆续变成公园，尤其是 st.philip 的增辟，对于市容及卫生的改善最为重要。

一八七七年第一次在已建市屋中间开辟儿童健身场，在 Bur-oury Street，面积为四点五英亩。继续又辟了几个，有的为大工业家所捐，有的为市府合作公司所购得。这种活动酿成全国性的儿童健身场的运动，成立了全国健身场协会（National Playing Fields Association）。

开辟公园的办法到了一九一七年波恩维尔卡氏之子又创立了一个新的组织称为“公益信托公司”（Common Good Trust），目的在当市政府缺乏法律力量购买与市府计划有用而又正在出让的私人产业的时候，由公司名义可以立时购得。这些地产有时是美好的林木，有时是有历史价值的古建筑及私园，可以经过合法手续由公司再转让市府作为公园，著名的例如 Blakes Ley Hall 即是。这个组织极为特殊亦是近代社会团体购买地方历史古迹名胜捐给公家的先声。

新村的初试　一八七九年 John Cadbury，伯明罕企业家领袖开始另一种居住情形的努力。他将他的可可糖果工厂由正在退化拥塞不适于制造食品，亦不宜于工人健康的 Bridge 街迁至波恩河边。在那里他创立了所谓“花园中之工厂”。十五年后卡氏见到纯为牟利的住宅，因他工厂的迁移，纷纷投机活动颇为不满。他知道以往恶劣的住屋，正因这类似的情形曾迅速产生，故为防止这种投机的恶劣建造，他由一八九三至一八九九年逐渐购买从前的 Bournville 镇旧址。他的目的是创造廉价且美好的住宅，附于工厂左近，但不直接系属于工厂。这些住宅每所有小花园一区。他的目的是将这种“新村”的试验先例献给其他调整住宅的市镇作为参考。

在这时期英国的法律还规定着整列的“窄条后院式住屋”（Tunnel-Back House）（见图六、图七）为通常定型，卡氏则援用各种形式，以每两所或数所为一组独立的单位，他的新村最主要的特点是住户不限本厂的职工人员，这个开了近代市镇各种新村之先例。最后将这新村组织扩大，成立了信托公司，以经常建造及经理 Bournville 住屋为责任。一九〇〇年，Bournville 共有三百三十英亩之地区，造了八百所住宅。

议会通过“市镇计划法案” 到了一九〇九年改良住宅的各种努力使议会终于通过了市镇计划法案。但它只适用于未经建造的地区，开辟交通干路，约束住宅区的性质和密度，及工业区的规定。

伯明罕又是英国第一个都市，首先应进行第一个市镇计划。所计划的地区为伯市的西南部，占二千三百余英亩，但这一年适巧为一九一三年，第一次大战的前夕，一切的实际进展被战争的需要所阻止，虽然对伯市整个外围的计划仍然进行筹备，且第二个计划为伯市东部，继而市之北部，南部及西南部诸计划接踵而来，终于全英五万一千一百四十七英亩面积中，三万八千五百零九英亩是有预先干线计划的。

英国议会对于市镇由放任至立法管制实由于社会舆论与努力的趋势，而不是主动的。

一九一三年的调查 一九一三年伯明罕市曾组织贫民住宅现状调查会，这一次报告在欧战开始后三月完成，报告叙述全市有五万所住屋已不适居住，且若干所中住屋过于拥挤，这等于说伯市的住宅在质与量上都发生了问题。但因军火的生产加紧，调查委员会反对彻底改建，却提议立刻购置外围地区安置卫生工程，开辟新路，划出公共建筑及公园各地，将各处地区及店面出租给营建师及私人，约束其发展性质，不使再有退化，形成日后贫民窟的趋向等等。他们的希望是外围住屋租价虽较高仍可以吸引内围较优裕的住户迁至新址，市中心的经济较优住户则又可移入内围，这样向外展开的动态才可以减轻中心的拥挤，然后所空出的住屋，便可以加以彻底拆毁。委员会更提议制定旧市中心及内围的新计划，立刻毁去最恶劣的住屋，修整其余可以勉强适用者。这样和缓的调整而趋向着将来大举的建设的提议，虽极为聪明，但因战事不允许各种新建设，一切进行结果大受影响。

正在这时候，伯明罕的人口因战时工业而大增，房荒亦骤然严重。同时建设部另订工人住宅标准，规定每户睡房三间，厨厅及小客厅各一，外加浴室，冷藏，洗涤，储煤所及厕所。这标准并不算过奢，但因前此所有工人住宅情况水准过劣，骤然适应这新标准，市府在财政方面增加意外重负，无法解决。

因大战的停顿 到一九一九年，大战结束之后，伯市重新能够建造之时，房荒已达极度。正常时期，伯市每年所需新屋即为二千五百所。因为战事这五年的停顿，使伯市在清除改建已不堪的住屋之外，更急迫需要一万二千所新屋。许多因战时工业迁入的市民已在此住家，不再迁出。不但这大数目的新户口即需要住宅，那当时不克修整的贫民窟到了此时情况亦更恶劣。

市府担任建造的开始 这时期因物价的激增及房租的受约束使得营造工人住屋无利可乘，商家均不愿投资经营。战前市府本不愿承担这种事业，削弱商人营业机会，到了此时住宅由地方市府经营，却成为唯一解决的途径。

战后政府鼓励建造的经过及其结果 一九一九年通过《Edison住屋［宅］法案》，政府负担地方市府建造住屋的损失。同年又修正这住屋方案，对地方审定合格的营造商，给予财政上的补助。这个法案是有划时代的重要性的，因为这样政府才算首次责成市政当局供应解决各市住宅的需要，且政府承认财政上的协助。提议法案的议员，又组织调查委员会，调查结果报告伯明罕所需新屋数目为十九万四千三百五十二所，内中十五万所为劳工家庭住宅，规定在三年中每年立即建造一万四千五百所。当时伯市人口总数为九十一万人，百分之八十强为工业区工员。

于是同其他城市同时，伯明罕的住宅建造立时活跃。但因战后人工及建筑材料的缺乏，又产生障碍，市府曾考虑交给营造商家包工的便利，但公私两方所经营的工程都受延搁。最后又创始一种组织，商家不但投资建造，且承领建造以后的一切管理及经营。经过如此努力，结果四年中本拟建造一万所的住屋，还只建造三千二百三十四所。每所的造价约九千至一万镑。造价日高的因素，有一部分由于政府所答应的损失补助无限制，故地方当局对于计划材料过奢及工程效率过低都不加注意及防范。这情形到一九二一年便达到顶峰。

一九二三年英国经济凋敝，政府开始财政紧缩《Edison 住宅法案》被修改成《Chamberlain 法案》，规定每年每所住屋政府津贴六英镑，继续二十年。物费骤降及民间经济能力的减退，房屋造价亦骤然减半，但这时政府补助过低已不能激起建屋的努力。所以政府对住宅的政策大体上算是失败的。

一九二四年《Chamberlain 法案》又改为《Whearley 法案》，政府津贴每屋由六镑增至九镑，但补以地方当局也津贴四镑半的条件。同时将住屋的标准在房间面积方面都略减少，“厨厅”之外不再加小客厅，浴室与厕所合为一室，储煤及冷藏均减小。这个新法案又使建造稍稍复活，大量营建一般低薪工员可以负担的廉租住宅才有可能。

一九二七年法案又修正，将政府津贴减至每所七镑半，地方当局津贴减至三镑十五先令，但因物价亦在降落，故建造的进展又维持了六年不断。

此后八年中（一九二七年至一九三五年）所建住屋共为三万三千六百一十二所，较之一九一九年法案后四年中的三千二百三十四所及一九二三年后四年中之三千四百三十三所，自然是大为进步（见表一）。

这些大量建造及新村产生之可能，是藉力于市府预先在四郊展拓未经建造的新区域。最大一次为一九一一年（一九一三大调查之前）所增辟，一九二八及一九三一两次又稍增广（见图九）。

一九三〇年七月市府合股公司（Corporation）完成它的三万所住宅之时，这住宅由当时卫生部长行揭幕典礼，那一年市府所建住宅达六千七百一十五所，至今尚为最高纪录，可算市府建造之全盛时期。

一九三三以后两年，因物价低，私人投资营建风气又炽。政府又通过法案允许典押的优待（房价百分之九十），更鼓励商家营造。很多优裕工人当时曾是租赁市府住宅的主要分子，在这时期中愿意用分期付款方式自购商营住宅。故今日外围住宅五分之一是属于此种性质的。

虽然住宅建造颇有进展，但中心的“贫民窟”情况除增设自来水一项外实在同一九一八年调查时无甚分别。直至一九四一年贫民窟仍然存在，亟待解决。极少数的住屋虽曾拆去，大部分的不但没有拆除，情况且愈恶劣。四万三千余所所谓“背向背式”住屋（Back-to-Back House）（见图六、图七），至一九三八年只去了四千五百所。五万八千家无单独厕所的只解决了七千家。仅有自来水一项有点进步，无单独龙头的由四万二千家降至一万三千余家。

至于分赁过挤的情形则更严重，添造房屋虽比人口增度高，但因“家庭”数目较“人口”大为激增，住宅的适应又产生这新的问题。

社会人士的确曾不断热心及努力，但力量总嫌有限。著名的COPEC住宅改善协会曾在一九二八至一九三六年间预备了十九次翻修贫民住宅的计划，三百五十五所改良住宅至今还是佳例，有极高教育上的价值。

至一九三〇年，《住屋法案》通过，又开始发动清理贫民窟运动。但一九三五年以后两次清除命令仍是迟缓的机构，直至一九三八年只有一万所的小数目，被确定为必须拆除的，事实上确实已行拆除的才有八千所。

故虽然伯市居民已有三分之一迁入一九一一年以后的新造的住屋而清除贫民窟的努力同新村的滋长趋势，总是相去悬殊，诚为憾事。一九三八年政府发起新建与清除，创立联合委员会，协商一切进行事宜，决定五年中每年最少需添造五千所新屋，但这五年总数两万五千所住宅与一九三五年卫生部所调查认为改善贫民窟所需要的三万所（已不堪须即拆去的一万七千五百所，纠正分赁三千五百所，及寻常需要添造的新屋一万所，共三万所）相较仍缺五千所。市府虽亦鼓励商营住宅来救济，但眼前伯市未建区之缺乏，使此问题的解决更形困难。

（三）研究所得的资料统计

将伯明罕市分作三重围域（Rings）——中心——内围——外围——以便研究（见图一），这三个围域的特征如下：

1.“中心”围域内的性质　“中心”内是许多错杂的工厂砖楼，狭迫街道及拥挤住屋。所有发展决无计划（只有一八七〇年市长张伯伦所改辟的一条正街为例外）。百分之五十至百分之七十六住屋为三层楼的“背向背”式住宅（Back-to-Back houses）（见图五）排列的楼房中间夹着所谓“院场”（Court 或 Yard）。

约十五万人住在三万八千七百七十三所这最不合卫生的住屋里。这种“背向背”式的住楼最劣之处尤在它的附属厕所等设备。因为房屋的缺乏，三个住户分租一所每层只有一间的住宅。情形至一九四〇年尚未改善多少。

住宅本身之外，加重“中心”区域“贫民窟”——Slum——问题的为各种各级大小参差的工厂，仓库，机器房，包围着民居，也错杂其间。公园的调剂经各种努力由墓地改成。

2.“内围”的性质　伯市内围区域受到十九世纪中市政改善及社会努力的影响，较中心为进步，但发展仍不经设计，重复中心所有的错乱。特征为“窄条后院”式的住屋（Tunnel-Back House）（见图六、图七）的产生。这种房屋单调到极点，绝无个性。英国建筑这时正由“乔治”（Georgian）的黄金艺术时期骤然降落，大部住屋都为投机取利的目的，只求密度高，毫无艺术的思想。今日过此，仍可以穿行几英里的排列成行的红砖住屋楼，不见愉快的布署。外表点缀有时更为不伦不类。较大建筑物如学校，教堂，工厂，更突兀伧俗，市容只赖商业大街两旁物品及灯光的繁盛。住宅内容在当日由“中围”区域迁来的住户看来，当然已是一种进步。但在近代标准下检查，只是不便，灌风不暖及无趣的总和。少数含有浴室，洗碗室湫隘黑暗，楼梯峻陡狭迫；但自来水已是改进的产物。第二次大战前后薪资较高的工界职工的住处以此为代表。但内围中 Edgbaston 住区则为例外。它保有“乔治”（georgion）时期的风格。砖造意大利式及 polladian 式的廊柱门面为富裕住户的生活表现。它们前边有宽舒的林荫，数分钟的步行即可以达到郊区或公园。Edgbaston 是有计划住区的好模范。即在今日仍为美丽的市容。不过它所代表的是那种只为着富户才设备愉快环境的时代，市政理想还没有萌芽。

3.“外围”的性质 外围是伯市最后发展的围域。大部是一九一三年以后的建设。各种住屋形式表面随各时期试验变动。营业投机在新村风气之后，故有多种图案作租金的张本，市政府所营新村则简朴进步。“内围”的发展只是吞没了原有美丽乡镇及私家用地，一概造成红砖无趣的长排市屋，和杂乱的商区，这里外围发展则是有计划的新村，种树的街道和围场，及美好的双层住宅楼屋。许多是一九一九年以后改善的建造。

“背向背”式住屋至一九三八年仍有三万余所，正是贫民窟的主体住屋。从外面走过的人绝不易注意到每个临街窗子代表着一个单另的住户，且只有一间房间。一家三个房间是重叠在三层楼中（但多分租）。第一层是厨房兼客厅十二或十四英尺长十一英尺宽八或九英尺高，上层有时矮至六到七英尺。每屋只有一面向外，分临街及向内院两排，储藏室不通空气，楼梯转折黑暗，且无扶手栏杆。内院一个水管龙头供各家公用。藏煤地窖极湿多不可用。洗衣及厕所在后院中。后院住户出入须经由两屋间窄巷。每英亩密度达六十所，约二百人的密度。伯市现尚有十五万人住此种住宅中。

一九三八年卫生部调查认为，此中一万七千五百所已不堪居住，宜在五年内清除。

“窄条后院”式住屋的产生在法律规定住屋须两面通气的限制以后。这种排列法巧妙的避免在一块深度地皮上有增加街道的必要，而同时不违法。重复的长列，同样的内容，密度每英亩二十至三十所。这密度虽已比“背向背”式减低，但仍不能有足够的阳光及良好的部署。这种房屋成为各大城普遍形式，租金一九一四年每周约六点五至十二点五先令（背向背式则在三至六先令）。此式后来略有改进，前加小圃，虽不能种多少花木，但可容一个突出窗（Bay-Window）。此式带突窗的住宅当时地位大为高雅，与今日两屋相连的独立住宅差不多，为境况较丰的表示。有时内部一旁加窄长的甬道，由入口至厨房，其特征是阴黯无光，虽然法律规定的目的是在多得光线与空气。

“普遍”式住宅的产生在“花园新村”受到社会的注意以后，它们有时两所相连，有时四所或六所合成一组。标准内容是两厅三卧室，梯道，厨房，浴室，厕所及小储藏冷室及煤棚。

这种房子的大体形式及内容在各城里几乎一律，所以被称为“普遍式”内容的改进极为显著，环境舒旷。故虽然这种住宅多在距离中心工作区更远的地带，但仍能大量吸引内围较优裕的住户由“窄条后院”式的住区迁来居住。

投机商人一面见到他们的受欢迎，一面又见到他所需要的地皮大过其旧时样式甚多，会减弱他们的利润。故商营住宅虽用这同一平面，但在形式及装饰上却出了许多花样，以求迎合赁户的虚荣心理，作为较高租金的理由。庞杂伧俗非艺术的变化成为风气。市府所建新村即在这方面加以纠正，多用简洁的风格，使整区归于典雅，以后的进步是要在材料的选择，布署的更合理，街道的林木及公共娱乐中心的各方面。

表一 住宅数目及建造时期百分比表

围域	住宅数目（1938年10月1日）	1941年及以前	1915—1920	1921—1930	1931—1938
		%	%	%	%
中心	46.851	98.9	–	0.5	0.6
内围	79.308	92.2	–	5.6	2.2
外围	162.677	40.5	0.1	31.1	28.3
全市	288.888	66.3	0.1	18.1	15.6

住屋总数为廿八万余所，其中十万所为一九二〇年以后所建。调查实况，三分之二的低薪阶级仍住一九一四年以前的房屋。中心区大部房屋已过五十年，标准落伍，在廿年内必须完全代以新屋；卫生部报告，一万七千余所已不堪居住。外围在一九三〇年以后建。

表二 住宅种类表

围域	（1）标准式（完整住宅独户居住）	（2）完整住宅一间以上房间分租	（3）公寓住宅，厕厕公用	（4）公寓住宅，厕厕自用	（5）合坊公寓（Block Flat）
	%	%	%	%	%
中心	94.0	2.0	2.0	1.1	0.8
内围	92.8	3.2	3.3	0.7	–
外围	95.8	1.3	1.8	1.0	0.1
全市	94.6	2.0	2.2	0.9	0.2

表三　住宅大小表

围域	每屋间型				
	1 或 2	3	4	5	6 以上
	%	%	%	%	%
中心	1.7	49.6	18.9	20.3	9.5
内围	0.9	15.1	22.1	39.9	22.1
外围	0.6	4.0	26.9	49.6	18.9
全市	0.9	15.7	24.0	41.2	18.0

造数之低，指示未经建造地区已所余无多。

伯市“分租”及住公寓的习惯比他城弱；公寓除却市府的试验设计二三处外尚不多见。但这表所谓“分租”乃指将住宅内分出房间租与他户，不管设备及家具而言。将自已陈设的房间随时短期分租者并不包括。

由人口调查统计中得知，伯市百分之八十一的家庭人数为四人及不到四人者，过六人者只有百分之三点八。用种种分析研究，均以每两人需一个卧室计算为适当。故此点指示全市仅五分之一的住屋需要三个或三个以上的卧房，而五分之四只需两间卧室。为将来建造新屋的参考，表四意义最大，它指出今日伯市租金负担的比例，百分之四十在十先令以下，百分之二十在八先令以下，且在中心区付十先令以下者达百分之七十一。今日市营住宅新村的租金虽约为十先令，但外围一切生活所需的价格比中心高，而市营住宅中，三卧室者租金较商营同大小者略高（市营住宅两卧室者则较商营为低），由中心迁至外围者，可能影响他整部生活费增加至三分之一，这点将来不可不顾虑到。

伯市自置房产的住户总数仅百分之十四，其中五分之三强仍为分期偿款者或负典押债务者；绝无房金负担的住户实际上仅百分之八。

因为家庭增加率与人口增加率不同，伯市人口虽稍减，但因家庭数增加，在数十年内住宅的数目必不比今日低，但房间数目多的住屋则可略减。在中心及内围多单身住户，因家庭消散，所余鳏寡老者，因新住宅太大，所以没有迁移的理由。此点指示将来新屋中必须包含若干老人住宅。

表四　各区商营住宅最通常租金比较表

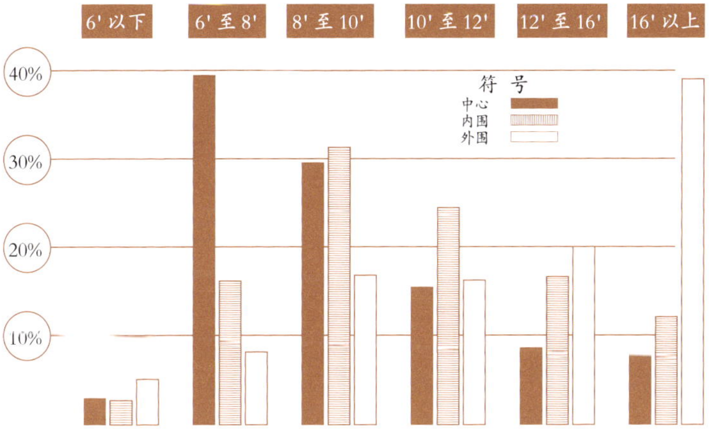

黑色条指示市中心极低租金住宅百分率之高；灰色条所示者为内围，白色条则指示外围。最可注意之点在市中心住宅的租金，将近百分之四十在六先令与八先令之间，而外围住宅租金乃有将近百分之四十在十六先令以上。可知最低租金住宅仍多在市中心，所以

较贫穷的住户仍趋向留居在市中心。

表五　住户在所住区工作者百分比表

区域	市营住宅住户	其他住宅住户
	%	%
1 中心	★	58.2
2 西北	9.0	22.8
3 东北	46.6	44.8
4　东	29.8	34.8
5 东南	23.1	29.8
6 西南	41.9	53.6
7　西	★	27.9

★数目太小不足以作统计

市营住宅住户在本区工作者较其他住户少的原因是因为市营住户多近代所建，在外围较远地区。第三及第六两区居民之所以多在本区之故，因市营新村靠近几个大工厂。

表六　每周车资所费表

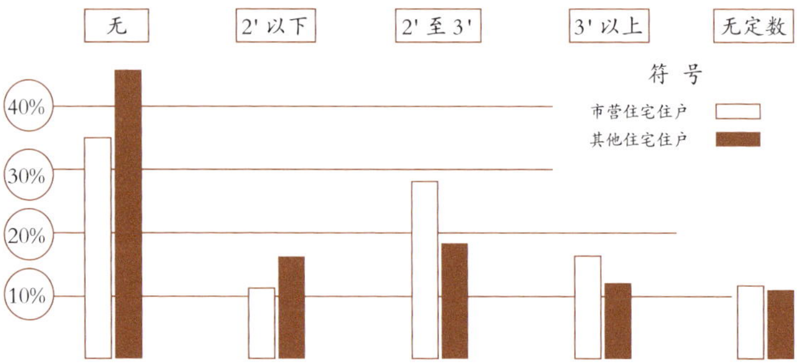

表七 〔主要生活维持人〕达到工作地所费时间表

区域	0—15分	15—30分	30—45分	45分以上	无定时
1 	45.4%	30.4%	7.8%	6.6%	9.9%
2 	26.1%	38.4%	16.0%	10.0%	9.4%
3 	30.7%	38.6%	14.1%	7.8%	8.7%
4 	24.5%	41.6%	16.8%	8.6%	8.6%
5 	23.0%	38.3%	16.3%	9.7%	12.7%
6 	26.6%	35.5%	15.1%	12.3%	10.5%
7 	35.6%	32.3%	13.7%	10.7%	7.7%

平均全市工作人员之百分之四十五不用车费。费三先令以上者为百分之十一强，五先令者百分之三。约八分之一的工作人员居处距工作地点在四英里以外。这个情形与伦敦相较实算从容。

这种距离，除费用外，更可影响工人回家午餐；如果行程超过十五分钟，回家午餐即不可能，这点亦即直接影响工人生活情形。

表八 主要生活维持人中午回家者百分比表

围域	中午回家者	中午不回家者	中午已在家者如夜工或午前下工者
中心	34.9%	52.1%	13.0%
内围	30.2%	57.4%	12.4%
外围	22.5%	69.2%	8.3%
全市	26.9%	62.7%	10.3%

表九　空地分配表

(1) 围域	(2) 公园游戏场等地面积	(3) 各围城总面积	(4) (2)与(3)之比例	(5) 人口	(6) 每千人所得空地面积
	英亩	英亩	%	人	英亩
中心	35	3,023	1.2	187,900	0.2
内围	422	8,944	4.7	288,600	1.6
外围	3,342	39,180	8.5	571,500	5.8
全市	3,833	51,147	7.5	1,048,000	3.8

表十　英国八城市人口每千所得空地表

市名	每千人所分配面积
Leeds	6.5 英亩
Newcastle-on-Tyne	4.3 英亩
Birmingham	3.8 英亩
Manchester	2.9 英亩
Glasgow	2.8 英亩
Liverpool	2.5 英亩
Cardiff	2.0 英亩
London	1.9 英亩

近代称公园为市镇之肺。伯市公园面积与英国各大城相比，显然是充足的；但与人口比率仍为不足。全国运动协会建议标准，单算运动所需，即为每千人六英亩，为环境改善的公园尚不在内。表中数字尤指示三个围域中情形的悬殊。且中心区公园多半是小区只有一英亩左右，离合理标准甚远。

表十一　之一　晴天儿童游戏地点百分比表（周日内）

围域	屋内	院内	花园	街上	废地	学校游戏场	公共游戏场	公园	前列各处均有	他处或不游戏
	%	%	%	%	%	%	%	%	%	%
中心	12.4	20.3	3.8	18.9	0.2	0.3	2.4	4.3	31.9	5.5
内围	20.6	5.3	8.6	13.9	—	0.9	0.6	5.6	37.0	7.5
外围	24.3	1.1	17.3	13.9	1.1	0.3	0.5	1.3	30.9	8.8
全市	20.6	6.6	12.0	15.0	0.6	0.4	1.0	3.3	32.6	7.9

之二（星期末及放假日）

围域	屋内	院内	花园	街上	废地	学校游戏场	公共游戏场	公园	前列各处均有	他处或不游戏
	%	%	%	%	%	%	%	%	%	%
中心	3.2	20.1	3.2	16.4	—	3.2	1.6	12.2	30.0	10.1
内围	10.2	4.5	10.2	12.4	—	—	—	4.0	41.8	16.9
外围	11.7	—	18.5	8.6	0.5	—	1.6	7.0	39.0	13.1
全市	9.4	5.7	13.1	11.2	0.3	0.7	1.2	7.5	37.4	13.5

儿童游戏场问题与公园有相连的关系。一般人认为即使设有公园，儿童仍爱在街旁嬉戏。为研究这种言论有无事实根据得以上的统计。结果:（1）证实公园并不被多用，连放假日都如此。（2）观察在缺乏公园的中心区，儿童在公园消遣的比例上却比较外围儿童还多。推究原因，可以明了主要原因是公园过大相距甚远，不便于幼龄儿童。故设备邻近住宅的小块游戏场极为重要。（3）儿童在街上游玩的较他处并不占上峰。（4）儿童在家中游玩多因住房过小而受限制。

表十二　花园情形表

围域	爱花园者			不爱花园者		
	好	平	劣	好	平	劣
	%	%	%	%	%	%
中心	33.4	44.6	22.0	−	24.2	75.8
内围	34.4	46.3	19.3	3.0	39.7	57.3
外围	44.5	43.4	12.1	9.7	29.1	61.2
全市	40.9	44.3	14.8	5.9	31.9	62.2

表十三　无花园者对于花园愿望表

围域	愿有花园者	不愿有花园者	无意见者
	%	%	%
中心	78.7	20.3	1.0
内围	75.3	22.1	1.6
外围	82.9	15.2	1.9
全市	78.1	20.3	1.6

统计证实，住户对园圃之爱憎恰与事实上花园之受整治与否平行。但调查所访问的七点零二三家中六点四九一家表示要一个自己的花园。这表示这点在新建设上实不得不注意。

表十四　留住现住住宅之原因

原　因	中　心	内　围	外　围
	%	%	%
离丈夫（或主要生活维持人）工作地近	63.6	57.1	36.4
爱住近市中心	59.3	44.5	9.2
房租低	55.8	44.2	32.4
离朋友们近	38.1	36.2	26.0

续表

原　因	中　心	内　围	外　围
喜欢这房子	35.1	59.9	61.3
若迁移恐须多出租金	30.3	36.5	26.8
另外找不着房子	24.2	28.4	35.4
憎恶迁移的麻烦和费用	21.2	30.0	27.8
是当地教堂、俱乐部或团体的会员	19.5	18.8	10.8
喜欢花园	18.6	39.4	49.9
其他原因	5.2	5.1	5.6
愿意不住在市中心	3.0	14.2	57.1
房子是自己的产业	1.7	7.5	16.6

表十五　愿意迁移之原因

原　因	中　心	内　围	外　围
	%	%	%
愿住较佳的房子	89.9	80.1	61.8
想要个花园	66.7	45.2	22.7
愿住一所新房子	47.3	58.9	51.0
愿离郊外或公园较近	45.7	54.1	16.0
愿离市中心较远	36.4	43.1	15.5
愿离丈夫（或主要生活维持人）工作地近	18.6	24.0	36.1
愿离朋友们较近	8.5	10.9	11.8
其他原因	8.5	24.6	24.7
愿离市中心较近	7.0	6.8	19.1
愿住在公寓里	5.4	2.0	2.6
现在租金太高	4.6	17.8	24.2

关于表十四及十五请参阅主要问题回答表。

表十六　住户希望迁移与否百分比表

	中　心	内　围	外　围	全　市
	%	%	%	%
希望迁移的住户	55.8	39.1	27.8	36.0
不愿迁移的住户	44.2	60.9	72.2	64.0

就表十四所示，住户想要迁移的原因，住在市中心者百分之九十是要换所好一点的住宅，而只有百分之十九是要接近工作地点。外围住户则只有百分之六十二要较优的住处，而有百分之三十六要接近工作地。各围的问题，由于这个方面的调查，又更为明晰。

（四）原则的提议及结论

波恩维尔研究组在他们详细调查分析统计伯明罕市的住宅问题以后论点约略如下：

他们用社会调查方式来研究住宅问题，就是承认“人的因素”的重要。他们不只问房子如何，他们所需要的是住户们如何生活的。同住处相连的问题是工作地点，生活状况，关系于这两个前提上。这个立刻将庞大的工业及其所需的大量人工，及这些人工的一切生活，牵在一个问题以内。他们认为每个已发展的工业大城，今日必须选择决定它要再加扩展的政策，还是要节制展大趋向的计划。无论如何每市为解决工业及居民需要的展动与乡郊及邻镇都有密切的牵连，因此它是普遍的为全国乡区设计问题。故建议：

（1）宜设立负责的全国设计委员会作总的规定及计划。

地区的支配为设计的关键，如个人产业同公共福利的整体设计发生抵触时，当局必须有法律根据可以处置办理。政府如何酬偿私人牺牲出让的各种地区的细则，虽不在这研究的范围内，但应付地区分配的法律，则认为必须产生。故建议：

（2）支配地产为公共利益的使用，必须修改现有法则。

因伯市近三十年来所吞并的郊野已达极大面积，将建造地区展至极大限度，过此则市心与市郊距离将不能解决居住问题反而产生严重不便，加甚市区的不健康。故建议：

（3）限制再展市境，保留“绿带”郊区。

因伯市“中心”房屋人口双重密度之高，地区有限而重工业又不能移动，工厂与工人住处两面都需要隙地，而双方寸步不能开展。建议：

（4）（a）创立“附庸新镇”（Satellite Towns）。伯市工业种类极多，有可移与不可移性质的分别。选择其可移的数种配合成小组迁至“附庸新镇”，以减轻中心压力腾出隙地。这种新镇距市边境二十英里至三十英里为最便。以特别快车联络，则在时间上可在半小时以内到达市区。

（b）在拥挤地带创立“集合工厂大厦”（“Flatted” Factories）伯市有一万二千家轻工业每厂只需百余工人。将这些集中于五六层楼工业大厦中，虽不能减轻人口密度，但可以救济地区的拥挤，增出空场集中公共卫生及福利设备。

（c）必须留在旧地的著名的重工业工厂近旁所腾出的隙地重新做近代分配。

（d）与重工业工厂相连，必须留在中心的住户，宜用近代数层公寓大厦，藉立体扩展以补地区的不足。以近代的设备，改善住屋的供应且节省面积以留出合理的空场。如今日已建在 Emily Street 的公寓及 Mansonette 集体小住宅及 Terrace House 等。为使必须拆除的旧屋与新造新屋之间和缓经常的进展。建议：

（5）规定寻常住宅年数的限制。

伯市中心街道之不合用已不可讳认，如果对地区之分配使用，政府有正当权限，直通的交通干道与林荫大道都必须经营，建议：

（6）建造林荫大道，在最近可能时间内以补公园之不足。

鉴于近来所建新村的缺乏公共生活兴趣的中心，住户之间失却当时集居睦邻情感的自然表现，新村住宅竟变成一种宿舍，无村镇家园的意义，故建议：

（7）市府应协助鼓励社交福利中心的设立，如有幼稚园，卫生处，图书馆及小礼堂的集中建筑物，以便社交生活的产生及共同兴趣的增进。

结论　由于各种实况的调查，研究组先得了三个结论：

（一）如果不先作全市的统筹计划，并且如果对“地区的应用”没有法律来制裁和决定其适当分配时，局部的改善影响了全市系统的失败。

（二）每个问题的解决，在市政调整的程序中，都藉力于多面关联的许多因素。所以住宅整体的改善，任何个别单面的处置都不能圆满胜任。

（三）一切提议仍只是原则上纲领，细项改善须在实行时逐步解决，与环境调整。

（五）参考提示

1. 上项资料是关于一个已经过度发展的工业城里的住宅问题。经类似“社会调查”的方法，将一切居住情况作出统计。

我们所得到的是经各时代发展而造成的拥挤情况及拥挤原因。

2. 这调查的价值就在于实况报告可以指示具体解决途径，避免纯粹的理论改善原则。

这实况报告目的即在于改善，故供给各方面的确实数字，而同时暴露任何变动在实际上的困难。指出许多“调整”陷于事实上的矛盾，提倡不得已的解决方式，牵涉到迁移一部分工作中心的办法。因住的环境的优美条件显而易见，故他们不惜费时再加以讨论。

这里许多数字都是指出住的条件与工作的连带关系。第一重要的是住与工作的距离：地区上的距离；藉交通工具在时间上的距离；因交通工具每个工作人员每日车费的负担；及使住与工作脱节的危机。

在理论上所应有的良好配置，今日大半因交错的既成事实之存在，难于实施，故今后彻底的改善，必须由全市统筹的计划入手。一方面用和缓分期拆移的程序，达到计划上的分配；·方面迅速开辟新工作中心，以产生新的居住区域，逐渐疏散现存市民的密度，亦即消除贫民窟的最基本步骤。

3. 以伯市工业之盛，经济力量之雄厚，一世纪来竟无法消除拥挤及不卫生的贫民居宅区，这个事实应使我们惊讶警惕，它的原因我们应加以认识。

这调查团的结论是：以往的错误由于过分限于局部改善，改善的各种条件，因已限定的情况，竟成互相抵触的因素。如接近工作时间经济的地区，可能即成为周绕工作中心过于拥挤的地区，缺少空地林木，不合卫生的区域。如在交通上加以便利，可能因添设支线而加增复杂情形及居民负担。如发展工作厂地，使不超过现代化的合理密度，必须增加工业地区的面积，这又等于进迫本已有限的工人居住面积，更使其拥挤。如无限制的仅是使居宅向外扩展，则最外围的住宅与中心的工作距离愈增，交通与时间的经济便又成问题。故今后必须大规模的全盘筹划，加辟新中心，乃至于将工业的一部移出旧有已过密的中心。

经济不允许我国蹈他们的覆辙。我们今后救济住宅房荒，绝不宜在市中区增设不已，以求目前及局部的救济。在旧市左近必须开辟新的，疏离的，若干工作的中心，各中心间设置交通干线。

4. 因私人地产权利之足以妨碍全市计划上合规的地区分配，这调查会认为最基本的改善需先增加政府对地区使用之法律上权限。这一点颇为重要。中国郊区多为耕地，市区内房屋简陋者居多，工业尚未正式开展。开辟新区，重划旧区，及拆建移建均较简便，主要点在于地主之公益观念，及政府的地区使用权的规定。

我们一切正在开始，宜早拟研究定出计划，逐步推进，不宜失却机会。

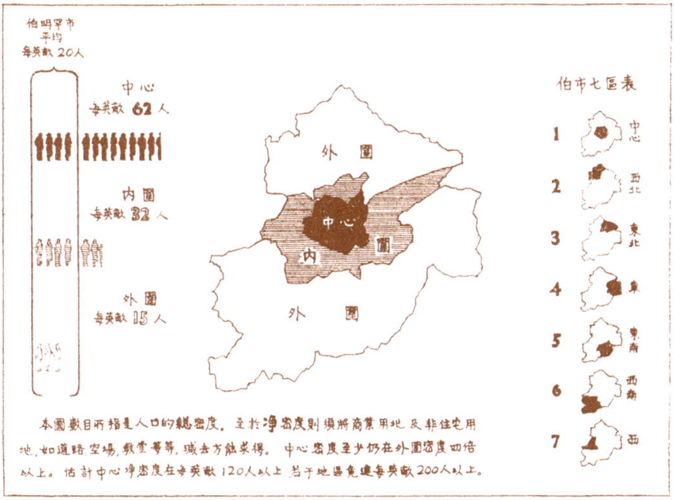

图一 伯明罕市人口密度图表（附 伯市七区表）

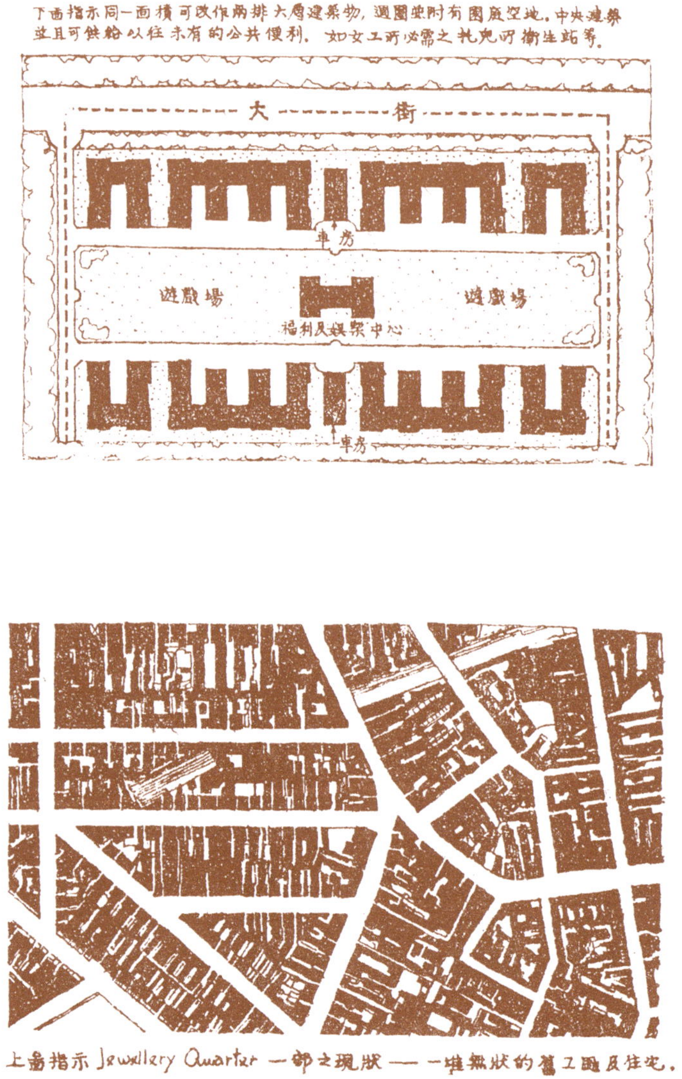

图二 市中心区域一部之现状平面图

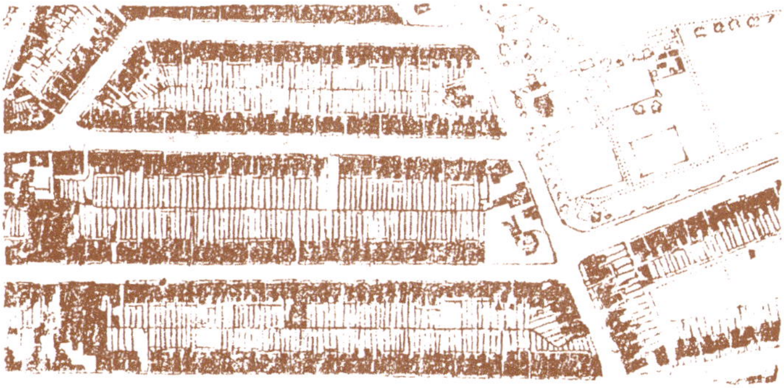

本圖所示是標準的內圍住宅區，一條又一條的衚衕的窄條後院式住宅。

图三 内围住宅区现状平面图

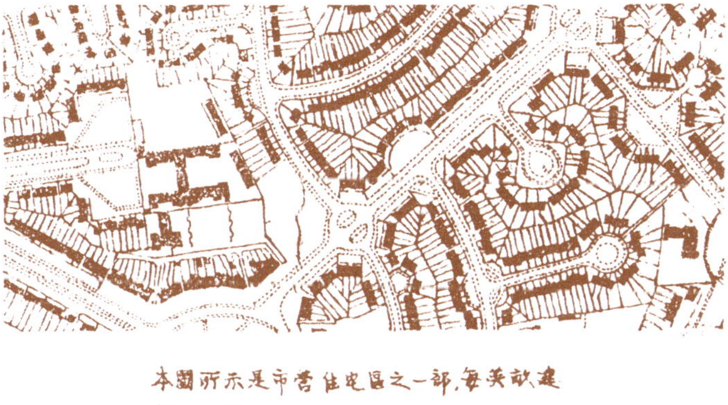

本圖所示是市營住宅區之一部，每英畝建屋十二所。

图四 市营住宅区之一部平面图

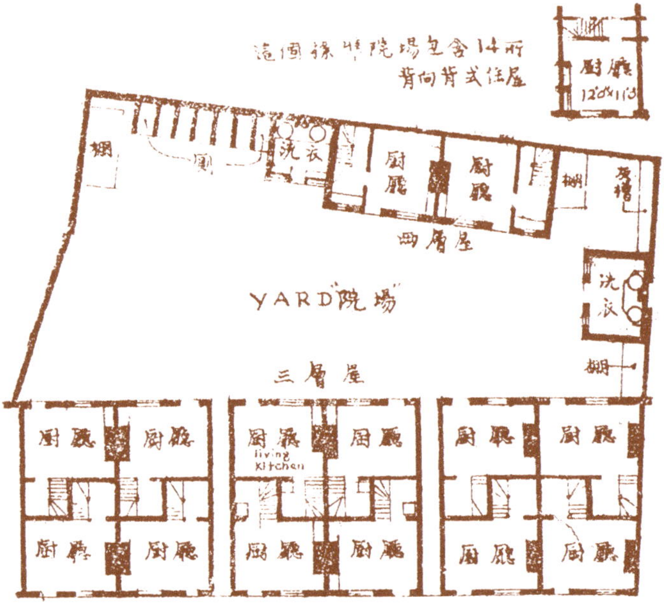

图五“背向背”式住屋 Back-to-Back Houses

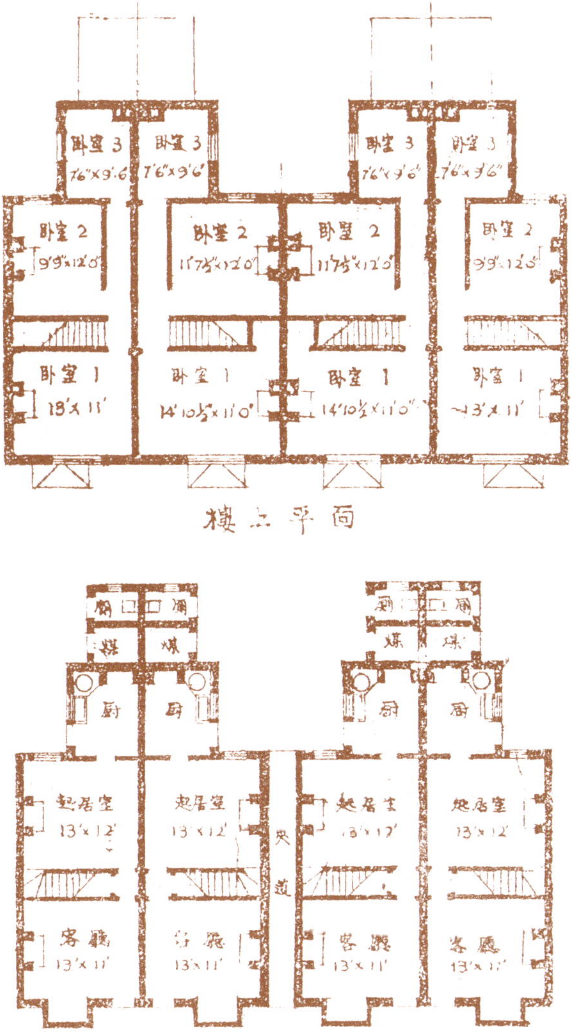

图六 窄条后院式住屋 Tunnel-Back Houses

图七 窄条后院式住宅透视图

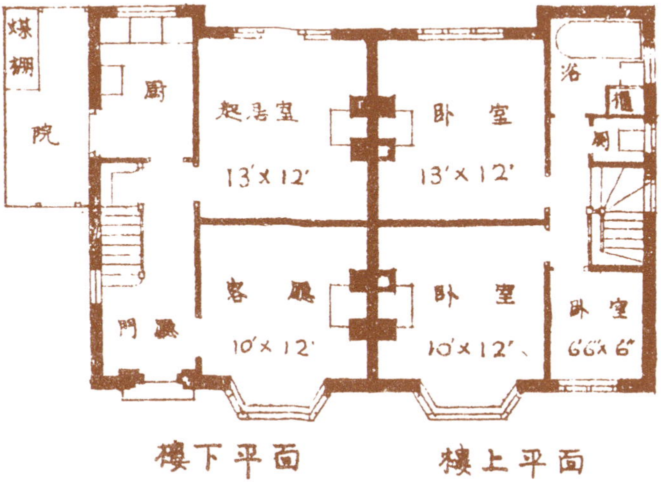

图八 普遍式住屋 THE UNIVERSAL PLAN

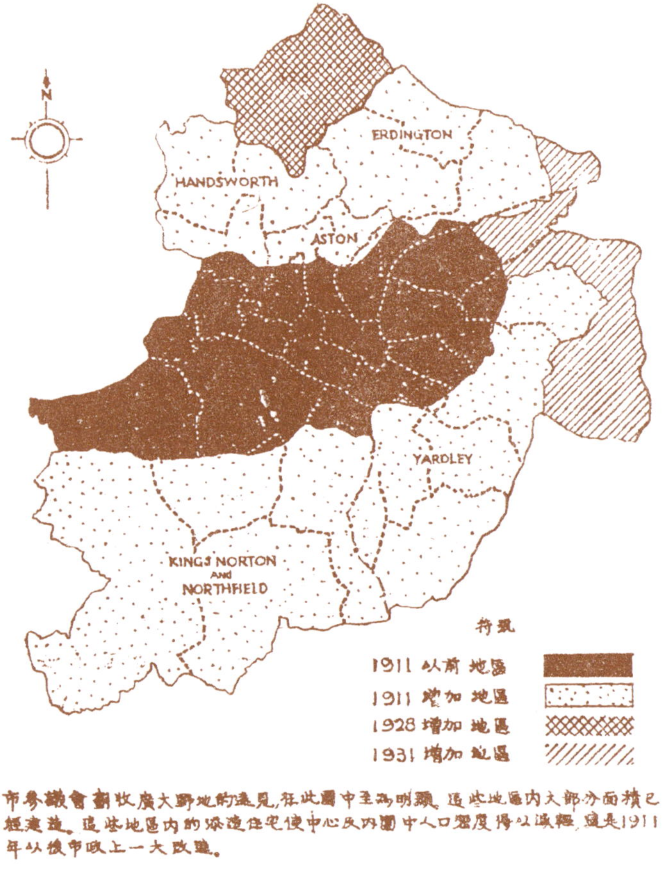

图九 1911—1931 市界扩展图

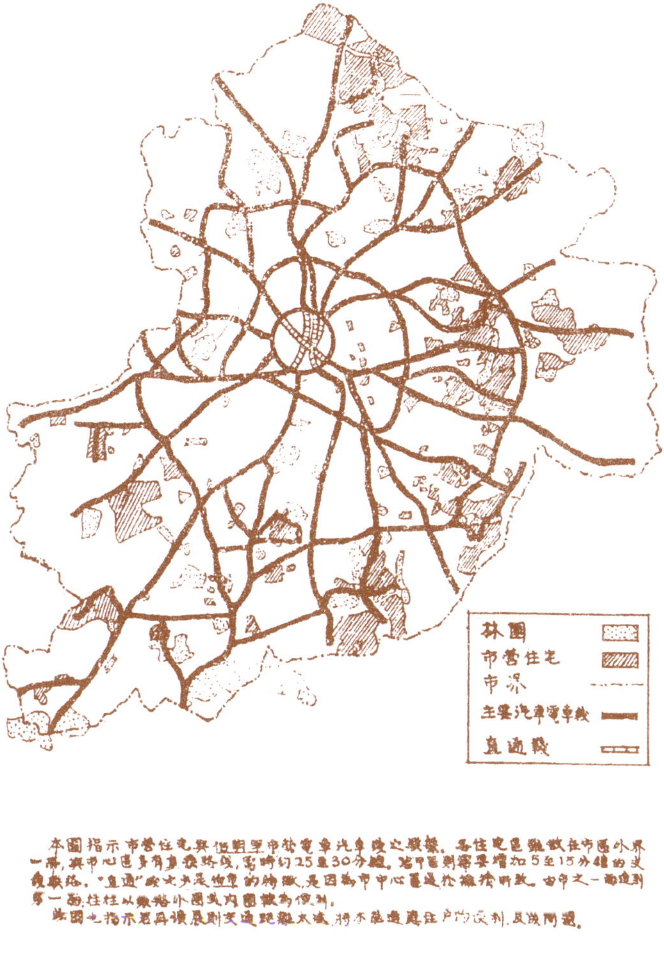

图十 伯明罕市市营住宅、林园及主要交通线图

初刊于一九四五年十月《中国营造学社汇刊》第七卷第二期，原题《编辑后语》，未署名，该期为《中国营造学社汇刊》最后一期，由林徽因编辑。

《中国营造学社汇刊》第七卷第二期编辑后语

刘敦桢先生原定作《川康之汉阙》一文，因事未及完稿，本期改刊《云南之塔幢》。文中插图由梁思成、莫宗江两先生绘制。

关于国内之清真寺建筑，本社多年以来均予以特殊注意；但本刊以往则向未刊载。刘致平先生将其近年来蒐集资料及研究所得，初次编撰，兹在本期发表。各地清真寺仍将陆续研究。

莫宗江先生所述榆次永寿寺宋大中祥符元年建之雨华宫，在本社所知国内现存古代木构中，年代居第四位。殿身虽非宏大，而结构精简，有特殊艺术价值。七七前夕，曾由莫先生实测，兹特制图分析，详为介绍。

本社社员美国费慰梅女士（Wilma Falrbank），哈佛教授费正清博士（Dr.John K.Fairbank）之夫人，好绘艺，战时在美国国务院主持对华文化联络事业，现任美国驻华大使馆文化联络专员。夫人曾留华多年，战前屡访古河朔。曾依武氏祠画像各石图案，归复祠屋原状，为关于武氏祠建筑研究之重要贡献。原文刊载一九四一年三月《哈佛亚洲研究集刊》（*Harvard Journal of Asiatic Studies*）第六卷第一期。兹由王世襄先生译为中文，经林徽因先生校对，转载本刊。

战后复员时期，房屋将为民生问题中重要问题之一。兹由林徽因先生汇集英美最近实验建置若干种，分析介绍于本刊。

《中国建筑之两部“文法课文”》乃梁思成先生为同济大学三十六周年纪念《工学院特刊》所作，兹加制插图转载于此。

本社每年举办之桂辛奖学金图案竞赛，成绩均佳。兹将三十三年度“农场”中选图案，附刊本期汇刊，以资纪念与鼓励。

梁思成先生原拟作《中国古画中之建筑与家具》一文，因赴渝参加教育部战区文物保存委员会工作，未能属稿，本期不及刊载。

本期页次，因来稿与印刷时间参差关系，致未能顺次赓续排列，页数均每文各自编排，读者阅时不便，尚希原谅。

初刊于一九四六年的《市政工程年刊》第二期，署名林徽因。

住宅供应与近代住宅之条件
——市政设计的一个要素

人民工作永远在“住”与“行”之间展动。住与行两方面同时得到解决就是全国工作效率的增加。没有一个现代国家对这个问题可以忽略。

我们知道人民的住与行的合理解决，已经是欧美诸强大国家今日所重视的责任。为政治计，为经济计，为国家进步计，为民族生存计，他们许多都市改善计划都是以“住宅供应”为其要素之一：与道路交通，区域划分，及公共设备，一样的为改善的主要项目。许多办法已日夜由他们政府领导筹划，在推进中了。他们的决心是由教训中得来的。我国现在正倡言建设，对这基本的人们“安居”问题，岂能永远茫无头绪，毫不努力准备？大多数市民经常陷于痛苦，一方面，不能取得现代生活之便利并享受健康，另一方面，他们也不能供给国家现代的工作效率：正所谓两败俱伤，而一切仍为国家的消耗及损失。

日本这次未经我们大规模反攻便迅速投降，我们沦陷区大城市幸而受敌人有计划的破坏尚轻，但是抗战以来各省已被剧烈的炸毁，或全体破坏的城市乡镇已不算少。战前未经合理计划而发展的拥挤城市，一切落伍尚无充分设备者更不在少数，复员以来，处处发生极度的房荒已是不可免的事实，而住宅供应却仍渺无征兆。

寻常住宅供应如没有事先划出区域决定数量成为城市全体设计的一部，则在极度房荒的时候，常会引起应时而生的不正常建筑活动。它的目的近于疯狂投机的营业投资。其活动趋势可极度混乱，甚不利于进步的城市的统筹设计，且时常扰乱区域地价等等，产生许多弊病。商营住宅过于密集且不遵循全市的分区计划途径，分配与数量，则影响所及常致贻害于道路交通区域秩序，及人民生活健康。欧美十九世纪以来，在工业骤然发展的市镇中，已不乏深刻的教训。因为急于建造过于拥挤而且简陋的市屋，就是为日后制造贫民窟的根源，间接的成为社会，经济，教育，卫生等严重问题。

这次我们复员后极度的房荒，在各处均因受到物价高涨的影响，不曾产生激动的凌乱的建筑狂，为将来城市秩序留下问题，也可以说是不幸中之幸。但是救济房荒的任何合理的努力，则也为了同样的理由而未产生。

中国将来的问题中，最大一部（分）即在生产上。生产的效率靠人民的集中精力安心服务。人民之所以能集中精力安心服务，则靠他们时间之可以节省，生活之可以维持安定与健康。节省时间关键在交通的便利。维持安定与健康则可以有许多方法。主要的一个说法：即是每个家庭需要良好的经济情形。这情形最低条件亦就是以他们正常收入，可以换得合理的，足以维持卫生的，“衣”“食”与“住”的供应。为人民计，为生产计，政府都该无疑的在这上面努力。

当战事初起在时，后方之城市，如陪都，昆明，成都及贵阳等，一时都陷于房荒，且因有轰炸的威胁，问题尤为复杂，但这些城市在不相同的情形下，都有环境，资源及材料的良好条件。如果当时政府及地方当局曾认清人民的安定即为抗战的力量，临时建造的整体即为日后建设的基础，则对房屋的修造必加以重视。当时如果政府或地方以战时的政令很早协助，并便利商业团体在近郊，分散的，取得适当的地区，作有秩序的建造，（乃至于以建造出赁住屋为市府本身的经营，按着住户的需要，分期建造低租的住所，）两年内本可以完成足以解决临时的住所的数量。简朴的建筑其工材本极简易，在西南几省是绝无问题的。故住房的卫生与合理，租金的低廉与安定，日后城市的秩序与基础，在抗战最初两年中本可以指日可待，而无困难的。不幸因种种之失计，蹉跎延误，一切任凭偶然事势及单独人力的转动！结果八年之中，各大城市均未曾及时解决过人民居住的痛苦。凌乱的建筑，既不敷用又不经济，又因轰炸而愈加骚乱。时间愈过，物价，工价，房价愈激增不已。直至恶性通货膨胀之时，大部善良有用的人民已如失业游民，或丧家之狗。或有职业而无居所，或得住处，而无法接近工作地点，又形成宿舍，交通，食店，及旅舍的拥挤。全市在这点上，所耗损的精力，时间，与金钱，如有统计必可令人痛哭。

如果这情形再延及复员后每个城市，那恐怕我们的市镇建设在一世纪中都无法走上轨道。现在因工料价之高涨，营造事业更是无形停顿，但我们正可利用这时间着手调差作缜密的计划，以逐步实施，省得将来头痛医头，脚痛医脚，又陷于纷乱。

住宅设计，以小单位论，是人民个别福利的要求，以集体论，是地方解决人民生活条件的答案。它牵涉着道路交通，都市中公共设备，市中心的分配，户口密度的限制，普通的卫生机构，及土地的使用等，所以它是市政，乃至于国策的一部。住屋不但是专家技术上问题，如材料的使用，结构及布置，形体的艺术支配，或对地形，土壤，天气等的了解。它也是每一个人解决其日常生活中最切身的问题。人人可以根据每日生活的必需活动，来理解各种住宅所要求的最低或最理想的条件，以促进团体作改善的努力。对于市中房屋的不便即不卫生，交通之不合需要；房荒之日见严重；租金的威胁，人人为其自身或团体福利计，都可以供给经验上的资料。任何关心市政的团体都可以收集实例，时常发表以促进社会起来研讨。

试想今日有若干居民每日向着他的相识，发出以下这样的问话：

“请问你们可知道那处有一所或一两间，与我们合适的房子或房间出租？”

这种问话若干年来我们已是多么耳熟，所以这里每次所等候的回答使多数的我们都发生极大兴趣。但是这里被问的朋友必祗会显出受窘的表情无话可答。

如果地方上建筑已有若干活动乃至于有了计划，这受托觅屋的朋友则可能反而对觅屋者作以下一些问话：

“你所谓‘合适’是怎样解释？是几间房间？你一家几口人？你能出多少租金？”如果觅屋者是个中产阶级公务员，问话可以继续着：“你要什么程度的卫生设备？你希望什么样子的炉灶与取暖的便利？你有无男女工役？你对周围环境有何要求？还有你在城区那一带供职？你的孩子学校在那一带？是否有小学走读年龄的儿女？”即使想租房者是个低薪资的工人，对于这些问题除却关于卫生，取暖及环境，他从来没有希望过什么之外，其他问题如够住几人，及厨灶做饭的便利如何，租价是否与他合适，地点是否与他方便等，则仍是相同的。

所以这种问话在两分钟内，不但把一家人与一个单位的住宅问题□到，且把复员后我国全国的一个迫切的市镇建设问题——需要庞大的决心，缜密的筹划的问题，——暴露出它实际方面的一个轮廓来。这里所指示的是人民日常繁复生活与工作所产生的不可免的需要，所以它也就是关心人民福利的团体及政府当局必须予以解决的。

近日有几位建筑专家，谈到这个问题，都感叹到我国现时一个可悲的现象。他们说："我们先不说'住'的种种复杂方面未有合理的解决，只说最基本的一点：我们虽然知道每个人每晚都要睡觉，就很少人问到大多数的中国人，每晚在什么样的地方，什么样情况下安睡。随便举例：我们可以说，今日有一个庞大数目的中国人民每晚睡在临时的铺板上，门板上；拼起来的茶馆空桌上，楼板上；在一家父子，母女，姊妹，兄弟，三人或四人可以同挤的一张床上；在穿堂里；在任何有遮蔽的廊上；在灶火的旁边；在办公室里；在一间万能的房间里；在五六人，十数人，或数十人共用的，本来只可住两三人的空间，而现在尊称做宿舍的里面。

这情形不但在战时如此，恐怕好几世纪以来，中国都不断曾经如此！不过在这次抗战期中，许多本来站在少数特殊阶级一边的士大夫们及其眷属也都在后方，轮到尝遍这种活动性，有碍健康的睡眠方式而已。

睡眠是人的基本休息，也就是工作之另一面，日出而作，日入而息，即是最原始最简朴的人也不能避免或放弃的。

工作愈勤的人，不管是劳力或是劳心者，睡眠于他亦更为重要。睡是最主要的卫生条件。一个国家即使不解决其人民之高度标准，复杂条件之“住“的问题，最低限度，也该解决人民睡的问题。

解决睡的问题，——即是解决住的问题的一个缩影——简单说来，它的主要点在每个人能取得固定的，有遮蔽的一个单位的空间，使他可以横着伸开他的六尺身躯在一张正式用以睡眠的床上。如果这样一个单位不但接近他的工作地点，而且与他的家庭在一处，并可能以合理廉价取得，则睡的问题自然是合理的解决了。

由此类推，比这睡的问题稍稍复杂的住的问题，也同样是一家人能在他们工作场所附近，获得固定的有墙壁，有遮蔽的，一个单位的空间，来施展他们处置生活上所必需的操作，饮食，及休息，住的每个单位，虽不是如同解决睡的单位那样简单，有一个约三尺宽六尺余长的确定标准面积可以计算，但住的最低限度的面积也要根据生活动作上，平均每一事，每一人或每数人所应占的空间来计算的。如一个座位，一张数人共食的饭桌；一张床；一个灶；一个面盆；恭桶；或一个可以解决沐浴的水盆；伸手可及的架子；挂得开一件长衣的衣橱衣架；可以工作写字的桌几；足以备餐的条案，一切无不都是人的长短及动作所需要的面积作基本标准的。近代计算住屋方法，则更以每人所需的空气，每室所需的光线包括在内。近代市政上一个极基本目的便是，由于政府辅助力量，多数市民家庭能用他们可能负担的代价，得到这样一个合用的单位，在优良街道环境里。各国努力于此已有许多可靠的统计，据英国最近计算，以面积论，低价住宅的厨房最小，面积亦需一百方呎左右，以伯明罕市中租金作参考，则市政府所营的住屋中，最小的为两室，无厅，租金每周七先令余。（他们有业贫户则能负担的租金在每周七八先令至十八先令之间。）他们全市的便利与卫生，人口密度之分配，就是以这种人民生活与经济来计算进行的。

美国在一九三八年，在某中级工业城市中试验建造五十所贫民住宅。这种房子包含一间可以做饭的大起居室，一间有卫生设备的小浴室及两卧室，内部总面积约为五百方呎，租金每周为两元伍角美金。（那里有业贫民经济最低能力平均每月房租可以担负至十二元左右。）

住的问题的解决，简单说，是人民按其经济力量取得健康的安身食宿之所。它不但关系于材料结构，且亦着重于空间面积大小适当之分配。所谓健康亦基于精神方面的，包含便利与美术的两个因素。便利包括面积的经济与设备之卫生。分述如下：所谓面积经济是以最小空间取得最大发展功能的效果的意思，以经济的空间控制造价的低廉，间接便达到低廉租金的效果。所谓卫生包括遮蔽风雨，收纳阳光，防范潮湿，消除污秽，解决厕浴问题等等之处置。这种设备可以简朴，也可以繁复。可以随着房子的种类而有所增减的，并非奢侈之谓。随着人类聚居而发生的污秽情形，是不可免的。但如果垃圾能由各单位房子去解决而得消除，住区的卫生环境便可得到。美卫比较难下定义，但约略说来，有了物质上适当处置之后，人的精神方面必会有所要求。最使感官愉快的是颜色。最能满足审美感觉的是大小高低的关系。颜色可以由阳光，由花木，或由建筑材料的质素上得来。也可以由器皿，像具及陈设得来，它属于住房者生活个性或经济能力方面的发展。大小高低则属于房子基本的一部，不是人人之所能处置。因要符合每处结构及功用的自然，它们需要建筑专家的布置。

但每一小单位，或小集体的住宅，纵使解决得尽善尽美，如果在同一城市或乡镇之内，多数的单位与其他建筑物相互之间没有适当分离与集合的标准，则在环境的愉快及交通的便利上便都有了问题。所以住宅的全盘计划能完满时，尚有市镇设计专家，倚赖其他市政上重要的设施。例如市区工商业中心的分布，市郊的交通，卫生工程的设备，风景区的保留，每住区的与商市之距离，每住区附近学校，公园，图书分馆，商场，小剧院等的数目与位置等皆是。谋人民共同生活中，个别的福利及相互间的秩序与组织，是住宅设计的大目标。所以在原则上，解决住所是社会问题，在时代理想设施上，它属于市政的领域，在计划与建造上，它是许多部门的技术的合作。

安居然后乐业，不合理的住屋侵害人民的精力、健康乃至于道德。一个进步的国家，绝不能使其大部分的人民迁移不定，沦为丧家之狗，或拥挤聚居，任凭疾病流行。联合大国今日无论是资本主义或社会主义，均以建筑住宅整顿市镇为其要务之一。苏联为社会主义国家，一切自然由政府统筹办理；英美两国为工商业发达资本私有的国家，这次则在战事方酣之际，政府地方或商业团体已有组织，派专家分别调查住户实况，草拟计划以备战后实行，不致损失时间。

今日诸大强国中，有许多是资本私有的国家，一切社会改进事业均用科学眼光作实际应付。我们已经知道的有几点：

（一）他们不以建造低租住宅为慈善伤感的负担，或无限制的由政府捐助经费。政府只居指导地位，通过或修正一些法案，便利人民居住上的福利。建造计划常由地方行政当局给予协助，取得适宜的地带，由社会团体主持，采用商业投资的方式来完成。此种投资乃为社会服务，故取息合法，可能很低，加以当局所给予的种种便利，（如廉价的地皮，调用失业救济会的工人等。）房子造价可以极端减省。这种低价而完善的住屋数量愈多，则愈可以牵制营业的房主，为着竞争，努力改善他们所营造的住屋，而不敢任意勒索高租。

（二）欧美许多城市，近数十年来得到拥挤的教训，他们觉悟，在建造新区住宅之前，必须先有全市的通盘筹划，不是单单增加住宅的数目而已。他们深痛从前发展的错误。增造市屋填满市心的空地，又侵占四郊的绿野，只使市镇的性质愈加恶劣及枯燥，交通发生过度的拥挤。最近的改善原则是：先分散全市的工商业中心成为合理的各组单位（Dcceiitralizatioii）配合着其附带住区及公共设备，保留适当的绿荫隙地以调剂空气，开辟最主要的交通线网以直线与周绕的干路配合。如此则城市在发展中，可以在其外围增辟若干单位自有其中心与附带的住区，与原有若干单位互相联络，而不增加原有住户密度。住户的密度增加，即增加疾病的来源，市围过大，及增加交通的拥挤；一切均不利于市政。

（三）近来英美区别各种各级的住宅，不但在材料之优劣或房间之多寡上计算，并且还以在每一英亩中建造几所为标准，英国已有一英亩二十四所或十二所或六所等试验。美国新村亦约略如此。英国设计住屋时，常附带为单身人，无亲属之老年夫妇，或有幼童的家庭作特殊的筹划及设备。在地区拥挤，而户口较多的地带，则酌量建造集合住宅，或多层公寓的住楼。

（四）他们的一切设施均经过一个实地调查的程序。根据着多数人民生活相类的情形及所发生的问题，予以最有效的解决。在他们调查之中，以一个工人的午餐时间来决定最理想的从工厂至住宅的距离；以一个女人为丈夫及孩子备餐的次数，与方式，来决定厨房与餐室及洗涤储藏等处分配的办法；以老年的生活及情趣来决定他们住所的地点等等皆是。

我们现在已在复员的开始，对于行的问题，缺乏解决困难的筹备；对于这个居住的问题，就是有人顾虑到；距离实行办法，自然尚远。我们必须及早草拟合理公正的处置或限制方法。在任何市镇中，我们不能使住宅成为投机牟利者的目标，再来压迫许多清苦的人民。我们不能放任许多有资产者各自为政的活动，以影响地价的纷乱，产生工程材料操纵与争夺。我们也不愿政府，或地方，无限制的统制及专营，而生出许多弊病。政府应鼓励许多合法的服务机关，商业团体，及慷慨公共事业者，协助这庞大的工作。

第一次大战之后，英国大城（市）如伦敦等均受过痛苦的教训。所以英国这次不待战事结束，三年前已着手调查测量。他们尽量利用战争所产生的破坏与疏散的变动，做了一个极缜密的整理伦敦大计划。大工业城如伯明罕，亦自动的作种种测量调查及统计的报告，计划出建设草案。这种计划有了实际情形及科学理想双重的根据，逐步实现，自然是同时可能而又合理的。

我国城市无一个可以比拟英国这样两个复杂拥挤的城市。我们工商业基础如此简单，各市的城郊皆是空旷，开展极为容易。只要地方主持公正，应辟的地区与道路，除却地主封建与自私之外并无复杂的阻碍。筹划合于现代生活而且美好的住区，与调查旧有的美好住宅，由市府营缮指导租赁事宜，两事是可以同时进行的。地势，技术，美术及经济方面都无大困难，所难者当全在人事方面。防（妨）害人民福利及国家进步者总是在社会服务的公正精神薄弱，及私人利害观念浓厚这两点毛病上。

美国这几年曾不断的在实验低廉租金的住宅建造，用减债基金，贷金抵押的商业方法来完成新村。并不加重政府及地方的经济负担，亦不倚赖慈善的捐助。许多方法我们都可以採用。

我们迫切的希望政府当局决心领导提倡，不厌在住屋问题的繁琐，明了它在人民全体健康生活上的重要。我们希望由政府或地方协助社会商业团体，技术专家，及爱国的有资产人民共同进行整顿市镇及救济房荒的计划。和平世纪在我们前面，我们必须追上注重教育，卫生及生产的建设时代。建造住宅已不是少数有资产者的特殊权利，我们必须实行使人民各得其所的市政理想。

初刊于一九五一年四月《新观察》第七、第八期时署名梁思成。梁思成在文后所附『声明』：『本文虽是作者答应担任下来的任务，但在实际写作进行中，都是同林徽因分工合作，有若干部分还偏劳了她。』本集据此收入。

北京——都市计划的无比杰作

人民中国的首都北京，是一个极年老的旧城，却又是一个极年轻的新城。北京曾经是封建帝王威风的中心，军阀和反动势力的堡垒，今天它却是初落成的，照耀全世界的民主灯塔。它曾经是没落到只能引起无限“思古幽情”的旧京，也曾经是忍受侵略者铁蹄践踏的沦陷城，现在它却是生气蓬勃地在迎接社会主义曙光中的新首都。它有丰富的政治历史意义，更要发展无限文化上的光辉。

构成整个北京的表面现象的是它的许多不同的建筑物，那显著而美丽的历史文物，艺术的表现：如北京雄劲的周围城墙，城门上嶙峋高大的城楼，围绕紫禁城的黄瓦红墙，御河的栏杆石桥，宫城上窈窕的角楼，宫廷内宏丽的宫殿，或是园苑中妩媚的廊庑亭榭，热闹的市心里牌楼店面，和那许多坛庙、塔寺、第宅、民居。它们是个别的建筑类型，也是个别的艺术杰作。每一类，每一座，都是过去劳动人民血汗创造的优美果实，给人以深刻的印象；今天这些都回到人民自己手里，我们对它们宝贵万分是理之当然。但是，最重要的还是这各种类型，各个或各组的建筑物的全部配合：它们与北京的全盘计划整个布局的关系；它们的位置和街道系统如何相辅相成；如何集中与分布；引直与对称；前后左右，高下起落，所组织起来的北京的全部部署的庄严秩序，怎样成为宏壮而又美丽的环境。北京是在全盘的处理上才完整的表现出伟大的中华民族建筑的传统手法和在都市计划方面的智慧与气魄。这整个的体形环境增强了我们对于伟大的祖先的景仰，对于中华民族文化的骄傲，对于祖国的热爱。北京对我们证明了我们的民族在适应自然，控制自然，改变自然的实践中有着多么光辉的成就。这样一个城市是一个举世无匹的杰作。

我们承继了这份宝贵的遗产，的确要仔细的了解它——它的发展的历史，过去的任务，同今天的价值。不但对于北京个别的文物，我们要加深认识，且要对这个部署的体系提高理解，在将来的建设发展中，我们才能保护固有的精华，才不至于使北京受到不可补偿的损失。并且也只有深入的认识和热爱北京独立的和谐的整体格调，才能掌握它原有的精神来作更辉煌的发展，为今天和明天服务。

北京城的特点是热爱北京的人们都大略知道的。我们就按着这些特点分述如下。

我们的祖先选择了这个地址*

*本节的主要资料是根据燕京大学侯仁之教授在清华的讲演《北京的地理背景》写成的。

北京在位置上是一个杰出的选择。它在华北平原的最北头；处于两条约略平行的河流的中间，它的西面和北面是一弧线的山脉围抱着，东面南面则展开向着大平原。它为什么坐落在这个地点是有充足的地理条件的。选择这地址的本身就是我们祖先同自然斗争的生活所得到的智慧。

北京的高度约为海拔五十公尺，地学家所研究的资料告诉我们，在它的东南面比它低下的地区，四五千年前还都是低洼的湖沼地带。所以历史家可以推测，由中国古代的文化中心的“中原”向北发展，势必沿着太行山麓这条五十公尺等高线的地带走。因为这一条路要跨渡许多河流，每次便必须在每条河流的适当的渡口上来往。当我们的祖先到达永定河的右岸时，经验使他们找到那一带最好的渡口。这地点正是我们现在的卢沟桥所在。渡过了这个渡口之后，正北有一支西山山脉向东伸出，挡住去路，往东走了十余公里这支山脉才消失到一片平原里。所以就在这里，西倚山麓，东向平原，一个农业的民族建立了一个最有利于发展的聚落，当然是适当而合理的。北京的位置就这样的产生了。并且也就在这里，他们有了更重要的发展。同北面的游牧民族开始接触，是可以由这北京的位置开始，分三条主要道路通到北面的山岳高原和东北面的辽东平原的。那三个口子就是南口，古北口和山海关。北京可以说是向着这三条路出发的分岔点，这也成了今天北京城主要构成原因之一。北京是河北平原旱路北行的终点，又是通向“塞外”高原的起点。我们的祖先选择了这地方，不但建立一个聚落，并且发展成中国古代边区的重点，完全是适应地理条件的活动。这地方经过世代的发展，在周朝为燕国的都邑，称做蓟；到了唐是幽州城，节度使的府衙所在。在五代和北宋是辽的南京，亦称做燕京；在南宋是金的中都。到了元朝，城的位置东移，建设一新，成为全国政治的中心，就成了今天北京的基础。最难得的是明清两代易朝换代的时候都未经太大的破坏就又在旧基础上修建展拓。随着条件发展，到了今天，城中每段街、每一个区域都有着丰富的历史和劳动人民血汗的成绩。有纪念价值的文物实在是太多了。

北京城近千年来的四次改建

一个城是不断的随着政治经济的变动而发展着，改变着的；北京当然也非例外。但是，在过去一千年中间，北京曾经有过四次大规模的发展，不单是动了土木工程，并且是移动了地址的大修建。对这些变动有个简单认识，对于北京城的布局形势便更觉得亲切。

现在北京最早的基础是唐朝的幽州城，它的中心在现在广安门

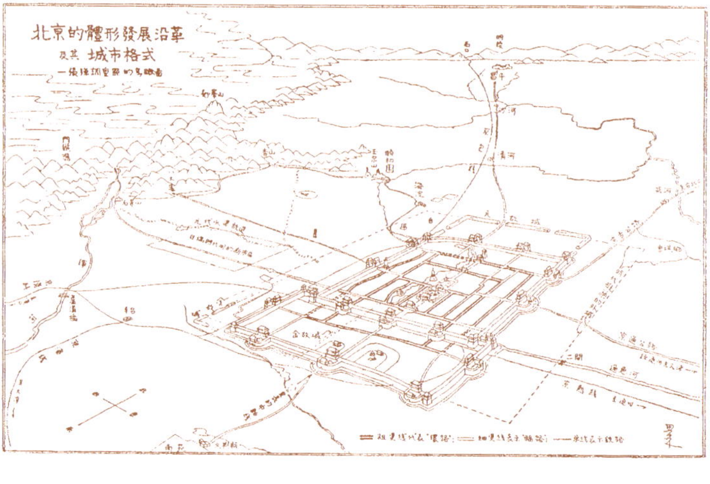

北京的体形发展沿革及其城市格式

外迤南一带。本为范阳节度使的驻地，安禄山和史思明向唐代政权进攻曾由此发动，所以当时是军事上重要的边城。后来刘仁恭父子割据称帝，把城中的“子城”改建成宫城的规模，有了宫殿。九三七年，北方民族的辽势力渐大，五代的石晋割了燕云等十六州给辽，辽人并不曾改动唐的幽州城，只加以修整，将它“升为南京”。这时的北京开始成为边疆上一个相当区域的政治中心了。

到了更北方的民族金人的侵入时，先灭辽，又攻败北宋，将宋的势力压缩到江南地区，自己便承袭辽的“南京”，以它为首都。起初金也没有改建旧城，一一五一年才大规模的将辽城扩大，增建宫殿，意识地模仿北宋汴梁的形制，按图兴修。他把宋东京汴梁（开封）的宫殿苑囿和真定（正定）的潭园木料拆卸北运，在此大大建设起来，称它做中都，这时的北京便成了半个中国的中心。当然，许多辉煌的建筑仍然是中都的劳动人民和技术匠人，承继着北宋工艺的宝贵传统，又创造出来的。在金人进攻掳夺“中原”的时候，“匠户”也是他们掳劫的对象，所以汴梁的许多匠人曾被迫随着金军到了北京，为金的统治阶级服务。金朝在北京曾不断的营建，规模宏大，最重要的还有当时的离宫，今天的中海北海。辽以后，金在旧城基础上扩充建设，便是北京第一次的人改建，但它的东面城墙还在现在的琉璃厂以西。

一二一五年元人破中都，中都的宫城同宋的东京一样遭到剧烈破坏，只有郊外的离宫大略完好。一二六〇年以后，元世祖忽必烈数次到金故中都，都没有进城而驻驿在离宫琼华岛上的宫殿里。这地方便成了今天北京的胚胎，因为到了一二六七年元代开始建城的时候，就以这离宫为核心建造了新首都。元大都的皇宫是围绕北海和中海而布置的，元代的北京城便围绕着这皇宫成一正方形。

这样，北京的位置由原来的地址向东北迁移了很多。这新城的西南角同旧城的东北角差不多接壤，这就是今天的宣武门迤西一带。虽然金城的北面在现在的宣武门内，当时元的新城最南一面却只到现在的东西长安街一线上，所以两城还隔着一个小距离。主要原因是当元建新城时，金的城墙还没有拆掉之故。元代这次新建设是非同小可的，城的全部是一个完整的布局。在制度上有许多仍是承袭中都的传统，只是规模更大了。如宫门楼观，宫墙角楼，护城河，御路，石桥，千步廊的制度，不但保留中都所有，且超过汴梁的规模。还有故意恢复一些古制的，如“左祖右社”的格式，以配合“前朝后市”的形势。

这一次新址发展的主要存在基础不仅是有天然湖沼的离宫和它优良的水源，还有极好的粮运的水道。什刹海曾是航运的终点，成了重要的市中心。当时的城是近乎正方形的，北面在今日北城墙外约二公里，当时的鼓楼便位置在全城的中心点上，在今什刹海北岸。因为船只可以在这一带停泊，钟鼓楼自然是那时热闹的商市中心。这虽是地理条件所形成，但一向许多人说到元代北京形制，总以这“前朝后市”为严格遵循古制的证据。元时建的尚是土城，没有砖面，东，西，南，每面三门；惟有北面只有两门，街道引直，部署井然。当时分全市为五十坊，鼓励官吏人民从旧城迁来。这便是辽以后北京第二次的大改建。它的中心宫城基本上就是今天北京的故宫与北海中海。

一三六八年明太祖朱元璋灭了元朝，次年就“缩城北五里”，筑了今天所见的北面城墙。原因显然是本来人口就稀疏的北城地区，到了这时，因航运滞塞，不能达到什刹海，因而更萧条不堪，而商业则因金的旧城东壁原有的基础渐在元城的南面郊外繁荣起来。元的北城内地址自多旷废无用，所以索性缩短五里了。

明成祖朱棣迁都北京后，因衙署不足，又没有地址兴修，一四一九年便将南面城墙向南展拓，由长安街线上移到现在的位置。南北两墙改建的工程使整个北京城约略向南移动四分之一，这完全是经济和政治的直接影响。且为了元的故宫已故意被破坏过，重建时就又做了若干修改。最重要的是因不满城中南北中轴线为什刹海所切断，将宫城中线向东移了约一百五十公尺，正阳门、钟鼓楼也随着东移，以取得由正阳门到鼓楼钟楼中轴线的贯通，同时又以景山横亘在皇宫北面如一道屏风。这个变动使景山中峰上的亭子成了全城南北的中心，替代了元朝的鼓楼的地位。这五十年间陆续完成的三次大工程便是北京在辽以后的第三次改建。这时的北京城就是今天北京的内城了。

在明中叶以后，东北的军事威胁逐渐强大，所以要在城的四面再筑一圈外城。原拟在北面利用元旧城，所以就决定内外城的距离照着原来北面所缩的五里。这时正阳门外已非常繁荣，西边宣武门外是金中都东门内外的热闹区域，东边崇文门外这时受航运终点的影响，工商业也发展起来。所以工程由南面开始，先筑南城。开工之后，发现费用太大，尤其是城墙由明代起始改用砖，较过去土墙所费更大，所以就改变计划，仅筑南城一面了。外城东西仅比内城宽出六七百公尺，便折而向北，止于内城西南东南两角上，即今西便门，东便门之处。这是在唐幽州基础上辽以后北京第四次的大改建。北京今天的凸字形状的城墙就这样在一五五三年完成的。假使这外城按原计划完成，则东面城墙将在二闸，西面差不多到了公主坟，现在的东岳庙，大钟寺，五塔寺，西郊公园，天宁寺，白云观便都要在外城之内了。

清朝承继了明朝的北京，虽然个别的建筑单位许多经过了重建，对整个布局体系则未改动，一直到了今天。民国以后，北京市内虽然有不少的局部改建，尤其是道路系统，为适合近代使用，有了很多变更，但对于北京的全部规模则尚保存原来秩序，没有大的损害。

由那四次的大改建，我们认识到一个事实，就是城墙的存在也并不能阻碍城区某部分一定的发展，也不能防止某部分的衰落。全城各部分是随着政治，军事，经济的需要而有所兴废。北京过去在体形的发展上，没有被它的城墙限制过它必要的展拓和所展拓的方向，就是一个明证。

北京的水源——全城的生命线

* 本节部分资料是根据侯仁之《北平金水河考》。

从元建大都以来，北京城就有了一个问题，不断的需要完满解决，到了今天同样问题也仍然存在。那就是北京城的水源问题。这问题的解决与否在有铁路和自来水以前的时代里更严重的影响着北京的经济和全市居民的健康。

在有铁路以前，北京与南方的粮运完全靠运河。由北京到通州之间的通惠河一段，顺着西高东低的地势，须靠由西北来的水源。这水源还须供给什刹海，三海和护城河，否则它们立即枯竭，反成酝育病疫的水洼。水源可以说是北京的生命线。

北京近郊的玉泉山的泉源虽然是“天下第一”，但水量到底有限；供给池沼和饮料虽足够，但供给航运则不足了。辽金时代航运水道曾利用高梁河水，元初则大规模的重新计划。起初曾经引永定河水东行，但因夏季山洪暴发，控制困难，不久即放弃。当时的河渠故道在现在西郊新区之北，至今仍可辨认。废弃这条水道之后的计划是另找泉源。于是便由昌平县神山泉引水南下，建造了一条的石渠，将水引到瓮山泊（昆明湖）再由一道石渠东引入城，先到什刹海，再流到通惠河。这两条石渠在西北郊都有残迹，城中由什刹海到二闸的南北河道就是现在南北河沿和御河桥一带。元时所引玉泉山的水是与由昌平南下经同昆明湖入城的水分流的。这条水名金水河，沿途严禁老百姓使用，专引入宫苑池沼，主要供皇室的饮水和栽花养鱼之用。金水河由宫中流到护城河，然后同昆明湖什刹海那一股水汇流入通惠河。元朝对水源计划之苦心，水道建设规模之大，后代都不能及。城内地下暗沟也是那时留下绝好的基础，经明增设，到现在还是最可贵的下水道系统。

明朝先都南京，昌平水渠破坏失修，竟然废掉不用。由昆明湖出来的水与由玉泉山出来的水也不两河分流，事实上水源完全靠玉泉山的水。因此水量顿减，航运当然不能入城。到了清初建设时，曾作补救计划，将西山碧云寺、卧佛寺同香山的泉水都加入利用，引到昆明湖。这段水渠又破坏失修后，北京水量一直感到干涩不足。解放之前若干年中，三海和护城河淤塞情形是愈来愈严重，人民健康曾大受影响。龙须沟的情况就是典型的例子。

一九五〇年，北京市人民政府大力疏浚北京河道，包括三海和什刹海，同时疏通各种沟渠，并在西直门外增凿深井，增加水源。这样大大的改善了北京的环境卫生，是北京水源史中又一次新的纪录。现在我们还可以企待永定河上游水利工程，眼看着将来再努力沟通京津水道航运的事业。过去伟大的通惠运河仍可再用，是我们有利的发展基础。

北京的城市格式——中轴线的特征

如上文所曾讲到，北京城的凸字形平面是逐步发展而来。它在十六世纪中叶完成了现在的特殊形状。城内的全部布局则是由中国历代都市的传统制度，通过特殊的地理条件，和元明清三代政治经济实际情况而发展的具体形式。这个格式的形成，一方面是遵循或承袭过去的一般的制度，一方面又由于所尊崇的制度同自己的特殊条件相结合所产生出来的变化运用。北京的体形大部是由于实际用途而来，又曾经过艺术的处理而达到高度成功的。所以北京的总平面是经得起分析的。过去虽然曾很好的为封建时代服务，今天它仍然能很好的为新民主主义时代的生活服务，并还可以再作社会主义时代的都城，毫不阻碍一切有利的发展。它的累积的创造成绩是永远可以使我们骄傲的。

大略的说，凸字形的北京，北半是内城，南半是外城，故宫为内城核心，也是全城的布局重心。全城就是围绕这中心而部署的。但贯通这全部部署的是一根直线。一根长达八公里，全世界最长，也最伟大的南北中轴线穿过了全城。北京独有的壮美秩序就由这条中轴的建立而产生。前后起伏左右对称的体形或空间的分配都是以这中轴为依据的。气魄之雄伟就在这个南北引申，一贯到底的规模。我们可以从外城最南的永定门说起，从这南端正门北行，在中轴线左右是天坛和先农坛两个约略对称的建筑群；经过长长一条市楼对列的大街，到达珠市口的十字街口之后，才面向着内城第一个重点——雄伟的正阳门楼。在门前百余公尺的地方，拦路一座大牌楼，一座大石桥，为这第一个重点做了前卫。但这还只是一个序幕。过了此点，从正阳门楼到中华门，由中华门到天安门，一起一伏、一伏而又起，这中间千步廊（民国初年已拆除）御路的长度，和天安门面前的宽度，是最大胆的空间的处理，衬托着建筑重点的安排。这个当时曾经为封建帝王据为己有的禁地，今天是多么恰当的回到人民手里，成为人民自己的广场！由天安门起，是一系列轻重不一的宫门和广庭，金色照耀的琉璃瓦顶，一层又一层的起伏峋峙，一直引导到太和殿顶，便到达中线前半的极点，然后向北，重点逐渐退削，以神武门为尾声。再往北，又“奇峰突起”的立着景山做了宫城背后的衬托。景山中峰上的亭子正在南北的中心点上。由此向北是一波又一波的远距离重点的呼应。由地安门，到鼓楼、钟楼，高大的建筑物都继续在中轴线上。但到了钟楼，中轴线便有计划地，也恰到好处地结束了。中线不再向北到达墙根，而将重点平稳地分配给左右分立的两个北面城楼——安定门和德胜门。有这样气魄的建筑总布局，以这样规模来处理空间，世界上就没有第二个！

在中线的东西两侧为北京主要街道的骨干；东西单牌楼和东西四牌楼是四个热闹商市的中心。在城的四周，在宫城的四角上，在内外城的四角和各城门上，立着十几个环卫的突出点。这些城门上的门楼，箭楼及角楼又增强了全城三度空间的抑扬顿挫和起伏高下。因北海和中海，什刹海的湖沼岛屿所产生的不规则布局，和因琼华岛塔和妙应寺白塔所产生的突出点，以及许坛庙园林的错落，也都增强了规则的布局和不规则的变化的对比。在有了飞机的时代，由空中俯瞰，或仅由各个城楼上或景山顶上遥望，都可以看到北京杰出成就的优异。这是一份伟大的遗产，它是我们人民最宝贵的财产，还有人不感到吗?

北京的交通系统及街道系统

北京是华北平原通到蒙古高原、热河山地和东北的几条大路的分岔点，所以在历史上它一向是一个政治、军事重镇。北京在元朝成为大都以后，因为运河的开凿，以取得东南的粮食，才增加了另一条东面的南北交通线。一直到今天，北京与南方联系的两条主要铁路干线都沿着这两条历史的旧路修筑；而京包、京热两线也正筑在我们祖先的足迹上。这是地理条件所决定。因此，北京便很自然的成了华北北部最重要的铁路衔接站。自从汽车运输发达以来，北京也成了一个公路网的中心。西苑南苑两个飞机场已使北京对外的空运有了站驿。这许多市外的交通网同市区的街道是息息相关互相衔接的，所以北京城是会每日增加它的现代效果和价值的。

今天所存在的城内的街道系统，用现代都市计划的原则来分析，是一个极其合理，完全适合现代化使用的系统。这是一个令人惊讶的事实，是任何一个中世纪城市所没有的。我们不得不又一次敬佩我们祖先伟大的智慧。

这个系统的主要特征在大街与小巷，无论在位置上或大小上，都有明确的分别；大街大致分布成几层合乎现代所采用的“环道”；由“环道”明确的有四向伸出的“辐道”。结果主要的车辆自然会汇集在大街上流通，不致无故地去窜小胡同，胡同里的住宅得到了宁静，就是为此。

所谓几层的环道，最内环是紧绕宫城的东西长安街、南北池子、南北长街、景山前大街。第二环是王府井、府右街，南北两面仍是长安街和景山前大街。第三环以东西交民巷，东单东四，经过铁狮子胡同、后门、北海后门、太平仓、西四、西单而完成。这样还可更向南延长，经宣武门、菜市口、珠市口、磁器口而入崇文门。近年来又逐步地开辟一个第四环，就是东城的南北小街、西城的南北沟沿、北面的北新桥大街，鼓楼东大街，以达新街口。但鼓楼与新街口之间因有什刹海的梗阻，要多少费点事。南面则尚未成环（也许可与交民巷衔接）。这几环中，虽然有多少尚待展宽或未完全打通的段落，但极易完成。这是现代都市计划学家近年来才发现的新原则。欧美许多城市都在它们的弯曲杂乱或呆板单调的街道中努力计划开辟成环道，以适应控制大量汽车流通的迫切需要。我们的北京却可应用六百年前建立的规模，只须稍加展宽整理，便可成为最理想的街道系统。这的确是伟大的祖先留给我们的“余荫”。

有许多人不满北京的胡同，其实胡同的缺点不在其小，而在其泥泞和缺乏小型空场与树木。但它们都是安静的住宅区，有它的一定优良作用。在道路系统的分配上也是一种很优良的秩序。这些便是以后我们发展的良好基础，可以予以改进和提高的。

北京城的土地使用——分区

我们不敢说我们的祖先计划北京城的时候，曾经计划到它的土地使用或分区。但我们若加以分析，就可看出它大体上是分了区的，而且在位置上大致都适应当时生活的要求和社会条件。

内城除紫禁城为皇宫外，皇城之内的地区是内府官员的住宅区。皇城以外，东西交民巷一带是各衙署所在的行政区（其中东交民巷在辛丑条约之后被划为“使馆区”）。而这些住宅的住户，有很多就是各衙署的官员。北城是贵族区，和供应他们的商店区，这区内王府特别多。东西四牌楼是东西城的两个主要市场；由它们附近街巷名称，就可看出。如东四牌楼附近是猪市大街、小羊市、驴市（今改“礼士”）胡同等；西四牌楼则有马市大街、羊市大街、羊肉胡同、缸瓦市等。

至于外城，大体的说，正阳门大街以东是工业区和比较简陋的商业区，以西是最繁华的商业区。前门以东以商业命名的街道有鲜鱼口、瓜子店、果子市等；工业的则有打磨厂、梯子胡同等等。以西主要的是珠宝市、钱市胡同、大栅栏等，是主要商店所聚集；但也有粮食店、煤市街。崇文门外则有巾帽胡同、木厂胡同、花市、草市、磁器口等等，都表示着这一带的土地使用性质。宣武门外是京官住宅和各省府州县会馆区，会馆是各省入京应试的举人们的招待所，因此知识分子大量集中在这一带。应景而生的是他们的“文化街”，即供应读书人的琉璃厂的书铺集团，形成了一个“公共图书馆”；其中掺杂着许多古玩铺，又正是供给知识分子观摩的“公共文物馆”。其次要提到的就是文娱区；大多数的戏院都散布在前门外东西两侧的商业区中间。大众化的杂耍场集中在天桥。至于骚人雅士们则常到先农坛迤西洼地中的陶然亭吟风咏月，饮酒赋诗。

由上面的分析，我们可以看出，以往北京的土地使用，的确有分区的现象。但是除皇城及它迤南的行政区是多少有计划的之外，其他各区都是在发展中自然集中而划分的。这种分区情形，到民国初年还存在。

到现在，除去北城的贵族已不贵了，东交民巷又由“使馆区”收复为行政区而仍然兼是一个有许多已建立邦交的使馆或尚未建立邦交的使馆所在区，和西交民巷成了银行集中的商务区而外，大致没有大改变。近二三十年来的改变，则在外城建立了几处工厂。王府井大街因为东安市场之开辟，再加上供应东交民巷帝国主义外交官僚的消费，变成了繁盛的零售商店街，部分夺取了民国初年军阀时代前门外的繁荣。东西单牌楼之间则因长安街三座门之打通而繁荣起来，产生了沿街“洋式”店楼型制。全城的土地使用，比清末民初时期显然增加了杂乱错综的现象。幸而因为北京以往并不是一个工商业中心，体形环境方面尚未受到不可挽回的损害。

北京城是一个具有计划性的整体

北京是中国（可能是全世界）文物建筑最多的城。元、明、清历代的宫苑，坛庙，塔寺分布在全城，各有它的历史艺术意义，是不用说的。要再指出的是：因为北京是一个先有计划然后建造的城（当然，计划所实现的都曾经因各时代的需要屡次修正，而不断地发展的）。它所特具的优点主要就在它那具有计划性的城市的整体。那宏伟而庄严的布局，在处理空间和分配重点上创造出卓越的风格，同时也安排了合理而有秩序的街道系统，而不仅在它内部许多个别建筑物的丰富的历史意义与艺术的表现。所以我们首先必须认识到北京城部署骨干的卓越，北京建筑的整个体系是全世界保存得最完好，而且继续有传统的活力的、最特殊、最珍贵的艺术杰作。这是我们对北京城不可忽略的起码认识。

就大多数的文物建筑而论，也都不仅是单座的建筑物，而往往是若干座合组而成的整体，为极可宝贵的艺术创造，故宫就是最显著的一个例子。其他如坛庙、园苑、府第，无一不是整组的文物建筑，有它全体上的价值。我们爱护文物建筑，不仅应该爱护个别的一殿，一堂，一楼，一塔，而且必须爱护它的周围整体和邻近的环境。我们不能坐视，也不能忍受一座或一组壮丽的建筑物遭受到各种各式直接或间接的破坏，使它们委曲在不调和的周围里，受到不应有的宰割。过去因为帝国主义的侵略，和我们不同体系，不同格调的各型各式的所谓洋式楼房，所谓摩天高楼，摹仿到家或不到家的欧美系统的建筑物，庞杂凌乱的大量渗到我们的许多城市中来，长久地劈头拦腰破坏了我们的建筑情调，渐渐地麻痹了我们对于环境的敏感，使我们习惯于不调和的体形或习惯于看着自己优美的建筑物被摒斥到委曲求全的夹缝中，而感到无可奈何。我们今后在建设中，这种错误是应该予以纠正了。代替这种蔓延野生的恶劣建筑，必须是有计划有重点的发展，比如明年，在天安门的前面，广场的中央，将要出现一座庄严伟大的人民英雄纪念碑。几年以后，广场的外围将要建起整齐壮丽的建筑，将广场衬托起来。长安门（三座门）外将是绿荫平阔的林荫大道，一直通出城墙，使北京向东西城郊发展。那时的天安门广场将要更显得雄壮美丽了。总之，今后我们的建设，必须强调同环境配合，发展新的来保护旧的，这样才能保存优良伟大的基础，使北京城永远保持着美丽、健康和年轻。

北京城内城外无数的文物建筑，尤其是故宫、太庙（现在的劳动人民文化宫）、社稷坛（中山公园）、天坛、先农坛、孔庙、国子监、颐和园等等，都普遍地受到人们的赞美。但是一件极重要而珍贵的文物，竟没有得到应有的注意，乃至被人忽视，那就是伟大的北京城墙。它的产生，它的变动，它的平面形成凸字形的沿革，充满了历史意义，是一个历史现象辩证的发展的卓越标本，已经在上文叙述过了。至于它的朴实雄厚的壁垒，宏丽嶙峋的城门楼、箭楼、角楼，也正是北京体形环境中不可分离的艺术构成部分，我们还需要首先特别提到。苏联人民称斯摩棱斯克的城墙为苏联的颈链，我们北京的城墙，加上那些美丽的城楼，更应称为一串光彩耀目的中华人民的璎珞了。古史上有许多著名的台——古代封建主的某些殿宇是筑在高台上的，台和城墙有时不分，——后来发展成为唐宋的阁与楼时，则是在城墙上含有纪念性的建筑物，大半可供人民登临。前者如春秋战国燕和赵的丛台，西汉的未央宫，汉末曹操和东晋石赵在邺城的先后两个铜雀台，后者如唐宋以来由文字流传后世的滕王阁、黄鹤楼、岳阳楼等。宋代的宫前门楼宣德楼的作用也还略像一个特殊的前殿，不只是一个仅具形式的城楼。北京峋峙着许多壮观的城楼角楼，站在上面俯瞰城郊，远览风景，可以供人娱心悦目，舒畅胸襟。但在过去封建时代里，因人民不得登临，事实上是等于放弃了它的一个可贵的作用。今后我们必须好好利用它为广大人民服务。现在前门箭楼早已恰当地作为文娱之用。在北京市各界人民代表会议中，又有人建议用崇文门、宣武门两个城楼做陈列馆，以后不但各城楼都可以同样的利用，并且我们应该把城墙上面的全部面积整理出来，尽量使它发挥它所具有的特长。城墙上面面积宽敞，可以布置花池，栽种花草，安设公园椅，每隔若干距离的敌台上可建凉亭，供人游息。由城墙或城楼上俯视护城河，与郊外平原，远望西山远景或禁城宫殿，它将是世界上最特殊公园之一——一个全长达三十九点七五公里的立体环城公园！

我们应该怎样保护这庞大的伟大的杰作？

人民中国的首都正在面临着经济建设，文化建设——市政建设高潮的前夕。解放两年以来，北京已在以递加的速率改变，以适合不断发展的需要。今后一二十年之内，无数的新建筑将要接踵的兴建起来，街道系统将加以改善，千百条的大街小巷将要改观，各种不同性质的区域将要划分出来。北京城是必须现代化的；同时北京城原有的整体文物性特征和多数个别的文物建筑又是必须保存的。我们必须“古今兼顾，新旧两利”。我们对这许多错综复杂问题应如何处理？是每一个热爱中国人民首都的人所关切的问题。

如同在许多其他的建设工作中一样，先进的苏联已为我们解答

北京的城墙还能负起一个新的任务

了这问题，立下了良好的榜样。在《苏联沦陷区解放后之重建》一书中，苏联的建筑史家 N. 窝罗宁教授说：

“计划一个城市的建筑师必须顾到他所计划的地区生活的历史传统和建筑的传统。在他的设计中，必须保留合理的、有历史价值的一切和在房屋类型和都市计划中，过去的经验所形成的特征的一切；同时这城市或村庄必须成为自然环境中的一部分。……新计划的城市的建筑样式必须避免呆板硬性的规格化，因为它将掠夺了城市的个性；他必须采用当地居民所珍贵的一切。

“人民在便利、经济和美感方面的需要，他们在习俗与文化方面的需要，是重建计划中所必须遵守的第一条规则。”* 引自 N. 窝罗宁著《苏联沦陷区解放后之重建》一九四四年英文版第十六页。

窝罗宁教授在他的书中举了许多实例。其中一个被称为“俄罗斯的博物院”的诺夫哥罗德城，这个城的“历史性文物建筑比任何一个城都多”。

“它的重建是建筑院院士舒舍夫负责的。他的计划作了依照古代都市计划制度重建的准备——当然加上现代化的改善。……在最卓越的历史文物建筑周围的空地将布置成为花园，以便取得文物建筑的观景。若干组的文物建筑群将被保留为国宝；……

“关于这城……的新建筑样式，建筑师们很正确地拒绝了庸俗的‘市侩式’建筑，而采取了被称为‘地方性的拿破仑时代式’建筑，因为它是该城原有建筑中最典型的样式。……

“……建筑学者们指出：在计划重建新的诺夫哥罗德的设计中，要给予历史性文物建筑以有利的位置，使得在远处近处都可以看见它们的原则的正确性。……

“对于许多类似诺夫哥罗德的古俄罗斯城市之重建的这种研讨将要引导使问题得到最合理的解决，因为每一个意见都是对于以往的俄罗斯文物的热爱的表现。……”* 引自 N. 窝罗宁著《苏联沦陷区解放后之重建》一九四四年英文版第七十九页。

怎样建设“中国的博物院”的北京城，上面引录的原则是正确的。让我们向诺夫哥罗德看齐，向舒舍夫学习。

一九五一年四月十五日

脱稿于清华园

此文根据手稿刊印。

梁思成绘《古塔修建设计图稿》题跋

题跋一:

此古木塔的内外部构成，典型体现了“形势”说，“千尺为势，百尺为形”的模数尺度原则，并极为重视势与形的时空转换和对立统一，以恢弘的气势和魄力，也以丰富的时空序列变化产生了非同凡响的艺术效果。

林徽因笔记（四月二十日）

题跋二:

在行至北距碑亭二百五十米处，这种纵向展开的远景景观已突出□景而充分显现。

四月二十五日，因。

题跋三:

由山道向北，一长段人工培垫的坡道徐徐升高，人们缓步行进，在这段长长的坡道上，对远景感受的竖向视角因呈凹弧上升的坡度而得到微妙调整，自坡底以至坡顶古塔，人在时空的运动而呈现眼底的远景景观却似蒙太奇的定格，变成了令人惊讶的静止画面，始终保持了相互聚合烘托、一体浑然的横展高纵之势。

因记。

题跋四：

运用施工废弃渣土培堆砂山，以分景隔景，一举两得，不能说不是明智之举。这种兼顾景观艺术效果和施工便利的措施并不仅在清代建筑中运用，实例亦所在多有，是值得学习和借鉴的。中国的古塔是世界上历史最长、散布最广、生命最久的一系建筑，理应重视修建、保护内外的结构，同时节约资源。

一九五一五月一日，林徽因笔记。

梁思成绘《古塔修建设计图稿》

初刊于一九八四年十月《建筑师》杂志总第二十期。写于一九五一年上半年。王其明、茹竞华是清华大学建筑系学生，由林徽因指导撰写毕业论文《圆明园附近清代营房的调查分析》。

对王其明、茹竞华毕业论文所作的评语

脚踏实地的调查工作；研究了满清旗营的配给住宅，与古代里坊及现代所提倡的住宅区标准，作了比较，是研究中国建筑传统极好的报告，亦为中国建筑史供给了贵重的资料。

初刊于一九五一年八月六日《新观察》第三卷第二期，署名林徽因。

谈北京的几个文物建筑

北京是中国——乃至全世界——文物建筑最多的城市。城中极多的建筑物或是充满了历史意义，或具有高度艺术价值。现在全国人民都热爱自己的首都，而这些文物建筑又是这首都可爱的内容之一，人人对它们有浓厚的兴趣，渴望多认识多了解它们，自是意中的事。

北京的文物建筑实在是太多了，其中许多著名而已为一般人所熟悉的，这里不谈；现在笔者仅就一些著名而比较不受人注意的，和平时不著名而有特殊历史和艺术上价值的提出来介绍，以引起人们对首都许多文物更大的兴趣。

还有一个事实值得我们注意的，笔者也要在此附笔告诉大家。那就是：丰富的北京历代文物建筑竟是从来没有经过专家或学术团体做过有系统的全面调查研究；现在北京的文物还如同荒山丛林一样等待我们去开发。关于许许多多文物建筑和园林名胜的历史沿革，实测图说，和照片、模型等可靠资料都极端缺乏。

在这种调查研究工作还不能有效地展开之前，我们所能知道的北京资料是极端散漫而不足的，笔者不但限于资料，也还限于自己知识的不足，所以所能介绍的文物仅是一鳞半爪，希望抛砖引玉，藉此促起熟悉北京的许多人们将他们所知道的也写出来——大家来互相补充彼此对北京的认识。

天安门前广场和千步廊的制度

北京的天安门广场，这个现在中国人民最重要的广场，在前此数百年中，主要只供封建帝王一年一度祭天时出入之用。一九一九年“五四”运动爆发，中国人民革命由这里开始，这才使这广场成了政治斗争中人民集中的地点。到了三十年后的十月一日，中国人民伟大英明的领袖毛泽东主席在天安门楼上向全世界昭告中华人民共和国的成立，这个广场才成了我们首都最富于意义的地点。天安门已象征着我们中华人民共和国，成为国徽中主题，在五星下放出照耀全世界的光芒，更是全国人民所热爱的标志，永在人们眼前和心中了。

这样人人所熟悉，人人所尊敬热爱的天安门广场本来无须再来介绍，但当我们提到它体型风格这方面和它形成的来历时，还有一些我们可以亲切地谈谈的。我们叙述它的过去，也可以讨论它的将来各种增建修整的方向。

这个广场的平面是作“丁”字形的。“丁”字横划中间，北面就是那楼台峋峙、规模宏壮的天安门。楼是一横列九开间的大殿，上面是两层檐的黄琉璃瓦顶，檐下丹楹藻绘，这是典型的、秀丽而兼严肃的中国大建筑物的体形。上层瓦坡是用所谓“歇山造”的格式。这就是说它左右两面的瓦坡，上半截用垂直的“悬山”，下半截才用斜坡，和前后的瓦坡在斜脊处汇合。这个做法同太和殿的前后左右四个斜坡的“庑殿顶”，或称“四阿顶”的是不相同的。“庑殿顶”气魄较雄宏，“歇山顶”则较挺秀，姿势错落有致些。天安门楼台本身壮硕高大，朴实无华，中间五洞门，本有金钉朱门，近年来常年洞开，通入宫城内端门的前庭。

广场“丁”字横划的左右两端有两座砖筑的东西长安门。每座有三个券门，所以通常人们称它们为“东西三座门”。这两座建筑物是明初遗物。体型比例甚美，材质也朴实简单。明的遗物中常有纯用砖筑，饰以着色琉璃砖瓦较永远性的建筑物，这两门也就是北京明代文物中极可宝贵的。它们的体型在世界古典建筑中也应有它们的艺术地位。这两门同“丁”字直划末端中华门（也是明建的）鼎足而三，是广场的三个入口，也是天安门的两个掖卫与前哨，形成“丁”字各端头上的重点。

全场周围绕着覆着黄瓦的红墙，铺着白石的板道。此外横亘场的北端的御河上还有五道白石桥和它们上面雕刻的栏杆，桥前有一双白石狮子，一对高达八公尺的盘龙白石华表。这些很简单的点缀物，便构成了这样一个伟大的地方。全场的配色限制在红色的壁面，黄色的琉璃瓦，带来白色的石刻和沿墙一些树木。这样以纯红、纯黄、纯白的简单的基本颜色来衬托北京蔚蓝的天空，恰恰给人以无可比拟的庄严印象。

中华门以内沿着东西墙，本来有两排长廊，约略同午门前的廊子相似，但长得多。这两排廊子正式的名称叫做“千步廊”，是皇宫前很美丽整肃的一种附属建筑。这两列千步廊在庚子年毁于侵略军队八国联军之手，后来重修的，工程恶劣，已于民国初年拆掉，所以只余现在的两道墙。如果条件成熟，将来我们整理广场东西两面建筑之时，或者还可以恢复千步廊，增建美好的两条长长的画廊，以供人民游息。廊屋内中便可布置有文化教育意义的短期变换的展览。

这所谓千步廊是怎样产生的呢？谈起来，它的来历与发展是很有意思的。它的确是街市建设一种较晚的格式与制度，起先它是宫城同街市之间的点缀，一种小型的"绿色区"。金、元之后才被统治者拦入皇宫这一边，成为宫前禁地的一部分，而把人民拒于这区域之外。

据我们所知道的汉、唐的两京，长安和洛阳，都没有这千步廊的形制。但是至少在唐末与五代城市中商业性质的市廊却是很发展的。长列廊屋既便于存贮来往货物，前檐又可以遮蔽风雨以便行人，购售的活动便都可以得到方便。商业性质的廊屋的发展是可以理解的，它的普遍应用是由于实际作用而来。至今地名以廊为名而表示商区性质的如南京的估衣廊等等是很多的。实际上以廊为一列店肆的习惯，则在今天各县城中还可以到处看到。

当汴梁（今开封）还不是北宋的首都以前，因为隋开运河，汴河为其中流，汴梁已成了南北东西交通重要的枢纽，为一个商业繁盛的城市。南方的"粮斛百货"都经由运河入汴，可达到洛阳长安。所以是"自江淮达于河洛，舟车辐辏"而被称为雄郡。城的中心本是节度使的郡署，到了五代的梁朝将汴梁改为陪都，才创了宫殿。但这不是我们的要点，汴梁最主要的特点是有四条水道穿城而过，它的上边有许多壮美的桥梁，大的水道汴河上就有十三道桥，其次蔡河上也有十一道，所以那里又产生了所谓"河街桥市"的特殊布局。商业常集中在桥头一带。

上边说的汴州郡署的前门是正对着汴河上一道最大的桥，俗称“州桥”的。它的桥市当然也最大，郡署前街两列的廊子可能就是这种桥市。到北宋以汴梁为国都时，这一段路被称为“御街”，而两边廊屋也就随着被称为御廊，禁止人民使用了。据《东京梦华录》记载：宫门宣德门南面御街约阔三百余步，两边是御廊，本许市人买卖其间，自宋徽宗政和年号之后，官司才禁止的。并安立黑漆舣子在它前面，安朱漆舣子两行在路心，中心道不得人马通行。行人都拦在朱舣子以外，舣内有砖石砌御沟水两道，尽植莲荷，近岸植桃李梨杏杂花，“春夏之月望之如绣”。商业性质的市廊变成“御廊”的经过，在这里便都说出来了。由全市环境的方面看来，这样地改变了嘈杂商业区域成为一种约略如广场的修整美丽的风景中心，不能不算是一种市政上的改善。且人民还可以在朱舣子外任意行走，所谓御街也还不是完全的禁地。到了元宵灯节，那里更是热闹。成为大家看灯娱乐的地方。宫门宣德楼前的“御街”和“御廊”对着汴河上大洲桥，显然是宋东京部署上一个特色。此后历史上事实证明这样一种壮美的部署被金、元抄袭，用在北京，而由明清保持下来成为定制。

金人是文化水平远比汉族落后的游牧民族，当时以武力攻败北宋懦弱无能的皇室后，金朝的统治者便很快地要摹仿宋朝的文物制度，享受中国劳动人民所累积起来的工艺美术的精华，尤其是在建筑方面。金朝是由一一四九年起开始他们建筑的活动，迁都到了燕京，称为中都，就是今天北京的前身，在宣武门以西越出广安门之地，所谓“按图兴修宫殿”，“规模宏大”，制度“取法汴京”，就都是慕北宋的文物，蓄意要接受它的宝贵遗产与传统的具体表现。“千步廊”也就是他们所爱慕的一种建筑传统。

金的中都自内城南面天津桥以北的宣阳门起，到宫门的应天楼，东西各有廊二百余间，中间驰道宏阔，两旁植柳。当时南宋的统治者曾不断遣使到“金庭”来，看到金的“规制堂皇，仪卫华整”写下不少深刻的印象。他们虽然曾用优越的口气说金的建筑殿阁崛起不合制度，但也不得不承认这些建筑“工巧无遗力”。其实那一切都是我们民族的优秀劳动人民勤劳的创造，是他们以生命与血汗换来的，真正的工作是由于“役民伕八十万，兵伕四十万”，并且是“作治数年，死者不可胜计”的牺牲下做成的。当时美好的建筑都是劳动人民的果实，却被统治者所独占。北宋时代商业性的市廊改为御廊之后，还是市与宫之间的建筑，人民还可以来往其间。到了金朝，特意在宫城前东西各建二百余间，分三节，每节有一门，东向太庙，西向尚书省，北面东西转折又各有廊百余间，这样的规模，已是宫前门禁森严之地，不再是老百姓所能够在其中走动享受的地方了。

到了元的大都记载上正式的说，南门内有千步廊，可七百步，建灵星门，门内二十步许有河，河上建桥三座名周桥。汴梁时的御廊和州桥，这时才固定地称做“千步廊”和“周桥”，成为宫前的一种格式和定制，将它们从人民手中掳夺过去，附属于皇宫方面。

明清两代继续用千步廊作为宫前的附属建筑。不但午门前有千步廊到了端门，端门前东西还有千步廊两节，中间开门，通社稷坛和太庙。当一四一九年将北京城向南展拓，南面城墙由现在长安街一线南移到现在的正阳门一线上，端门之前又有天安门，它的前面才再产生规模更大而开展的两列千步廊到了中华门。这个宫前广庭的气魄更超过了宋东京的御街。

这样规模的形制当然是宫前一种壮观，但是没有经济条件是建造不起来的，所以终南宋之世，它的首都临安的宫前再没有力量继续这个美丽的传统，而只能以细沙铺成一条御路。而御廊格式反是由金、元两代传至明、清的，且给了“千步廊”这个名称。

我们日后是可能有足够条件和力量来考虑恢复并发展我们传统中所有美好的体型的。广场的两旁也是可以建造很美丽的长廊的。当这种建筑环境不被统治者所独占时，它便是市中最可爱的建筑型类之一，有益于人民的精神生活。正如层塔的峋峙，长廊的周绕也是最代表中国建筑特征的体型。用于各种建筑物之间它是既有实用，而又美丽的。

团城——古代台的实例

北海琼华岛是今日北京城的基础，在元建都以前那里是金的离宫，而元代将它作为宫城的中心，称做万寿山。北海和中海为太液池。团城是其中又特殊又重要的一部分。

元的皇宫原有三部分，除正中的“大内”外，还有兴圣宫在万寿山之正西，即今北京图书馆一带。兴圣宫之前还有隆福宫。团城在当时称为“瀛洲圆殿”，也叫仪天殿，在池中一个圆坻上。换句话说，它是一个岛，在北海与中海之间。岛的北面一桥通琼华岛（今天仍然如此），东面一桥同当时的“大内”连络，西面是木桥，

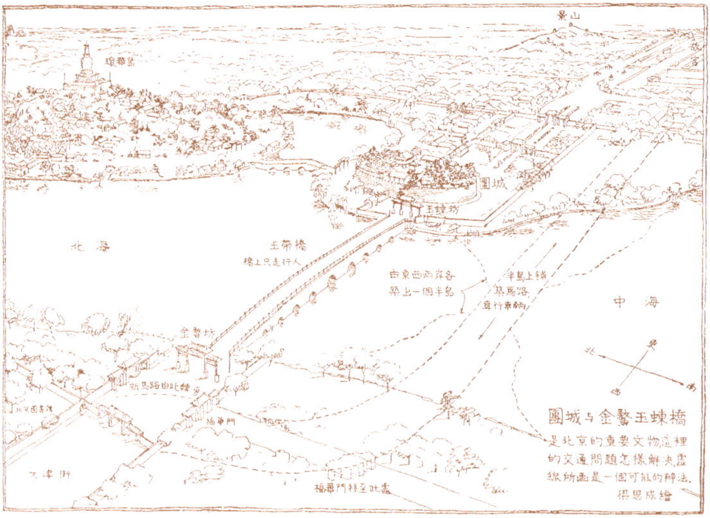

团城与金鳌玉蛛桥

长四百七十尺，通兴圣宫，中间辟一段，立柱架梁在两条船上才将两端连接起来，所以称吊桥。当皇帝去上都（察哈尔省多伦附近）时，留守官则移舟断桥，以禁往来。明以后这桥已为美丽的石造的金鳌玉桥所代替，而团城东边已与东岸相连，成为今日北海公园门前三座门一带地方。所以团城本是北京城内最特殊、最秀丽的一个地点。现今的委曲地位使人不易感觉到它所曾处过的中心地位。在我们今后改善道路系统时是必须加以注意的。

团城之西，今日的金鳌玉桥是一条美丽的石桥，正对团城，两头各立一牌楼，桥身宽度不大，横跨北海与中海之间，玲珑如画，还保有当时这地方的气氛。但团城以东，北海公园的前门与三座门间，曲折迫隘，必须加宽，给团城更好的布置，才能恢复它周围应有的衬托。到了条件更好的时候，北海公园的前门与围墙，根本可以拆除，团城与琼华岛间的原来关系，将得以更好地呈现出来。过了三座门，转北转东，到了三座门大街的路旁，北面隈小庞杂的小店面和南面的筒子河太不相称；转南至北长街北头的路东也有小型房子阻挡风景，尤其是没有道理，今后一一都应加以改善。尤其重要的，金鳌玉桥虽美，它是东西城间重要交通孔道之一，桥身宽度不足以适应现代运输工具的需要条件，将来必须在桥南适当地点加一道横堤来担任车辆通行的任务，保留桥本身为行人缓步之用。堤的型式绝不能同桥梁重复，以削弱金鳌玉桥驾凌湖心之感，所以必须低平和河岸略同。将来由桥上俯瞰堤面的“车马如织”，由堤上仰望桥上行人则“有如神仙中人”，也是一种奇景。我相信很多办法都可以考虑周密计划得出来的。

此外，现在团城的格式也值得我们注意。台本是中国古代建筑中极普通的类型。从周文王的灵台和春秋秦汉的许多的台，可以知道它在古代建筑中是常有的一种，而在后代就越来越少了。古代的台大多是封建统治阶级登临游宴的地方，上面多有殿堂廊庑楼阁之类，曹操的铜雀台就是杰出的一例。据作者所知，现今团城已是这种建筑遗制的唯一实例，故极可珍贵。现在上面的承光殿代替了元朝的仪天殿，是一六九〇年所重建。殿内著名的玉佛也是清代的雕刻。殿前大玉瓮则是元世祖忽必烈“特诏雕造”，本来是琼华岛上广寒殿的“寿山大玉海”，殿毁后失而复得，才移此安置。这个小台是同琼华岛上的大台遥遥相对。它们的关系是很密切的，所以在下文中我们还要将琼华岛一起谈到的。

北海琼华岛白塔的前身

北海的白塔是北京最挺秀的突出点之一，为人人所常能望见的。这塔的式样属于西藏化的印度窣堵波。元以后北方多建造这种式样。我们现在要谈的重点不是塔而是它的富于历史意义的地址。它同奠定北京城址的关系最大。

本来琼华岛上是一高台，上面建着大殿，还是一种古代台的形制。相传是辽萧太后所居，称“妆台”。换句话说，就是在辽的时代所还保持着的唐的传统。金朝将就这个卓越的基础和北海、中海的天然湖沼风景，在此建筑有名的离宫——大宁宫。元世祖攻入燕京时破坏城区，而注意到这个美丽的地方，便住这里大台之上的殿中。

到了元筑大都，便依据这个宫苑为核心而设计的。就是上文中所已经谈到的那鼎足而立的三个宫；所谓“大内”兴圣宫，和隆福宫，以北海、中海的湖沼（称太液池）做这三处的中心，而又以大内为全个都城的核心。忽必烈不久就命令重建岛上大殿，名为广寒殿。上面绿荫清泉，为避暑胜地。马可波罗（意大利人）在那时到了中国，得以见到，在他的游记中曾详尽地叙述这清幽伟丽奇异的宫苑台殿，说有各处移植的奇树，殿亦作翠绿色，夏日一片清凉。

明灭元之后，曾都南京，命大臣来到北京毁元旧都。有萧洵其人随着这个“破坏使团”而来，他遍查元故宫，心里不免爱惜这样美丽的建筑精华，要遭到无情的破坏，所以一切他都记在他所著的《元故宫遗录》中。

据另一记载（《日下旧闻考》引《太岳集》）明成祖曾命勿毁广

寒殿。到了万历七年（一五七九）五月“忽自倾圮，梁上有至元通宝的金钱等”。其实那时据说瓦甓已坏，只存梁架，木料早已腐朽，危在旦夕，当然容易忽自倾圮了。

现在的白塔是清初一六五一年——即广寒殿倾圮后七十三年，在殿的旧址上建立的。距今又整整三百年了。知道了这一些发展过程，当我们遥望白塔在朝阳夕照之中时，心中也有了中国悠久历史的丰富感觉，更珍视各朝代中人民血汗所造成的种种成绩。所不同的是，当时都是被帝王所占有的奢侈建设，当他们对它厌倦时又任其毁去，而从今以后，一切美好的艺术果实就都属于人民自己，而我们必尽我们的力量永远加以保护。

《城市计划大纲》本是原国际现代建筑学会（Congress Intemationauxd’ Architecture Modeme，简称 CIAM）一九三三年八月在希腊雅典的大会上拟定的以城市计划为题的一个纲领性文件，后来又通称《雅典宪章》，该书由清华大学营建学系编译组译注，此文系该译本序言，署名梁思成、林徽因。

《城市计划大纲》序

城市是人类文化综合的整体的表现，是为了解决有关于“住”（最广义的“住”）的一切问题而为自己创造出来的有体有形的环境——“体形环境”。这是几千年来就已存在的事实，却是至最近数十年来，它的重要性才被人类自己所认识。

在十九世纪中叶以前，科学技术的进度与政治经济制度始终能互相配合着进展，所以城市的体形并未与社会生活发生过严重的冲突或脱节。到了近一百年来，西方欧美资本主义国家因工业技术之突飞猛进，生产方式迅速地“社会化”，而他们的政治经济制度则仍滞留在没落的资本主义制度下，在体形方面便发生了极大的矛盾。欧美所有的城市庄镇都是由中世纪承袭下来的，早就逐渐不适宜于现代社会化的生产和工业化以后的生活；但因在经济制度方面，维持着残酷的剥削和私有财产制度，尤其是土地私有制度始终妨碍着任何改善都市体形的企图。在中世纪的城市里，加上资本主义的盲目发展，加上社会化的生产方式，加上工业生产以后的生活和现代交通工具，就等于紊乱的城市体形。这紊乱体形都经过了这样的程序：起初，工厂和铁路骤然间将人口集中到本来中古式的城市中，于是出现了密集的工业区、商业区和被剥削、被压迫的无产阶级和他们被迫所居住的“贫民窟”区；随后，汽车出现了，车祸出现了，现代公路也出现了，又将人口盲目地，无计划地输送到乡郊去，于是出现了许多住宅区，而把工商业遗留在市中心。但是新的工商业又追随着在郊区密集地兴建起来；于是想要躲避市廛嘈杂的有钱人，又将住处向郊外更远处迁移，乡郊遂被重重房屋所包围。在这样的恶性循环中，人口追进郊野，房屋又追着密集的人口，城市就无限制无计划地像野草一样蔓延滋长起来，使欧美的城市演变成为史无前例的混乱，无论在居住、工作、游息、交通方面都丧失了人类群居所企求的效果。在这种状态之下，一些头脑比较清醒的人才开始觉悟到一个城市乃至城市与乡村所组成的区域的体形方面都需要将人类全部活动中的各种繁简不一的需要作详细的调查和分析，并综合起来作全面合理的部署，才能使它适合于人类居住的基本要求。

在两次世界大战之间，欧美许多资本主义国家的建筑师和城市计划师们组织了国际现代建筑学会（Congress Internationauxd' Architecture Moderne，简称 CIAM）。一九三三年这个学会在希腊雅典的大会以城市计划为题，总结成为这《城市计划大纲》。

这个“大纲”拟订于十八年前，那时第二次大战的威胁尚未明显的暴露，世界上极多数的人远未清楚地认识到资本主义经济制度已途穷日暮。国际现代建筑学会的会员先生们尚存着幻想，以为他们的“大纲”可以实现在城市的体形上。的确，这“大纲”的技术原则是正确的，它的内容是从人民大众的幸福上出发的。它的目标也是要建立适宜于广大人民全体的体形环境。但是那些会员先生们却没有了解，本来就是资本主义的政治经济制度使他们的城市得了严重病症，此后也还是这个资本主义的政治经济制度使这“大纲”

无法实行，因此也治不好他们城市的病症。唯有在社会主义新民主主义的政治经济制度下这种大纲才能实行。在最近一次（一九四八年）的大会上，他们不得不对于在苏联和东欧新民主主义国家在这方面的伟大成就齐声赞扬，就是证据。

新中国正在开始由农业社会向工业社会大踏步地迈进。这伟大的转变首先要在全国城乡的体形上表现出来。在今后数十年间，全国的旧城市都将获得改建。许多几百年来在半睡眠中的县城将突然醒起来，在短短数年间成为一个个的工商业重镇。此外还将有千百个新的市镇从平地上涌出，如同近三十余年间在苏联的辽阔的土地上所见到的一样。

在这伟大的转变中，假使城乡体形方面未能预先作出妥善正确的计划，则将因工厂、房屋、铁路、公路之大量兴建，城市与乡村间人口之大量移动，农业与工业人口比例之改变，因而城市中的房屋即将不敷激增的人口的分配，原来只适用于骡马车及轿夫担子的街巷将使汽车成为无地用武的英雄，仅能创造车祸伤亡纪录。换句话说，就是城市的体形环境将交错杂乱，而作盲目无秩序的发展；使城市环境不适宜于一切工业、商业、居住、游息、交通之用，完全失去了城市所应有的功能。今日欧美无数市镇因在工业化过程中任其自流发展所形成的紊乱丑恶的体形，正是我们的前车之鉴。

CIAM 的《城市计划大纲》的确是很有可取之处的。它可被誉为一个技术“良方”。可惜是在资本主义国家里“药不对症”。因为它不是“治病”的方子，而是一个保健的方子。在资本主义国家中，城市体形之紊乱只是病象而不是病源。病源是资本主义制度的本身。不根除病源是谈不上健康成长的。因此，英美等国所沾沾自喜的一些“新市镇”如伦敦附近的 Wellwyn，Letchworth；纽约附近的 Radbun；华盛顿附近的 Greenbelt 等，都只是些不太成功的逃避主题的枝节尝试，只能满足比较少数财力宽裕的人的需要。它们都还只是试验室里的样品。在整个政治经济制度改变以前，他们也只可能有那样寥寥几处半成功的试验，而绝不可能使它全面发展而实施于全市或全国的。

中国“大病”了一百一十年，现在我们的病基本上已被我们最伟大的“医师”治好了。新生的中国正在向康复的大道上走。在城乡建设方面，这个“方子”倒是相当适用的，因为我们已具备了开始全面建设的条件。因此，清华大学营建学系编译组朱畅中，胡允敬，程应铨三同志将它译出，并由程应铨同志加注，介绍予全国各县市的行政领导和技术干部，以供都市建设计划时的参考。

在这里，我们必须附带提出，我们介绍这《城市计划大纲》，但对于国际现代建筑学会所倡导的建筑理论，尤其是它对于建筑造型的理论是大有问题的，过去我们许多建筑师们曾经为那种理论所迷惑。解放以来，经过不断的学习，尤其是经过近一年来爱国主义、国际主义教育，我们诚恳地批判了以往的错误。我们肯定地认识到所谓“国际式”建筑本质上就是世界主义的具体表现；认识到它的资产阶级性；认识到它基本上是与堕落的、唯心的资产阶级艺术分不开的；是机械唯物的；是反动的；是与中华人民共和国的“民族的，科学的，大众的”文教政策基本上不能相容的。我们在这里介绍这个“大纲”而反对国际现代建筑学会关于建筑造型的理论，正是排除其糟粕，吸收其精华。就是这“大纲”我们也是要“批判地吸收这些东西，作为我们的借鉴”，因而我们加了注释。我们借鉴这些资产阶级的东西，但“仅仅是借鉴而不是用它来替代”。在建筑和都市计划工作中，如同毛主席给我们在文学艺术中的指示一样：“对于死人和外国人的毫无批判的硬搬，模仿与替代，乃是最没有出息的，最害人的……教条主义。”我们尤其不可顷刻忘记：建筑和都市计划不是单纯的经济建设，它们同时也是文化建设中极重要而最显著的一部分，它们都必须在民族优良的传统上发展起来。

梁思成、林徽因序于清华大学营建学系

一九五一年七月

《苏联卫国战争被毁地区之重建》由上海『龙门联合书局』一九五二年五月初版印行，书前有《译者的体会》。原著作者为苏联 Н. 窝罗宁教授，译者署林徽因、梁思成。

《苏联卫国战争被毁地区之重建》译者的体会（附译文）

人民的新中国正在准备迎接即将开始的建设高潮。在这时候我们介绍这本小书，苏联窝罗宁教授著《苏联卫国战争被毁地区之重建》，对于我们的建设工作是一个很好的借鉴。

尽管苏联同中国在社会发展的阶段上，在工业化的程度上，在文化艺术和都市计划与建筑的传统上，在战时城市乡村受到破坏的程度上，尤其是在大规模建设工作的经验上，有着许多不同之点，所面临的问题不尽相同，但在基本精神和基本原则上，这本书的每一章每一段都值得我们学习。

尽管有这许多不同之点，但中苏两国的民族性格和近年来的历史境遇都是很相似的。

作者首先告诉我们，俄罗斯人民不惟能保卫他们的祖国，而且在家乡遭受破坏之后，能迅速地重建起来；在古代如此，在苏维埃时代更如此。这一点与中国人民保卫祖国，重建家乡的能力是完全相同的。在毛泽东时代，这能力就能更全面地发挥出来。

从这本书里，我们愤怒地看到了德国法西斯生番在苏联绝灭人性的破坏，较比日寇在中国的暴行有过之无不及。曾几何时，德、日法西斯的承继者美国法西斯强盗及其帮凶们又在我们手足之邦，向所有的城市乡村和爱好和平英勇不屈的朝鲜人民进行同样绝灭人性的破坏和屠杀。苏中两国人民在八九年前，十余年前所面临的敌人正与朝、中两国人民今天所面临的敌人是一模一样的。而且今天的强盗吸收了昨天的强盗的经验，是“青出于蓝”，变本加厉的。负责重新设计平壤的朝鲜建筑师金正熙同志告诉我们，平壤今天已真正成为一片“平壤”；将来重建平壤就同重建斯大林格勒一样的艰巨。我们一面读这本小书，一面看着鸭绿江彼岸，第一个联想就是提高警惕：现在在朝鲜的生番强盗，我们不惟绝不能让他们踏过鸭绿江一步，而且必须予以彻底消灭或驱逐，如同苏联人民对当时占领他们土地的德国强盗那样。

引起我们无限敬意的是苏联人民以抵抗敌人驱逐敌人的伟大精神和力量同样地发挥出来重建他们的祖国。他们在战争的战场上战胜了敌人，他们在建设劳动的战场上同样地取得了辉煌的胜利。那种男女老少，人人自动参加重建工作的伟大精神不惟使我们崇敬，而且更值得我们学习。

一切计划、设计、组织、备料、施工……等工作，都是在党和政府的正确领导下才能得到那样辉煌的成就的。自从一九四三年八月，苏联部长会议和联共中央委员会颁发了指示，同年十月革命纪念日斯大林又发出号召，全苏联各地各级党政机关、人民团体、共青团、建筑研究院、建筑师工会以及全国人民，立刻就以热烈的行动响应起来。人民的力量在人民的党和人民的政府领导下是没有不能克服的困难的。

在计划和设计的原则上，这本书给了我们很多极可宝贵的启发。

第一，它让我们看到了苏联在一切建设和工作中的高度计划性和组织性。

一整个区域因为战争的破坏而发生了政治、经济地理上的大变动时，他们就有计划地迁移整个村庄乃至市镇，使这属于区域城乡规划范围的布置更合理了。整个城市洗劫了，他们就将整个城市有计划地重建起来，且在重建中修正了过去的缺点。至于个别的建筑物就更不用说了。这一切计划不只在平面上分区、筑路，而且在立体上予以同样缜密的考虑；不只是关于经济的，生产的，居住的，而且是关于文化的，娱乐休息的；不只是房屋建筑的，街道桥梁和公用设备工程方面的，而且是关于山林园苑，池沼溪河，树木花草种种方面的部署的；不只是蓝图和施工说明书的，而且是材料的生产、分配和运输，以及人力的组织和分配的各方面的努力。这种全面计划和组织工作就是准备期间最主要的工作。

正在我们翻译这书的时候，全国的基本建设人员正在《人民日报》的领导下对于近年来工程中的错误作了深入的检讨，使我们的认识提高了一步；那是有重大教育意义的。但是检讨的范围还可以扩大，我们还应该寻找更基本的问题。《人民日报》所报导的事实和各专家所研究的对象，大多数只是工程的安全问题，和狭隘的工料经济问题。这都可以统称为“有形的损失”。至于整体建筑群在全面的地址选择或全盘部署上的错误——如晋南纺织厂地址易受水淹，离铁路三十余里，且隔着汾河：或如晋南面粉厂仓库之拆房让铁路等——仅有极少数的报导，而且未受到应得的注意。假使犯了这种全面的根本的错误，即使个别工程坚固经济，尽善尽美，也是徒然，只为人民增加赘物。这种“无形的损失”是全面的，是永久的，是连返工也不能补偿的；比狭隘的、个别的安全经济问题更严重得多。我们应该学习苏联先进的经验，在全面的、长期的计划方面特别注意。

第二，从这本小书中我们体会到苏联重建的计划在立体市容上，对于美观方面的重视。

苏联城市由整体到个别建筑的计划都要满足“人民在文化和美感上的要求”，建筑师需要“做出有高度艺术价值的图样”。建筑师设计时不惟注意到个别建筑物的艺术方面，他同时深深地知道每座建筑物同它的隔壁邻舍，无论在使用的便利上或美观效果上，都是互相影响的，是不能独善其身的。因此，苏联先进的建筑师都以一个城市作为一个整体，并作为一个立体构图的整体来设计。例如加里宁旧城的对岸，在这书中，作者是这样写的：“拟建造一条宽广的河岸，用一条林荫大道与房屋的行列隔开；房屋将面临河岸，……从旧城沿河一线可以全部望见。加里宁这一幅建筑的‘画面’是一个受到特别注意的目标，因为新的加里宁的建造者们在这里已经看见了一幅形式整齐的建筑全景，以河运站的一个矗立高耸的建筑物为中心而构成的‘画面’。”加里宁的对岸是一个以河运交通为主的经济区域，而建筑师并不因此而疏忽了它的文化成分。经济建设与文化建设是形影相随，不可分开的。苏联建筑师经常地认定了经济建设中所同时产生的文化价值，这是我们所应该学习的，让我们中间许多由旧社会过来的建筑师注意：在资本主义社会，凡是这种地点都是污秽凌乱到难以容忍的程度的。

第三，窝罗宁教授让我们看到了苏联建筑师在一切重建和新建的工作中，对于当地民族文化艺术传统和风俗习惯以及自然环境之尊重。他特别提出“建筑师对于历史和后代都是负有巨大责任的”。

“重建工作必须考虑到民族传统，把它融汇到新计划之中；把它和新兴的，现代标准所需要于建筑的各方面调和起来”，“建筑师必须考虑到个别地区的生活的历史传统和建筑传统，在他的设计中保留一切合理的和有历史价值的，……他所计划的市镇或村庄还必须构成自然地形风景中的一部分”（第二章）。“计划必须同时考虑到居民的习惯和苏维埃人民在文化和美感上的要求……。需要建筑师做出有高度艺术价值的图样，城市的整体必须与当地的地形和风景相和谐”（第四章）。由作者所举许多实例中，我们可以看到苏联的建筑师们在重建一个市镇时如何小心翼翼地从原有基础上发展，同时又有远见地将原有不合理的、错误的加以改正和“现代化”。在各地区的建筑形式方面，苏联的建筑师们慎重考虑到各地区不同的传统，甚至如颜色与环境的配合都是仔细地计划过的。他们对于文物建筑和建筑传统的爱护尊崇简直令人心折地佩服。如重建窝罗内兹的建筑师，建筑院院士鲁德涅夫“不只是一位建筑师，他同时也是一位热爱古代艺术的美术家；他是倾向于在古文物的处理上特别小心温柔的”（第六章）。负责重建加里宁的柯里院士“所有的时候都在‘聆听’着卡乍可夫的‘音叉’”，因为加里宁——古代的特维尔——是十八世纪中建筑师卡乍可夫所设计的；它是“俄罗斯帝国中最美丽的城市（女皇凯沙琳二世语）”。又如“诺夫哥罗德重建的工作是交给熟谙并且热爱俄罗斯古建筑的院士舒舍夫的。他的计划准备按照古代都市计划的制度将城市重建起来——当然加上现代化的改善”（第十二章）。

我们的中国是一个具有五千年灿烂的文化历史的国家。差不多任何一个中国的市镇都有数百年乃至数千年的文物。我们有伟大优良的都市计划传统和建筑传统；除去几个大都市外，全国所有的市镇，那就是全国百分之九十以上的劳苦人民现在所正在居住的，并且所正在继续不断地建造的市镇和房屋正是遵循这伟大优良的传统建造的。但是今天中国的建筑师们，无一例外地（译者们在内）都是直接或间接由外国学来的。年长一点的由学习古希腊罗马，文艺复兴开始；年青一辈的学习资本主义艺术理论的体形结晶，即所谓"功能主义"（机械唯物主义）的"现代化"或"国际式"（世界主义式）流派。我们在这前后两种毒素中酣醉了数十年。我们做了帝国主义资本主义文化侵略者的帮凶，对于祖国建筑传统反不如对于欧美建筑的熟谙，故也谈不到热爱，且常常带着自卑心理的蔑视。现在我们该醒过来了。我们应该从思想根源上做一番自我检讨，肯定一切建筑的政治任务，配合爱国主义国际主义教育，站稳立场，认清方向，在建筑工作中坚决地贯彻毛主席在《新民主主义论》中所指示给我们的新文化路线："是我们这个民族的，带有我们民族的特性"。我们要向鲁德涅夫、柯里、舒舍夫学习；并要"聆听"喻皓、李诚、也黑迭儿、阮安、蒯祥、雷发达* 喻皓是北宋著名的民间"巧匠"，著有《木经》。据说中国现存最古的一部关于建筑专门术书《营造法式》，就是北宋末叶"将作少监"李诫根据《木经》编著的。也黑迭儿是元大都（即今之北京）的设计人；现在北京的规模则是明阮安、姚广孝等在元大都的基础上发展改建的。蒯祥是明初的木匠，重建三殿，善于绘图设计，凭着他的技术，做到工部左侍郎。到他老年时，宪宗朱见深叫他做"蒯鲁班"，其他的官员却说他是"匠官"。雷发达是清初的木匠，就是后世著名的建筑"世家""样式雷"的始祖。"样式雷"的建筑图样和模型现在还有许多藏在北京图书馆和历史博物馆。以及无数无名匠师的"音叉"，为民族的、科学的、大众的建筑而奋斗！

当然，除了上举三点之外，这本书对我们的启发还很多；因鉴于目前我国建设工作对于这方面的注意不够，所以特别提出来。

这本书是著者在一九四四年夏季写的，当时距德国法西斯匪帮的毁灭还有一年，战事还在苏联境内进行，在那样“一切为了前线”的情形下，伟大的苏联人民不惟能够立即开始有计划、有步骤、有组织地重建，而且以那样高度热情进行高度文化性的艺术建筑，无论在旧的文物城市或新的工厂聚落都不偏废。现在我国一般建筑工作中，多以“还没有到文化建设的时候”为藉口，故意忽视建筑的文化成分。其实在任何阶段的任何建设中，任何一座建筑物，无论是办公楼、宿舍、车站，乃至厂房、仓库，它的文化意义与经济意义是不可能分开的。

窝罗宁教授这本书是战时向盟国介绍苏联的书籍之一，以英文在伦敦出版，至今已七年了。战后苏联一切建设又以史无前例的规模和速度突飞猛进，书中所述许多当时情况现在都已成为史实。但在基本原则上，它还是一样地大有助于我们现在刚在开始的建设的。因此我们并不以它为“过时”，还是把它译出，献予新中国的建设工作者。

林徽因、梁思成　译竟赘言

一九五一年八月　清华园

附：译文

苏联卫国战争被毁地区之重建

目　录

第一章　我们的祖国和她的侵略者

以一个史学家和俄罗斯古建筑专家的身份，我愿以关于俄罗斯历史的几句话作为这本我认为是不平常的小书的序言，因为我们这国土并不是头一次成为一个具有世界重要性的大战斗的演出场，对抗外来的，企图掠夺俄罗斯人民的自由和独立的侵略者的抗战场。幼年的俄罗斯国历史的最初几个世纪中，充满了波罗弗齐人和皮前内格人的袭击，他们是高原上的凶禽；在十二、十三世纪间，匈牙利人和波兰人屡次企图夺取加里西亚—窝尔海尼亚的肥腴地区；十三世纪间蒙古人的猛烈攻击造成了极大的损失，它制止了大俄罗斯中心的发展，而且引导了俄罗斯西面的邻人相信去夺取诺夫哥罗德和普斯可夫两个自由市的土地是件容易的事。侵略者企图将肥腴的土地化为沙漠，将那土地上的人民变成奴隶，城市乡村都成为废墟。在十三世纪中，日耳曼人和瑞典人被伟大的军事领袖亚力山大·尼夫斯基所率领的人民军队所制止；而蒙古人一百五十年来的压迫，直至十四世纪，经过在古里可瓦之浴血战斗中，德米特里·董斯基的俄罗斯军队击溃了马迈伊一股游民之后方才得以解除。十七世纪初叶，波兰人和瑞典人乘着俄罗斯内部局势不安定的时候，侵入了俄罗斯；波兰人竟然连莫斯科的克里姆林（城堡）都占据了，外国的观察家认为那已是莫斯科邦的末日了。然而俄罗斯的人民证明了他们自己经得起这些新的考验，在米宁和波乍斯基所揭举的旗帜下，他们团结起来，把可恨的侵略者驱逐出了俄罗斯。

两个世纪之后，拿破仑坐在这同一个克里姆林的一个房间里观赏莫斯科的大火，这正是他那枝似乎是所向无敌的“伟大的军队”

被击溃的前奏，正是他的军人生活最后一幕的开始。在我们这个时代，年轻的苏维埃共和国的各民族人民，经过了可怕的内战的考验，在以后的二十年间，建立了一个新的生活方式和一个新的国家，站在世界最大的强国的行列中。这事实已在这次战争中充分得到证明，这次战争在俄国被称为伟大的卫国战争，其中许多战役，如斯大林格勒、欧列尔、库尔斯克、克里米亚、北高加索、列宁格勒和德聂伯河之战，都是史无前例的大战。

我不是要将这些历史上已经著名的事实重新提起读者的记忆，以求证实经过一九四三至一九四四年在战场上几次大战已经证明的，因而无须再证明的事实。我所要讨论的是另外一些问题。这几次战争以及它们留下给俄罗斯土地上的破坏，使俄罗斯成为残破的废墟；毫无防御的村庄夷为平地，野树丛生到农田上，技术工人逃避到内地；在经过敌人毒手的地区里，仿佛一切生命都不复存在了。

当我们想到这些事实的时候，我们不由得不想到把十三世纪的蒙古股匪同现代的生番法西斯蒂作比较。当然，他们两者之间的比较并不在他们的军事技术，不过希特勒是极其恰当地被称为“机械化的帖木儿”，至于他们奴役被征服的人民的野蛮方法则极相类似。他们的方法是破坏农田，或是把它变成蒙古人游牧的空旷草原，或是把它变成德国主子们的私有地；破坏城市村庄；降低人民的民族自尊心，破坏他们的艺术古文物；屠杀最前进的人，只留下其余被血腥的恐怖所吓倒了的人，迫使他们做“优秀民族”的奴隶牛马。在这一切中，实施的规模虽然大小悬殊，但是原则是一样的。德国人在世界历史里一切野蛮人中是进化最高的，因为他们把野蛮性抬高成为政治信条，而且用现代战争机构中最残暴的破坏力把它武装起来。十三世纪蒙古人所造成的破坏，比起希特勒遗留在苏维埃人民土地上的没有成功的“新秩序”来，实在只是天真的儿戏而已。蒙古人所毁坏的是十二、十三世纪的比较简陋的文化，所破坏的是比较原始的房屋和以封建城镇与乡村间交易为基础的经济。希特勒的军队却以破坏社会主义国家的高度物质文化，它的繁荣的市镇，它的国营的和合作的农场，它的巨大的发电厂，它的无量数的建筑，以及它的被尊为祖传至宝的艺术文物和民族文化为目的。

当德国人在红军猛击之下溃退时，他们把没有军事价值而且不在战线上的城市乡村完全夷毁。这种行为只是为了实行他们那魔鬼一般的观念，就是要把他们放弃了的土地上的一切生命完全毁灭，只留下大火的灰烬。特别编制的放火队纵火焚烧木建筑；爆炸队用地雷炸毁了较大的砖石建筑、公共建筑、行政楼厦、艺术文物和古代文物建筑。无疑的，这种掠夺焚烧的“政策”所给予我们国家的损失比德国空军和炮兵所能给予我们的损失更大得多。

这里有几个数目字可以使读者明了单在建筑的范围之内，德国人所给予苏联城市村庄损失之如何重大。

在俄罗斯苏维埃共和国内，德寇毁坏了约五百个城市和工厂区，一万四千多个村庄。

在莫斯科区的沦陷区内，德国人毁坏了二千二百八十个村庄，烧毁了集体农场农民的住宅四万七千二百四十六所，一万二千所城市住宅；他们毁了四万六千座农村建筑，一千所学校，七百个村庄阅览室、俱乐部等等。一个特别组成的委员会计算了只是莫斯科区一区的损失就值七十一亿二千五百三十五万八千卢布。在俄罗斯苏维埃共和国内的损失则值二百五十亿卢布。

在斯莫棱斯克区域，德国人彻底地破坏或烧毁了十二个城市，八个工厂区，十个分区中心，二千个村庄，被毁坏的建筑有十万所城市住宅，二十二万所集体农庄住宅，二万八千五百座农作建筑，八百七十座工业建筑（战前原有九百座），原有二百三十六处发电厂之全部，和无数的其他建筑物。斯莫棱斯克城区的八千所房屋中——原有屋内面积共六十五万平方公尺——被德寇破坏或烧毁了七千二百所；他们毁坏了电车系统，自来水系统，发电厂，二十七个医院和其他医疗机构，二十五个托儿所，所有的学校和极多的其他房屋。斯莫棱斯克的市营企业、交通设备和贸易组织所受到的总损失超过七亿卢布，此外更加工业的损失三亿卢布，铁路的损失六千零五十万卢布，医疗机构所受的损失则估计约七千万卢布。

在诺夫哥罗德，二千三百四十六座建筑之中仅仅留存下四十座，德国人摧毁了十二个工业企业，毁坏了自来水系统和发电厂及其输电路线；他们烧毁了博物馆，四个高等学院和一个技术专科学校，五个工人俱乐部，两个电影院，市立剧院，红军俱乐部，十一个医疗机构。在诺夫哥罗德区域中的八千八百四十九座建筑物，被完全毁坏或被严重破坏了七千三百三十五座：七十六个学校中，七十五个被烧毁了。

现在乌克兰全部已由敌人手中解放出来，不久即可以调查出全部的损失。我们可以先抄录非常状态委员会和地方当局所发表的几个数目字。德国人用火和炸药将基辅的主要街道克列斯查提克以及它附近街道的最优秀的建筑物毁坏了。他们毁坏了市有和国有机关的九百四十座房屋，共计使用面积一百万平方公尺以上；私有住宅二千六百所，计有住用面积五十万平方公尺。法西斯强盗们把基辅全部的公用设备都炸毁了，留下的是一个没有水、电、交通的城市。在一个一百二十五英亩（约合七百五十华亩——译者）之内，共有长达五至七公里街道的区域被完全毁坏，一无所有。

按照不完全的统计，在欧列尔区域内十九个区的损失是：国有机构的五百八十三座房屋，三百十七座工业房屋，三百十六座铁道房屋，九百九十一座学校或文化机构房屋，一百十八座医疗机构房屋，二百八十四座市政机关房屋，四百九十三处贸易机构的房屋，五万八千八百六十六所农作房屋。

在顿河盆地的斯大林诺区域，八千四百十二所住宅，三百零二所学校，一百四十三所幼儿园和托儿所都被毁坏了。在苏米区域中，九千所集体农场房屋和三万四千四百六十所农民住宅都被毁坏，九十六个村庄被完全夷为平地。

到目前据已调查所知的，德国人在乌克兰所毁坏房屋的住用面积总计达四百万平方公尺。

这些数目字，只是举出来做一个例，以表示在解放了的沦陷区中破坏之惨重，同时也可以表示重建工作之艰难巨大。

目前重建工作已经顺利地展开，而且进展得那样迅速，那样热烈，不惟是旁观的人，就是连自己参加工作的人也为之惊讶了。在这里我愿意再简略的回顾一下我们人民的历史，以便解释许多这种令人乍看难于理解的创造性劳动之惊人的爆发。我要提醒我的读者，在若干世纪的俄罗斯历史中，而且总是在遭遇巨大困难的时候，人民都能发挥充足的力量以应付敌人，使敌人的胜利成为他败退的前奏曲。不惟如此，人民而且都能发挥足够的能力，使残败的土地苏生，重新建立起庙宇和城市的墙垣，重建构成他们的世界的木屋村庄，从荒芜的田野中重新收获粮食。外国人素来对于人民所表现的这种巨大的重建力量表示惊讶，这种力量是他们所不能了解的。木构房屋的市镇，一次又一次地被焚毁，又以不可思议的速度重新出现，新的而且更美丽的房屋和教堂又重建起来，代替了旧的。这个不断的建造的原动力的来源就是俄罗斯人对于本土的热爱，那是他的心，是他的家，也是他的父亲和祖父的心和家。这种“重建”被毁了的东西的工作是全体人民参加的，因为每一个成年人都是精于木工的技术和它的数百年艺术技巧的传统的。

就是这种广泛普遍的建筑技能以及城市乡村中几乎不断的建筑活动，在很久以前，就早已引导了重要的新技术和方法之应用，有许多方法是在今日又被重新发现的。爱尔兰人亚当·欧李黎，一位在一六三四年到过莫斯科的游客，写了一篇在莫斯科坊间售卖预先做好了的房屋的令人惊愕的纪事；那些房屋的各种木材都在森林地区斫割制成，榫卯吻合，然后由河上浮运到莫斯科的。在此以前约一世纪，在一五五一年，暴王伊凡的军事工程师们用木材建造了一整个堡垒，然后将它拆散，由河上浮运到卡赞汗国，在斯维亚加河岸上又用惊人的速度把它凑合建立起来。历史里偶然传下来的这两个事实使我们立刻联想到今日极受欢迎的“厂制房屋”。

当我们回忆到俄罗斯历史中这些以及许多其他类似的事实时，我们就可以明了有一种历史的规律在那里管辖着那些全体人民参加的伟大的建设工作，那也就是现在在苏联许多由法西斯占据之下获得了解放的地区中，在我们眼前正在进展着的工作。

历史所赋予俄罗斯人民的潜在的“重建力量”仿佛已成了一种民族性，而在苏维埃时期的生活情况下则大大的增强起来。在这艰巨的重建工作中，苏联所有的兄弟民族都与俄罗斯人肩膀并着肩膀地站立着。人民对于取得胜利和对于在最短可能的时期内使他们的城市和工厂、村庄和田地获得苏生的意志得到了更大的力量，也得到了各加盟共和国人民政府的组织和领导；全国的领导性人物都是列名于列宁和斯大林的党的。这个党是人民所爱戴的；它不惟在战场上和工厂里领导人民，而且向人民学习；它对于人民的思想和情感、人民在生活中所积累的实际经验和人民克服困难的能力都有深彻的领会，我们惟有记住这一切时，才能了解那种伟大的劳动的英雄行为，并予以正确的评价。斯大林格勒之重建就是这种行为的一个光辉榜样。在那里，战斗从战场上开始，继续到劳动场上。诚如斯大林大元帅所说：“卫国战争证明了苏维埃人民是能够创造奇迹的，能够从最艰苦的考验中胜利地站立起来。”

第二章　重建的工作

战时以及战争本身的需要给苏联的建筑师们提供了许多与战争直接相关的新问题，如防御工事之建造，市镇和孤立的工厂之伪装，等等。在战争的头两年间，我们的建筑师全部从事于帮助增强国家的军事力量，在兵工单位里和城市的市民保卫工作中服务。到了德寇占领区被解放的时候，我们的国家和她的建筑工作者们又面临了一个新的任务，这任务是同样的光荣，但是千百倍的艰巨的——就是在最短可能的时间内，将德国生番所毁的市镇村庄重建的工作组织并完成起来，使它们能够回复到正常的经济和劳动的生活。在一九四三年十一月六日庆祝十月革命二十六周年纪念时，斯大林大元帅在他的讲话中把这任务简略而极清晰地说出来：“在法西斯匪帮曾经短时间称雄作霸过的地区，我们须要恢复那些破坏了的市镇和村庄、工业、交通、农业机构；我们须要给由法西斯统治下拯救出来的人民建立正常的生活条件……。我们必须在由德国占领下解放出来的地区里将德国人统治的后果全部清除。这是一个伟大的全国性的任务。我们能够，并且必须，在短时期间担负起这份困难的任务。”

国家在没有等待这巨大的战争终结以前就开始重建起来的事实使得工作之计划与实施必须在极特殊的条件下进行。在给人民供给了最低限度的食品、水和住处的初步工作之后，凡是能直接或间接有助于前线给养的工厂就必须重建起来。我们可举顿河上的罗斯托夫为例；在解放后一个月以内，烟草工厂就开了工，到了一九四四年二月十四日，罗斯托夫解放的一周年，已经有一百零五个工业单位在生产了。一九四三至四四年间重建的乌克兰各糖厂供给了前线军队和国内所需要的糖二万八千吨。这并不是说其他一切都不顾了；社会主义建设的特征就是在可能得到的条件之下，努力在这些工厂的周围建造住宅以及其他可使人民的舒适和娱乐达到最高可能度所需要的建筑物。

一九四三年八月廿一日，苏联部长会议和联共中央委员会共同颁发了一个关于“由德国占领下解放区域经济复兴所应采取的紧急措施”的指示，这在事实上就是复兴工作的大规模的国定计划。关于住宅的重建则在指示的第七条“协助重建或建造集体农庄的农民和工厂与机关的工人的住宅的办法”中规定出来。在这一条之中，重点是放在用地方所产的原料制造各种建筑材料，如陶砖、煤渣砖、石灰石、瓦、蜡石、石膏、石板等等上；放在建造十三个厂造房屋的工厂上，木材之分配上，和农村区域里贷款之配给上。在一九四三年的全国预算和各市镇预算里，分配到重建工作上的数字是极为庞大的。

在这样情形之下，重建工作的计划和组织所需要从政府得到的注意是前所未有的。

在上述的指示颁布之后不久，部长会议就设立了一个“建筑委员会”（四三年九月卅日）；这是一个中央机构，它的职务包括了“建筑工作之改善”以及“在德国侵略者所毁坏的市镇及其他社区之重建中，在建筑和计划上执行所必需的政府管制”。全国一切建筑的草拟和其他组织的工作都在这个委员会领导之下。在苏联所有加盟共和国以及若干较大城市里都成立了建筑局；在委员会领导之下组织了庞大的建筑师团体网，包括城市的总建筑师署在内。这个广泛的国家组织网就负责许许多多与重建和新建有关的任务；他们负责审核市镇的计划，最主要的建筑的图样，标准住宅的设计图样和建造住宅的速率；各建筑局则负责审核厂制的屋外屋内装饰部分，建筑的设备，施工工作的质量，并且组织训练建筑师和与建筑有关工业的工人。最重要的建设的设计，关于改善建造工作的指示和立法措施都将经由建筑委员会呈送苏联部长会议核准。

属于各部分以及新成立的地方组织的建筑设计机构也都投入了重建的工作中。在苏联全部加盟共和国里都特别成立了建筑材料工业部。为着重建斯大林格勒的巨大任务，特别成立了一个重建局，是当地指挥的首脑部。在所有解放的市镇中都成立了建造托拉斯、建筑师事务所和“建筑师突击队”以指导重建的工作。

这一切的国家组织的措施集合在一起就达到了目的，将建造工作简单化合理化，将它放在一个中心领导之下；因为当重建的工作正在进行时，全国还在进行一个庞大战争的事实，使得这种措施尤为必需。

对于建筑工作如此的国家领导在世界上是史无前例的，虽然在俄罗斯的历史里我们又一次的可以找到与此类似的史实。在十七世纪初叶，经过那次猛烈的斗争以后，营造衙门——这衙门罗致了全国最优秀的建筑工作者，自著名的建筑师以至普通的石匠瓦匠——派出了许多组的工作者去建造国内最重要的建筑；在增强国家的防御力和在城市的建设上，这衙门曾经占过重要的地位。在国家的建造计划上行使国家管制的观念在俄罗斯文化里是典型的。这同一观念就被彼得大帝应用在圣彼得堡的建造上，这个城的后来的历史是将一个城市作为一个划一的整体的有计划的发展的实例。以往这一切的措施却只是在最大的城市里实行的。现代的城市计划却包括了整个国家，城市、村庄都一样。

这个事实使得建筑师面临了一个崭新的问题。一直到最近以前，建筑师们很少注意到各省小市镇之建造，至于村庄就更不用提了；小市镇和村庄是人民所建造的，是木匠和瓦匠们建造的，他们按照传统，遵循着世代相传的生活方式和美感的需要而建造。现在在这个人民的创造工作中，建筑师们响应了号召来担负起他们一份的责任，他们必须担负起组织者和合理化者的重要职务。

俄罗斯的村庄和各地的市镇是逐渐地建造起来的，它们不需要大批的建筑材料和大数量的工人；例如，建造的进展不会把一个地区的木料用尽，地方砖窑和石矿的小量出产总是够用的。斯大林五年计划期间——在我们国内所称为“和平的社会主义建设时期”——的巨大规模建设工作，给建筑师们的工作供给了必需的技术基础。但是今天的任务，当我们面临的问题是在数以百计的破坏了的市镇里，同时兴建几万所村庄房屋以及其他附属建筑物和住宅，房间面积达到几百万平方公尺的时候，就连这种庞大的潜在力也显然不敷了。

在重建的任务中发生的有三个大问题：

一、各种类型的模范房屋，从村庄房舍以至高大的公共建筑物的科学的设计，求其在实用、合理、经济三方面都达到最高度的问题；

二、建筑材料的问题；

三、重建的市镇村庄的设计问题。

建筑材料之供给可以算是一个纯粹的技术问题，但是关于住宅和整个社区的重建问题就复杂得多了。它不只是给受了野蛮侵略的灾害者以“救急”的问题，而是一个与人民过去和将来的生活密切相关的问题；紧接着“救急”措施之后，乃至与之同时，即将兴建对于整个社区今后数十年生活方式有决定作用的基本建筑物。在这一点上，建筑师对于历史和后代都是负有巨大责任的。

建造的工作是由我们国内许多民族推进的——库班和顿河区的哥萨克人，北高加索的山地人民，德聂伯河流域的乌克兰人，莫斯科和斯莫棱斯克的大俄罗斯人，波里沙依的白俄罗斯人等等。重建的工作必须考虑到这些人民的民族建筑传统，把它融汇到新计划之中，把它和新兴的、合理的、现代标准所需要于住宅建筑的各方面有效地调和起来，还要对于各地区特殊的地理和气候特征予以适当的考虑。为新的市镇和村庄设计的建筑师必须考虑到个别地区的生活的历史传统和建筑的传统，在他的设计之中保留一切合理的和有历史价值的，以及在住宅型类和市镇计划上由以往的经验所决定的一切；同时，他所计划的市镇或村庄还必须构成自然地形风景中的一部分。一个市镇或村庄里的建筑必须避免恶意义的标准化，因为它会夺取了一个市镇的个性：他必须采纳当地居民所珍贵的一切。

在重建的工作中，第一条必须遵守的规矩就是人民的方便，他们对经济和美感的需求，他们在习惯和文化上的需要。在最后的分析中，这些点将决定设计的性质。所谓尊重人民过往的传统并不是说我们的重建工作必会成为“考古的复原建筑”；我们的建筑师必须勇敢地正视着将来。重建的工作也必须勇敢地正视着将来。在被战争所毁灭了的市镇村庄中，重建的工作必须将住宅改善而使其完美，无论由方便的观点上，或由美感的观点上，必须改正或剧烈地改变由计划中产生的缺点。有些城市，因为已经发展过甚，其滋长也许有加以制止之必要（例如斯大林格勒）；市镇内工业之分布必须加以检查，凡有妨害的工厂必须迁移到郊区；市内运输的设备及其合理的分配，将来空运之可能性等等，也都必须考虑到。

在设计的时候，建筑师必须能预见将来，他必须知道并且须感觉到国内生活所采取的方向，他必须建造得使他的房屋和市镇能随同生活的进步一起生长发展，不是妨碍而是协助按照目前速率的进步。因此，一个基本计划是为一个市镇未来的十年或十五年的经济发展而设计的；建筑师们所必须遵守的一条有指导性的规则就是与人民保持联系，用设计图样的展览，用与地方团体和大众的讨论会，对于人民的建议和要求给予仔细的考虑。例如院士霍尔兹所作的斯莫棱斯克重建计划就是提出到市民大会讨论的。斯莫棱斯克市的建筑师和当地的报纸召集了多次当地最优秀的建造厂家和职业界的会议；这些会议产生了对于计划许多可宝贵的建议和修正，包括水道之利用，工业之分布和街道广场之划定。

凡此一切发生的问题，都已由苏联部长会议所设立的建筑委员会和各地方的建筑师及建造厂的组织予以解决；地方的组织都是服从于委员会的。

在我们的重建问题之解决中，占着重要位置的是建筑研究院及其附属的研究所，即住宅建筑、公共建筑、建筑技术和都市计划各研究所。研究院已刊行了为苏联各地区的重建工作的典型图样和标准，一整套的简单蓝图和厂制房屋的若干图样。

苏维埃建筑师工会是另一个在破坏区域表现了卓越成绩的组织。它有六十个分会，有五千个会员，都是国内最优秀的建筑师，他们全数都在参加解放区重建的工作。工会主动地，并且遵照着政府的指示，做了有关重建的特殊问题的工作，组织竞选以取得最好的图样，在建筑师的会议中讨论这些图样，在各种特殊部门的工作中帮助建筑师们取得完全的知识等等。工会参加了到解放区市镇去工作的建筑师小组中，以协助最急需的重建工作。

第三章　市镇住宅部分之重建

一个市镇获得解放之后，市民们立刻就从他们躲藏的地方，森林里、洼地里、地窖里、壕洞里出来，开始回来；疏散出去的人民回到故乡来，被对于家乡的热爱所吸引回来，虽然家乡只是一片颓垣焦土。他们住在幸存的房屋的角落里，住在军队留下的壕沟地洞里，住在仓促间盖起的茅棚里。他们立刻面临着使他们的市镇起死回生的巨大任务。

任务中之一，为首而最迫切的，在卫生观点上极为重要的，就是将德国人留下来的市镇扫除清洁。通常对于德国人卫生和纪律的观念是很难使它与德国人在我们的市镇中遗留下来恶劣的情形符合的；在最意外的地方有腐烂的死人死兽，水管的探井中往往被它们塞满；住宅的周围有成堆的便粪放出剧烈的臭气；在博物馆和教堂里盖起厕所；总而言之，他们表现了一种对于文明和卫生基本原理的态度是远不如许多动物的。市民们必须将这一切清除，以免市镇成为传染病的孕育场。在幸存的住宅和公共建筑里，敌人放置了延时地雷和诈愚弹，所以地方的市民同工兵在一起，必须清除这一切的鬼把戏。在斯莫棱斯克解放后十天之内，从尚存在的房屋里就清除出十万公斤的炸弹、地雷和其他爆炸物。

当一个市镇初获解放，人民须对敌人的这一切把戏斗争的时候，他们必须在没有自来水、电灯和其他公共设备的情形下过日子。在这极悲惨的时期，在这一切困难艰苦之下，苏维埃的市民们始终是镇定而坚决的，因为他们知道全国人民和他们的政府会来帮助他们，他们的痛苦即将减少，而在终止这种困苦的生活的努力中，他们将得到援助。当一个市镇解放了的时候，市镇当局首先注意的是供给人民以最必需的东西——为首而最重要的，居住的地方。

上述政府所颁布关于“由德国占领下解放区域经济复兴所应采

取的紧急措施”的指示对于恢复住宅的问题是给予了相当的注意的。

由下面的数字中，可以略知国家对于解放市镇的协助的程度。一九四三年日者夫一个小城就分配到一千万卢布以上的重建费，其中只有二百八十七万九千八百卢布是由市预算中支出的；一九四四年这同一个城所提分配的是八百三十三万零九百卢布。一九四四年的预算中拨付了五万万卢布作为重建乌克兰各市镇之用。

对于私人自建住宅的一万卢布贷金，六年或七年还清，是有相当帮助的。

这时候由国家、由各企业机构和由私人进行的建造工作的性质是按照它对于市镇的需要和可能性而决定的。重建的工作循着三条主要路线推进，三条是同时实施的：（一）为人民供给临时住所（壕洞、茅棚或小的厂造房屋）以适应解放了的人民、重建工作人员和复员人民的较迫切的需要；（二）建造“过渡”房屋，在结构上大大的简化，在设备和房屋面积上受着限制；（三）重修破损了的旧建筑和建造永久性的房屋。

因为巨大的任务不只是为解放的城市，而且还需要为数目众多的工厂聚落供给房屋和最低限度的设备（电灯、浅井或下管深井的给水、铺设路面），于是单层房屋，作为一种“过渡类型”，乃至有时作为永久性的建筑，已经取得了它特有的地位。单层房屋的较低的造价和大数量之可以同时建造起来，再加上这种住宅可以在四百至六百平方公尺的地址上盖起来，还剩有地皮足够做一个小花园的事实，使得它们极受欢迎。

因为经济和建造速率的关系，使得单屋模范房屋的设计必须是可以部分的或全部预造的。各式各样的图样绘制出不同的单层住宅，每所包括一家、两家、四家乃至更多的居住单位；房间面积是求其取得最高使用效率的，内部和外部的装饰也是计划好了的。采用标准大小的房间，房屋的部分就可以在工厂里预造——内部隔断墙、顶棚、榫卯等等——而房屋的外墙就可采用任何当地出产的材料，如木材、石子水泥煤渣砖、生石膏、砖等等，使得房屋的百分之三十至三十五是就地建造而百分之六十五至七十是在属于当地的建筑材料企业的工厂中预造的。经验已经证明，小房屋的设计不应是暂时性的，而应是永久性的，设计应该使居住单位将来有添盖房间之可能。单层木造的房屋，用一面坡顶增加房间面积是不成问题的；这是俄罗斯人普遍采用的方法。一层或两层的标准方块房屋则可将屋顶下的空间装修起来，增加房间面积（约百分之二十）。最为便利的是一个家庭单间独户的小平房；这种房子可以避免在大公寓中种种生活上之不便。

建筑师们的组织正在为工厂区和小市镇所设计的模范房屋，从美术的和美感的质的观念上，无论对于个别的房屋或市镇整体的改善上都是有影响的。有经验的建筑师从事于小市镇的工作，这是空前的头一次，他们所带来的智识和经验对于各州县住宅是有显著改进的结果的。许多模范房屋的设计包含着俄罗斯人对于建筑的世代传统的基本原则，虽然内外都有丰富的雕饰，大致的外表是简单的。

在目前，在房屋住宅的设计中，严格的经济标准是必须采取的；这是时代的急需所决定。谁都知道这些标准距离永久住宅的理想还远得很。在比较大的永久性建筑里，政府要求建筑师们在房间的面积、方便和样式上至少须能适合战后十年期间所期望的标准。战前建造的经验已经给予我们许多大小不同和类型不同的住宅的好榜样了。

现在举几个关于市镇重建速率的数目字。

到了一九四三年十二月初，斯大林格勒大战后九个月，该城居民已有廿二万三千人。到了那时候，重修或新建的住宅已达四十万平方公尺；在这里，由政府给予长期贷款的私人自建住宅又一次占了重要位置。私人自建的房屋达一万所。工人们按照建筑师事务所所发出的蓝图建造自己的木头房子。一九四四年的计划是再建这一型的小房屋九千所。在聂普罗彼德罗夫斯克城，德国人毁坏了四千八百四十三所住宅，到一九四四年四月，就已经恢复了二万平万公尺了。在卡尔柯夫，德国人毁坏了一百四十万一千平方公尺的房屋，一九四四年的建造计划就号召重修三十七万平方公尺；在建造季节的四个月期间，完成了十六万九千四百平方公尺，其中四万八千平方公尺是由居住者自己建造的。在日者夫，至一九四四年四月，已重建了住宅一千所（面积六万四千平方公尺）；此外还重建了若干所公共建筑和工业机构。在斯莫棱斯克的工厂区和地方区中心，在一九四三年的十个月期间，一共重建了一万二千七百二十六所居住单位，共有三万四千三百十四人迁入居住。在加里宁区域的市镇和工业地区，德国人共毁坏了七十七万九千平方公尺的住宅，在一九四二年和一九四三年的八个月间，重建了二十六万四千平方公尺。一九四四年 ·月一日，政府进行了一次重建工作的检查。检查中得知在九个区域中，一共重建了三十二万六千四百六十一所房屋，其中六万零四百十一所在市镇和工厂地区里，房间面积三百六十四万八千九百四十三方公尺；在农村区域中则重建了二十六万六千零六十所房屋。总计有一百八十一万三千六百一十四人迁入重建或新建的房屋中居住。

与房屋重建工作同时进行的就是市镇公用设备之恢复——运输、给水管、排水管、电灯。例如在加里宁（特维尔），解放以来，给水管和排水管已完全恢复，电车行驶的范围且已超过战前。在顿河上的罗斯托夫，解放后六个月之内，就恢复了二百五十公里的给水管和一百五十公里的排水管。对于城市生活和工业有重要关系的动力厂之重建，也是同样的努力的。至一九四四年五月，已经有五十座发电机，七十座锅炉，四千余公里的输电线，二百余处电力提高站，全部曾在德国占领区中完全被毁的，已经修复而且在使用了。修复了的动力站中，有极为重要的，如斯大林格勒、朱野窝（顿河盆地）、窝罗内兹、基辅及其他。在顿河盆地，属于人民动力工业部的主要动力厂现在都已在工作了。

上面所叙述的市镇中，住宅与设备的恢复工作是严格地遵循着每一个市镇个别的重建计划推进的。

第四章　市镇计划

在俄罗斯文化史中，市镇计划素来是占有重要地位的。在俄罗斯历史开始的时候，诺司蛮（即北欧人）叫她做“城市之国”。俄文“哥罗德”或“格勒”原义是一座堡垒。堡垒市镇保护了和平农民的劳动，又是工匠们集会的中心。圣德王子弗拉底米尔在俄罗斯与草原间的边区建造的市镇是第十世纪中他对于国家的伟大贡献。关于俄罗斯建筑师最早的文献，可以追溯到十一世纪，他们被称为

"格勒都列特"，意思是造城的人。从那时候起，在整部俄罗斯历史中，随着俄罗斯疆域之扩展，北方越过白海和波罗的海，市镇就跟着开拓起来。若干世纪的经验累积起来，最优秀的俄罗斯大匠们建造了莫斯科的辉煌的建筑群，包括克里姆林在内，建造了雅罗斯拉夫尔、普斯可夫、诺夫哥罗德和其他许多名城。在很早的时候，俄罗斯的建筑师们就开始在市镇之合理计划与建造的观念上工作。这种观念是伊凡三世及其承继者建立了统一的俄罗斯国家的结果。圣彼得堡是在现代的初期由俄罗斯人民的劳力和彼得大帝的天才所建造的，以其庄严的建筑群的严肃的美和新建都市有规律的滋长而使俄罗斯都市计划闻名于世。

当这种的倾向在享受政府和建筑师们全部注意的大都市的建造中出现的时候，同时可以看见大多数小市镇比较凌乱的滋长，有时连大的工业中心，因为完全被贬压在工厂主人的利益与便利之下，他们在市镇外围为工人们建造贫民窟，却又建造了荒淫奢侈的市镇中心区，把市镇计划和大众卫生的需要完全置之不理。

到了苏维埃时代，在市镇的计划和建造之改善上有很大的努力。在工人住宅区中，精美的大住宅盖起来了，剧场和俱乐部也盖起来了，整区的新楼大厦代替了贫民窟的污秽和凌乱。在战前数年间古老的俄罗斯市镇之改变的实例是很多的。尤佐夫卡原来是顿河盆地里一个丑恶的、烟雾弥漫的小城，它的颓垣败壁的矿工棚铺赢得了"恶狗村"的臭名，笼罩在整层煤末下面，现在却已发展成为一个重要的区域中心，拥有五十万的人口。那些卑小的、歪斜的木板草泥房子已经变成了柏油路上的砖筑楼厦，周围有树木，有公园。单是在街道和公园里植树的费用就是四百万卢布。尤佐夫卡改名叫斯大林诺，顿河煤田区的大都市。这是数以百计的俄罗斯古城重建的典型故事。

不过，概括地说，一个城市，尤其是有长久历史的城市的计划是不可能大规模地改变的。今天，我们的建筑师，与其说他们在恢复旧城，无宁说是在建造新的城市。有些市镇已经破坏到那样一步田地，已不值得为幸存的几座建筑物而去保留原来的布局，因而重复无计划发展的旧错误。在破坏我们市镇努力中，德国人首先从近年所建的房屋下手，那就是说，从最优秀的文化机构——剧场、学校、俱乐部，尤其是公园和花园下手；这些公园和花园是在战前数年间大量开辟出来的。一条广阔的果木和风景林地带屏障着顿河上的罗斯托夫，以免受燥风之侵袭；德寇在这里毁坏了几十万棵树。在斯莫棱斯克，他们砍伐了公园里的树四万株。市镇内整个区域夷为焦土。显然的，在这种情形之下，建筑师不应把自己的任务贬压成为“历史的复原”，而是计划一个新的社会主义的市镇，以迎接今后若干年间所将兴起的经济和文化发展的需要。一个市镇是可能改善它的社会性格的。例如小市镇伊斯特拉是莫斯科区域的一个区中心，位置在一条富有画意，弯弯曲曲的伊斯特河岸上的丛林小山上；它将被改变为一个北方的休养中心，为莫斯科工人的游戏场，在它的幽静如画的角落里建造小别墅和游客招待所，在市区里建造寄宿舍、旅馆等等。反之，在别的城市，则将因重建和重新计划的程序而将旧有的经济和行政特征更显著地强调出来。

计划必须同时考虑到居民的习惯和苏维埃人民在文化和美感上的要求。这一切总括起来就需要建筑师做出有高度艺术价值的图样，城市的整体必须与当地的地形和风景相和谐。因为恢复苏维埃市镇任务之重大，政府把这工作交付给国内最杰出的建筑师手里：建筑研究院副院长卡罗·阿拉比安领导着重建斯大林格勒的一群建筑师；窝罗内兹重建的计划则是一群在院士列夫·鲁德涅夫领导下的建筑师的工作；院士舒舍夫则在重建小城伊斯特拉；院士乔治·霍尔兹正在古老的斯莫棱斯克工作；顿河上的罗斯托夫是院士弗拉底米尔·西门诺夫所重建；院士尼可拉伊·柯里则负责加里宁的工作。市镇计划是全国最权威的机构如苏联建筑研究院、国立市镇计划院和其他类似的机构的许多建筑师的工作。

从正在草拟中的计划里，我们已经可以得到一个未来的市镇的极好的观念，虽然大多数计划的细节还没有完成。

第五章　斯大林格勒之重建

当我们讲到苏联之重建时，第一个想到的城市自然就是斯大林格勒。在过去数十年间，斯大林格勒这个城市曾经在苏联历史中担任过重要的任务。这个城是在十六世纪末年，当俄国的边境达到伏尔加河时建立的。一六一五年，在现在的城址上建立了一个市镇，它据有优良的守卫位置，有伏尔加河的陡岸和察里兹河的三角洲为屏障，因而得了它第一个名字，察里津。最初它是一个边城，是一个堡垒镇。在一七八〇年，它还只有六百一十八人口，但到了一八六二年，就增加到七千零二十七人口。从此以后，因为顿河铁道的兴筑，这市镇就迅速地滋长起来，而成为库班、高加索、罗斯托夫、顿河盆地与俄国腹地联系的交通中心；到这时候，伏尔加河上的轮船航运也发达起来了。到一九〇一年，这城已有七万人口，到一九一七年，增至十五万人，而成为俄国最大的工商业中心之一。

一九一八年，各国干涉军和白卫军在一起，三次进攻这城，然后又把它围起来，企图将这个区域的中心城市与产粮区隔绝，于是察里津就著名起来了。列宁派约瑟夫·斯大林到察里津，在他的领导下，三次的进攻都被击退了；察里津之战对于幼年的苏维埃共和国所进行的战争的前途之决定是有重要意义的。一九二四年，察里津城获红旗勋章；一九二五年，命名曰斯大林格勒。

在第一个五年计划期间，这城经过了一个彻底的改变。庞大的斯大林格勒拖拉机工厂，第一个五年计划的第一个产儿，在一九三〇年就开工生产了；跟着来的是许多其他重要工厂——皮革、化学、罐头食品和国内最大船厂之一，专造全金属的自动驳船。在改建的旧工厂中有“红十月”钢厂，出产高级钢，“障碍物”自动扶梯厂和许多其他工厂。这个城市自然跟着工厂数目之增加而滋长，到了一九四一年就已有五十万人口了。一个广阔的绿地带围绕着这城市，以阻隔来自大草原的燥风和尘土。

斯大林格勒市和它的郊区成了一个连续不断的带形城市，它的设计是非常特殊的；它沿着伏尔加河，长五十公里，而没有一处宽过五公里。它有几条干道，贯通城的全长。在对抗德军的战斗中，这城的特殊形状对我们是极有利的。不过在战争中，这个英雄城市完全被毁灭了。

一九四三年二月二日，最后一个德国人被驱逐出斯大林格勒了。在战争之后，整个城就是一片庞大的火焰。它是一片被炮火和轰炸所彻底翻过来的焦土，满城都是住宅、公共建筑和工厂的奇形怪状，可怕的残址废墟。德寇毁坏了约四万所住宅，共有居住面积约四百万平方公尺，一百二十公里的电车路线，三百公里的自来水管，全城的街道路面和道旁树木，十四个公园，一百零二所学校，总容量四千五百床位的医院，三个戏院，先锋队纪念宫，和许多其他精美建筑物。在战后的头几天中，整个城市几乎是空的。在耶尔门区只有三十三个居民，中央区七百五十一人，在铁城区七百六十四人。在斯大林格勒市民能开始重建工作之先，他们需要先从市区中搬走十二万八千余具德寇死尸，约一万一千条死马；他们发现了一百零六万三千个地雷，并把它们安全地扫除，其中有一万八千在工厂区之内。然后市区内德寇遗留下的作战器材也必须予以清除——市外的德国飞机、坦克、卡车的巨大"墓地"比莫斯科战利品展览会场的面积大几十倍。

斯大林格勒的最初重建者是生活在极端艰苦的情形之下的——情形同在前线一样——工作人员居住在战壕里、防空洞里、棚仓里、帐幕里，进入到向西推进的战士所遗留下的岗位上。斯大林格勒重建委员会本身，在最初几星期中就设立在一个被毁的楼房的地窖中。斯大林格勒重建的初步计划是苏联建筑研究院、国立都市计划院和俄罗斯共和国城市建设部的建筑设计室和都市计划室的联合工作。政府对于建筑研究院所草拟的计划已予批准了。设计的建筑师们是院士卡罗·阿拉比安，院士阿力克西·舒舍夫、M.H. 波里雅可夫、L.S. 梭博列夫、A.A. 者可维奇、A.E. 波乍斯基和工程师 V.A. 布提雅金。

重建破坏到斯大林格勒那样程度的一座城市的工作就等于整个重新建造起来。因此，新的计划就得以避免了旧城在发展中所形成的许多缺点；旧城是自然发展起来的，从来就未经计划过。虽然这城市位置在伏尔加河岸上，但是铁路将城市与河隔绝了，河岸并没有正式整齐的泊岸。街道不顾特殊的地形，而划作棋盘式，然而地形却是有系统分明的台地、山地和坡地的；那里也没有明显的大街和广场。铁路和斯大林格勒第一号车站位置在城市的正中，将市区截成两半，使两部分间的交通十分困难。斯大林格勒的公园和花园是不够的，横断市区以达伏尔加河的许多山沟是芜野杂乱的。从纯建筑体形的观点上，主要的缺点是没有秩序，有些地区的建筑物过高；城里没有纪念性的建筑群，市区有利的起伏地形未能利用，以致若干高爽地区，本来可以远眺风景的，完全失去了作用。新的计划对于这些优美的自然特征都将予以充分的发挥。

现在全市的住宅区都因花岗石的泊岸可以直达伏尔加河边，可以眺望这条伟大的俄罗斯河流；在这里河面的宽度是两公里。在泊岸中部计划开辟一个长方形的广场；它将把市中心区与伏尔加河联系起来。这个新广场将与旧的市中心广场用宽广的大街联系，而成为斯大林格勒的中心建筑群。

在这个一公里长半公里宽的中心地区上，斯大林格勒所有最好的大厦都将兴建起来。在这些建筑上所采取的主要风格，如同在斯大林格勒所有其他的建筑一样，是俄罗斯的古典式建筑（欧洲建筑所谓“古典式”就是采用希腊罗马式样的建筑。——译者注），而略加东方风格；这种样式在斯大林格勒是必须给予适当的地位的，因为这城站立在东西交通的古道上。在全组的正中心将要建立一座斯大林格勒胜利纪念塔，高达二百英尺，上面立着一个铜像，正在吹着号角宣告胜利；从建立纪念塔的平台上，可以望见城市和伏尔加河壮丽的景色。靠近纪念塔处，拟建造一座一千五百座位的歌剧院。在歌剧院的对面是斯大林格勒防卫战争纪念馆。我们计划重建"阵亡战士纪念广场"；在这广场与胜利纪念塔之间建立一座凯旋门，引导到"斯大林格勒防卫英雄大街"。市行政委员会新厦的正面也将面临这个广场。它将是一座五层大厦，上面冠以十层高塔，在一个角上有一个金色的东方式圆顶。其他重要建筑物，如铁路车站、旅馆和类似的公共建筑的图样也都设计好了。

新的城市仍将保持原来的形状，继续沿着伏尔加河伸展出去，不过住宅区将靠近河边，以满足卫生和交通运输的需要。这庞大的城市将用若干个公园把它分成若干区。

斯大林格勒的极端长度以及它在伏尔加河岸上的地位决定了它的三条干路的方向。坡下干道将市中心与广阔的斯大林格勒公园和工业区联系起来；中干道将各住宅区互相联系，并且与中心区联系；坡上干道将沿着市区的西面通过，它是主要大量车辆的干道。此外还有几条斜街将这三条干道连接起来。导向伏尔加河岸的一些山沟将布置成公园，里面有林荫大道。从斯大林格勒的中心将有一条林荫大道直达玛玛耶夫·库尔干山和山顶上的纪念公园。铁路将用适当长度的挖方通过，以便将便利市内各区间的交通运输设备组织起来。围绕着市区将种植广厚的树林地带以防来自大草原的燥风和沙尘。

梯级状的地形是这个城市整个重建计划的基础。地形的性质将给予城市以画意的美，它将决定建筑物的性质，它们的建筑样式的高度。较大的建筑（四层或五层）只将建造在市的中部；沿着河岸的房屋一般的以两层为准，间或有一座较高的以避免单调。在第二层平台高地上只有小的住宅。各住宅区中将有大量树木花草，它们的街道上将没有频繁嘈杂的运输交通。集合公寓将为家庭单位设计，并有最高度的现代设备。正在为新的斯大林格勒工作的建筑师们的目的是在给予这英雄城市的居民以一切可能的方便。

第六章　罗斯托夫和窝罗内兹之重建

德寇的侵占对于我们另一个重要的工业中心也惨重地破坏了，那就是顿河上的罗斯托夫。单是从七十万平方公尺面积的住宅完全被毁，外加一百万平方公尺必须完全重修的事实，就可以表示破坏的程度了。在一九四四年度所分配作重建的经费是三千万卢布。

罗斯托夫破坏之巨，虽然比较斯大林格勒是无可比拟地少得多，但已足以引起将城市计划大大地改变的问题。负责重建罗斯托夫的院士弗拉底米尔·西门诺夫正在对于城市的总计划加以若干改善。旧计划未能将这城市在顿河上的位置予以考虑；从建筑的观点上，这位置是极为有利的。在新的罗斯托夫中，顿河河岸将成为全市最美的部分。沿着花岗石的泊岸上将有一条林荫大道，有些部分宽达一百公尺，树木花草将构成全部建筑部署的一部分，在若干地段，游息场地——在苏联我们叫它做“文化休息公园”——将一直伸展到河边，满植树木绿荫。

德寇对于这城的中心街道恩格斯街蹂躏得特别凶，所有的主要公共建筑，如巨大的高尔基剧院、市苏维埃总部、音乐学院及其他都炸毁了。现在这条市中心的大动脉正被重新用更大的规模筹划起来。按照新的计划，它将包括好几个巨大的广场。最靠近顿河河岸的剧院广场将以纪念性的大石阶降至水边，左右夹以公共园林。市苏维埃所在的广场是当作一个整体的建筑群设计的，它的花园的正中将有若干组雕刻像；雕刻家们将描写内战期间这城市由白俄手中获得解放的史迹。另外一个新的中心将代替了旧的市场；它将采取一个露天会场的形式，作为从德寇手中解放了罗斯托夫的英雄们的纪念。市中心的主要广场现在已是一片颓垣败壁，今后仍将重建为市中心广场，周围绕以博物馆、店廊、旅馆、市政机关等。这个广场位置在顿河岸边一个高坡上，上面的建筑是在周围若干英里外的草原上就可以望见的。

为这个城市在整体上订定一个新的建筑形式是一个困难的问题。过去罗斯托夫的建筑，如同西南俄罗斯一带其他许多城市的建筑一样，是在前世纪末年滋长起来的；虽然很华丽，但完全没有个性和风度。西门诺夫院士建议除了俄罗斯拿破仑式（十九世纪初年拿破仑时代以巴黎为中心的建筑样式称为“帝国式”，原文为“俄罗斯帝国式”，为清晰起见，改用这个译名——译者注）和俄罗斯古典式之外，还采用一些黑盆地古代市镇所常用的古典形式。

种植树木对于罗斯托夫是非常重要的，因为这城市经常受到草原燥风的侵袭。在战前，它受着周围种成的果园和大量的风景林带的回护。这些树木刚刚长成到丰盛的阶段，战争就爆发了，德国人把它破坏了——总数达数十万株珍贵的树木。按照新的计划，罗斯托夫将成为一个花园城市，每一市民享有二十八平方公尺的花园。到了一九四三年秋季，已种了九万棵树，到一九四四年春季，又种了五万棵。

另外一个沿河城市是窝罗内兹，它本是顿河支流窝罗内兹河上的一个边城，建于一五八六年。这个景色如画的堡垒旧城原来是防御着骚扰边境的鞑靼草原的。一世纪后，这个城市就在俄罗斯历史中成为一个重要脚色了——彼得大帝就是在这里建造了俄国第一个船厂；由窝罗内兹派遣舰队驶入亚速海同土耳其人作战的。在十九世纪，窝罗内兹因为两位民间诗人，伊凡·尼奇丁和阿力克西·柯尔佐夫而著名，他们用令人惊奇的诗句歌咏这个地区。这城中保存着不少十七、十八世纪建造的宗教建筑和行政衙署等。在凯沙琳二世女皇时代，这城的部署大大地改善了；开辟了一条中心大街，有一个中心广场，直达河岸。不过在十九世纪中，来了许多凌乱无序的建造，完全忽视了这城的美丽与总计划；在市区内建立起工厂来了，许多街道成了尽头街而不能达到河边，许多房屋建在高区斜坡上而反以背面向着河岸风景。

在重建中，这些错误必须予以剔除。建筑院院士列夫·鲁德涅夫是负责的建筑师，他正在尽最大可能地利用这城极富画意的位置；他建议将许多条街道一直伸展下坡到河边上去。这个城的这一边是一个最引人入胜的地方，白色的教堂和小房子错杂在绿荫丛树之间。在伸入河心的一个半岛上立着米特罗范修道院八十公尺高的钟塔，它是窝罗内兹风景中中央矗立建筑之一宝。德国人对这城的蹂躏是可惊的——百分之八十至九十的房屋是炸坏或烧毁了，其中包括大学、市立剧场、区域行政委员会的各机关以及许多重要建筑物。在窝罗内兹，如同在加里宁一样（下文另述），许多建筑物的残骸还可以重修起来。留存下来的地基和砖墙指示着旧时街道所在的位置，强迫着都市计划师负担起配合新旧的细致繁难的工作。

留存下来的旧的部分现在却成了极大的障碍，成了必须克服的困难。鲁德涅夫院士不只是一位建筑师，他同时也是一位热爱古代艺术的美术家；他是倾向于在古文物的处理上特别小心温柔的。他不预备把窝罗内兹重建起来令人不复认识；他要将旧窝罗内兹的一切美丽动人处保存下来而加以改善。这当然引起关于建筑形式和风格的问题，如何选择建筑形式和材料，如何决定一些建筑群的尺度和部署。窝罗内兹是在三个世纪的长期间形成的，每一个世纪对于城市艺术都有所贡献。鲁德涅夫选择了十九世纪初年式作他的样式，那就是俄罗斯古典式的时代，在旧窝罗内兹的建筑中，这个时代的风格是最显著的。在建筑颜色的选择上也是与这个决定密切相关的：鲁德涅夫完全拒绝了洋灰和洋灰铁筋——它们的灰绿的营房的色调会将那古典式的生动玲珑的趣味完全破坏。白色将是这个城主要的色调，它与栗树和杨树的绿荫调和得非常美丽。俄罗斯古典式建筑不一定是必须用石的，有许多“木构拿破仑”式便是实例，而且它们是以它们的亲切和舒适著名的。

在市中心部分的行政机构的建筑是三层的。用这方法，建筑师就能保留古典形式的许多健全的原则，在这原则之下是曾经产生过很多优美的政府建筑和办公楼厦的。对于战争纪念建筑他也应用了这不求高大的尺度，以符合智慧的古谚，“庞大不是伟大”。无论如何，这个城远望的轮廓是富有画意的；新建筑也将采用一些尖塔钟楼之类，以求与旧城的钟塔、教堂等的轮廓相互呼应。

第七章　加里宁、斯莫棱斯克和伊斯特拉之重建

加里宁市，旧时的特维尔，是俄罗斯城市中最美，计划得最壮丽的一个。它位置在故都圣彼得堡与莫斯科间的大道上，因此它得到政府和建筑师们双方的注意。经过一七六三年大火之后，这城市就按照俄国建筑师玛特维·卡乍可夫所拟订的总计划重建起来，他并且设计了这城市中心的建筑群，那壮丽的宫殿是一座离宫，从这里，卡乍可夫的"大透视景"展开成为从前的百万大街，在相当的距离上用三个美丽的广场把它间断，就是皇宫、八角和邮局三个广场。凯沙琳二世女皇说得对："除了圣彼得堡之外，特维尔是帝国中最美丽的城市。"这个城市的建筑所表示的是谨严而美丽的俄罗斯古典式的精神，给予了这个"北方的帕尔弥拉"（帕尔弥拉是叙利亚一个以古典建筑著名的古城——译者）以它的个性；特维尔的"三叉戟"形干道的总概念无疑的是从圣彼得堡的计划中借来的。

加里宁（特维尔）是在一九四一年十二月十六日由法西斯蒂手中解放出来的。以后不久，在一九四二年的春天，我就看见了这城市，那时重建的工作才刚刚开始。破坏的景象实在是可怕得很。整坊的房屋成为一片瓦砾，烟火烧黑了而没有窗门的墙壁沿着街边像可怕的装饰品那样屹立着。伏尔加河上那道桥的钢梁，歪曲成那样子，与其说是一些钢铁构架，不如说是随风飘舞的缎带。不过破坏的程度还未达到需要将整个城市重新计划。相反的，市政当局，依照本地人民的企望，给了建筑师们以恢复加里宁原有的美观的任务，以恢复卡乍可夫所建的美丽的建筑群的任务。

在院士尼可拉伊·柯里领导下，一群建筑师们正在极慎重地一

步步进行这任务，予以苦心焦虑。古老的特维尔的计划并不需要很大的修正，但这并不等于说现代的加里宁，一个离伏尔加河很远成长的城市，从公用福利或建筑形式的观点，已经是无可改进的。

当这个城市计划成形的时候，在此地的伏尔加河还是几乎不能通航的；通过这城最主要的交通线是从莫斯科到圣彼得堡的邮路。特维尔的三条大街，“三叉戟”就担负了这个任务；虽然它们的方向与河平行，但是它们仿佛是背向着河的。建筑师们现在正在计划将河作为他们计划中的一个构成部分——因为自从莫斯科—伏尔加运河开辟之后，河里的水量大大地增加，已成为一个重要的客货交通孔道了。在加里宁的对岸，在伏尔加与特维尔斯底汇流处，一个广大的河运站已经建筑起来。加里宁的这一部分是位置在列宁格勒公路的对岸的，遭受破坏极为惨重，需要全部重建。新的计划拟建造一条宽广的河岸，用一条林荫大道与房屋的行列隔开；房屋将面临河岸——也就是向南——从旧城沿河一线可以全部望见。加里宁的这一幅建筑的“画面”是一个受到特殊注意的目标，因为新加里宁的建造者们在这里已经看见了一幅形式整齐的建筑全景，以河运站的一个矗立高耸的建筑物为中心而造成为“画面”。加一个类似的高耸建筑体，可能是加里宁解放纪念碑，将在特维尔克里姆林故址上建立起来，因为根据历史考古研究，这地点上在十四、十五世纪间本来也有这样一座建筑物，就是仁慈工伊凡的高大的、高矗后期式的钟塔。

重修破坏了的房屋和原有的离宫建筑群的工作是限于用卡乍可夫所特具的简单明了的样式的。古典式是此地特别显著的基本的自然的形式。建筑师柯里说：“我们所有的时候都在‘聆听’着卡乍可夫的‘音叉’。”在寻找比较合理的艺术标准，以建造市内各部分的房屋，以小心地保存珍贵的古建筑，这个“音叉”就是他们的南针。例如大街上若干座十八世纪的建筑，可以增加层数而不致与环境失去和谐。在重建半圆形的苏维埃广场（卡乍可夫的邮局广场）时，不惟是考虑到直接有关的建筑的部署形式和原则，而且参考到卡乍可夫其他的建筑，特别是莫斯科大学。按照这原则，建筑师们正在设计将面临苏维埃广场的建筑的下部做成大门廊，把由这里做起点的“三叉戟”大街分开。

至于被敌人毁坏了而且对于全城的建筑风格本来就忽视了的房屋将被重新设计。例如话剧院的大建筑，正在用与周围建筑物比较相称的尺度重建起来，这座剧院同红军俱乐部在一起，构成了小广场的大门廊，从这里它又引导到一条大街上，与市场广场相联系。

特维尔—加里宁的建造是完全倚赖当地的建筑材料工业的。当地的砖窑，斯达里查镇附近的石灰矿——那都是远在十四世纪间就用来生产石灰和建筑用石的——制造屋瓦和瓷瓦的瓦窑和当地优良的木材。

斯莫棱斯克是俄罗斯最古的市镇之一，它在俄罗斯历史中是占着光荣的地位的；斯莫棱斯克与诺夫哥罗德和普斯可夫共同享受着若干世纪来防卫着俄罗斯西边国境的荣誉。敌人的眼光是时时转向到这城市的，它的城墙曾经看见过凶猛的战斗，许多战胜者曾经占夺过斯莫棱斯克肥腴的土地；但是他们无例外的，或早或迟的，都被驱逐走了。这城市不惟承继了在多年奋斗中的英勇行为和文化成就的神圣传统，而且保存了许多以往的文物建筑——十二世纪的礼拜堂，十六世纪末年俄国建筑师费多尔·康所建造的将近七公里长的大城墙——沙皇博里斯·葛杜诺夫叫这城墙做“俄罗斯的领环”。在那以后的若干世纪间，俄国的建筑师们在这城里新建了很多房屋，仍然保存着古城原有的壮伟而又亲切的气氛，在他们的作品中表现了惊人的机智和艺术敏感。教堂的秀挺的钟塔和圆顶从樱桃园中耸起。斯登达尔是看见过欧洲所有的名城的，他是斯莫棱斯克的一个很大的倾慕者，他叫它做旧世界里最美的城。这个城市被德寇毁坏了。他们把房屋炸毁了，放火烧了：斯莫棱斯克百分之九十的住宅都没有了，至于那诗意般美丽的樱桃园，也只剩下几乎难以辨认的痕迹了。古代文物建筑也遭受到严重的损坏。

那样一个城市的重建，对于建筑师是一个重大的责任。领导斯莫棱斯克重建计划的院士乔治·霍尔兹是一位机智而有天才的艺术家，是热爱斯莫棱斯克的。关于这城市重建的工作，他在所有问题的措施中都表示了深厚的情感，他邀请群众来讨论他所草拟的计划。霍尔兹可以真正地说，每一个市民都参加了斯莫棱斯克重建的工作。一个动人的事实就是，他所说的应在最早可能时间内恢复公园和花园的愿望，竟以惊人的速度成为事实了；到了一九四四年春季，在城市里已种了六万棵十年至十五年的树木。

斯莫棱斯克和其他城市的居民的一个特征就是回来的人都努力仍在原有故居的地址上重建他们的房屋；这就是市民愿意将他的城市尽可能照原样重建起来的欲望的表现。霍尔兹院士对于这一情感是有深彻的了解的。他对于中心旧城差不多完全没有更改，那旧城位置在高出德聂伯河面八十五六公尺的富有画意的山地上，周围有克里姆林的雄伟的城墙环绕着。他不惟要保留城墙残余的片段，而且要保存斯莫棱斯克风景所特有的精神，它所形成的就是大量的花园和在山坡上安安乐乐的小房子和构成这风景的、位置恰好的一些礼拜堂。旅客一进了市区就得了斯莫棱斯克的这一个印象：当他由火车站出来时，他首先就看见车站广场上的圣彼得圣保罗教堂，它的基础是十二世纪奠定的，现状则是十八世纪一次重建的壮丽的结果。

这城市是环绕着古代的城中心而滋长发展起来的，重建的计划也跟随这方向做；建筑师的理想在此可得尽量发挥，霍尔兹院士正在为斯莫棱斯克的行政中心设计一些壮丽的办公楼厦和公共建筑。除了解决单纯的建筑问题外，重建工作人员同时也在组织并发展当地的建筑材料工业，增加了石灰、砖瓦和其他必需的东西的产量。

小小的伊斯特拉镇的十年重建计划是可以引起相当兴趣的。计划是舒舍夫院士所拟订，他是一位有领导地位的建筑师，是一位俄罗斯古建筑的爱好者。

伊斯特拉镇（从前的窝斯克列生斯克）在战前是以它的非凡的建筑珍品著名的——十七世纪间教长尼康所建的新耶路撒冷修道院的大教堂是俄罗斯民族建筑的珍宝；它被德寇所毁坏，遗留下的除了废墟灰烬外，一无所有。德寇烧毁了建造在一带岗峦上景色如画的伊斯特拉小镇；这镇是从莫斯科出来旅行游玩的人们所爱好的地方；在这里，莫斯科人可以欣赏幽美的俄罗斯风景，同时，他若有兴趣的话，还可以享受一个真正学术性的假期，因为除了古修道院和它的令人赞叹的博物馆外，这里还有一个区域博物馆，它的精选的藏品说明了这地区整部的历史。这个小镇和它的博物馆被敌人完全毁坏了。

伊斯特拉的重建将使它成为莫斯科的游息场。为达到这目的，舒舍夫正在尽量地利用市镇和这地区的一切自然优点；这位建筑师还做成了修道院的复原状计划，因为这小镇必须得回这件非凡的民族文物。在这里，建筑师们又必须将恢复一件著名的历史文物建筑和重建一个城市及其公共建筑和住宅的工作合而为一。那就是说，他必须做出现代住宅所认为必具的标准而把它翻译成传统的民族作风的样式。

这个市镇原来是十八世纪所计划的，作成一系列的长方形街坊，有一个椭圆形广场，在那里，镇里的大街同通向修道院的路相交；这个部署很好地利用了地形和当地的风景。因此，新的计划仍然是遵循着旧的，不过许多街道加宽了成为大道，并且增辟了几条斜街；这对于这面积七百五十英亩（约四千五百亩——译者注）的一个小镇的布局上增加了变化和画意。这计划在镇内拟定了三个广场——行政广场（六零三分之二英亩），商业广场（六零四分之三英亩）和中央广场（二英亩半），位置在三条大街和林荫大道的交叉点上。行政广场四周将建造区行政委员会的房屋，一座方形高塔，顶层做成券廊，一个大的集会堂，它的正面向着公园和广场，在那里可以举行游行集会。从这里可以直望新耶路撒冷修道院和林养区的大公园。行政委员会的大楼将用红砖，外加白石券廊，丰富的琉璃瓦饰，那是符合于十七世纪的形式和风格的。这一座中央建筑物就决定了全镇建筑的风格；这个小镇的建筑将尽量利用丰富的俄罗斯建筑传统，它的华丽活泼的雕饰是极适宜于夏季的别墅、旅馆、游客招待所和一般的小住宅的。伊斯特拉第二座最重要的建筑就是镇内公园的文化宫，它有剧场、餐馆和夏季演出的露天剧场。一座旅馆大楼，两座公寓楼和行政委员会的办公楼将构成一个山顶上的建筑群，它将给予新的伊斯特拉镇以特具的“仙境”一般的景色。

叫做“商业广场”的长方形广场是以一条宽广的大道同第三个广场取得联系的，它有具有券廊的商店、旅馆和住宅——这部分在将来的伊斯特拉就是它的“市中心区”。

伊斯特拉中心部分的建筑大多数是三层楼房，向着镇的边缘层数递减为两层、单层；每一家房屋地址自六百至一千二百平方公尺，那样每家都可以有自己的花园、果园或菜圃。平均每一居民可得一百平方公尺的花园或公园（假定人口一万五千），河对岸广大的运动场还不计算在内。伊斯特拉将成为一个名符其实的花园城市；汽车干道将从镇外绕过，以免扰害镇内的宁静。

俄罗斯古建筑的安适而有画意美的形式已进入了舒舍夫所拟制的图案中；他的蓝本是俄罗斯的井干木房和它的丰富的雕刻的花纹和油饰。在伊斯特拉区的最幽美的角落里，围绕着这小镇的周围，将有一环列的休养住宅、小别墅、疗养院和其他建筑。

第八章　乌克兰之重建

乌克兰市镇的重建工作是与俄罗斯市镇同样的热烈进行的；在这里，建筑师们又遇到了许多建筑的和技术的问题。

基辅，乌克兰的首府，是南方和国内最美丽城市之一。基辅的名字是与以往的和再生的乌克兰的将来以及俄罗斯人民古远的过去联系在一起的。基辅是俄罗斯国家的第一个首都，在十一、十二世纪间曾经建造了许多伟大建筑物的中心，其中有些直到今天还存在。基辅是“俄罗斯城市之母”，在文化和美术方面她是“法律制订者”。当他们这座神圣的城市沦陷在敌人手中时，俄罗斯人民以悲痛苦楚的心情悬念着这城的命运。德国人把许多神圣的地方都毁灭了，第十一基辅庇且尔斯基修道院的大教堂是全俄罗斯最古的，被侵略者炸毁了；博物馆和图书馆也在抢劫之后付之一炬。敌人毁坏了市中心区，在一百廿五英亩的面积上，只留下砖瓦的残堆。最剧烈的损坏是在克列斯查提克，基辅的主要大街，一条一公里长的大街，两旁罗列着精美的公共建筑，办公楼和住宅，现在只余下残骸败壁。

克列斯查提克是城中最热闹的街道之一，它通到桥头，从那里又通到德聂伯河岸上的游泳场和花园公园。克列斯查提克在战前就已开始拥挤起来了，它的三十六至四十四公尺的宽度已不能适应正在滋长中的城市的需求。基辅建设局已经拟订了一个计划，将这条大街酌量地加宽，使成为宽五十二至六十公尺的主要干道，两旁有宽广方便的人行便道。尚存的几座建筑将被向后移退，克列斯查提克将重新夹以六层的楼厦；它们都将是公共建筑和办公楼，如旅馆、银行、电影院、百货商店等等，地面层是店铺、餐馆、咖啡馆。这些建筑的形式是遵循乌克兰传统的，并将以本地的花岗石、大理石和乌克兰曹灰长石为面石。大量的树木将使新的克列斯查提克比旧的更富于画意。

与克列斯查提克相连的街道也将加宽。谢夫千科大街，以美丽的白杨树夹道的，将成为一条干道以通庇且尔斯基和德聂伯河上的桥梁。市内广场之加宽将有助于车辆交通问题之解决，而且将使若干建筑的改善获得可能。从重建的博格旦·克米尔尼兹基广场将有吊缆铁路下达河岸。在新的胜利广场中将有纪念基辅解放的纪念建筑物，它是院士卡罗·阿拉比安所设计的；一道纪念性的石梯和一条吊缆铁路将胜利广场和河岸联系起来。

在德聂伯河右岸的基辅部分将仍按战前计划保存，但是在原来区域以内的工业将迁至薪址。计划拟在旧的“杂耍场”地址开辟一个新的植物园，并且在这富有画意的区域内建造若干私用别墅和小屋。在左岸将有一个“水公园”，更下游处将有一个完全用作休养公寓的区域。

在著名的德聂伯发电站的紧邻，乌克兰的新城市乍波罗寨，面积一百余万平方公尺的住宅被毁坏了。这城重建的任务是交给乔治·欧尔罗夫的，他是一九二七年参加了建造这城的建筑师之一。新的计划将在新城乍波罗寨与旧市镇亚力山德罗夫斯克之间的空地上兴盖小房屋，将新旧两城联起来；被德国人完全毁灭了的村庄窝兹尼申斯克原来就是在这地区上的。德国人野蛮地毁坏了乍波罗寨所有的树木，但新的计划将为城市带回它的丰富的绿荫，中央公园将由五英亩扩充为二十英亩，所有其他的公园、花园、大街、干道都将被恢复，在住宅之间将要种植大量的树和灌木。

在重建两次被德国人毁坏过的卡尔可夫的工作中，建筑师们所遭遇到最困难的任务就是重修庞大的十四层楼的工业大厦，它是苏联境内这一类建筑中最大的一个。这座大厦容纳了一百个共和国和区域性的机构的办公室，几十个研究团体和研究所。德国人烧了这座建筑，使它大受损坏。到一九四四年五月中旬已经修复了约六千平方公尺的房间面积，安装了约二千平方公尺面积窗子的玻璃；已经有十二个机构在这楼内办公了。分配为修复这座大厦的总额为一千七百万卢布，其中九百万卢布将在一九四四年支出，作为再增修房间面积六万平方公尺和玻璃窗六万平方公尺，以及修复给水、排水设备和电灯线路之用。

从事于卡尔可夫以及苏联南部其他年青市镇重建工作的建筑师们都遭遇了一个共同的问题，那就是将市镇建筑样式之一般提高。庞大广袤的卡尔可夫市在建筑上样式之多不亚于罗斯托夫，但是没有建筑的个性。现在建筑师们正在工作以求得一个方案以改善全市的容貌，给予一个有真正建筑性中心的一贯的建筑样式。

担任重建波尔他瓦工作的一群建筑师面临着一个极特殊的任务，因为波尔他瓦在乌克兰和俄罗斯的文化史和军事史的纪载中是著名的。如同许多其他的俄罗斯市镇一样，波尔他瓦是深深地笼罩在绿荫下面的，在栗子、白杨和护膜树下面。德国人把所有的树都毁了，毁坏了戈果尔纪念碑——他是在波尔他瓦上学的——毁坏了塔拉斯·谢夫千科和近代乌克兰文学之父柯特里雅里夫斯基的纪念碑；他们炸毁了博物馆，那是乌克兰建筑样式的一个精美例子。建筑师们的目标是在恢复旧的波尔他瓦和它的优美的风景和历史文物建筑。

我们讨论在战争尚在进行中推进的重建工作时，不要忘记了与解放土地得到重建的同时，在内地的建设工作并没有停顿下来。

我们只须回忆一下随着工业往东迁移的建设工作以及为适应战争需要而建造的许多新的建设。

与此相关的大规模工业和住宅建设正在乌拉尔、西伯利亚和中亚细亚进行着。如同斯维尔德罗夫斯克和诺窝西比尔斯克等市镇已得到了新的经济意义而成为大的工业中心，它们的重要性在战后将要增加。除了旧市镇之加大而外，在内地还建造了若干工厂市镇给工人居住，他们都是从事于新发现的重要矿藏之发掘和将这些原料制成战争武器的工人。

城市改善的计划也在继续着。例如在莫斯科，第三线地下电车道已完成，长十三点七公里，有五个堂皇的车站；十七万五千平方公尺面积的新建住宅已可住用；几十公里的电车路、自来水管、下水道亦已敷设；二十八万五千平方公尺的街道铺了柏油路面。在一九四四年中，用于修缮住宅的款额是八万万卢布，用于改善市内运输的是八千万卢布。

在国境的另一头，在库兹尼兹克盆地的普罗可庇夫斯克城，在一九四四年中，可以住用的住宅面积增加了几十万平方公尺，开辟了新路十六公里，开了三座浴室，种了四万二千棵树。这些例子只不过是其他数以百计的市镇的典型，不过它们已足以表示对于政府、人民和建筑工作者在战时将工作进行的高度需求。

作为本节的结束，我愿意叙述一下以往几年间苏维埃建筑大致的发展和建筑师们所做了的工作。战争来到的时候，正当苏联的建筑师和建造者达到了他们在创造工作上的一个转变点。经过若干年对于新的形式和新的方法与路线之寻求，经过了若干种在今天看来像是极端不可了解的抽象的和极端的试验，苏维埃建筑师们很快地就达到了一个地步，融会了我国许多民族遗留下来的丰富的传统形式和原则。大家都记得莫斯科举行的全苏联农业博览会以及在高加索各共和国和俄罗斯共和国的首都的若干灿烂的，或者不如说最成功——

从字义上最善意的方面说——的建筑，它们曾被疑为是追随着古典主义的永恒原则或者钢筋水泥的简单的工业主义的。然而民族形式在用新材料新方法的建筑师之间已经被有增无已地受到重视了。

德国人所犯下对于民族文化与艺术的神圣纪念文物的野蛮的破坏罪行，对于古代教堂和美丽的宫殿以及修道院建筑群和历史性的俄罗斯市镇之破坏，不惟增加了我们对敌人的仇恨，而且大大地增强了我们人民对于自己艺术遗产之爱好。这种对于民族文化艺术兴趣之增加是不可避免地包括了建造的艺术的；它对于现存的审美原则的批判态度和建筑传统增加了而且给予了一个新的动力。

群众对于艺术和它的理论和实际问题的兴趣的一个好例子就在，当战争尚在进行中，组织了两个有全国意义的艺术研究机构。苏联科学院设立了它的艺术史研究所，并且由这方面杰出的工作者中选出了若干位院士。从前建筑研究院中研究建筑理论和历史的细小的部门已改组为一个大的研究所。

在这大战的时候，当一切的努力和一切的思想被认为必须为前线的需要所吸收的时候，学者和建筑师们却更深入地研究过去和现在艺术上的问题；举行了多次的讲演、座谈和会议，每次都有极大的听众，每次都有生气勃勃的讨论。例如一九四四年建筑研究院所主办的俄罗斯建筑史讨论会，或建筑理论历史研究所所举行的关于理论问题的讲演，等等。

若干学者正在从事于方面广阔的俄罗斯建筑史之著作。

在执业建筑师之中，对于建筑史中许多问题也表现了极大的兴趣。对于目前建筑水平，尤其是它的艺术质量方面之不满意，已经引导了热烈的批评和理论之研讨。建筑师布罗夫写了一本篇幅甚大而非常有趣的书，题名“失去了的一致性之寻觅”；这书批评了现代建筑之失败，分析了它的原因，并且提供了若干关于如何克服技术与艺术形体之间的鸿沟的方法，从而产生一种真正可取的建筑的极其精到的意见。所有这些事实使我们有一切的理由来称赞战时苏维埃建筑师们的创造热情。

然而这只是一个热情的浪潮之开始，只是一些象征，指示出战后建设的力量已在集合了。我们并不能因那些无疑的成功的设计而自满于目前的建筑水平。有许多建筑师们仍然在盲从着迂滥的古典形式，或是自封在民族特征之抄袭堆砌里，那是绝不能使我们在建筑的民族形式表现上获得进一步接近的。关于这一类的建筑，我们可以重述美国《建筑论坛》杂志对于英国可文特里市重建的批判的看法：“在可文特里新近重建的部分里，那种恋旧的意大利——瑞典式的券廊表示着若干英国的建筑师们仍不能感觉到建筑的新精神；这些建筑师们，在允许他们重建他们残破的城市以前，他们的思想需要先经过一番重建。”但有些特殊情形，即当被敌人毁坏了的俄罗斯城市重建的时候，尤其是如诺夫哥罗德、斯莫棱斯克，或普斯可夫等城市，它们是有卓越的俄罗斯古代建筑遗物和现代建筑的，建筑师就必须慎重思维地选择他所要用以重建的形式。假使说在这种情形之下，新的建筑必须在形式和尺度上都很谦抑，没有任何炫耀的作风，以求古老的历史旧城没有任何“人为”的东西添上去，不是很正确吗？重建那些城市的建筑师们不是应该保存着我们心目中所联想到的诺夫哥罗德、加里宁或其他的古老俄罗斯城市吗？很多的意见就常常阻碍了建筑师将一整个城市按照一个预定的“作风”重建的企图；因此不难了解这样会造成消极的结局，它会把那样被处理的市镇的一切民族特征剥夺无遗的。

在战争时期中，苏维埃的建筑师们是生活在一个收获丰富的讨论和各种矛盾的观点和观念的气氛中的；所有相反的，乃至互不相容的观念，无疑的会引导我们的思想走向一个方向，使从事于重建工作的建筑师能得到对于问题的最好的解答，引向最完善的市镇村庄、住宅和公共建筑之创造，使它们无论从艺术或居住的观点上，都是无愧于居住在苏联的伟大人民的。

第九章 村庄之重建

连在战前，集体农庄的发展已经超越出古老的村庄范围以外，那些古老的村庄和它们发展迟缓的习惯与行动，看来仿佛是几个世纪来都是在停滞着的。集体农庄的制度大大地改变了村庄的本身，改变了村民的工作，改变了他们的社会结构和生活方式。集体的农民不像从前的佃农那样孤立地生活着，完全只为自己个人的利益；集体农民是一个社区之一员，这社区正在建立一个新的，以新的方法耕种和以发展高度生产的畜牧业为基础的农作制度。照例地这些新的程序都是在一个布置和一切都陈旧的村庄里进行的；集体农民也大多住在他的老家里。在村庄生活经济方面的剧烈改变，使大部分繁重的田间工作和养饲牲畜的工作成了集体的整体任务，随着带来对于各个小田庄那种工作之减轻，于是村庄结构上的改变以及农民房屋和他的私有田地之从新计划就成为必需的了。由于托儿机构之发展，农民日常生活也有了巨大的改变，集体农庄的妇女由家务中解放出来，转为农庄的生产劳力。有若干处的集体农民在战前就已担任起改建他们农庄的任务了；他们重建了他们的房屋和周围的园地，重建了农庄的附属建筑物，改善了他们的道路，安装了电灯，改善了给水设备。

重建德国人所毁掉的农庄的工作必须反映社会主义建设和农业集体化所带来在经济方面和社会方面巨大变动的结果。从前有许多新的村庄房屋、机器和拖拉机站、集体农庄的房屋、学校、托儿所及其他建筑都是按照已存在的村庄平面建造的，有时是违反事实条件和实际需要的。至于它们在建筑方面，这些房屋很少有与普通的农村房屋有甚么大区别的。集体农庄生活中文化之改进也要求在村庄计划的技术、建筑水平和个别房屋构造上之改善。除此而外，集体农庄的经济生活是各地区不同的，所以建造村庄的问题，在森林区域、森林草原区域和空旷草原区域都须各自寻求不同的解决方法。为国内各不同的地理区域所设计的房屋型类是纯属图解性的，建造时必须加以适应工作方能使合于一定地区或村庄的需要。国家要求于建造者的是对于苏维埃农民的习惯和他的集体农庄的需要给予特殊的用心和注意。

这一点首先实施于集体农庄的核心——农民的房子和他自己的一块园地。从事于重建农民房舍的建筑师们正在细心研究他们工作地区的经济和生活方式，最典型和最普遍型类的房屋，将这一切资料考虑在内，才来设计新型的农民房屋。在中部和北部俄罗斯，这些房屋大多是属于“一统盖顶农舍”型的，将用一个俄式火炉取暖的居住部分和牛圈统放在一个屋顶之下。这种统盖农舍的布置是几百年经验的产品，它的长处在可以减少饲养牛畜和在园地里的菜园果圃所必需的动作。建筑师们先留心着这种大概的布置，然后努力加以一切可能的改正，如卫生情形之改善，将牛圈部分与居住部分更妥善地隔离，将居住部分更妥善地分划房间，采取比传统的俄式火炉更好更有效的取暖方法。因为大多数村庄是由农民们自己重建的事实，所以这些改变的规模是有限的；他们依着传统建造，并没有蓝图，所用的是他们所习惯的结构方法和尺度。这些各自建造的意义，米开尔·加里宁在他一篇论文里指出说："我们面临着在残破的村庄里重新扶植建筑企业的任务，我们所依靠的是各地区建造突击队的智识和各地区老人们的经验。"因此，在建筑物上比较重要的改正和改变只能在工作由建造组织担任时才属于可能。农民房屋的建筑方面须要包括人民若干世纪经验得来的特点，与现代村庄单层房屋最优的例子集合起来，当然，还要经常地将个别的集体农庄或地域性的独特特征加以考虑。

在村庄中，农民的房屋和私有园地的地位现在通常是以每份配给园地的标准大小决定的。在从前，这种土地的分配是没有标准的，因而自然地引导村庄的布置至于凌乱。现在这种土地的面积已决定了（在俄罗斯的中部地区自零点六二五至一英亩）[约合四至六华亩——译者]，所以可以计划农民的园地和住宅及其附属房屋的位置了。小园地的性质也改变了；现在它只须供给农民自己家庭的需要，它将包括一个果园，或是养蜂场，或是菜圃、兔棚等等，而且与村庄周围的集体农场是分开的。

旧的，革命以前俄罗斯村庄的布置往往是由村庄里的一条街道决定的，夹在街的两旁是两排一式一样的房屋；唯一的政府规定就是房屋之间必须保留相当的距离以防火灾蔓延；然而连这一条规定也常常不遵守。有很多的村庄，全局的布置没有任何体制，而且很凌乱。那些互不相关的砖筑店铺、酒店和村行政公所的房屋都是一式一样的，它们不惟不能打破村中的单调，而反使之增强；它们并没有给村中形成任何显著的建筑性的中心。在革命前的俄罗斯，教堂担任了村中心的角色，白色的围墙，有色油饰的房顶和穹窿顶，屹立在村庄房屋的木板或石板屋顶以上，是十分显著的。这就给了村庄某种特征，富于安适和简朴的画意。新的集体农庄的公共建筑——集体农庄的办公室、阅书读报室、托儿所，有些还有村苏维埃、学校、合作社、幼稚园，等等——将形成新村庄的中心。它们的建筑在作风上将是生气勃勃的，在轮廓和样式上都是富有变化的。在计划集体农庄的时候，还要设计另一个中心建筑群，由牛棚、鸡院、马厩、谷仓、农具棚、车房等等组成。在计划农村的时候，用不同的作风处理这两个中心，打破房屋和全村一般印象的单调性，可以取得富有变化的效果。

重建位置在国有公路或主要汽车干道上的村庄时，须给予特别的注意。这些运输干道是军事活动的地方；军用给养是由这些公路上运输的，机械化单位、坦克、步兵都用它，因此它们遭受特别集中的炮击和轰炸，路旁的村庄往往夷为平地。它们唯一的部署体制肇始远在有汽车公路以前，一般地都是两长排的房屋，如上文所叙述的，排列在路的两旁。随同公路运输之发展，那样的部署是有许多不便的，公路到此变成了村庄小街，车辆被迫减低速度。在这种村庄的重建中，现在已采取了一种新的部署制度。村庄是建造在公路的一旁的，用一条支路与公路联系。除去其他的方便外，这原则使村庄整体的设计能得更大的变化，而且可以更好地利用自然环境的特点（林木、河流、湖沼等等）。更好地分布各种房屋，尤其是公共建筑（学校、医院、店铺等等）。这个制度简化了公路将来的发展，公路可以加宽而无须扰乱了村庄的生活。

村庄迁移离开了公路，就可以计划用曲折的街道，以取得四周风景和地形上最大可能的效果，使中心建筑物显著地屹立，等等。这种村庄计划的一个实例就是已经详细计划好的莫斯科区域窝罗科拉姆斯克区的替尔雅野洼集体农庄，它是由在院士列夫·鲁德涅夫领导下的一组建筑师所制拟的。原有旧的村庄是在窝罗科拉姆斯克与克林之间的公路上伸展而成的两排一式一样的单调房屋；村庄长达一公里半，房屋密密地毗连，这事实使得发生火警时非常危险，而且使农民自己的园地不得合理的分配；农民的住宅一直挤到路边上，房屋与公路之间连一带绿草地都容不下。新的计划利用了极富画意、略有起伏的风景，村子迤西的小湖沼，以及由新的村庄里穿过的叫做博尔沙雅·西施特拉（大姐姐）的弯曲溪流。一个新的村中心将离开公路建造起来，村庄一般的发展是计划使向北的方向开展；新计划为村庄准备了发展到旧村的两倍或三倍。

有许多地方，德寇毁坏了一个区域里全部的村庄，计划重建的建筑师们的任务就繁重得多了——他们必须计划不只一个村庄之一部，或是整个村庄，而且须计划一个广大地域上许多村庄之重新分布，并为村庄与村庄间相互联系的交通设计。在那样情形之下，村庄之或多或少的再组成群是既可能又必需的——例如某一个被德国人完全毁灭了的集体农庄的土地与另一个被毁较少而土地较大的相毗连，于是被毁者就被迁移到别的农庄去。这就引起了地区中经济地理之完全改变，引起了使村庄与区中心相联系的新的道路网的问题。在这种整个区域的重建计划中，最重要的一件事就是选择比较不健康，缺乏良好饮水，等等的地方的居民迁移到另外的地方去，在计划新村庄的时候，除去这些纯粹属于经济和卫生方面的考虑之外，还须对于不同地区的美感方面予以考虑。风景幽美的高地，近于森林、河溪、湖沼的地带，往往是受到选择的；新的道路在性质和形式上也是有变化的.最重要的市镇村庄之间则用两旁植树的大干道予以联系。

从德国人手中解放出来地区里集体农庄之再生是与市镇及其住宅之恢复以同等速度推进的。例如在一九四三年的十个月期间，在斯莫棱斯克区就新建或重建了三万九千二百十一栋农民住宅，容纳了十六万三千九百三十二人居住。从一九四三年八月十五日至同年十一月一日的两个半月期间，完成了二万五千二百十一栋房屋，其中包括一万二千六百四十四栋用新斫伐的圆木建造的新房子。

政府正在尽一切可能来协助农民，并且鼓励他们自动地重建他们的故乡。一九四四年一月一日，苏联农业银行为建造私人住宅贷出了三千六百二十六万五千卢布。人民就用勤劳无我的工作来响应。例如在窝罗内兹区顿河的岸上，在德尔左夫卡，尼兹尼·卡拉布特，新的和旧的卡里特洼，都曾有过富裕的集体农庄。在尼兹尼·卡拉布特原有三百四十八栋农舍，其中德国人只留下十二栋；其他村庄也与此相仿。农民们按照古老俄罗斯村落的路线组织了重建工作：一组一组的木匠、炉灶匠和铁匠在所有这些村庄中工作；他们拆除了德国人的仓库取得木材，由同一来源取得铁皮盖房顶，玻璃安在窗上；用铁丝做成钉子；农民们利用了各式各样的本地材料，用树枝、稻草和芦苇做屋顶，从本地矿藏的灰石和粘土制成砖和灰浆。这种共同合作的结果是，到一九四三年十月，在这些顿河岸上的村庄中，重建了二千二百十九栋房屋。

第十章　设备与材料

重建工作的巨大规模和迫切性引起了许多问题，为政府、建造人和从事于研究的工程师们所必须立刻解决的。重建的技术、经济和组织在许多方面是与平时的建造工作不同的，它提出了许多意外的实际和理论问题。例如在平时的建筑工作中，如何使在工地清除堆积成大山的废料残砖合理化的问题是从来没有发生过的，但是在重建工作开始时，这就是第一个需要完成的任务。在基辅，清除克列斯查提克一条街的残址就是要清除五十万平方公尺的面积。受损害的建筑物之恢复也联系到经过火烧或是在炮击和轰炸半径以内的各种金属、混凝土、砖和其他材料在力量和本质上的变化；利用建筑物残存部分的可能性常常是有赖于这些问题的解决的。在斯大林格勒的重建中，这问题就在当地试验研究解决。重建工作所需材料之取得也提出了新问题；即使墙壁还存在，所需的木料和玻璃的数量也是庞大的。在绝对必需的地方，建筑材料是以军用物资的速度运输去的。为解放区电力站和输电网之需要，大量的零件和其他材料是由内地空运送达的。一般的说，在战争状况下推进的庞大重建工作必须以最经济的方法完成，这一事实的应用大部分是在建筑材料上。当军队在前方需要弹药和其他军用物资的时候，运输不能被大量的木材、石料、砖、石灰、水泥所累赘。在被解放的区域里，这问题尤为迫切，在那里，敌人尽其一切可能使得铁路不通，破坏了公路和大的运输中心。所以，战时重建工作的第一条强制规则就是就地取材，尽一切可能在当地寻找和制造所需的材料。这是中央研究机构所努力过的问题，而且是以重建工作已经开始了的地方的经验为基础的。

基辅的建造者正在小心翼翼地拆卸残破建筑物，拯救出一切可能的建筑材料，如铁、砖、铁丝、水管、柁梁；铁丝用来做钉子，柁梁等则锯成板子。基辅的人民保护了一所玻璃厂，得免于德国人的火炬，现在正从那厂里取得玻璃的供应。一所制造屋顶油毡的工厂被德国人烧了，但是当地人民又使它工作起来，为基辅的屋顶取得成千成万卷的油毡。从克列斯查提克街清除了三十万立方公尺的残料，全部都经清理，把砖头检救出来；这项工作就需要八千至一万人，每天工作至三至四个月的时间。

在加里宁市，政府派了警卫守护住残破的建筑物，以防它们被搜集石料、砖料以及其他材料的各种建筑组织所拆卸；我们发现了在开始的时候，有许多可贵的材料之使用是很不合理的。恢复的工作先由损毁最少的，能在比较短的时间内修复使用的建筑物开始。就是这种建筑物之修复费用也达到原建筑费之百分之四十。这个数字是由各部分的修理费，门窗百分之七、顶棚百分之廿一、抹灰百分之十四求得而编成的。此外又发生当地木材、玻璃以及其他材料之供应问题。差不多所有的建造机关都设立了它们自己的锯木厂，所用木材则由市民义务劳动供给，他们在冬季砍伐了木材，春季顺着河流浮下来。玻璃的生产就比较困难了；这区域的玻璃厂都改产窗用玻璃，有时连磁器窑都改作此用。在一个厂里安装了新设备，平板玻璃的制造就开始了；其他工厂也都由制造各种玻璃器皿改产窗用玻璃。这些措施多多少少地克服了窗用玻璃的缺乏。到第二第三批房屋的重建开始时，就要用相当数量石工砖工，因而必须运输大量的笨重材料，如沙、土、碎石子等等。加里宁的建造工作者决定尽可能地利用工地的残砖碎石。他们开始用烬余的灰渣来代替砂子作拌灰之用；我不得不提到他们这样做的时候，竟在不知不觉中使用了一个俄罗斯的古代制法，用木炭或灰拌灰浆。加里宁的建造工作者们所采取的另一个措施就是在没有重载的部位用碎砖石灰来代替水泥；这也是一个俄罗斯老办法，极其经济合理——这种材料名叫“粉红混凝土”。这个将碎砖改做有力的灰浆的方法现在已被从事于修复工作的建造者所广泛采用。在新材料的寻觅中，工程师们学会了利用铁路、钢铁厂以至普通锅炉里出来的煤渣做成煤渣砖。

在修复工作进行的地方，随处可以看见大胆的技术创造和智慧。例如在动力工程方面，工程师们抢救了毁坏的动力机，把它们修好，又为它们在当地工厂里制造零件；他们就地完成了繁难的技术工作，许多在以前认为只能在大工厂里做的工作——例如焊锅炉，修理大锅炉的主要部分，重制变压器等等。感谢动力工程师们大胆的创造，解放区域里的市镇和企业很快就得到了电力的供给。

一切木的和砖的结构都是从同一个经济的角度加以检查的，并且介绍了新的重建方法。在须重建大数量的单层房屋的地方，不只是由政府建造而且也由私人建造的地方，这种工作是尤为必要的。单层房屋及其最主要部分——墙壁和基础——的分析归结成为一种标准化的结构，更合理的材料使用和方法。用圆木料做成的墙壁——如中部俄罗斯的房屋——不唯用庞大数量的木材（比构架式房屋多用八倍半至十倍），而且需要大量无法机械化的劳力，这一型类的房屋唯有在工作没有组织而且能取得大量贱价木料的地方始得进行。用锯制过的木材的房屋比较经济，但只能用作临时措施，而且只限于木材可以顺河流下或是因战事的需要而砍伐了大量木材的森林附近的地方。用次等木料做墙而墙内用其他材料填塞的房屋，如建造临时窝铺所用的方法，因有许多技术上的缺点和充分发展利用的困难，是不能视为永久性建筑物的；而且墙壳和填塞物两者都需要大量的材料。工厂预制的房屋用作临时房屋则比较有效。工作师 V.E. 宾那和 P.S. 贝尔蒂司 - 盖曼已经设计了一种卓越的标准厂制房屋。它是属于“营房棚屋”型的，有三百立方公尺的总容量，可以住一百三十五人，总重量约十二吨至十二吨半。缜密设计的结构使这房屋重量如此之轻；实地试验将各部分集拢建立只须四至六小时；在减半的时间内可以全部拆卸。构架式的房屋是比较适于永久之用的，它比锯制木板房屋稍经济些，比起圆木材则经济得多。这就需要立即发展工厂，利用工业废料、矿棉、生石膏、木浆板，来生产有效的隔热材料以及其他若干部分制作的机械化。虽然如此，木材仍然是重建工作中主要项目之一。所以在重建时首要任务之一就是旧锯木厂之修复或新厂之设立。在斯大林格勒，于重建的第一个月中就设立了四座锯木厂。政府机构和共产党的各种组织对于锯木的准备工作给予了相当的注意。在一九四三至四四年间的冬季，木材企业砍伐了大量的树；这一大量木材的运输是一件极端困难的事，于是利用河流来浮运木材比以前更为重要了，因为那样可以免除铁路和车皮运输木材之必要。在一九四四年夏季中，用河流浮运了每日需要一万辆车皮的数量的木材。在一九四四年间，卡码河上，在克尔且夫斯克一带，每天有七百五十车的木材顺流而下。

同样的经济和合理化的理由决定了建造小房子的块形材料；这一类材料可以就地取材，它们是未经火候或只经低度火力的材料。这类材料之成功在于原料随处都有，燃料费用低微，组织生产的费用低。用这样材料砌成的墙壁比普通砖墙无论在运输方面和建造所需的劳力方面都较为经济。那样的块料在内墙、外墙、顶棚、雕饰上都可用。

最简单的是石子煤渣块，在石子里加百分之零点五至二的树胶或沥清就可做成防水的块料。技术专家们认为可以再加用一些含有蛋白质的材料，如皮革厂、食品工业厂的废料或稻草煮出的水液等。

所有材料之中，生石膏的前程最为远大，不只在战时建筑如此，在战后建设也如此。差不多哪里都有巨大的生石膏蓄藏量，在莫斯科附近，在乌克兰（阿尔提莫夫斯克、基辅、卡尔可夫），在高尔基，在卡占，在伏尔加河盆地（古比雪夫），在巴什基里亚（乌发），在卡码河盆地（莫洛托夫），在中亚细亚，在远东，都有。生石膏比砖或洋灰都便宜，经过一种特别泡制之后，它的耐久性使它适宜于内墙、外墙、顶棚、楼梯、窗槛，等等之用。假使生石膏经过了适当处理之后，它的表面便不需要另加处理；在工厂中，它可以做成各种不同的样式。

生石膏在建筑和艺术方面的品质使它成为一种极有价值的建筑材料，可以用它建造美丽的房屋。生石膏可做成任何形体，任何颜色，任何浮雕图案；它使得建造者可以用工厂生产方法回到雕饰设计上去。因此，耐久生石膏的制造已引起了相当的注意；特别为它生产的工厂已在斯大林诺、玛克耶夫卡、克拉莫托尔斯克、玛留波尔、尼奇托夫卡、阿尔提莫夫斯克，以及其他的城镇建造起来了。

在各地区制造建筑材料是上文所屡次说过的苏联部长会议和联共中央委员会共同颁布的决定中的任务之一部分。

到一九四四年一月一日，下列二十五处工厂已经建造起来，以供给地方的建筑材料：工厂类别数量生产量（年产量）制造：

虽然有这种种的新材料，但它并不免除了继续用砖建造之必需和可能性。建筑家们正在发明新的结构法，使得砖成为极经济的建筑材料。

例如极薄的发圈，只有四分之一块砖的厚度，可以用到二十公尺跨度的屋顶，比钢筋混凝土就便宜得多。

有些建筑师们（院士霍尔兹和柯里）建议在不产木材地区，如在中亚细亚一带，在建筑程序中，不用模架或木料就建造发券屋顶。

工厂类别	数　量	生产量（年产量）
制　造：		
粘土板及块	5	12,500 吨
芦草板	8	155,000 吨
煤渣块	2	705,000 吨
石　灰	3	9,000 吨
石　膏	2	2,000 吨
洋　灰	1	3,000 吨
房屋的木构部分	1	20,000 公尺
屋顶瓦和墙面砖	1	瓦 400,000 块
		面砖 200,000 平方公尺
石　矿：		
开凿屋顶石板	1	25,000 平方公尺
开凿石灰石	1	石块 300,000 吨

技术人员们正在努力于生产各型类的砖和砖结构的方法，以求使得在小型房屋的制造中，砖成为一种合理的材料。方法之一就是以厚重的砖同其他较有效的材料混合使用。另一方法就是建造空心砖墙，或者间以普通的砖，或者用有洞穿通的砖，大的空心砖，或陶质块。工程师格里戈里·库兹涅左夫所发明的一种空心砖墙结构法，比起普通墙壁重量较轻，用砖用灰都较少，干得也较快。假使用这种方法，砖头就很容易与石子或煤渣块和生石膏块竞赛了。一堵用陶质块料砌成的墙比一堵生石膏块墙重量多一半，但是所需劳动力却少百分之十五。这就需要轻质砖和陶质砖的更大量的生产，这种工业在西乌克兰、莫斯科区，和其他地区已开始发达起来了。对于美国制造空心砖及其建造方法之研究是对我们有极大的帮助的。

无论在恢复一个集体农庄或一个市镇的建筑设计工作中，建筑材料之经济和最大可能地使用地方原料是必须的条件。例如伊斯特拉镇，它虽位置在一个丛林茂密的地区，但不能大量取用本地木材，因为那一带森林大部是蕴蓄水量所需要的。因此，重建那市镇的人就利用本地粘土做的墙，用本地泥灰压成的泥炭板等等。木材必须经济地使用在用标准化木构部分和隔热板、厂制墙壁和轻量房顶构成的小型房屋的构架上。

重建工作中的特色是各种各样建造方法之同时并用，从村庄中最原始的本地方法以至现代化的高速方法和工厂预制的结构。这办法大大地提高了重建的速率，并且更尽量地利用一切可能的资源。高速建造在苏联已经发展并且完善了；我们的建筑家们正在学习美国和英国在工厂预制房屋方面的经验。

在建造加里宁所得的经验表示了在重建还保存着大部分墙壁的

房屋时，需要的是大木匠、小木匠、屋顶匠以修复房屋的木构部分和屋顶。因此，这方面的技术工人必须训练起来。又因战时建筑材料须在建筑地址附近寻找，所以一个工程的工作人员就必须就地训练起来，就在那工程上，也没有组织成任何课程或学校，而只是由一位有经验的工人在工作中就训练一批徒弟。例如在加里宁的教师柯托夫在工地上训练了六十三个徒弟，一位名叫维里卡诺夫的木匠把他的手艺教给了十二个女孩子。

建造工作中机械化的性质也同我们在战前所习惯的是很不相同的；以往大多数的建筑工程都备有巨大的起重机，能够将很大的重量提起到任何高度。然而在重建的工程中所得的经验告诉我们，这种起重机并不有利，而一个轻的，在工地上可能随便移动的绞车比较更合用得多。

在重建靠近铁路的工业和建筑中，人民铁道部所组织的“重修重建列车”是极为有用的；它们是一些小型的巡回工厂，带着可以移动的动力设备，一些机器和建筑材料；全部人员都是有经验的建筑工作者。在斯大林格勒，德寇焚毁了一座属于铁路的锯木厂；第十六号修建列车于一九四三年五月二日到达厂址；在数小时之内工地就清理了出来，动力设备安装了起来；在廿四小时内，一座水电俱全的临时工人营房就齐备了。八十五天之后，锯木厂就开始生产了。

实际中所得的经验也引导到对于一个市镇中房屋重建的程序之改正。所谓属于“第二和第三类”的房屋，即毁坏程度达到百分之七十五至八十的房屋，往往是密集在市镇内受轰击最猛烈的整个街坊或整个地区的；比较经济的办法是把这种的建筑整一条街或整一个坊地重建，因为这样可以简化材料运输，而且使属于交通和电力方面的费用获得节省。至于建筑师的工作方面，这种整一个坊的重建方法使他可以保持市镇内那一地区在雕饰和部署方面的统一性，这种办法在如基辅那样有组织的历史文物建筑群的城市，或如加里宁那样有俄罗斯著名建筑师玛特维·卡乍可夫所建造的好几整坊的建筑的城市是特别有价值的。

重建城市的各种团体已学会了尽量利用市内的和市郊的运输设备。在克米洛夫地区的斯大林斯克镇，决定了不许任何卡车空着行驶，所有回空车都要利用；感谢这一措施，从一九四三年实施起，得以运了五千立方公尺的石子和大量的其他建筑材料。

在科学研究、创造和组织之上，加上最好地利用了新得的经验，在正常情形之下认为不可能的重建工作就得以成功地实现了。

第十一章　来自后方的支援

重建的工作，假使单纯地依靠技术，是不可能那样大规模地实施的。保证了它的成功的是这样一个事实，就是它成了一个全体人民参加的任务，犹如反法西斯战争引起了人民自卫队和强大的游击战运动而成为“伟大的卫国战争”一样。解放区之重建已成了一种第二战场，它吸引了苏联境内一切力量的注意。全国都在帮助重获解放的市镇村庄，尽一切可能地使它们再生，使它们能对敌人战斗：全国给它们以食品和机器，建筑材料和工人。

经过斯大林格勒大战之后，那个英雄城市并没有退缩到阴影中去，也没有成为一个后方的城市。在一九四三年二月，苏联建筑研究院所组成的一个专家委员会、人民公共建筑部和其他建筑机构就到了那里，决定了初步重建工作和以后继续重建工作的性质和数量。首先献出兄弟般援助的一个城市就是纺织中心的伊凡诺窝，“俄罗斯的曼彻斯特”。那城市搜集了或制造了大量的工具和建筑材料；木材工业的工人们超额准备了一万立方公尺的建筑木料；机械工人们做了足供一百七十个打铁组所用的设备和大量的铁钉等等。轮船和火车把阿奇安基尔和西伯利亚的木材运到斯大林格勒，从莫洛托夫和阿奇安基尔来了工厂预制房屋，从彭乍来了玻璃；盖宁区集体农庄的伐木工人在正常计划之外增伐了二万立方公尺的木料送到斯大林格勒。建筑材料从高尔基的工厂里来了；莫洛托夫汽车工厂和“红梭尔摩窝”铁路机车工厂也给斯大林格勒送来了汽车和盖房顶用的铁。辽远的阿塞拜疆送了数以千计的牛和食品。连列宁格勒都给斯大林格勒的工厂送了满载若干列车的工具和设备。从塔什干、柯干、撒玛尔干来了洋灰、铁、钉子。许多团体和个人向斯大林格勒重建基金捐献；苏联共产主义青年团募集了一千六百万卢布来恢复斯大林格勒的文化机关；各军事单位捐献了几千万卢布；托木斯克铁路著名的司机鲁宁亲自输送了一千吨煤到斯大林格勒。

就这样，我们被解放的市镇获得了全国各地区各城市的支援。苏联中央政府配给了三万吨金属，管子和钢梁、四十五万立方公尺的木料、一万五千吨洋灰和三十万平方公尺的玻璃作为重建乌克兰工业之用。巴什基尔的人民“收养”了再生的伏罗希罗夫格勒及其地区。在一九四三年九月，他们送了很多机器和工具，八十车锯好的木材共计约二千件为建筑之用，二十二车的石膏和石灰，二吨半的油漆和若干建筑用的机器。乌兹贝基斯坦正在帮着重建卡尔柯夫；伊凡诺窝、古比雪夫和雅罗斯拉夫尔则在帮助重建斯莫棱斯克；在一九四三年就单独得到政府补助四千七百万卢布的城市窝罗内兹，也从彭乍、理倍兹克、托木斯克和诺窝西北尔斯克得到了建筑材料；富裕的西伯利亚地区送给这解放了的城市以最多样式的东西，从木材、机器到钢琴和西伯利亚茶业、餐馆用的设备等等。莫洛托夫城却“收养”了罗斯托夫，帮助它的重建。

最可珍贵的一项——也是重建工作中所最缺少的一项——就是技术工人。于是政府在各种职业学校中用速成训练建筑工人来帮助各建筑团体。一九四四年毕业的二十万青年工人中，五万五千名被派到解放区工作；其中包括瓦匠、大木匠、小木作匠、粉刷匠。这当然只是沧海之一粟。但是自一九四三年重建工作开始以来，从全苏联各地来到解放区的青年工人们就把这不足之数补足了。

莫斯科市的鲁布列夫抽水站的一组最优秀的机器工人被派到斯莫棱斯克去修理自来水管。在斯大林格勒，共产主义青年团（共青团）的帮助是很大的；共青团从基罗夫和阿尔玛－阿达，从欧慕斯克和阿奇安基尔，从高尔基和阿斯特拉汗，派遣青年到那城市去。二十名全国最杰出的建筑工人，属于人民建筑部的斯达哈诺夫教师，以三个月的时间来训练青年工人，把自己的经验传授给他们，教他们砌砖、做木工、组织工作组等等最好的方法。到了一九四四年初，在斯大林格勒的青年建筑工人就有一万五千名了。他们受到了劳动创造的浪漫主义和第一五年计划时期斯大林格勒工业“巨人”们建立起来时所表现的热情的感召。正在发展的竞赛引导到了比以前更好的成就和更高的生产量；一九四三年五月，毕业班的一个女学生斯维特拉娜·李博在一工之内砌了二千三百八十块砖；之后不久，另一个女孩子娜德兹达·调莲妮娃，在一工之内砌了三千六百块砖；接着又来了从前阿尔玛·阿达师范学校的一个学生，阿达·万斯坦，一工之内砌了三千九百五十二块砖和贝尔哥罗德市的严达·巴布基娜七千块砖的纪录。砌砖最杰出的成就是一个廿二岁的莫尔达维亚人，格理哥理·克理斯托夫，他在一个罗马尼亚贵族地主家当过雇农，尝尽了生活中一切艰苦；在一工之中，他完成了十一倍的任务，砌了一万四千零三十七块砖。许多这样在斯大林格勒工作的积极分子已得到共青团中央委员会的奖状。

在斯大林格勒不断增加的人口之中已组织了许多建筑工作志愿队；他们大半是从疏散复员的人口中来的。

整个苏联现在都知道了亚力山德拉·辛克玛诺芙娜·且尔卡梭娃的故事。她是一个普通的苏联妇女——一个军人的妻子，两个孩子的母亲——她在一个幼儿园里工作。在斯大林格勒战役中，她成了一个护士，救了许多伤兵的生命。一九四三年二月一日，她在斯大林格勒参加了一个纪念该城解放的会。在会中，斯大林格勒的人们宣誓要在劳动的战场上表现同在战争的战场上一样的坚强；随着就开始了星期日志愿队清除城市的工作。这个简朴的女人却想出了要组织一个工作队来重建这城市。她从幼儿园里集合了十八位妇女。六月十三日，这个工作队开始重修一座曾经由第六十二军的几名战士所坚守过的楼房。那些战士们曾经抗拒了敌人数十次步、炮、空的进攻。在那房子的墙壁上，保卫者写着："为了我们的祖国！在这里，罗丁且夫的警卫队坚守至死……。这座房屋是由警卫队班长雅可夫·费朵托维奇·巴甫洛夫守卫的。""巴甫洛夫楼”就是且尔卡梭娃队所重修的第一座建筑。每晚在幼儿园工作完毕之后，她们工作两三小时，所有的星期日都贡献给城市重建的工作。在这章斯大林格勒史诗里许多卑逊的英雄中有七十岁的玛祖里娜，她是三个战士的母亲；另一个老年妇人是幼儿园的教师阿格里庇娜·莫尔祖珂娃；厨师玛利亚·维里亚奇娜、卡特琳·玛尔蒂诺芙娜，以及其他妇女。她们都学习建筑技术，而且学得很快。

于是且尔卡梭娃又向全市人民发出号召，向机关和工厂工人，家庭妇女，——事实上就是向所有身体健全的人——要求他们把他们的业余时间贡献出来重建城市。她的号召得到了数以千计的志愿工作者的响应。单在遮尔井斯克区就有一百零八个那样的工作组，重修了十所住宅、两所澡堂、一处工人招待所、两所餐馆、两处商店、一所学校，以及若干其他建筑物；在这时候，在基罗夫区就有二百三十四个组。斯大林格勒地区的集体农庄也响应了号召，派遣工人到城市里去。

在斯大林格勒，人民的创造性是经由各工会和共产党的组织引导上正确的方向的。他们在学校里和特别训练班里组织了志愿人员的训练工作，因而一位学校教师或会计员到了夜间就成了建筑技术工人。

在战时情况之下，当科学家、艺术家、工人、农民都参加了战士的行列时，这是很容易了解的。安蒂普·克仁诺夫是一位学校教师，在战争初期是一名游击队员，当他的故乡解放之后，他就管理一座仓库，经手铁钉、家具、家具器皿和其他重建中所必需的项目。这是同样重要的一个战争任务，不过是在建设前线上而已。在这和平的劳动创造的前线上会出现了英雄和英雄事迹是很自然的。

这里是几位斯大林格勒的英雄们：玛利亚·窝理斯基娜学会了粉刷匠的技术，在一工中十五倍完成任务；丹妮亚·特罗克莎是一个鞑靼人，战前是一位商店助理，现在是一个木工组的工头；欧尔格·辛佐娃在战前是一位记账员，现在是斯大林格勒最优秀的洋灰组的领袖。从一九四三年六月到一九四四年二月，三万五千余人参加了且尔卡梭娃工作组的工作；他们共做了六十五万五千工。在六个月期间，他们帮助重修或新建了一万一千所住宅，一百一十九所餐馆，一百一十六个商店，十三处医院，五所电影院和所有的学校。

斯大林格勒的所谓且尔卡梭娃运动只是解放了的许多城市人民的伟大热情表现出来的途径之一。

在损失惨重的卡尔可夫解放后的七个月中，由老人、家庭妇女和少年组成的工作组做了极大量的工作。卡尔可夫约有一万五千人参加了重修铁路；一位七十五岁的老妇人格雷本妮千卡组织了一个工作队去清除路轨；在红十月区，每天有五六百人在修理桥梁。如同斯大林格勒的且尔卡梭娃一样，卡尔可夫一位五十岁的妇人，一位名叫欧多克西娅·莫尔查诺娃的家庭妇女也出了名了；她组织了一个家庭妇女组，学会了建筑技术；很快地就有许多妇女组以粉刷匠、瓦匠、炉匠等等的资格参加了工作。在重建住宅、工厂、学校、托儿所的工作中，她们都担任了重要脚色。她们重建儿童馆舍和学校，引起了志愿建筑者的极大注意，因而在列宁区一区中她们就重建了十所学校、八所幼儿园、十所托儿所。在卡尔可夫的重建中，那个城的青年担任了极大部分的工作：一万八千名青年组织了一百零八个工作组从事于志愿修建工作。他们重修了十五座工厂房屋，一百七十七所学校，十五处职业学校和六十万平方公尺的住宅。

亏得有了人民的帮助，使得卡尔可夫市苏维埃能在比较短期内使电车和公共汽车恢复行驶，供给了自来水、电力和煤气。

到了一九四四年四月，从事于库尔斯克重建工作的共有九百三十二组，一万九千五百名的志愿工作者。市民对此认为不满意，要将志愿队伍的数目增至六万人；他们决定凡是住在库尔斯克的人每人每月必须做十小时的建筑工作。这个计划之实现，在重建工作中得到了等于三千工人一整年的任务。

同样的热情也表现在基辅及其周围的村庄，在那里，人民决心要医治好“俄罗斯城市的母亲”的创伤。

在英雄城市列宁格勒，野蛮的德寇轰击毁坏了极多的住宅，现在重建工作已在顺利进行，主要的还是亏得列宁格勒人自己的努力。在列宁格勒的维博尔格区，四百十五位市民在一九四四年四月开始了志愿建筑工作；一个月之内，这数目增加到四千三百四十七人，在那一个月的期间他们全部重修了面积一千八百五十九平方公尺的住宅，并且做了四万二千平方公尺较轻的修补工作。列宁格勒的志愿建筑运动是由当地的苏维埃和工厂团体等的杰出人士领导的。由于一位女代表齐格琳斯卡娅的发动，一所大集合住宅的住户们在两个月期间修理了四十一户住房和五百四十一平方公尺的军属居住面积。各种工厂、机关、学校、医院、幼儿园等等的工作人员认为把那些自己单位的房屋尽可能快地重建起来是他们的责任。医生和护士们在修建医院；教员和学生们重修学校；维博尔格公共卫生局的工作人员正在加班使他们的房屋修整起来；他们修理了面积五千五百平方公尺的集合住宅，并且清理了一万平方公尺的庭院、游戏场和附属建筑。在一九四四年建筑季节的第一个月中，一个工厂的职工们献出了一万“人时”来修理他们的工厂。

列宁格勒各团体在发动和领导群众中所累积的巨大的经验在重建城市时得以充分的利用。所有的区都划分成若干分区，各有重建工作的详细计划；这计划考虑到所能得到的劳动力和材料，所需要的工具和技术指导与协助。每一位志愿工作者都发给了一本小册子——《参加重建列宁格勒的工作者》——在里面他所做的一切爱国工作都记下来；得到特别嘉奖的个人或工作组都记在荣誉题名录上，并且可以得到增量配给和休养所免费证等等的权利。

基辅对于重建工作的重视也是同样巨大的。基辅发行了一个特刊的报纸《克列斯查提克之重建》；它可与前线刊行的任何报刊媲美。它报导的是必须完成的各种任务和许多个人和工作组的成就和功绩。

街坊委员会和房屋委员会在组织工作中占了重要的位置，因为他们知道他们自己区域的需要和能力，因而组织了居民在星期日工作，以及参加重建的工作。在日者夫，十六个星期日用在从废墟中搜集建筑材料上，二十五个星期日用在搜集废铁上。苏联人民用这方法来协助完成市政当局的迫切任务是在内战时代就已开始的；这方法现在已在窝罗内兹、卡尔可夫和其他解放了的城市中广泛地传播了。

同样的热情也表现在重要工厂、电力站、电力网等等的重建上。一九四四年春季，洪水泛滥阻碍了向伏罗希罗夫格勒送电的最后八公里电线；无论用拖拉机或马匹都无法将电线从稀泥中拖过去；伏罗希罗夫格勒的人民，同电气工人在一起，硬是就把电线和其他器材扛在肩上，那样就把电力拖到他们的城市里去了。志愿建筑工作者们还在一个月的期间在德聂伯河上邻近基辅处架设了一道一公里长的木桥。

人民在重建解放区所取得的经验又被传达回到内地的城市里去，在那里人民也在协助建设工作。一九四四年四月和五月中，在莫斯科地区的市镇中，人民工作了五十二万工，清除了几万吨的废物，疏通了二百三十六公里的水沟，修补了三万四千公尺的栅栏，修整油饰了三千所房屋的外表门面等等。

就这样，在政府和人民，科学和创造性的共同努力下，所有的市镇、村庄和文化，德国人认为是死了而遗弃下的，又复生起来了。关于苏联文化之恢复，我们将在下章加以申述。

第十二章　解放区内苏维埃文化之重建

把一个城市或村庄恢复到正常生活不只在重建房屋和公用设备。苏联人民所习惯的文化娱乐设备也必须恢复起来。在我们生活的这一方面，敌人给我们的打击是特别重的。

当希特勒在准备他的装甲匪帮使他们进犯苏联时，他说："我们是野蛮人，我们要做野蛮人。"这一口号使德国兵以憎恨和毁灭文化为正当，为光荣。此外，德寇和他们的集团还做了一个在他们占领的地区内有系统地毁坏或掠夺文化珍品的计划。苏联人民的土地在这计划中是占有特殊地位的，因为它可以成为德国人世代以来的"向东推进"疯狂病的根据地。这个掠夺和毁灭计划，周密地用典型日耳曼式的透彻和愚蠢计划出来，从苏联政府所发现并予以公布的对“东线上”德国士兵的行为的秘密文件和指示中，已为全世界所共晓了。一方面是赖痕瑙元帅的论调，大意说“东方的艺术宝物是无足轻重的”，所以把它们毁掉；另一方面是娄森堡的“特种营”和“活动”，专门从事于掠夺所得的艺术馆、博物院、档案库和图书馆之“科学的组织”和运输到 das Vaterland（德文“祖国”——译者）去。从罗马尼亚参谋本部一九四二年六月十六日发出的指示《关于专门办理战利品的 Z.1 部队的任务》中，我们读到了“绝对保密的收藏”——那就是艺术珍品之掠夺——指示如何将一幅名画家的杰作的帆布画面由框子上割下，如何卷起放进筒内，由医疗列车运向西方。

侵略占领军在这种“工作”上所完成的结果还未完全发现，但是我们知道在他们占领的苏联土地上所毁坏掠夺的数量是超出人类的想象力的。

当敌人向西溃退的时候，他们遗留下的俄罗斯、白俄罗斯和乌克兰民族文化艺术无价之宝的文物的废墟是不可胜数的。假使你沿着整个东战场由北而南地旅行一次，只巡视一下这个悲惨的目录中主要项目，你就可以看见列宁格勒郊外的宫殿残址和遍体鳞伤的公园；可以看到诺夫哥罗德由一个博物院的城市成为一堆废墟——在那里，内雷地查、窝罗托窝、珂瓦雷窝以及其他十二至十四世纪的俄罗斯建筑的珍宝毁灭了；可以看到莫斯科附近的新耶路撒冷修道院的废墟；可以看到破烂的斯莫棱斯克；可以看到且尔尼果夫十一、十二世纪建筑的遗址；可以看到基辅倍且尔斯克修道院十一世纪建造的大教堂，以及更多更多的破坏。许多博物馆和图书馆也遭到了同样的命运，德寇所组织的魔鬼一般的“奥妥大非”（auto-dafé，中世纪教堂判决异教徒所施用的火刑。——译者注）吞没了数百万册图书和数十万件珍贵的文物。在小小的日者夫镇，六万册书被毁灭了；在斯莫棱斯克，五个图书馆，六十四万册书被炸毁焚烧了；基辅科学院图书馆的三十二万册图书被运走了；基辅大学藏书一百三十万册的图书馆则被焚毁。在斯大林诺区的马克耶夫卡镇，驻军司令福格勒下令将中央图书馆的三万五千册书作为营火会烧毁；康士丹丁诺夫卡图书馆所藏同样数量的书也焚毁了；七万册书被毁于欧列尔；顿河上的罗斯托夫的一个图书馆就被损毁了三百万册；诸如此类，不胜枚举。

我们的城市中被毁的博物馆的数目是可怕的：其中较大的有基辅、且尔尼果夫、诺夫哥罗德、斯莫棱斯克等地的历史博物馆，它们都是民族艺术和文化的宝藏。敌人企图根除我们的民族自觉心，企图阻止我们文化重建之可能——他们凶狠彻底地毁坏了我们的幼儿园和托儿所，中小学和高等学校。例如在罗斯托夫，所有的剧院、图书馆、师范学院、汽车学校和十几所学校都被毁了；在罗斯托夫地区敌人完全毁坏了一千三百七十九所学校，四百余间图书阅览室，一百二十个图书馆和七十九所幼儿园。

这一切都必须立刻恢复，一天也不能迟延。

重建了的文化和社区设备中，首要的就是儿童的机构——幼儿园、托儿所、学校。对于儿童之爱护和对于他们的福利和教育之关切是苏维埃制度和苏维埃人民的特征之一；这种爱护与关切现在已经成长到了前所未有的高度。德寇侵略所造成的最悲惨的结果之一就是儿童所受的大痛苦，成千成万的孤儿的父母或被屠杀，或为保卫祖国而牺牲了。在苏联的历史中，这是政府第二次处理这种极端重要的孤儿问题了；第一次是第一次世界大战和内战的结果，时间由一九一四至一九二二年。在今天这样正当所有人民全部注意力都集中在进行战争和重建解放区的时候，在工厂、国营农庄和集体农庄工作的妇女必须尽可能地减轻家庭工作；所能给她们首先而最重要的帮助就是协助她们抚养健康而快乐的儿童。

在苏联部长会议和联共中央委员会联合指示《德寇占领区解放后经济复兴的迫切任务》的第十条中，儿童和儿童机构是一个项目的主题。战士和游击队员的儿童和父母在战争中牺牲了的孤儿是政府所特殊关切的对象。四千五百学生的苏窝罗夫军事学校，九千二百儿童的职业学校，容纳一万八千零五十儿童的儿童院，以及特设的收容站，在那里还有两千儿童正在等候着被人收养或被送往一个人家，都是在这指示下组织起来的。

当学校和幼儿园的教师回到被破坏的区域以后，他们第一个任务就是登记留存下来的儿童。七位回到斯大林格勒的学校教师把掩蔽所和战壕中的孩子都聚集了起来——一共二百二十三个。由后方许多市镇送来的项目之中有多套托儿所、幼儿园、学校等等的设备。

全体人民对于儿童和他们的关切的结果就是，儿童机构的重建与住宅、公用设备和工厂的重建是并肩同进的。

加里宁地区在战前原有的一千二百五十所学校中——大部分已被德寇所毁——到了一九四三年十月二十五日，已经重建好了一千一百二十六所。到一九四四年四月，在罗斯托夫地区，战前原有的二千六百零九所学校中，已重建了二千四百三十。在斯莫棱斯克地区的三十六个重获解放的区域中，到了一九四三年八月，已经有九百八十所初级小学，二百五十三所七岁班和三十九所十岁班的次级小学重开上课了。到了一九四三至四四年学年开始时，单在俄罗斯共和国已经重建了二万三千八百九十五所学校，二百八十万的儿童已经上课了。到了一九四四年初，已重建了一万五千二百八十五所，与留存的共计二万四千所。一九四四年预算更拨发十万万卢布继续重建学校。

到了一九四四年初，在解放区中已建立起一个幼儿园网；在战前，这些地区的幼儿园所照顾的儿童是六万六千，现在却增加到七万。此外，遵照着上述的“指示”，在解放区中又增设了儿童院一百零一处，容纳孤儿和战士与游击队员的子女一万三千一百名。一九四四年的预算更准备建造可以容纳四万八千儿童的儿童院，容纳十万儿童的幼儿园和容纳四万一千儿童的托儿所。

在乌克兰和白俄罗斯，儿童机构之重建也同样地在发展。到了一九四四年一月一日，在乌克兰解放区中已有一万零六百二十所学校开学了。在一九四四年，乌克兰东部八区中，已有一百八十万儿童在上学，五万七千儿童进了幼儿园。在白俄罗斯的解放区中，已有六百所学校重建完成，到一九四四年底，又有六百三十所可以开课了。

大学和研究所，在战前是设备精良的，重建起来就难得多了。初级和次级学校所需要的是庞大数量的教科书及其他材料；例如在解放了的乌克兰就送去了二百五十三万册教科书，七百万本练习簿，三百余万枝铅笔——但是重建研究所、图书馆等等，即使是初步工作，比起来是更困难多少，更需要多少时间？

假使你以为今天，当战争还在进行的时候，苏联能够组织起来，大量生产精确仪器和试验室设备，足以满足各研究所和大学的需要，或现在就能够大量刊印或重刊我们的图书馆中被法西斯生番所损毁的庞大数量的书籍，即使说只是部分的，也未免太天真了。那样的理想，即使在不久的将来，也是幻想。

当敌人被打败以后，当然他们是要赔偿很多的。德国必须以她的图书馆和试验室偿补她的罪恶；德国人必须归还他们所盗窃去的财产。然而生活不能等待到那时候，各高等学校和图书馆必须立即开始工作。唯一的办法就是将全国的图书仪器重新分配，这是俄罗斯人民所熟悉的兄弟般的援助，市镇援助市镇，区域援助区域。例如一九四二年八月廿三日，斯大林格勒的国立医学院被德寇轰炸焚烧，珍贵的仪器，X 光和解剖博物馆都毁了。一九四三年十月一日，在德寇在斯大林格勒被击败后八个月，医学院又重开了。所需要的仪器是由伊凡诺窝、伊尔库次克、莫洛托夫等城市的医学院来的；十三个医学院的图书馆和莫斯科中央图书馆共捐赠了二十万册书。在俄罗斯共和国成立了“基金图书”，有书四百五十万册，专为建立图书馆之用；到了一九四四年初，这个“基金”已经送了一百六十五万册图书到各解放区域。

亏得这种措施，高等学校、研究机构和图书馆很快地又活起来了。到了一九四四年一月一日，在解放了的乌克兰已经有四十八个高等学校，一百所技术专门学校开始工作了；在罗斯托夫地区，五百九十七所乡村阅览室之中已有五百二十一所恢复阅览。这并不是说这些机构已得到了战前标准的设备。它们在长期间还需要援助才能补还受自德寇的损失，渐渐回复到正常状态。

我现在举列宁格勒的基罗夫歌剧院作为较大的文化机构重建的例子。在一九四一年秋天，一个德国猛烈性爆炸弹落在歌剧院的右翼部分，损失奇重；它毁坏了上下两层楼座和大穿堂，以及十二吨重的铁帘幕。在一九四三年十二月，重修的工作开始了，到了一九四四年秋季歌剧季节开始时，一切已完成了。所修补的雕饰共计约四千件。一位卓越的技师，康士丹丁诺夫重修了剧院中的玻璃晶砖吊灯，用了二万二千块玻璃晶砖。剧院的家具是按照原有的家具仿制的。

国家教育当局面临着恢复被侵占者所破坏、掠夺、焚毁了的巨大的博物馆网的艰巨问题。在战前的二十四年间，博物馆已发达到了很高的水平，其中包括许多小型博物馆，专门致力于它们所在地区的历史、文化和自然历史之研究；革命以前就已存在的年龄较久的博物馆则由国家机构或地方业余工作者所组织的勘察队给它们增加新的资料。许多博物馆还保存下极好的收藏品，作为复兴的基础。有许多收藏品被及时地运走，或由于博物馆干部的远见和英雄行为，预先埋藏在秘密地方；但有许多的博物馆都完全毁灭了。

被盗窃了的东西，我们将从敌人手中取回来，归还到原来的博物馆中去；被毁坏了的，我们将在某种程度内让德国及其帮凶们赔偿；但在目前，我们必须依靠我们手中所有的。在内地的许多博物馆藏得有相当丰富的文物副本，它们可以在一定程度内补足已被毁的博物馆中的损失。我们的科学团体，特别是组织考古勘察队的团体，已在考虑重新装配一些博物馆的需要，而且正在一些曾经研究过的地方工作，以期取得与已经损失了的文物有相等价值的资料。

但这一切并不能补偿所有的损失：宝物之中有许多是孤本，现在只能以摹本或模型陈列出来。不过我们可以说，我们的博物馆又活起来了。

红军最先解放的市镇中的博物馆现在已重开展览了。雅斯那雅·波里雅那的托尔斯泰纪念博物馆、卡鲁格的齐欧尔可夫斯基博物馆、塔干罗格的柴霍夫故宅、莫斯科附近克林的柴可夫斯基纪念馆都已经重开了。

地区性的自然历史博物馆和艺术馆也渐渐地回复到正常了。加里宁画廊已重开了。斯莫棱斯克博物馆除了重建原有的陈列厅之外，还布置了一个巨大的战争展览。

基辅博物馆遭受到惨重的损失。在战前，基辅的民俗艺术博物馆有五万八千件陈列品，代表着乌克兰民族艺术的各方面。这些宝贵的收藏被德寇掠夺去了，其中最精粹的部分是德国的“乌克兰专员”珂克和娄森堡亲自窃取的，在我执笔的时候（一九四四年夏季），这博物馆已经差不多可以重开了。基辅的历史博物馆原有收藏品六十万件，其中只有最珍贵的部分得以运至安全地带；我们只救出了这全部收藏之十分之一。德寇把其余的偷走了，然后把组成博物馆的八座建筑物炸毁。一九四四年的夏天，基辅博物馆已能展览它的收藏品的一部分——基辅·卢斯部、民俗部和其他。乌克兰政府对于重建植物园予以特别注意，它们将成为重建基辅计划的一部分。在战前，我们的科学家已开始了花园计划的工作；沿着德聂伯河岸，在古老的维杜比兹基修道院附近，富有画意的一段地带已被划出作为这个使用了。政府已决定在一九四四年中用尽可能的速度推进这项工作。这些花园可以担负增加在乌克兰生长的有用植物的数目的任务，它们将有三千种可以在当地气候情况下生长的树木和灌木。

最后我要讲到德国侵略者所毁坏艺术历史文物珍品的遗留部分之重建和保存——古代的教堂及其无价之宝的壁画，各地的克里姆林（城堡）、宫殿、成组的建筑群、修道院等等。我们已经讲到建筑师们在重建城市时对于古文物建筑问题的解决方法；但轮到文物本身的重修问题时，建筑师和艺术家在工作上所负的责任就更大了。困难是多端的，这为战争所造成的破坏是空前的，而且每件文物本身的性质是那样的特殊，所以每一件的问题都必须个别解决。民族文物建筑之重修与保存是苏联部长会议所设立的建筑委员会的工作。因为这个委员会是重建城市村庄的最高负责机关，所以文物之重修与保存就成了总计划中之一部分。如上文所述，加里宁、斯莫棱斯克、伊斯特拉和其他市镇的重建计划中，可以看到建筑师对于古代遗物的注意和爱护。战争给了我们以严厉的教训，而且给我们的思路带来了改变。在以往，我们醉心于一切新鲜事物，往往不必需地牺牲了古东西，而代之以新的但不一定好的作品。

没有人曾经想象到会看见古文物建筑成了今天的状态。从来没有人能相信它们能够那样无情地被损毁，或只留下一堆废墟。因此，所能得到的艺术家和其他重修工作者的数目是离需要很远的。国家从来没有大量训练这种工作的专家，在以往从来没有过这样的需要。我们的青年建筑师们正在忙碌于这工作，而且我们也正在尽可能迅速地训练一批特殊重修工作人员。

除了政府所采取的训练这种工作人员的措施外，各地方当局的主动也是极重要的。一九四三年秋季，当列宁格勒还在敌人大炮射程以内的时候，就已设立了一所训练重建工作中所必需的雕木、雕石、石膏塑型、室内装饰和其他类似艺术工人的“艺术——建筑学校”。学生们在实际工作中学习，他们摹制精美的巴甫洛夫斯克宫和查斯可伊·西罗（今名迭次可伊·西罗）宫的雕饰残片。他们向过去的艺术名师学习，将珍贵的十八世纪建筑的残余片段丝毫不爽地重建起来。教师们对于学生们学习的速度大为惊讶。他们说：“他们在几个月期间就学会了成人需要若干年才学得好的功夫。”在一九四四年夏季，这个学校的学徒们就参加了重修德寇所毁坏的基罗夫歌剧院的顶棚的工作。

这些准备工作使我们现在立刻就能开始重建一些文物建筑。院士舒舍夫是以他所画的欧夫鲁齐十二世纪的圣巴西尔教堂的复原状图而闻名的，他的复原状图是根据考古发掘而绘制的。他现在已绘制好了新耶路撒冷修道院大教堂复原计划；那所教堂是德寇破坏行为的第一个遭殃者，而且受灾非常惨重。在列宁格勒几乎没有一座任何稍有重要性的建筑得幸免于德寇的炮火。海军部大厦、冬宫、道鲁斯宫和隐士博物馆的建筑的重建工作已开始了。

乌克兰政府拨了一百万卢布作为重修基辅圣索菲亚大教堂的周围在德寇手中遭受破坏的建筑之用；建筑研究院乌克兰分院把指导这份工作的任务交给了荣获斯大林奖金的 V.I. 乍博洛特尼教授和 P.F. 普列辛教授。大教堂本身以及如钟塔、门口教堂、大僧正住宅等十七、十八世纪建筑和全组外面的围墙将首先得到修理。

诺夫哥罗德是“俄罗斯的博物院城”，它的历史文物建筑比任何一个城都多。在解放的时候，那个城市的形态是令每一个艺术爱好者惊惶的：七十余座的文物建筑被侵略者惨重地损坏或全部毁坏了。在红军战线附近的文物建筑，但并未被红军用作军用的，差不多全部被德寇炮火夷为平地；尼里迭查、窝罗托夫和珂瓦列夫三座教堂就是德寇行为的实例。在德寇防线以内的文物建筑——如圣乔治大教堂、尤里耶夫修道院、救主显圣教堂和它内部的名画家菲欧范·格列克的壁画，耶稣诞生教堂及其他——虽然德寇利用它们做大炮机关枪阵地，把死亡洒射到红军战士中，却没有受到红军炮火的损坏。

诺夫哥罗德文物建筑的重修与保存工作于一九四四年五月十日开始。一九四四年六月六日举行会议的市苏维埃对于这项工作中所遭遇的问题作了详尽的处理。

在战前，诺夫哥罗德是列宁格勒区域的一个区中心 *战后诺夫哥罗德已升为诺夫哥罗德区域的首府，在行政系统上已与列宁格勒脱离。现在它在政治上和行政上的重要性已增加了，因而与它原有的“博物馆的品质”有了矛盾。因此，重建的工作不惟需要保存城内所有的每一座文物建筑，同时整个城市还必须按将来发展的需要重建起来。诺夫哥罗德的若干部分已经全部被毁了，留存下来的只有新旧建筑的地基。它给予设计的建筑师们以富于引诱力的可能性，按照古代的样式设计一个新的城市，从城中心的克里姆林放出辐射路，而同时为古代的教堂保留出有利的地区，而不使它们像战前那样隐藏在新建筑的后面。

诺夫哥罗德重建的工作是交给熟谙并且热爱俄罗斯古建筑的院士舒舍夫的。他的计划准备按照古代都市计划的制度将城市重建起来——当然加上现代化的改善——加宽了的中央干道是从克里姆林经过伏尔珂夫桥通到旧的工商区的大路；汽车公路干道将以列宁格勒公路绕过市区；伏尔珂夫河岸将用石锹砌起来。在最卓越的文物建筑的周围将留出空地，布置成花园，以便观赏那些文物建筑。若干组的历史文物建筑将定为国宝；其中将包括河对岸的克里姆林地区和雅罗斯拉夫宫地区。

在这个完全破坏了的城市里的建筑形式上，问题就比较大一点了。建筑师们正确地否定了市侩气的“老板式”建筑而采用了较合于老城风格的所谓“地方性的拿破仑式”。建筑师们也在考虑将古文物建筑完全重建起来——就是用原有的砖石按战前形状一模一样地建造一座“足尺模型”。

艺术史家、考古学家和历史学家们对于这样解释诺夫哥罗德之重建已表示了反对的意见；他们认为这样城市里将充满了“赝品”，使真正的古代文物在它们中间受到鱼目混珠的混杂。他们建议保存古建筑中之最珍贵者，而在建造新建筑时避免用假的古代形式的危险。也有人反对用古典式，那在列宁格勒或加里宁是会合适的，但是不合于诺夫哥罗德的风格的。学者们的意见认为在重建俄罗斯民族文化的古老的“博物院城”时，建筑师的主要任务是建造一些不夸张自大，不会与全城的精神冲突的建筑物。艺术史家和考古学家们对于把完全毁坏了的文物建筑重建起来的办法提出抗议；他们要把废墟就仍以一堆废墟保存起来；它们应该好好地被掩蔽起来，例如做一个大玻璃罩棚；关于各建筑的文献纪录应该慎重地保存起来；地方博物馆应该组织陈列室以展览残存的壁画、雕饰等的残片。学者们指出，计划新的诺夫哥罗德城，给予历史文物建筑以最优地位，使既适于远观，也适于近赏，是足以为训的。学者们还愿意把对于考古学方面最有兴趣的地址保留出来，不加重建，以备战后加以发掘研究。

对于类似诺夫哥罗德的古俄罗斯城市重建计划上，这种的研讨可以引导到问题最合理的解决，因为每一个意见都是对于俄罗斯以往文物之热爱的表现，都是要将德国生番给予那些文物的创伤尽可能迅速地予以治好的欲望的表现。

我们极仔细地研究了英国和法国在重建工作中的经验，得到了很多可贵的方法和启示而加以利用。

结束语

在结束这本小册子时，我愿提醒读者，有一种情形是超出作者所能控制范围之外的。到此书出版时，我所写的许多已是“过时”的东西了。以这个题目命名的书是永远不能“及时”的，因为每天都增加了新的事实，以证明建造者的继续高涨的情绪；新的聚落建造起来了，新的重建工作计划完成了，现有的城市又有了新的修正和改善计划了。只有一份日报，或是一位学者的不断增长的日记，经常地搜集这个伟大的卫国战争时代和继之而来的重建时代的史料，才能不至落后于进展中的工作，本书的“缺点”止是我所要叙述的成就的证明——各解放区已以狂风暴雨般的速率回复到正常。其所以成为事实，是倚赖人民惊人的创造性再加上苏联国家的组织力量，把各种科学和艺术的代表人物，组织成一支建筑大军，而后才可能成功的。

初刊于《南方建筑》一九九四年第一期。戴念慈《历史遗产》等文初刊于一九九一年六月《建筑师》杂志总第四十一期，并缀上《补白》。林徽因批注写于一九五一年，是针对戴念慈《历史遗产》和《说『老实话』》两文中相关论述所发表的意见。题目系收入集中时所加。

对戴念慈《历史遗产》等文的批注

如果我们没有看见这次中南海宿舍楼的设计（只看文字），一定会认为作者对中国民族形式是有把握了，但是，事实证明作者所拟的草图是建筑在西洋民族建筑系统上的特殊形式，太悲惨了的一个形象，无法令人接受是中国的民族形式。

所以文章仍是文章，建筑仍是造形的艺术，应该多多设计表示具体（民族形式）的形象来。

假使许多中国建筑师都只是从西洋建筑系统的教育里培养出来的，而且在鄙视中国文化的时代中成长，他一定反映西洋建筑的性格基础而缺乏中国文化的培养，他的创造大可能是半殖民地式的第二代，西洋杂志里现代建筑外表的模仿者而不自觉。

但必定是不脱离中国基础的新创造，而不是建立在西洋建筑传统上的新创造。

不是凡是中国建筑师个人创造的新体形虽不包含过去中国建筑的任何特征，就都是“中国的民族形式”，如果一个中国孩子从小只学英文虽也懂几句中国话，他大起来只用英文写文章，他的文章也许有现代的内容却不是中国民族形式的，反之，一个孩子从小只学中文却生在现时代里，他的文章可能全是现代的精神而又是中国民族的形式的表现。

中国建筑师多半是前者而现时必需赶紧读中文。

初刊于一九五二年五月三日《人民日报》，署名梁思成、林徽因。

达·芬奇——具有伟大远见的建筑工程师

《最后的晚餐》和《蒙娜丽莎》像，这两幅文艺复兴全盛时期的名画，是每一个艺术学生所认识的杰作，因此每一个艺术学生都熟识它们的作者——伟大的辽奥纳多·达·芬奇的名字。他不但是杰出的艺术家，而且是杰出的科学家。

达·芬奇青年时期的环境是意大利手工业生产最旺盛的文化发达的佛罗伦斯，他居留过十余年的米兰是以制造钢铁器和丝织著名的工业大城。从早年起，对于任何工作，达·芬奇就是不断地在自然现象中寻找规律，要在实践中认识真理，提高人的力量来克服自然，使它为生活服务。他反对当时教会的迷信愚昧，也反对当时学究们的抽象空洞的推论。他认为“不从实验中产生的科学都是空的、错误的；实验是一切真实性的源泉”，并说：“只会实行而没有科学的人，正如水手航海而没有舵和指南针一样。实践必须永远以健全的理论为基础。”他一生的工作都是依据了这样的见解而进行的。

关于达·芬奇在艺术和自然科学方面的贡献，已有很多专文，本文只着重介绍他在土木工程和建筑范围内所进行的活动和所主张的方向。

在建筑方面，达·芬奇同他的前后时代大名鼎鼎的建筑师们是不相同的。虽然他的名字常同文艺复兴大建筑师们相提并列，但他并没有一个作品如教堂或大厦之类留存到今天（除却一处在法国布洛阿宫尚无法证实而非常独特的螺旋楼梯之外）。不但如此，研究他的史料的人都还知道他的许多设计，几乎每个都不曾被采用；而部分接受他的意见的工程，今天或已不存在或无确证可以证明哪一部分曾用过他的设计或建议的。但是他在工程和建筑方面的实际影响又是不可否认的。在他同时代和较晚的纪录上，他的建筑师地位总是受到公认的。这问题在哪里呢？在于他的建筑上和工程上的见解，和他的其它许多贡献一样，是远远地走在时代的前面的先驱者的远见。他的许多计划之所以不能实现，正是因为它们远远超过了那时代的社会制度和意识，超过了当时意大利封建统治者的短视和自私自利的要求，为他们所不信任，所忽视或阻挠。当时的许多建筑设计，由指派建筑师到选择和决定，大都是操在封建贵族手中的。而在同行之间，由于达·芬奇参加监修许多的工程和竞选过设计，且做过无数草图和建议，他的杰出的理论和方法，独创的发明，就都传播了很大的影响。

达·芬奇是在画师门下学习绘画的，但当时的画师常擅长雕刻，并且或能刻石，或能铸铜，又常须同建筑师密切合作，自己多半也都是能作建筑设计的建筑师。他们都是一切能自己动手的匠师。在这样的时代里成长的达·芬奇，他的才艺的多面性本不足惊奇，可异的是在每一部门的工作中，他的深入的理解和全面性的发展都是他的后代在数十年的乃至数世纪中，汇集了无数人的智慧才逐渐达到的。而他却早就有远见地、勇敢地摸索前进，不断地研究、尝试和计划过。

达·芬奇对建筑工程的理解是超过一般人局限于单座建筑物的形式部署和建造的。虽然在达·芬奇的时代，最主要建筑活动是设计穹窿顶的大教堂和公侯的府邸等，以艺术的布局和形式为重点，且以雕石、刻像的富丽装璜为主要工作；但达·芬奇所草拟过的建筑工程领域却远超过这个狭隘的范围。他除了参加竞赛设计过教堂建筑，如米兰和帕维亚大教堂、佛罗伦斯的圣罗伦索的立面等；监修过米兰的堡垒和公爵府内部；设计并负责修造过小纪念室和避暑庄园中小亭子之外，他所自动提出的建筑设计的范围极广，种类很多，且主要都是以改善生活为目标的。例如他尽心地设计改善卫生的公厕和马厩；设计并详尽地绘制了后来在荷兰才普遍的水力风车的碾房的图样；他建议设计大量标准工人住宅；他做了一个志在消除拥挤和不卫生环境的庞大的米兰城改建的计划；他曾设计并监修过好几处的水利工程、灌溉水道，最重要的，如佛罗伦斯和毗萨之间的运河。他为阿尔诺河绘制过美丽而详细的地图，建议控制河的上下游，以便利许多可以利用水力作为发动力的工业；他充满信心地认为这是可以同时繁荣沿河几个城市的计划。这个策划正是今天最进步的计划经济中的“区域计划”的先声。

都市计划和区域计划都是达·芬奇去世四百多年以后，二十世纪的人们才提出解决的建筑问题。他的计划就是在现在也只有在先进的社会主义国家里才有力量认真实行和发展的。在十五、十六世纪的年代里，他的一切建筑工程计划或不被采用，或因得不到足够和普遍的支持，半途而废，是可以理解的。但达·芬奇一生并不因计划受挫，或没有实行，而失掉追求真理和不断作理智策划的勇气。直到他的晚年，在逝世以前，他在法国还做了鲁尔河和宋河间运河的计划，且目的在灌溉、航运、水力三方面的利益。对于改造自然，和平建设，他是具有无比信心的。

达·芬奇的都市计划的内容中，项目和方向都是正确的，它是由实际出发，解决最基本的问题的。虽受当时的社会制度和条件的限制，但主要是要消除城市的拥挤所造成的疾病、不卫生、不安宁和不愉快的环境。公元一四八四至一四八六年间米兰鼠疫猖狂的教训，使他草拟了他的改建米兰的计划。达·芬奇大胆地将米兰分划为若干区，为减少人口的密度，喧哗嘈杂，疾病的传播，恶劣的气味，和其他不卫生情形。他建议建造十个城区，每城区房屋五千，人口三万。他建议把城市建置在河岸或海边，以便设置排泄污水垃圾的暗沟系统，利用流水冲洗一切脏垢到河内。他建议设置街巷上的排水明沟和暗沟衔接，以免积存雨水和污物；建造规格化的工人住宅，建造公厕，改革市民的不卫生的习惯，注意烟囱的构造，将烟和臭气驱逐出城；且为保证市内空气和阳光，街道的宽度和房屋的高度要有一定的比例。在十五、十六世纪间，都市建设的重点在防御工程，城市的本身往往被视为次要的附属品，达·芬奇生在意大利各城市时常受到统治者之间争夺战威胁的时代，他的职务很多次都是监修堡垒，加固防御工程，但他所关心的却是城市本身和平居民的生活。但当时愚昧自私的卢多维柯是充耳不闻，无心接受这种建议的。

对于建筑工业的发展方向，达·芬奇也有预见。近代的“预制房屋”，他就曾做过类似的建议。当他在法国乡镇的时候，木材是那里主要的建筑材料，因为是夏天行宫所在，有大量房屋的需要，他曾建议建造可移动的房屋，各部分先在城市作坊中预制，可以运至任何地点随时很快地制置起来。

达·芬奇的“区域计划”的例子，是修建佛罗伦斯和毗萨之间的运河。他估计到这个水利工程可以繁荣那一带好几个城镇，如普拉图，皮斯托亚，毗萨，佛罗伦斯本身，乃至于卢卡。他相信那是可以促进许多工业生产的措施，因此他不但向地方行政负责方面建议，同时他也劝各工商行会给予支持。尤其是毛织业行会，它是佛罗伦斯最主要工业之一。达·芬奇认为还有许许多多手工业作坊都可以沿河建置，以利用水的动力，如碾坊、丝织业作坊、窑业作坊、镕铁、磨刀、做纸等作坊。他还特别提到纺丝可以给上百的女工以职业。用他自己的话说：“如果我们能控制阿尔诺河的上下游，每个人，如果他要的话，在每一公顷的土地上都可以得到珍宝。”他曾因运河中段地区有一处地势高起，设计过在不同高度的水平上航行的工程计划。十六世纪的传记家伐莎利说，达·芬奇每天都在制图或作模型，说明如何容易地可以移山开河！这正说明这位天才工程师是如何地确信人的力量能克服自然，为更美好的生活服务。这就是我们争取和平的人们要向他学习的精神。

此外，达·芬奇对个别建筑工程见解的正确性也应该充分提到。他在建筑的体形组织的艺术性风格之外，还有意识地着重建筑工程上两个要素。一是工具效率对于完善工程的重要；一是建筑的坚固和康健必须依赖自然科学知识的充实。这是多么正确和进步的见解。关于工具的重视，例如他在米兰的初期，正在作斯佛尔查铜像时，每日可以在楼上望见正在建造而永远无法完工的米兰大教堂，他注意到工人搬移石像、起运石柱的费力，也注意到他们木工用具效率之低，于是时常在他手稿上设计许多工具的图样，如掘地基和起石头的器具，铲子、锤子、搬土的手推车等等。十多年后，当他监修运河工程时，他观察到工人每挖一铲土所需要的动作次数，计算每工两天所能挖的土方。他自己设计了一种用牛力的挖土升降机，计算它每日上下次数和人工作了比较。这种以精确数字计算效率是到了近代才应用的方法，当时达·芬奇却已了解它在工程中的重要了。

关于工程和建筑的关系，他对于建筑工程的看法可以从他给米兰大教堂负责人的信中一段来代表他的见解。信中说："就如同医生和护士需要知道人和生命和健康的性质，知道各种因素之平衡与和谐保持了人和生命和健康，或是各种因素之不和谐危害并毁灭它们一样……同样的，这个有病的教堂也需要这一切；它需要一个'医生建筑师'，他懂得一个建筑物的性质，懂得正确建造方法所须遵守的法则，以及这些法则的来源与类别，和使一座建筑物存在并能永久的原因。"他是这样地重视"医生建筑师"，而所谓"医生建筑师"的任务则是他那不倦地追求自然规律的精神。

在建筑的艺术作风方面，达·芬奇是在"高特"建筑末期，古典建筑重新被发现被采用的时代，他的设计是很自然地把高特结构的基础和古典风格相结合。他的作风因此非常近似于拜占庭式的特征——那个古典建筑和穹窿顶结合所产生的格式，以小型的穹窿顶衬托中心特大的穹窿圆顶。在豪放和装饰性方面，达·芬奇所倾向的风格都不是古罗马所曾有，也不同于后来文艺复兴的典型作风。例如他的米兰教堂和帕维亚教堂的设计中所拟的许多稿图，把各种可能的结合和变化都尝试了。他强调正十字形的平面，所谓“希腊十字形”，而避免前部较长的“拉丁十字形”的平面。他明白正十字形平面更适合于穹窿顶的应用，无论从任何一面都可以瞻望教堂全部的完整性，不致被较长的一部所破坏。今天罗马圣彼得教堂就是因前部的过分扩充而受到损失的。达·芬奇在教堂设计的风格上，显示出他对体形组织也是极端敏感并追求完美的。至于他的幻想力的充沛，对结构原理的谙熟，就表现在戏剧布景、庆贺的会场布置和庭园部署等方面。他所做过的卓越的设计，许多曾是他所独创，而且是引导出后代设计的新发展。如果在法国布洛阿宫中的螺旋楼梯确是他所设计，我们更可以看出他对于螺旋结构的兴趣和他的特殊的作风；但因证据不足，我们不能这样断定。他在当时就设计过一个铁桥，而铁桥是到了十八世纪末叶在英国才能够初次出现。凡此种种都说明他是一个建筑和工程的天才；建筑工程界的先进的巨人。

和他的许多方面一样，达·芬奇在建筑工程的领域中，有着极广的知识和独到的才能。不断观察自然、克服自然、永有创造的信心，是他一贯的精神。他的理想和工作是人类文化的宝藏。这也就足以说明为什么在今天争取和平的世界里，我们要热烈地纪念他。

共十一节，各节分别初刊于一九五二年《新观察》一月一日第一期、一月十六日第二期、二月一日第三期、二月十六日第四期、三月十六日第五期、五月一日第七期、五月十六日第八期、六月一日第九期、六月十六日第十期、七月一日第十一期，均署名林徽因。

我们的首都

中山堂

我们的首都是这样多方面的伟大和可爱，每次我们都可以从不同的事物来介绍和说明它，来了解和认识它。我们的首都是一个最富于文物建筑的名城；从文物建筑来介绍它，可以更深刻地感到它的伟大与罕贵。下面这个镜头就是我要在这里首先介绍的一个对象。

它是中山公园内的中山堂。你可能已在这里开过会，或因游览中山公园而认识了它；你也可能是没有来过首都而希望来的人，愿意对北京有个初步的了解。让我来介绍一下吧，这是一个愉快的任务。

这个殿堂的确不是一个寻常的建筑物；就是在这个满是文物建筑的北京城里，它也是极其罕贵的一个。因为它是这个古老的城中最老的一座木构大殿，它的年龄已有五百三十岁了。它是十五世纪二十年代的建筑，是明朝永乐由南京重回北京建都时所造的许多建筑物之一，也是明初工艺最旺盛的时代里，我们可尊敬的无名工匠们所创造的、保存到今天的一个实物。

皇城内社稷坛（今中山公园）享殿（今中山堂）

这个殿堂过去不是帝王的宫殿，也不是佛寺的经堂；它是执行中国最原始宗教中祭祀仪节而设的坛庙中的“享殿”。中山公园过去是“社稷坛”，就是祭土地和五谷之神的地方。

凡是坛庙都用柏树林围绕，所以环境优美，成为现代公园的极好基础。社稷坛全部包括中央一广场，场内一方坛，场四面有短墙和棂星门；短墙之外，三面为神道，北面为享殿和寝殿；它们的外围又有红围墙和美丽的券洞门。正南有井亭，外围古柏参天。

中山堂的外表是个典型的大殿。白石镶嵌的台基和三道石阶，朱漆合抱的并列立柱，精致的门窗，青绿彩画的阑额，由于综错木材所组成的“斗栱”和檐椽等所造成的建筑装饰，加上黄琉璃瓦巍然耸起，微曲的坡顶，都可说是典型的、但也正是完整而美好的结构。它比例的稳重，尺度的恰当，也恰如它的作用和它的环境所需要的。它的内部不用天花顶棚，而将梁架斗栱结构全部外露，即所谓“露明造”的格式。我们仰头望去，就可以看见每一块结构的构材处理得有如装饰画那样美丽，同时又组成了巧妙的图案。当然，传统的青绿彩绘也更使它灿烂而华贵。但是明初遗物的特征是木材的优良（每柱必是整料，且以楠木为主），和匠工砍削榫卯的准确，这些都不是在外表上显著之点，而是属于它内在的品质的。

中国劳动人民所创造的这样一座优美的、雄伟的建筑物，过去只供封建帝王愚民之用，现在回到了人民的手里，它的效能，充分地被人民使用了。一九四九年八月，北京市第一届人民代表会议，就是在这里召开的。两年多来，这里开过各种会议百余次。这大殿是多么恰当地用作各种工作会议和报告的大礼堂！而更巧的是同社稷坛遥遥相对的太庙，也已用作首都劳动人民的文化宫了。

北京市劳动人民文化宫

北京市劳动人民文化宫是首都人民所熟悉的地方。它在天安门的左侧，同天安门右侧的中山公园正相对称。它所占的面积很大，南面和天安门在一条线上，北面背临着紫禁城前的护城河，西面由故宫前的东千步廊起，东面到故宫的东墙根止，东西宽度恰是紫禁城的一半。这里是四百零八年以前（明嘉靖二十三年，一五四四年）劳动人民所辛苦建造起来的一所规模宏大的庙宇。它主要是由三座大殿、三进庭院所组成；此外，环绕着它的四周的，是一片蓊郁古劲的柏树林。

这里过去称做“太庙”，只是沉寂地供着一些死人牌位和一年举行几次皇族的祭祖大典的地方。解放以后，一九五〇年国际劳动节，这里的大门上挂上了毛主席亲笔题的匾额——“北京市劳动人民文化宫”，它便活跃起来了。在这里面所进行的各种文化娱乐活动经常受到首都劳动人民的热烈欢迎，以至于这里林荫下的庭院和大殿里经常挤满了人，假日和举行各种展览会的时候，等待入门的行列有时一直排到天安门前。

在这里，各种文化娱乐活动是在一个特别美丽的环境中进行的。这个环境的特点有二：

一，它是故宫中工料特殊精美而在四百多年中又丝毫未被伤毁的一个完整的建筑组群。

二，它的平面布局是在祖国的建筑体系中，在处理空间的方法上最卓越的例子之一。不但是它的内部布局爽朗而紧凑，在虚实起伏之间，构成一个整体，并且它还是故宫体系总布局的一个组成部

太庙（今劳动人民文化宫）

分，同天安门、端门和午门有一定的关系。如果我们从高处下瞰，就可以看出文化宫是以一个广庭为核心，四面建筑物环抱，北面是建筑的重点。它不单是一座单独的殿堂，而是前后三殿：中殿与后殿都各有它的两厢配殿和前院；前殿特别雄大，有两重屋檐，三层石基，左右两厢是很长的廊庑，像两臂伸出抱拢着前面广庭。南面的建筑很简单，就是入口的大门。在这全组建筑物之外，环绕着两重有琉璃瓦饰的红墙，两圈红墙之间，是一周苍翠的老柏树林。南面的树林是特别大的一片，造成浓荫，和北头建筑物的重点恰相呼应。它们所留出的主要空间就是那个可容万人以上的广庭，配合着两面的廊子。这样的一种空间处理，是非常适合于户外的集体活动的。这也是我们祖国建筑的优良传统之一。这种布局与中山公园中社稷坛部分完全不同，但在比重上又恰是对称的。如果说社稷坛是一个四条神道由中心向外展开的坛（仅在北面有两座不高的殿堂），文化宫则是一个由四面殿堂廊屋围拢来的庙。这两组建筑物以端门前庭为锁钥，和午门、天安门是有机地联系着的。在文化宫里，如果我们由下往上看，不但可以看到北面重檐的正殿巍然而起，并且可以看到午门上的五凤楼一角正成了它的西北面背景，早晚云霞，金瓦翚飞，气魄的雄伟，给人极深刻的印象。

故宫三大殿

北京城里的故宫中间，巍然崛起的三座大宫殿是整个故宫的重点，“紫禁城”内建筑的核心。以整个故宫来说，那样庄严宏伟的气魄；那样富于组织性，又富于图画美的体形风格；那样处理空间的艺术；那样的工程技术，外表轮廓，和平面布局之间的统一的整体，无可否认的，它是全世界建筑艺术的绝品，它是一组伟大的建筑杰作，它也是人类劳动创造史中放出异彩的奇迹之一。我们有充足的理由，为我们这“世界第一”而骄傲。

三大殿的前面有两段作为序幕的布局，是值得注意的。第一段，由天安门，经端门到午门，两旁长列的“千步廊”是个严肃的开端。第二段在午门与太和门之间的小广场，更是一个美丽的前奏。这里一道弧形的金水河，和河上五道白石桥，在黄瓦红墙的气氛中，北望太和门的雄劲，这个环境适当地给三殿做了心理准备。

太和、中和、保和三座殿是前后排列着同立在一个庞大而崇高的工字形白石殿基上面的。这种台基过去称“殿陛”，共高二丈，分三层，每层有刻石栏杆围绕，台上列铜鼎等。台前石阶三列，左右各一列，路上都有雕镂隐起的龙凤花纹。这样大尺度的一组建筑物，是用更宏大尺度的庭院围绕起来的。广庭气魄之大是无法形容的。庭院四周有廊屋，太和与保和两殿的左右还有对称的楼阁，和翼门，四角有小角楼。这样的布局是我国特有的传统，常见于美丽的唐宋壁画中。

三殿中，太和殿最大，也是全国最大的一个木构大殿。横阔十一间，进深五间，外有廊柱一列，全个殿内外立着八十四根大柱。殿顶是重檐的“庑殿式”瓦顶，全部用黄色的琉璃瓦，光泽灿烂，同蓝色天空相辉映。底下彩画的横额和斗栱，朱漆柱，金琐窗，同白石阶基也作了强烈的对比。这个殿建于康熙三十六年（一六九七），已有二百五十五岁，而结构整严完好如初。内部渗金

故宫三大殿

盘龙柱和上部梁枋藻井上的彩画虽稍剥落，但仍然华美动人。

中和殿在工字基台的中心，平面为正方形，宋元工字殿当中的“柱廊”竟蜕变而成了今天的亭子形的方殿。屋顶是单檐“攒尖顶”，上端用渗金圆顶为结束。此殿是清初顺治三年的原物，比太和殿又早五十余年。

保和殿立在工字形殿基的北端，东西阔九间，每间尺度又都小于太和殿。上面是“歇山式”殿顶，它是明万历的“建极殿”原物，未经破坏或重建的。至今上面童柱上还留有“建极殿”标识。它是三殿中年寿最老的，已有三百三十七年的历史。

三大殿中的两殿，一前一后，中间夹着略为低小的单位所造成的格局，是它美妙的特点。要用文字形容三殿是不可能的，而同时因环境之大，摄影镜头很难把握这三殿全部的雄姿。深刻的印象，必须亲自进到那动人的环境中，才能体会得到。

北海公园

在二百多万人口的城市中，尤其是在布局谨严，街道引直，建筑物主要都左右对称的北京城中，会有像北海这样一处水阔天空，风景如画的环境，据在城市的心脏地带，实在令人料想不到，使人惊喜。初次走过横亘在北海和中海之间的金鳌玉桥的时候，望见隔水的景物，真像一幅画面，给人的印象尤为深刻。耸立在水心的琼华岛，山巅白塔，林间楼台，受晨光或夕阳的渲染，景象非凡特殊，湖岸石桥上的游人或水面小船，处处也都像在画中。池沼园林是近

北海白塔

代城市的肺腑，藉以调节气候，美化环境，休息精神；北海风景区对全市人民的健康所起的作用是无法衡量的。北海在艺术和历史方面的价值都是很突出的，但更可贵的还是在它今天回到了人民手里，成为人民的公园。

我们重视北海的历史，因为它也就是北京城历史重要的一段。它是今天的北京城的发源地。远在辽代（十一世纪初），琼华岛的地址就是一个著名的台，传说是“萧太后台”；到了金朝（十二世纪中），统治者在这里奢侈地为自己建造郊外离宫：凿大池，改台为岛，移北宋名石筑山，山巅建美丽的大殿。元忽必烈攻破中都，曾住在这里。元建都时，废中都旧城，选择了这离宫地址作为他的新城，大都皇宫的核心，称北海和中海为太液池。元的三个宫分立在两岸，水中前有“瀛洲圆殿”，就是今天的团城，北面有桥通“万岁山”，就是今天的琼华岛。岛立太液池中，气势雄壮，山巅广寒殿居高临下，可以远望西山，俯瞰全城，是忽必烈的主要宫殿，也是全城最突出的重点。明毁元三宫，建造今天的故宫以后，北海和中海的地位便不同了，也不那样重要了。统治者把两海改为游宴的庭园，称做“内苑”。广寒殿废而不用，明万历时坍塌。清初开辟南海，增修许多庭园建筑；北海北岸和东岸都有个别幽静的单位。北海面貌最显著的改变是在一六五一年，琼华岛广寒殿旧址上，建造了今天所见的西藏式白塔。岛正南半山殿堂也改为佛寺，由石阶直升上去，遥对团城。这个景象到今天已保持整整三百年了。

北海布局的艺术手法是继承宫苑创造幻想仙境的传统，所以它以琼华岛仙山楼阁的姿态为主：上面是台殿亭馆；中间有岩洞石室；北面游廊环抱，廊外有白石栏楯，长达三百公尺；中间漪澜堂，上起轩楼为远帆楼，和北岸的五龙亭隔水遥望，互见缥缈，是本着想象的仙山景物而安排的。湖心本植莲花，其间有画舫来去。北岸佛寺之外，还作小西天，又受有佛教画的影响。其他如桥亭堤岸，多少是模拟山水画意。北海的布局是有着丰富的艺术传统的。它的曲折有趣、多变化的景物，也就是它最得游人喜爱的因素。同时更因为它的水面宏阔，林岸较深，尺度大，气魄大，最适合于现代青年假期中的一切活动：划船、滑冰、登高远眺，北海都有最好的条件。

天坛

天坛在北京外城正中线的东边，占地差不多四千亩，围绕着有两重红色围墙。墙内茂密参天的老柏树，远望是一片苍郁的绿荫。由这树林中高高耸出深蓝色伞形的琉璃瓦顶，它是三重檐子的圆形大殿的上部，尖端上闪耀着涂金宝顶。这是祖国一个特殊的建筑物，世界闻名的天坛祈年殿。由南方到北京来的火车，进入北京城后，车上的人都可以从车窗中见到这个景物。它是许多人对北京文物建筑最先的一个印象。

天坛是过去封建主每年祭天和祈祷丰年的地方，封建的愚民政策和迷信的产物；但它也是过去辛勤的劳动人民用血汗和智慧所创造出来的一种特殊美丽的建筑类型，今天有着无比的艺术和历史价值。

天坛的全部建筑分成简单的两组，安置在平舒开朗的环境中，外周用深深的树林围护着。南面一组主要是祭天的大坛，称做“圜

天坛祈年殿

天坛远眺

丘”，和一座不大的圆殿，称“皇穹宇”。北面一组就是祈年殿和它的后殿——皇乾殿、东西配殿和前面的祈年门。这两组相距约六百公尺，有一条白石大道相联。两组之外，重要的附属建筑只有向东的“斋宫”一处。外面两周的围墙，在平面上南边一半是方的，北边一半是半圆形的。这是根据古代“天圆地方”的说法而建筑的。

圜丘是祭天的大坛，平面正圆，全部白石砌成；分三层，高约一丈六尺；最上一层直径九丈，中层十五丈，底层二十一丈。每层有石栏杆绕着，三层栏板共合成三百六十块，象征“周天三百六十度”。各层四面都有九步台阶。这座坛全部尺寸和数目都用一、三、五、七、九的“天数”或它们的倍数，是最典型的封建迷信结合的要求。但在这种苛刻条件下，智慧的劳动人民却在造形方面创造出一个艺术杰作。这座洁白如雪、重叠三层的圆坛，周围环绕着玲珑像花边般的石刻栏杆，形体是这样地美丽，它永远是个可珍贵的建筑物，点缀在祖国的地面上。

圜丘北面棂星门外是皇穹宇。这座单檐的小圆殿的作用是存放神位木牌（祭天时“请”到圜丘上面受祭，祭完送回）。最特殊的是它外面周绕的围墙，平面作成圆形，只在南面开门。墙面是精美的磨砖对缝，所以靠墙内任何一点，向墙上低声细语，他人把耳朵靠近其他任何一点，都可以清晰听到。人们都喜欢在这里做这种“声学游戏”。

祈年殿是祈谷的地方，是个圆形大殿，三重蓝色琉璃瓦檐，最上一层上安金顶。殿的建筑用内外两周的柱，每周十二根，里面更立四根“龙井柱”。圆周十二间都安格扇门，没有墙壁，庄严中呈显玲珑。这殿立在三层圆坛上，坛的样式略似圜丘而稍大。

天坛部署的规模是明嘉靖年间制定的。现存建筑中，圜丘和皇穹宇是清乾隆八年（一七四三）所建。祈年殿在清光绪十五年雷火焚毁后，又在第二年（一八九〇）重建。祈年门和皇乾殿是明嘉靖二十四年（一五四五）原物。现在祈年门梁下的明代彩画是罕有的历史遗物。

颐和园

在中国历史中，城市近郊风景特别好的地方，封建主和贵族豪门等总要独霸或强占，然后再加以人工的经营来做他们的“禁苑”或私园。这些著名的御苑、离宫、名园，都是和劳动人民的血汗和智慧分不开的。他们凿了池或筑了山，建造了亭台楼阁，栽植了树木花草，布置了回廊曲径，桥梁水榭，在许许多多巧妙的经营与加工中，才把那些离宫或名园提到了高度艺术的境地。现在，这些可宝贵的祖国文化遗产，都已回到人民手里了。

北京西郊的颐和园，在著名的圆明园被帝国主义侵略军队毁了以后，是中国四千年封建历史里保存到今天的最后的一个人“御苑”。颐和园周围十三华里，园内有山有湖。倚山临湖的建筑单位大小数百，最有名的长廊，东西就长达一千几百尺，共计二百七十三间。

颐和园的湖、山基础，是经过金、元、明三朝所建设的。清朝规模最大的修建开始于乾隆十五年（一七五〇年），当时本名清漪园，山名万寿，湖名昆明。一八六〇年，清漪园和圆明园同遭英法

後山
西堤
南湖
▲東宮門
(1)東宮門
(2)仁寿堂
(3)夕佳楼
(4)戯楼
(5)樂寿堂
▲前山
(6)長廊
(7)清晏舫
(8)牌枋
(9)排雲殿
(10)德輝殿
(11)佛香阁
(12)智慧海
▲半山
(13)諧趣園
(14)赤城霞起
(15)景福阁
(16)合新亭
(17)晝中遊
(18)聽鸝館
(19)小蘇州街
▲後山
(20)蘇州河
(21)北宮門
(22)寅輝
(23)須弥灵鏡
(24)西宮門
▲西堤
(25)蝠蚼橋
(26)界湖橋
▲南湖
(27)知春亭
(28)銅牛
(29)十七孔橋
(30)月波楼

颐和园图

联军毒辣的破坏。前山和西部大半被毁，只有山巅琉璃砖造的建筑和“铜亭”得免。

前山湖岸全部是光绪十四年（一八八八年）所重建。那时西太后那拉氏专政，为自己做寿，竟挪用了海军造船费来修建，改名颐和园。

颐和园规模宏大，布置错杂，我们可以分成后山、前山、东宫门、南湖和西堤等四大部分来了解它的。

第一部后山，是清漪园所遗留下的艺术面貌，精华在万寿山的北坡和坡下的苏州河。东自“赤城霞起”关口起，山势起伏，石路回转，一路在半山经“景福阁”到“智慧海”，再向西到“画中游”。一路沿山下河岸，处处苍松深郁或桃树错落，是初春清明前后游园最好的地方。山下小河（或称后湖）曲折，忽狭忽阔；沿岸摹仿江南风景，故称“苏州街”，河也名“苏州河”。正中北宫门入园后，有大石桥跨苏州河上，向南上坡是“后大庙”旧址，今称“须弥灵境”。这些地方，今天虽已剥落荒凉，但环境幽静，仍是颐和园最可爱的一部。东边“谐趣园”是仿无锡惠山园的风格，当中荷花池，四周有水殿曲廊，极为别致。西面通到前湖的小苏州河，岸上东有“买卖街”，俨如江南小镇（现已不存）。更西的长堤垂柳和六桥是仿杭州西湖六桥建设的。这些都是摹仿江南山水的一个系统的造园手法。

第二部前山湖岸上的布局，主要是排云殿、长廊和石舫。排云殿在南北中轴线上。这一组由临湖一座牌坊起，上到排云殿，再上到佛香阁；倚山建筑，巍然耸起，是前山的重点。佛香阁是八角攒尖顶的多层建筑物，立在高台上，是全山最高的突出点。这一组建筑的左右还有“转轮藏”和“五芳阁”等宗教建筑物。附属于前山部分的还有米山上几处别馆如“景福阁”“画中游”等。沿湖的长廊和中线成丁字形；西边长廊尽头处，湖岸转北到小苏州河，傍岸处就是著名的“石舫”，名清宴舫。前山着重侈大、堂皇富丽，和清漪园时代重视江南山水的曲折大不相同；前山的安排，是“仙山蓬岛”的格式，略如北海琼华岛，建筑物倚山层层上去，成一中轴线，以高耸的建筑物为结束。湖岸有石栏和游廊。对面湖心有远岛，以桥相通，也如北海团城。只是岛和岸的距离甚大，通到岛上的十七孔长桥，不在中线，而由东堤伸出，成为远景。

第三部是东宫门入口后的三大组主要建筑物：一是向东的仁寿殿，它是理事的大殿；二是仁寿殿北边的德和园；内中有正殿、两廊和大戏台；三是乐寿堂，在德和园之西。这是那拉氏居住的地方。堂前向南临水有石台石阶，可以由此上下船。这些建筑拥挤繁复，像城内府第，堵塞了入口，向后山和湖岸的合理路线被建筑物阻挡割裂，今天游园的人，多不知有后山，进仁寿殿或德和园之后，更有迷惑在院落中的感觉，直到出了乐寿堂西门，到了长廊，才豁然开朗，见到前面湖山。这一部分的建筑物为全园布局上的最大弱点。

第四部是南湖洲岛和西堤。岛有五处，最大的是月波楼一组，或称龙王庙，有长桥通东堤。其他小岛非船不能达。西堤由北而南成一弧线，分数段，上有六座桥。这些都是湖中的点缀，为北岸的远景。

天宁寺塔

北京广安门外的天宁寺塔，是北京城内和郊外的寺塔中完整立着的一个最古的建筑纪念物。这个塔是属于一种特殊的类型：平面作八角形，砖筑实心，外表主要分成高座、单层塔身和上面的多层密檐三部分。座是重叠的两组须弥座，每组中间有一道“束腰”，用“间柱”分成格子，每格中刻一浅龛，中有浮雕，上面用一周砖刻斗栱和栏杆，故极富于装饰性。座以上只有一单层的塔身，托在仰翻的大莲瓣上，塔身四正面有栱门，四斜面有窗，还有浮雕力神像等。塔身以上是十三层密密重叠着的瓦檐。第一层檐以上，各檐中间不露塔身，只见斗栱；檐的宽度每层缩小，逐渐向上递减，使塔的轮廓成缓和的弧线。塔顶的“刹”是佛教的象征物，本有“覆钵”和很多层“相轮”，但天宁寺塔上只有宝顶，不是一个刹，而十三层密檐本身却有了相轮的效果。

这种类型的塔，轮廓甚美，全部稳重而挺拔。层层密檐的支出使檐上的光和檐下的阴影构成一明一暗；重叠而上，和素面塔身起反衬作用，是最引人注意的宜于远望的处理方法。中间塔身略细，约束在檐以下、座以上，特别显得窈窕。座的轮廓也因有伸出和缩紧的部分，更美妙有趣。塔座是塔底部的重点，远望清晰伶俐；近望则见浮雕的花纹、走兽和人物，精致生动，又恰好收到最大的装饰效果。它是砖造建筑艺术中的极可宝贵的处理手法。

分析和比较祖国各时代各类型的塔，我们知道南北朝和隋的木塔的形状，但实物已不存。唐代遗物主要是砖塔，都是多层方塔，如西安的大雁塔和小雁塔。唐代虽有单层密檐塔，但平面为方形，且无须弥座和斗栱，如嵩山的永泰寺塔。中原山东等省以南，山西省以西，五代以后虽有八角塔，而非密檐，且无斗栱，如开封的“铁塔”。在江南，五代两宋虽有八角塔，却是多层塔身的，且塔身虽砖造，每层都用木造斗栱和木檩托檐，如苏州虎丘塔，罗汉院双塔等。检查天宁寺塔每一细节，我们今天可以确凿地断定它是辽代的实物，清代石碑中说它是“隋塔”是错误的。

这种单层密檐的八角塔只见于河北省和东北。最早有年月可考的都属于辽金时代（十一至十三世纪），如房山云居寺南塔北塔，正定青塔，通州塔，辽阳白塔寺塔等。但明清还有这形制的塔，如北京八里庄塔。从它们分布的地域和时代看来，这类型的塔显然是契丹民族（满族祖先的一支）的劳动人民和当时移居辽区的汉族匠工们所合力创造的伟绩，是他们对于祖国建筑传统的一个重大贡献。天宁寺塔经过这九百多年的考验，仍是一座完整而美丽的纪念性建筑，它是今天北京最珍贵的艺术遗产之一。

北京近郊的三座“金刚宝座塔”

——西直门外五塔寺塔、德胜门外西黄寺塔和香山碧云寺塔

北京西直门外五塔寺的大塔，形式很特殊；它是建立在一个巨大的台子上面，由五座小塔所组成的。佛教术语称这种塔为“金刚宝座塔”。它是摹仿印度佛陀伽蓝的大塔建造的。

金刚宝座塔的图样，是一四一三年（明永乐时代）西番班迪达来中国时带来的。永乐帝朱棣，封班迪达做大国师，建立大正觉

天宁寺塔

寺——即五塔寺——给他住。到了一四七三年（明成化九年）便在寺中仿照了中印度式样，建造了这座金刚宝座塔。清乾隆时代又仿照这个类型，建造了另外两座。一座就是现在德胜门外的西黄寺塔，另一座是香山碧云寺塔。这三座塔虽同属于一个格式，但每座各有很大变化，和中国其他的传统风格结合而成。它们具体地表现出祖国劳动人民灵活运用外来影响的能力，他们有大胆变化、不限制于摹仿的创造精神。在建筑上，这样主动地吸收外国影响和自己民族形式相结合的例子是极值得注意的。同时，介绍北京这三座塔并指出它们的显著的异同，也可以增加游览者对它们的认识和兴趣。

五塔寺在西郊公园北面约二百公尺。它的大台高五丈，上面立五座密檐的方塔，正中一座高十三层，四角每座高十一层。中塔的正南，阶梯出口的地方有一座两层檐的亭子，上层瓦顶是圆的。大台的最底层是个“须弥座”，座之上分五层，每层伸出小檐一周，下雕并列的佛龛，龛和龛之间刻菩萨立像。最上层是女儿墙，也就是大台的栏杆。这些上面都有雕刻，所谓“梵花、梵宝、梵字、梵像”。大台的正门有门洞，门内有阶梯藏在台身里，盘旋上去，通到台上。

这塔全部用汉白石建造，密密地布满雕刻。石里所含铁质经过五百年的氧化，呈现出淡淡的橙黄的颜色，非常温润而美丽。过于繁琐的雕饰本是印度建筑的弱点，中国匠人却创造了自己的适当的处理。他们智慧地结合了祖国的手法特征，努力控制了凹凸深浅的重点。每层利用小檐的伸出和佛龛的深入，做成阴影较强烈的部分，其余全是极浅的浮雕花纹。这样，便纠正了一片杂乱繁缛的感觉。

西黄寺塔，也称做班禅喇嘛净化城塔，建于一七七九年。这座

北京西黄寺班禅喇嘛塔

碧云寺金刚宝座塔

塔的形式和大正觉寺塔一样，也是五座小塔立在一个大台上面。所不同的，在于这五座塔本身的形式。它的中央一塔为西藏式的喇嘛塔（如北海的白塔），而它的四角小塔，却是细高的八角五层的“经幢”；并且在平面上，四小塔的座基突出于大台之外，南面还有一列石阶引至台上。中央塔的各面刻有佛像、草花和凤凰等，雕刻极为细致富丽，四个幢主要一层素面刻经，上面三层刻佛龛与莲瓣。全组呈窈窕玲珑的印象。

碧云寺塔和以上两座又都不同。它的大台共有三层，底下两层是月台，各有台阶上去。最上层做法极像五塔寺塔，刻有数层佛龛，阶梯也藏在台身内。但它上面五座塔之外，南面左右还有两座小喇嘛塔，所以共有七座塔了。

这三处仿中印度式建筑的遗物，都在北京近郊风景区内。同式样的塔，国内只有昆明官渡镇有一座，比五塔寺塔更早了几年。

鼓楼、钟楼和什刹海

北京城在整体布局上，一切都以城中央一条南北中轴线为依据。这条中轴线以永定门为南端起点，经过正阳门、天安门、午门、前三殿、后三殿、神武门、景山、地安门一系列的建筑重点，最北就结束在鼓楼和钟楼那里。北京的钟楼和鼓楼不是东西相对，而是在南北线上，一前、一后的两座高耸的建筑物。北面城墙正中不开城门，所以这条长达八公里的南北中线的北端就终止在钟楼之前。这个伟大气魄的中轴直串城心的布局是我们祖先杰出的创造。鼓楼面

鼓楼和钟楼

向着广阔的地安门大街，地安门是它南面的“对景”，钟楼峙立在它的北面，这样三座建筑便合成一组庄严的单位，适当地作为这条中轴线的结束。

鼓楼是一座很大的建筑物，第一层雄厚的砖台，开着三个发券的门洞。上面横列五间重檐的木构殿楼，整体轮廓强调了横亘的体形。钟楼在鼓楼后面不远，是座直立耸起、全部砖石造的建筑物；下层高耸的台，每面只有一个发券门洞。台上钟亭也是每面一个发券的门。全部使人有浑雄坚实的矗立的印象。钟、鼓两楼在对比中，一横一直，形成了和谐美妙的组合。明朝初年智慧的建筑工人，和当时的“打图样”的师父们就这样朴实、大胆地创造了自己市心的立体标志，充满了中华民族特征的不平凡的风格。

钟、鼓楼西面俯瞰什刹海和后海。这两个“海”是和北京历史分不开的。它们和北海、中海、南海是一个系统的五个湖沼。十二世纪中建造“大都”的时候，北海和中海被划入宫苑（那时还没有南海），什刹海和后海留在市区内。当时有一条水道由什刹海经现在的北河沿、南河沿、六国饭店出城通到通州，衔接到运河。江南运到的粮食便在什刹海卸货，那里船帆桅杆十分热闹，它的重要性正相同于我们今天的前门车站。到了明朝，水源发生问题，水运只到东郊，什刹海才丧失了作为交通终点的身份。尤其难得的是它外面始终没有围墙把它同城区阻隔，正合乎近代最理想的市区公园的布局。

海的四周本有十座佛寺，因而得到“什刹”的名称。这十座寺早已荒废。满清末年，这里周围是茶楼、酒馆和杂耍场子等。但湖水逐渐淤塞，虽然夏季里香荷一片，而水质污秽、蚊虫孳生已威胁到人民的健康。解放后人民自己的政府首先疏浚全城水道系统，将什刹海掏深，砌了石岸，使它成为一片清澈的活水，又将西侧小湖改为可容四千人的游泳池。两年来那里已成劳动人民夏天中最喜爱的地点。垂柳倒影，隔岸可遥望钟楼和鼓楼，它已真正地成为首都的风景区。并且这个风景区还正在不断地建设中。

在全市来说，由地安门到钟、鼓楼和什刹海是城北最好的风景区的基础。现在鼓楼上面已是人民的第一文化馆，小海已是游泳池，又紧接北海。这一个美好环境，由钟、鼓楼上远眺更为动人。不但如此，首都的风景区是以湖沼为重点的，水道的连结将成为必要。什刹海若予以发展，将来可能以金水河把它同颐和园的昆明湖结连起来。那样，人们将可以在假日里从什刹海坐着小船经由美丽的西郊，直达颐和园了。

雍和宫

北京城内东北角的雍和宫，是二百十几年来北京最大的一座喇嘛寺院。喇嘛教是蒙藏两族所崇奉的宗教，但这所寺院因为建筑的宏丽和佛像雕刻等的壮观，一向都非常著名，所以游览首都的人们，时常来到这里参观。这一组庄严的大建筑群，是过去中国建筑工人以自己传统的建筑结构技术来适应喇嘛教的需要所创造的一种宗教性的建筑类型，就如同中国工人曾以本国的传统方法和民族特征解决过回教的清真寺或基督教的礼拜堂的需要一样。这寺院的全部是一种符合特殊实际要求的艺术创造，在首都的文物建筑中间，它是不容忽视的一组建筑遗产。

雍和宫曾经是胤祯（清雍正）做王子时的府第。在一七三四年改建为喇嘛寺。

雍和宫的大布局，紧凑而有秩序，全部由南北一条中轴线贯穿着。由最南头的石牌坊起到“琉璃花门”是一条“御道”，——也像一个小广场。两旁十几排向南并列的僧房就是喇嘛们的宿舍。由琉璃花门到雍和门是一个前院，这个前院有古槐的幽荫，南部左右两角立着钟楼和鼓楼，北部左右有两座八角的重檐亭子，更北的正中就是雍和门；雍和门规模很大，才经过修缮油饰。由此北进共有三个大庭院，五座主要大殿阁。第一院正中的主要大殿称做雍和宫，它的前面中线上有碑亭一座和一个雕刻精美的铜香炉，两边配殿围绕到它后面一殿的两旁，规模极为宏壮。

全寺最值得注意的建筑物是第二院中的法轮殿，其次便是它后面的万佛楼。它们的格式都是很特殊的。法轮殿主体是七间大殿，但它的前后又各出五间“抱厦”，使平面成十字形。殿的瓦顶上面突出五个小阁，一个在正脊中间，两个在前坡的左右，两个在后坡的左右。每个小阁的瓦脊中间又立着一座喇嘛塔。由于宗教上的要求，五塔寺金刚宝座塔的型式很巧妙地这样组织到纯粹中国式的殿堂上面，成了中国建筑中一个特殊例子。

万佛楼在法轮殿后面，是两层重檐的大阁。阁内部中间有一尊五丈多高的弥勒佛大像，穿过三层楼井，佛像头部在最上一层的屋顶底下。据说这个像的全部是由一整块檀香木雕成的。更特殊的是万佛楼的左右另有两座两层的阁，从这两阁的上层用斜廊——所谓飞桥——和大阁相联系。这是敦煌唐朝画中所常见的格式，今天还

雍和宫

有这样一座存留着，是很难得的。

雍和宫最北部的绥成殿是七间，左右楼也各是七间，都是两层的楼阁，在我们的最近建设中，我们极需要参考本国传统的楼屋风格，从这一组两层建筑物中，是可以得到许多启示的。

故宫

北京的故宫现在是首都的故宫博物院。故宫建筑的本身就是这博物院中最重要的历史文物。它综合形体上的壮丽、工程上的完美和布局上的庄严秩序，成为世界上一组最优异、最辉煌的建筑纪念物。它是我们祖国多少年来劳动人民智慧和勤劳的结晶，它有无比的历史和艺术价值。全宫由“前朝”和“内廷”两大部分组成；四周有城墙围绕，墙下是一周护城河，城四角有角楼，四面各有一门：正南是午门，门楼壮丽称五凤楼；正北称神武门；东西两门称东华门、西华门，全组统称“紫禁城”。隔河遥望红墙、黄瓦、宫阙、角楼的任何一角都是宏伟秀丽，气象万千。

前朝正中的三大殿是宫中前部的重点，阶陛二层，结构崇伟，为建筑造形的杰作。东侧是文华殿，西侧是武英殿，这两组与太和门东西并列，左右衬托，构成三殿前部的格局。

内廷是封建皇帝和他的家族居住和办公的部分。因为是所谓皇帝起居的地方，所以借重了许多严格部署的格局和外表形式上的处理来强调这独夫的“至高无上”。因此内廷的布局仍是采用左右对称的格式，并且在部署上象征天上星宿等等。例如内廷中间，乾

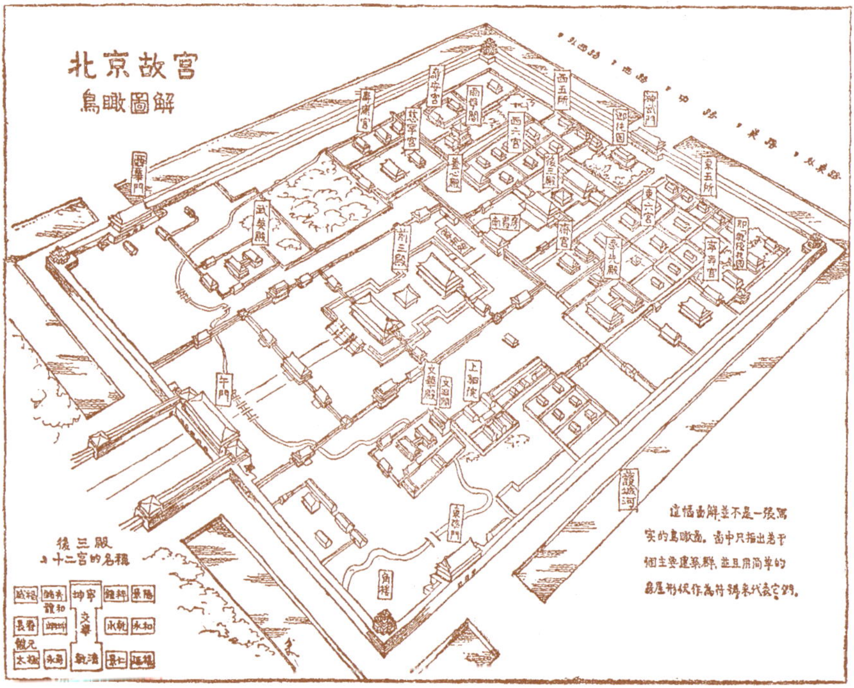
北京故宮
鳥瞰圖解
西華門
武英殿
壽康宮
慈寧宮
雨花閣
西五所
神武門
御花園
西六宮
養心殿
後三殿
東五所
東六宮
南書房
前三殿
奉先殿
寧壽宮
午門
文華殿
文淵閣
上駟院
護城河
角樓
後三殿
與十二宮的名稱
這幅圖解並不是一張寫實的鳥瞰圖。圖中只指出若干個主要建築群，並且用簡單的房屋形狀作為符號來代表它們。

北京故宫鸟瞰图

清、坤宁两宫就是象征天地，中间过殿名交泰，就取“天地交泰”之义。乾清宫前面的东西两门名日精、月华，象征日月。后面御花园中最北一座大殿——钦安殿，内中还供奉着“玄天上帝”的牌位。故宫博物院称这部分作“中路”，它也就是前三殿中轴线的延续，也是全城中轴的一段。

“中路”两旁两条长夹道的东西，各列六个宫，每三个为一路，中间有南北夹道。这十二个宫象征十二星辰。它们后部每面有五个并列的院落，称东五所、西五所，也象征众星拱辰之义。十二宫是内宫眷属“妃嫔”“皇子”等的住所和中间的“后三殿”就是紫禁城后半部的核心。现在博物院称东西六宫等为“东路”和“西路”，按日轮流开放。西六宫曾经改建，储秀和翊坤两宫之间增建一殿，成了一组。长春和太极之间，也添建一殿，成为一组，格局稍变。东六宫中的延禧，曾参酌西式改建“水晶宫”而未成。

三路之外的建筑是比较不规则的。主要的有两种：一种是在中轴两侧，东西两路的南头，十二宫的面的重要前宫殿。西边是养心殿一组，它正在“外朝”和“内廷”之间偏东的位置上，是封建主实际上日常起居的地方。中轴东边与它约略对称的是斋宫和奉先殿。这两组与乾清宫的关系就相等于文华、武英两殿与太和殿的关系。另一类是核心外围规模较十二宫更大的宫。这些宫是建筑给封建主的母后居住的。每组都有前殿、后寝、周围廊子、配殿、宫门等。西边有慈宁、寿康、寿安等宫。其中夹着一组佛教庙宇雨花阁，规模极大。总称为“外西路”。东边的“外东路”只有直串南北、范围巨大的宁寿宫一组。它本是玄烨（康熙）的母亲所居，后来弘历（乾隆）将政权交给儿子，自己退老住在这里曾增建了许多繁缛巧丽的亭园建筑，所以称为“乾隆花园”。它是故宫后部核心以外最特殊也最奢侈的一个建筑组群，且是清代日趋繁琐的宫廷趣味的代表作。

故宫后部虽然“千门万户”，建筑密集，但它们仍是有秩序的布局。中轴之外，东西两侧的建筑物也是以几条南北轴线为依据的。各轴线组成的建筑群以外的街道形成了细长的南北夹道。主要的东一长街和西一长街的南头就是通到外朝的“左内门”和“右内门”，它们是内廷和前朝联系的主要交通线。

除去这些“宫”与“殿”之外，紫禁城内还有许多服务单位如上驷院、御膳房和各种库房及值班守卫之处。但威名煊赫的“南书房”和“军机处”等宰相大臣办公的地方，实际上只是乾清门旁边几间廊庑房舍。军机处还不如上驷院里一排马厩！封建帝王残酷地驱役劳动人民为他建造宫殿，养尊处优，享乐排场无所不至，而即使是对待他的军机大臣也仍如奴隶。这类事实可由故宫的建筑和布局反映出来。紫禁城全部建筑也就是最丰富的历史材料。

初刊于一九五二年九月十六日《新观察》第十六期，署名梁思成、林徽因。

祖国的建筑传统与当前的建设问题

两年多以前，解放了的中国人民就开始了全国性的建设工作。从那时到今天这短短的期间内，全国人民所建造的房屋面积比以往五千年历史中任何一个三年都多。土地改革后的农村中出现了数以百万计的新农舍；城市中出现了无数的工厂、学校、托儿所、医院、办公楼、工人住宅和市民住宅。通过这样庞大规模的工作，全国的建筑工人、建筑师和工程师都不断地提高了自己的政治觉悟，以最愉快的心情和高度的热情接受了全国人民交给他们的光荣任务——全心全意地进行一切和平建设，为美好的社会主义社会打下基础。

过去一世纪以来，我国沿海岸的大城市赤裸裸地反映了半殖民地的可耻的特性。上海是伦敦东头的缩影，青岛和大连的建筑完全反映日耳曼和日本的气氛。官僚地主丧失了民族自尊心，买办们崇拜外国商人在我们的土地上所蛮横地建造的“洋楼”，大城市的建筑工人也被迫放弃了自己的传统和艺术，为所谓“洋式建筑”服务。我国原有的建筑不但被鄙视，并且大量地被毁灭，城市原有的完整性，艺术风格上的一致性，被强暴地破坏了。帝国主义的军事、经济、文化的侵略本质，在我们许多城市中的建筑上显著而具体地表现了出来。

建筑本来是有民族特性的，它是民族文化中最重要的表现之一；新中国的建筑必须建筑在民族优良传统的基础上，这已是今天中国大多数建筑师们所承认的原则。凡是参加城市建筑设计的建筑师们都负有三重艰巨任务：他们必须肃清许多城市中过去半殖民地的可耻的丑恶面貌，必须恢复我们建筑上的民族特性，发扬光大祖国高度艺术性的建筑体系，同时又必须吸收外国的，尤其是苏联的先进经验，以满足新民主主义的经济建设和文化建设中众多而繁复的需求，真正地表现毛泽东时代的新中国的精神。

在人类各民族的建筑大家庭中，中华民族的建筑是一个独特的体系。我们祖先采用了一个极其智慧的方法：在一个台基上用木材先树立构架以负荷上部的重量；墙壁只做分隔内外的作用而不必负重，因而门窗的大小和位置都能取得最大的自由，不受限制。这个建筑体系能够适应任何气候，适用于从亚热带到亚寒带的广大地区。这种构架法正符合现代的钢架或钢筋水泥构架的原则，如果中国建筑采用这类现代材料和技术，在大体上是毫不矛盾的。这也是保持中国风格的极有利条件。

我们古代的建筑匠师们积累了世代使用木材的特别经验，创造了在柱头之上用层叠的挑梁，以承托上面横梁，使得屋顶部分出檐深远，瓦坡的轮廓优美。用层叠挑出的木材所构成的每一个组合称做“斗栱”。“斗栱”和它们所承托的庄严的屋顶，都是中国建筑上独有的特征，和欧洲教堂石骨发券结构一样，都是人类在建筑上所达到的高度艺术性的工程。我们古代的匠师们还巧妙地利用保护木材的油漆，大胆地把不同的颜色组成美丽的彩画、图案。不但用在建筑内部，并且用在建筑外部檐下的梁枋上，取得外表上的优异的效果。在屋瓦上，我们也利用有色的琉璃瓦。这种用颜色的艺术是中国建筑体系的一个显著特征。在应用色调和装璜方面，中国匠师表现出极强的控制能力，在建筑上所取得的总效果都表现着适当的富丽而又趋向于简练。另外还有一个特点：在中国建筑中，每一个露在外面的结构部分同时也就是它的装饰部分；那就是说，每一件装饰品都是加了工的结构部分。中国建筑的装饰与结构是完全统一的。天安门就是这一切优点的卓越的典型范例。

在平面布置上，一所房屋是由若干座个别的厅堂廊庑和由它们围绕着而形成的庭院或若干庭院组合而成的。建筑物和它们所围绕而成的庭院是作为一个整体而设计的。在处理空间的艺术上也达到了最高度的成就。

中国的建筑体系至迟在公元前十五世纪已经形成，至迟到汉朝（公元前二〇六年至公元二二〇年）就已经完全成熟。木结构的形式，包括梁柱、斗栱和屋顶，已经被“翻译”到石建筑上去了。中国建筑虽然也采用砖石建造一些重要的工程和纪念性的建筑物，但仍以木结构为主，继续发展它的特长，使它日臻完善，这样成功地赋予纯粹木构建筑以宏大的气魄，是世界各建筑体系中所没有的现象。

这种庄重堂皇的建筑物最卓越显著的范例莫如北京的宫殿，那是所有到过北京的人们所熟悉的。当然，还有各地的许多庙宇衙署也都具有相同的品质。它们都以厅堂、门楼、廊庑以及它们所围绕着的庭院构成一个有机的整体，雄伟壮丽，它们能给人以不易磨灭的印象。这种同样的结构和部署用作住宅时，无论是乡间的农舍或是城市中的宅第，也都可以使其简朴而适合于日常工作和生活的需要。

古代木结构中一些各别罕贵重要的文物是应当在这里提到的。山西省五台山佛光寺的正殿是一座八五七年建造的佛教建筑，至今仍然十分完整（见图一）。河北省蓟县的独乐寺中，立着中国第二古的木建筑。一座以两个正层和一个暗层构成的三层建筑（见图二）也已经屹立了九百六十八年。这三层建筑是围绕着国内最大的一尊泥塑立像建造的。上两层的楼板当中都留出一个“井”，让立像高贯三楼，结构极为工巧。木结构另一个伟大的奇迹是察哈尔应县佛宫寺的木塔（见图三），有五个正层和四个暗层，共九层；由刹尖到地面共高六十六公尺。这个极其大胆的结构表现了我国古代匠师在结构方面和艺术方面无可比拟的成就。再过四年，这座雄伟的建筑就满九百年的高龄了。从这几座千年左右的杰作中，我们不惟可以看到中国木构建筑的纪念性品质和工巧的结构，而且可以得出结论，这种木结构之所以能有这样的持久性，就是因为它的结构方法科学地合乎木材的性能。年龄在七百年以上的木建筑，据建筑史家局部的初步调查，全国还有三十余处。进一步有系统的调查，必然还要找到更多的遗物。可惜这三十余处中已经很少完整的全组，而只是个别的殿堂。成组的如察哈尔大同的善化寺（辽金时代）和山西太原的晋祠（北宋）都是极为罕贵的。北京故宫——包括太庙（文化宫）和社稷坛（中山公园）——全组的布局，虽然时代略晚，但规模之大，保存之完整，更是珍贵无比的。

在砖或石的建筑方面，古代的工程师和建筑师们也发挥了高度的创造性。在陵墓建筑，防御工程，桥梁工程和水利工程上都有伟大的创造。

著名的万里长城起伏蜿蜒在一千三百余公里的山脊上，北京的城墙和巍峨的城门楼是构成北京的整体的一个重要因素。它们不是没有生命的砖石堆，而是浑厚伟大的艺术杰作。在造桥方面，一千三百年前建造的河北省赵县的大石桥是用一个跨度约三七.五〇公尺的券做成的“空撞券桥”（见图四）。像那样在主券上用小券的无比聪明的办法，直到一九一二年才初次被欧洲人采用；而在那样早的年代里，竟有一位名叫李春的匠人给我们留下这样一件伟大壮丽的工程，足以证明在那时候以前，我国智慧的劳动人民的造桥经验，已经是多么丰富了。

今日在全国的土地上最常见的砖石建筑是全国无数的佛塔，其中很多是艺术杰作。河南省嵩山嵩岳寺的砖塔（见图五）是我国佛教建筑中最古的文物，建于公元五二〇年，也是国内现存最古的砖建筑。它只是简单地用砖砌成，只有极少的建筑装饰。只凭它十五层的叠涩檐和柔和的抛物线所形成的秀丽挺拔的轮廓，已足以使它成为最伟大的艺术品。在河北省涿县的双塔上，十一世纪的建筑师却极其巧妙地用砖作表现了木构建筑的形式，外表与略早的佛宫寺木塔几乎完全一样。虽然如此，它们仍充分地表现了砖石结构浑厚的品质。

砖石建筑在华北和西北广泛地被采用着，它们都用筒形券的结构。当以砖石作为殿堂时，则按建筑物纪念性之轻重，适当地用砖石表现木结构的样式。许多所谓“无梁殿”的建筑，如山西太原永祚寺明末（一五九五年）的大雄宝殿（见图六）都属于这一类。

检查我们过去的许多建筑物，我们注意到两种重要事实：一、无论是木结构或砖石结构，无论在各地方有多少不同的变化，中国建筑几千年来都保持着一致的、一贯的、明确的民族特性。二、我们古代的匠师们善于在自己的传统的基础上适当地吸收外来的影响，丰富了自己，但从来没有因此而丧失了自己的民族特性。千余年来分布全国的佛教建筑和回教建筑最清晰地证明了这一点。但是自从帝国主义以武力侵略我国，文化上和平而自然的交流被蛮横的武力所代替以来，情形就不同了。沿海岸和长江上的一些“通商口岸”被侵略者用他们带来的建筑形式生硬地移殖到原来的环境中，对于我国城市的环境风格加以傲慢的鄙视和粗暴的破坏。学校里训练出来新型的知识分子的建筑师竟全部放弃中国建筑的传统，由思想到技术完完全全的摹仿欧美的建筑体系，不折不扣地接受了欧美建筑传统，把它硬搬到祖国来。过去一世纪的中国建筑史正是中国近代被侵略史的另一悲惨的版本！

从满清末年到解放以前，有些建筑师们只为少数地主、官僚、买办建造少数的公馆、洋行、公司，为没落的封建制度和半殖民地的政治经济服务。因为殖民地经济的可怜情况，建筑不但在结构和外表方面产生了许多丑恶类型，而且在材料方面，在平面的部署方面都堕落到最不幸的水平。建筑师们变成为帝国主义的经济、文化侵略服务。同时蔑视自己本国艺术遗产、优秀工匠和成熟而优越的技术传统。此后任何建筑作品都成了最不健康的殖民地文化的最明显的代表，反映着那时期的畸形的政治经济情况。到了解放的前夕，每一个爱国的建筑师越来越充满了痛苦而感到彷徨。

祖国的解放为我们全国的建筑师带来了空前的大转变。我们不但忽然得到了设计成千上万的住宅、工厂、学校、医院、办公楼的机会，我们不但在一两年中所设计的房屋面积就可能超过过去半生所设计的房屋面积的总和乃至若干倍，最主要的是我们知道我们的服务对象不是别人，而是劳动人民。我们是为祖国的和平的社会主义事业而建设，也是为世界的和平建设的一部分而努力。我们集体工作的成果将是这新时代的和平民主精神的表现。我们的工作充满了重要意义，在今天，任何建筑师，无论在经济建设或文化建设中，都是最活跃的一员。我们为这光荣的任务感到兴奋和骄傲。但是我们也因此而感到还应当以更严肃的态度担负起这沉重的责任。

这许多重大的意义，建筑师们不是一下子就认识到的。由于过去的习惯，起初我们只见到因为建造的量的增加使我们得以“一显身手”的许多机会；但很快地一个严重的问题使我们思索了。这么大量的建造之出现将要改变祖国千百个城市的面貌。我们应该用什么材料、什么结构、什么形式来处理呢？这是需要认真的思虑的，是必须有正确领导的，是不能任其自流和盲目发展的。好在在这里，共同纲领的文化教育政策已给了我们一个行动指南。这就是毛主席所提出的新民主主义的文化教育政策。

遵照毛主席在《新民主主义论》中对于新文化的英明正确的分析，中国的新文化是“民族的。它是反对帝国主义压迫，主张中华民族的尊严和独立的。它是我们这个民族的，带有我们的民族特性”。因此新中国的建筑当然也“应有自己的形式，这就是民族形式。民族的形式，新民主主义的内容”。

中国的新建筑必须是“科学的。……主张实事求是，主张客观真理，主张理论与实践一致的”，“……是从古代的旧文化发展而来”的。新中国的建筑师“必须尊重自己的历史，决不能割断历史。……尊重历史的辩证法的发展，而不是颂古非今……不是要引导他们（人民群众）向后看，而是要引导他们向前看”。

这个新建筑“是大众的，因而即是民主的。它应为全民族中百分之九十以上的工农劳苦民众服务。……把提高和普及互相区别又互相联结起来”。

有了这样明确而英明的指示，建筑师们就应当认清方向，满怀信心，大踏步向前迈进。我们必须毫不犹疑地，无所留恋地扬弃那些资本主义的，割断历史的世界主义的各种流派建筑和各流派的反动理论；必须彻底批判“对世界文化遗产的虚无主义态度以及忽视民族艺术遗产的态度”（苏联建筑科学院院长莫尔德维诺夫语）。不可否认的，目前首先急待解决的是广大劳动人民工作和居住所大量需要的房屋的问题；目前所要达到的量是要超过于质的。但是我们相信，普及会与提高“互相联结起来”的。毛主席告诉我们：“随同经济建设高潮的到来，不可避免地将要出现一个文化建设的高潮。”新中国的建筑师们正在为伟大的和平建设努力。我们目前正在为大规模的经济建设贡献出一切力量，但同时也必须准备迎接文化建设的高潮。新的设计必须努力提高水平。研究、理解、爱好过去的本国建筑的热情必须培养起来。在中央文化部的领导下，整理艺术遗产的工作已在每日加强。在中央教育部的领导下，在培养下一代的建筑师的教学方针上，已采用了苏联的先进教学计划，在创造中注重民族传统已是一个首要的重点。

全国人民有理由向建筑师们要求，也有理由相信，在很短的期间内，在全国的一切建筑设计中，新中国的建筑必然要获得巨大的成就，建筑师们的设计标准必然会显著地提高，因为我们会再度找到自己的传统的艺术特征，用最新的技术和材料，发展出光辉的、“为中国人民所喜爱”的、不愧为毛泽东时代的中国的新建筑。那就是新民主主义的，亦即我们“民族的、大众的”建筑。

图一 山西五台山佛光寺正殿（建于公元八五七年）

图二 河北蓟县独乐寺观音阁（建于公元九八四年）

图三 察哈尔应县佛宫寺木塔（建于公元一〇五六年）

图四 河北赵县安济桥大石桥（一千三百年前隋代工匠李春设计建筑）

图六 河南登封县嵩岳寺砖塔（建于公元五二〇年）

图六 山西太原永祚寺大雄宝殿（建于一五九五年）

初刊于一九五三年一月一日《中学生》一月号，署名『北京市人民政府都市计划委员会委员林徽因』。此文与一九五二年刊载于《新观察》的同名作品内容有异。

我们的首都——北京

北京，一提起这个城的名字，就会使十数亿人感到兴奋。北京跟莫斯科一样，是照耀着人类进步的一道光芒，一座为和平，为人类美好的将来而奋斗的坚强堡垒。

正阳门前雄伟的箭楼

北京是东方第一座历史名城。春秋战国时代，这里就是燕国的都城，一直到唐朝，都是中国北方的政治、经济、军事的中心。那时叫做“幽州”。辽的“南京”，金的“中都”，也就在这个地方。元朝在这儿建筑了新城——“大都”。明清两朝，在新城的基础上，今天我们所见的北京，就是这样一步一步发展起来的。

北京的雄伟和美丽是说不尽的。

我们先看街道的布局：南北贯串城中央的，是一条中轴，从正南的永定门起，穿过正阳门，天安门广场，故宫，一直到故宫正北

北海琼华岛上的藏式白塔（建于一六五一年）

的鼓楼。左右还有两条纵的主要干道，由宣武门和崇文门经过东、西单牌楼，东、西四牌楼，直到城北；故宫前面，有两条横的主要干道，一条是东西长安街，一条是东西交民巷；故宫后面也有两条横干道，一条是景山前大街，一条是地安门东西的大路，其他的街巷都是从这四条干道分支出去的平行的胡同。像这样气象雄伟，秩序井然的，按照计划建筑起来的城市，在古代建筑史上，是很少见的。

至于各种建筑物的配置，形象更是动人。四面雄峙着的城楼、箭楼；中间金子般光耀的琉璃瓦宫殿，浮在绿色的树海中。故宫西边是三个连续的湖沼——三海，沿岸都是庭园建筑。还有一处处的坛庙，寺观，牌楼，高塔，真是美不胜收。我们站在金鳌玉栋桥上，瞭望平静如镜的北海和它中间的琼华岛；隔着御沟河，遥望紫

紫禁城上的角楼，前面是护城河

禁城黄瓦嶙峋的角楼，或在黄昏时分，从什刹海的西岸看鼓楼上的斜阳，就会被它那种庄严辉煌的景象吸引住了。

北京是历代灿烂文化的代表，是中国劳动人民无限智慧的结晶。今天，我们有新生力量的人民，将一面继承民族艺术的传统，一面吸收苏联先进的经验，使北京建设得更加庄严，更加美丽。

一九五一年冬天，在北京市各界人民代表会议上，首都的都市计划委员会做了一个初步报告。这报告中指出，明天的北京的轮廓，大体是这样的：

现在北京城区有六十二平方公里，明天的北京将要逐步扩大到四百五十平方公里，比现在大七倍。人口可能增加到四五百万。建设的计划，以有重大政治意义的天安门广场为中心。广场面积要扩大一倍，中心耸立着毛主席题字的“为国牺牲人民英雄纪念碑”。

广场周围是和天安门的门楼相配合的，壮丽的行政大厦，所有的建筑物都是富有中国传统风格的多层楼阁。正阳门以南，建造中央企业管理机构。横贯广场的林荫大道，将由东郊开始，直达门头沟。它不但是一条交通大道，而且将成为连续不断的带形的公园。

东南郊是工业区，绿色围护的现代工厂，就要在这个区内建设起来。华北多西北风，工厂设在东南郊，煤烟就会向东南散去，不会笼罩在市区的上空。这个区域附近，是设备周全的工人住宅区，除了住房，还有合作社、托儿所、文娱场所和医疗站。

风景美丽的西北郊是文教区。科学院，各个大学，许多专科学校和研究机关，都要很好地安排在这个区域内。所有的建筑物都是有组织的，表现出艺术的一致性。全区将成为一个全国学术研究的中心。

更西一点的地带是风景区，原来就有许多大寺院和名胜古迹，将来还要建筑起无数的疗养院、休养所，供给劳动人民享用。

邻近这些区域的空地上，都将和工业区附近一样，建立起许多安静而方便的住宅区，每区都有足够为居民们服务的合作社、托儿所、小学校、医院、文化宫和剧院等设备。

北京还要造富丽堂皇的铁路客车站，位置可能在广安门外，永定门外和东郊几个地方。东郊、丰台和石景山，还要有规模宏大的货车站，北京和各地间的旅客来往和货物运输，便可以得到充分的方便。

最含革命性的计划是对北京河湖系统的改造。我们还要恢复北京和天津之间运河的作用。城墙周围的护城河也要加宽加深，河的两岸都用花岗岩砌成堤岸；等永定河上游的官厅水库完成后，那里

一个建筑工作者所拟的明日的北京市区中一条街道的景象

的水就可以引到运河和护城河里来。小型汽船便可以由天津直驶到正阳门，由护城河可以划船到北海，由北海也可以划船出城，沿着西郊美丽的长河，直达颐和园。这一带简直就成了水上公园了。城内城外美丽的宫殿、庙观、寺塔、园林和所有名胜古迹，也都要组织到整体计划中来，成为人民文娱、休养、学习地方，它们将像珍珠一样镶嵌在明日花园般的城市之中，发出无可比拟的光辉。

这次来中国的苏联文化代表团里有一位同志，曾经提醒我们说："你们习惯于你们自己的东西，你们可能不常常觉察到你们的国家是多么伟大而丰富的。你们的建设的迅速，也正像一位魔术家一样是令人惊异的。"

真的，我们首都美丽的远景，是必会像魔术一样很迅速地出现在我们面前的。它将随同我们国家经济建设的进展而加速实现。

初刊于一九五四年十二月《建筑学报》第二期，署名梁思成、林徽因、莫宗江。

中国建筑发展的历史阶段

建筑是随着整个社会的发展而发展的。它和社会的经济结构、政治制度、思想意识与习俗风尚的发展有着密不可分的联系。经济的繁荣或衰落，对外战争或文化交流，和敌人入侵等都会给当时建筑留下痕迹。因此我们不能脱离这一切，孤立地去研究建筑本身的发展演化；那样我们将无法了解建筑发展的真实内容，不能得出任何正确的结论。

中国建筑也是如此。它随着各个时代政治、经济的发展，也就是随着不同时代的生产力和生产关系，产生了不同的特点，但是同时还反映出这特点所产生的当时的社会思想意识，占统治地位的世界观。生产力的发展直接影响到建筑的工程技术，但建筑艺术却是直接受到当时思想意识的影响，只是间接地受到生产力和生产关系的影响的。

现在我们试将中国四千年历史中建筑的发展分成为若干主要阶段，将各个阶段中最有代表性的现存实物和文史资料中的重要建筑与建筑活动的叙述加以分析，说明它们的特点，并从它们和整个社会发展状况相联系的观点上来了解观察这些特点：看它们是怎样被各个不同时代的劳动人民创造出来，解决了当时实际生活所提出来的什么样的复杂问题；在满足当时使用者的物质的和精神的许多不同的要求时，曾经创造过些什么进步传统，累积了些什么样的工程技术方面的经验，和取得了什么样的造形艺术方面的成就。

这些阶段彼此并不是没有联系的。相反的，它们都是互相衔接不可分割的；虽是许多环节，却组成了一根整的链条。每一时代新的发展都离不开以前时期建筑技术和材料使用方面积累的经验，逃不掉传统艺术风格的影响。而这些经验和传统乃是新技术、新风格产生的必要基础。

各时代因生产力的发展，影响到社会生活的变化；而这些变化又都一定要向建筑提出一些新的问题、新的要求。这些社会生活的变化，一大部分是属于上层建筑的意识形态的。因此这些新问题、新要求也有一大部分是属于思想意识的，不完全属于物质基础的。为了解决这些新问题，满足这些新要求，便必须尝试某些新的表现方法，渗入到原来已习惯的方法中，创造出某些新的艺术体形、新的艺术内容，产生出新的艺术风格；并且同时还不得不扬弃某些不再合用的作风和技术。这样，在前一时期原是十分普遍的建筑特点，在内容和形式上便都有了或多或少的改变，后一时期的建筑特点就开始萌芽。这就是建筑的传统与革新的必定的过程。

在相当一个时期之内，最普遍的、已发展成熟且代表着数量较大、为当时主要类型的建筑物的风格特征的，我们把它们概括地归纳在一个历史阶段之内。因此这个阶段中，前后期的实物必然是承上启下，有独特变化的一些范例。我们现在很不成熟地暂将几千年的中国建筑大略分成如下七个阶段，为的是能和大家将来做更细致的商榷和研究。

第一阶段——从远古到殷

（公元前一一二二年以前）

考古学家在河北省房山县周口店龙骨山发现的“北京人”遗址供给我们中国建筑史上最早的实物资料。它说明四五十万年前，华北平原上使用极粗的石器，已知用火的猿人解决居住问题的“建筑”是天然石灰岩洞穴。

在周口店猿人洞的山顶上又发现有约十万年前的人骨化石、石器和骨器。考古家称这时期的文化为“山顶洞文化”。这时遗留的兽骨、鱼骨，证明这时的人过的是渔猎生活。遗物中有骨针，证明他们已有简单的缝纫；人骨化石旁散有染红的石珠，显然他们已有爱美装饰的观念。

天然洞穴之外，还有人工挖掘的窖穴，许多是上小下大的“袋形穴”。这些大约是公元前三千年的遗迹。在华北黄土区削壁上也有掘进土壁的水平的洞。

中国境内一向居住着文化系统不同、祖先世系不同的各种族。他们各在所居住的土地上，和自然界作斗争，发展自己的文化，也互相有冲突，互相影响，以至于融合。在地下遗物中留着不少痕迹。在河南渑池县仰韶村发现有较细的石器、石制农具、石制纺轮、石镞和彩色陶器等遗物的遗址。这些遗物证明居住在这里的人的生活情况是畜牧业和最原始的农业逐渐代替了渔猎，因而开始定居，并有了手工业。和它同系的文化散布在广大的中国西北地区，总称做“仰韶文化”。当时的人居住过的遗址多半在河谷里，大约为了取水方便，又可以利用岸边高地掘洞穴。在山西夏县遗址中所见，他们的住处是挖一长方形土坑，四面有壁，像小屋，屋屋相连，很像村落。仰韶文化是中国先民所创造的重要文化之一，考古家推断为黄帝族的文化，比羌、夷、苗、黎等族有更高的成就，距今约有四五千年。这时期不但有较细致的石制、骨制器物，而且纹饰复杂，色彩美丽，有犬、羊和人的形纹画在陶器上。遗迹中有许多地穴，虽然推测穴上也可能有树枝茅草构成的覆盖部分，但因木质实物丝毫无存，无法断定。

古代文献给我们最早的纪录资料是春秋时人提到的尧、舜时期的房子：尧的“堂高三尺，茅茨土阶”。现在我们所已得到的最早的建筑实物是河南安阳殷时代的宫殿或家庙遗址：底下有高出地面的一个土台，上有排列的石础和烧剩的木柱的残炭。大体上它们是符合于“堂高三尺”的说法的。但由于殷墟遗址上地穴仍然很多，一般人民居住的主要仍是穴居和半穴居方法，有茅茨和高出地面的土台的，可能是阶级社会开始时的产物，在尧时还没有出现。殷墟夯土台以下所发见比殷文化更早的穴居，它们是两两相套的圆形穴，状如葫芦，也像古代象形字里的“”（宫）字，穴内墙面已用白灰涂抹。

阶级社会开始于夏。夏的第一代禹是原始灌溉的发明者，又因同黎族、苗族战争胜利，把俘虏做奴隶，用于生产，是生产力大大跃进的时代。

生产力的提高开始影响到生产关系。禹的儿子启承继父亲做酋长，开始了世袭制度。历史上称这一世系的统治者做夏朝，是中国历史上第一个朝代。由这个时期起才开始破坏了原始公社制度，产生了阶级社会；社会中贵与贱，贫与富逐渐分化，向着奴隶制度国家发展。

夏的文化就是考古学家所称的黑陶或龙山文化，分布地区很广（河南、山东和江南都有遗物发现），农业知识和手工艺的水平高于仰韶文化。但夏时常迁都，主要遗址尚待发掘。传说夏有城郭叫做“邑”。财产私有才有了保卫的必要；有了奴隶的劳动，城池一类的大土方建筑也成了可能。在山东龙山镇城子崖发现一处有版筑城墙的遗址，墙高约六公尺，厚约十公尺，南北长四百五十公尺，东西三百九十公尺，工程坚固，但是否夏的实例，我们还不能得出结论。夏启袭位以后，召集各部落酋长在“钧台”大会，宣告自己继位。因为夷族不满意，启迁到汾浍流域的大夏，建都称做“安邑”。这两个作为地名的“台”和“邑”，和这类型的建筑物可能是有关系的。高出地面的和围起来的建筑物似乎都是在阶级社会形成的初期出现的。

夏启传到著名暴君桀是四百多年长的时间，纺织业和陶器物都很发达，已用骨占卜，后半期也有铜的遗物。文化又有若干进展。奴隶主的残酷统治招致了灭亡。夏桀是被殷的祖先商汤所灭。

商是在东方的部落，在灭夏以前已有十几代，文化已有相当发展，农业知识比夏更高，手工业也更进步，并且已利用奴隶生产，增加货物的制造。和建筑技术有密切关系的造车技术也传说是汤的祖先相土和王亥等所发明的。尤其是王亥曾驾着牛车在部落间做买卖交易货物，这个事实和后代的殷民驾车经营商业的习惯有关。

商汤传了十代，迁都五次，到盘庚才迁移到现在河南安阳县的小屯村。这地方就是考古学家曾作科学发掘研究的殷墟遗址所在。内中有供我们参考的中国最早的地面建筑物的基址残迹。盘庚以后传到被周武王灭掉的纣，商朝文化又经过六百余年的发展。

在阶级剥削的基础上，商朝的文化比夏朝更有显著的进步。中国古代文化，包括文学、音乐、艺术、医药、天文、历法、历史等科学，在商朝都奠定了初基，建筑也不是例外。

殷墟遗址的发掘给了我们一些关于殷代建筑的知识。遗址是一些土台，大致按东西和南北的方向排列着，每单位是长方形的，长面向前。发掘所见有夯土台基，柱下有础石，且用铜櫍垫在柱下，间架分明，和后代建筑相同。因有东西向的和南北向的基址，可见平面上已有“院”的雏形。大建筑物之前还有距离相等的三座作为大门的建筑。韩非子所说的尧“堂高三尺，茅茨土阶”倒很像是描写殷代的宫殿或家庙的建筑。至于《史记》所说“南距朝歌，北据邯郸及沙丘，皆为离宫别馆”，形状如何，已不可见。殷亡后，封在朝鲜的殷贵族箕子来朝周王，路过殷墟，有“感宫室毁坏生禾黍”的话。我们知道这些建筑在周灭殷时就全部被焚毁了。考古学家断定殷墟所发掘的基址是“家庙”。这些基址的周围有许多坑穴，埋着大量的兽骨——祭祀时所杀的祭牛，乃至象、鹿等骨骼，也有埋着人骨的。另外经过发掘的是一些大型墓葬，内部用巨木横叠结构作墓室，规模庞大，不但殉葬器物数量大，珍品多，还杀了大量俘虏殉葬。这些资料所反映的情况是殷统治者残酷地对待奴隶，迷信鬼神，隆重地祭祀祖先，积聚珍品器物，驱使有专门技术的工奴为统治者制造铜器、玉器、陶器、骨器、纺织等和进行房屋建造。遗址中还有制造各种器物的工场。

第二阶段——西周到春秋·战国

（公元前一一二二年至前二四七年）

周是注重农业生产而兴旺起来的小部落，对耕作的奴隶比较仁慈。周文王的祖父太王的时代，被戎狄所迫，不愿战争，率领一批人民迁到岐山下（陕西岐山县），许多其他地方的人民来依附他，人口增多。太王在周原上筑城郭家屋，让人居住，分给小块土地去开垦，和耕种者之间建立了一种新的关系。从此就开始了封建制度的萌芽，也成立了粗具规模的小国。

在我国最古的文学作品《诗经》里有一篇关于周初建筑的歌颂和描写，使我们知道，周初开始的新政治制度的建筑和殷末遗址中迷信鬼神，残酷对待奴隶的建筑，内容上是极不相同的。诗里先提到的是生活更美好，人民对这次建造有很高的情绪，例如说周祖先过去都是穴居的，“未有家室”，而迁到岐下时便先量了田亩，划出区域，找来管工程的“司空”和管理工役的“司徒”，带了木版、绳子和版筑用的工具来建造房子。他们打着鼓，兴奋地筑起许多堵用土夯筑的墙壁。接着又说先建了顶部舒展如翼的宗庙，“作庙翼翼”，然后又立起很高的“皋门”，和整齐的“应门”，然后筑集会用的“大社”的土台或广场。虽然当时的具体形象我们不得而知，可注意的是这时建筑已不是单纯解决实用的而是有代表政治制度思想内容的作用的；并且在写这章诗的年代，已意识到人们对自己所创造的建筑物的艺术形象所起的效果是感觉愉快而骄傲的。

周文王反对殷统治的残暴、贪财、侈奢、酗酒和嬉游无度，荒废耕地。他自己所行的是裕民政策，他的制度建立在首领奉行“代天保民”，后代称为行“仁政”的思想上。事实上，这就是征收较有节制的租税，不强迫残暴的劳役，让农家有些积蓄，发生力耕的兴趣，提高生产。关于这种政治情况的时代的建筑物，一定还很简单朴实，如《诗经》所载周文王著名的灵囿，囿中有灵台和灵沼。古代的囿是保留着有飞禽走兽供君王游猎的树林区；内中的台和沼，就是供狩猎时瞭望的建筑，和养禽鸟的池沼。这种供古代统治者以射猎集会、聚众游宴的台，或开始于更远古利用天然的土丘而发展的，到了春秋战国，诸侯强盛的时候，才成为和宫室同样重要的台榭建筑。再发展而成为秦汉皇宫苑囿中一种主要建筑物，侈丽崇峻的台殿楼观，积渐成为中国建筑中“亭台楼阁”的传统。

《诗经》中有一篇以文王灵台为题材，描写人民为他筑台时的踊跃情形以反映政治良好的气象的诗。足见封建初期征用劳动力还有限，劳动人民和统治者在利益上还没有大的矛盾，对于大建筑物的兴建，人民是有一定的热情和兴趣的。这正是周制度比商进步的证据。但是无可疑问的，这时周的工艺还简陋，远不如代代有专门技术奴隶进行制造奢侈器物的商和殷。殷统治下的氏族百工，分工很细，有大量奴隶。周公灭殷时，分殷民六族给鲁，七族给卫，内中就有九种专工。殷的铜器和刻玉，不但在技术上达到高度发展，在艺术造形和纹样图案方面也到了精致无比的程度。周占有了殷的百工后，文化艺术才飞跃地向前发展了。

西周之初，曾建造过三次城，一次比一次规模大，反映出它的发展，且每次内容也都反映出当时政治经济的情况的特点。第一次是他们农业发展到渭水流域，在沣水西边，文王建丰邑。第二次是武王建镐京，不但在沣水东边，而且由称“邑”到称“京”，在规模上必然是有区别的。第三次是周公在洛阳建王城，后来称东京。这次的营建是政治军事的措施。周灭东边的强国殷，俘虏了殷的贵族（大小奴隶主们），降为庶民；他们不服，周称他们做“顽民”，成了周政治上一个问题。为了防止叛乱，能控制这些“顽民”，周公选了洛阳，筑了成周，把他们迁到那里生产，并驻兵以便镇压。因此在成周之西三十余里，建造了中国最古的有规划的极方正的王城。这种王城的规模制度，便成了中国历代封建都市的范本。

一向威胁西周安全的是戎狄，反映在建筑上就有烽火台这种军事建筑物，它是战国时各国长城的先声。

到现在为止，我们对遗址从未作过科学发掘的西周建筑，没有一点具体实物资料。号称周文王陵的大坟墓也有待于考古家发掘证实；过去有所谓文王丰宫的瓦当是极可怀疑的遗物。

周的政治制度，虽说是封建制度的萌芽，但是在建筑物上显然表现出当时是利用大量奴隶俘虏进行建造的，如高台、土城、陵墓都是需要大量劳动力的、有大量土方的工程，而主要的劳动力的来源是俘虏的奴隶。

西周被戎狄攻入，迁到洛阳称东周以后到春秋战国，王室衰微，诸侯各在自己势力范围内有最大权威，成立独立的大小国家。他们不严格遵守领主所有制：原来领主封得的土地可以自由买卖，产生了新兴的地主阶级。又因开始使用铁器，不但农业生产提高，并且大大影响到手工业和商业的发展。诸侯国的商业比周王国更发达。各处出现了大小都邑，如齐的临淄，赵的邯郸，郑的郑邑，卫的卫邑，和晋的绛，后来还有秦的咸阳和楚的寿春等等。这些城邑，都是人口增多，成了大商业中心。临淄的人口增到了七万户。手工业者由奴隶的身份转变为自由职业的匠人，还有自己的“肆”，坐在肆中生产并营业。巧匠是很被推崇的人物，尤其是木匠和造车的，都留下闻名到后代的匠师，如鲁的公输班，和轮匠扁这样的人物。

春秋战国时代，不但生产力和生产关系都起了变化，各国文化也因同非华族的民族不断战争和合并，推动了很蓬勃的发展。东方齐、鲁、卫早在商殷的基础上加了夷族的贡献，发展了华夏文化；最先使用铁器就是夷族。南方又有楚越开发长江流域的文化，吸收苗蛮的成就；如蚕业和漆器的卓越成就，不可能没有苗民的贡献。西方的秦在戎狄中称霸，开国千里，又经营巴蜀，一跃而成为诸侯国中最先进的国家。晋楚中间的小国郑，商业极端发达，用自己的经济特点维持在大国间自己一定的势力。近来新郑出土的铜器证明它的手工业也有自己极优秀的创造。这时北方的燕开始壮大，筑长城防东胡，发展中国北面的文化。韩、赵、魏三家分晋，各自独立发展，仍然都是强国。这样分布在全中国多民族的文化发展，后来归并成了七国，是统一中国的秦汉的雄厚基础，其中秦楚的贡献最大。

在建筑上，这时期最重要的是为农业所最需要的“邑”的组织形式：如有“十室之邑”，和“千室之邑”等这种不同的单位。大都邑有时也称国，国有城池之设，外有乡民所需要的“郭”；内有商业所需要的“市”；卿士们所住的“里”；手工业生产者所需要的“肆”；诸侯的宫室、宗庙、路寝；招待各国使者的“馆”；王侯宴会作乐的“台榭陂池”，以及统治者的陵墓。人民所创造的财富愈大，技术愈精，艺术愈高，统治者愈会设法占有一切最高成就为他们的权利，乃至于不合理的享乐服务。宫室和台榭等等在这个时代，很自然地开始有雕琢加工的处理出现。晋灵公“厚敛以雕墙，从台上弹人，而观其避丸”，文献就给了我们这样一个例子。

今天我们所能见的建筑实物只有基址坟墓。大陵也还没有系统地发掘，小墓过于简单，绝不能代表当时地面建筑所达到的造形或技艺的水平。从墓中出土的文物来看，战国时工艺实达到惊人的程度。东周诸侯各国器物都精工细作，造形变化生动活泼，如金银镶错的器物，工料和技艺都可称绝品。新郑的铜器，飞禽立雕手法鲜明；楚文物中木雕刻、漆器、琉璃珠等都是工艺中登峰造极的。当时有多少这样工艺用到建筑上，我们无法推测。它们之间必然有一定程度的联系则可以断言。

文献上“美宫室，高台榭”的记载很多。鲁庄公“丹桓宫之楹而刻其桷”；赵文子自营居室，“斫其椽而砻之”，是建筑上加工的证据。晋平公“铜鞮之宫数里”。吴王夫差的宫里“次有台榭陂池”，建筑规模是很大的。由余见了秦穆公的“宫室积聚”，曾说：“使鬼为之则劳神矣！使人为之亦苦民矣！”这两句话正说出了工程技巧令人吃惊，而归根到底一切是人民血汗和智慧的意思。我们可以推测当时建筑规模、艺术加工，绝不会和当时其他手工艺完全不相称的。

在发掘方面，我们只有邯郸赵丛台和易县燕下都的不完整基址。这些基址证明当时诸侯确是纷纷“高台榭以明得志”。最具体的形象仅有战国猎壶上浮雕的一座建筑物。建筑物约略形状已近似汉画中所常见的。虽然表现技术是古拙的，所表现的结构部分却很明确，显然是写实的。根据它，我们确能知道战国寻常木结构房屋的大体。

没有西周到春秋战国这样一个多民族发展时期蓬勃的创造为基础，两汉灿烂的文化是不可能的。

第三阶段——秦·汉·三国

（公元前二四七年至二四六年）

秦逐渐吞并六国，建立空前的封建极权皇朝，建筑也相应地发展到空前的规模。

秦的都城咸阳原是战国时七国之一的王城规模。秦每攻灭一个国家，就在咸阳的北面仿建这个国家的宫室。到秦统一六国，战国时期各国建筑方面的创造经验也就都随而集中到咸阳。战国以来各国高台榭、美宫室的各种风格在秦统一全国的过程中，发展出集珍式的咸阳宫室。这些宫殿又被“复道”和“周阁”连结起来，组合成复杂连续的组群，在总的数量以及艺术的内容上是远超出六国宫室之上。

公元前二二一年，全国统一之后，形成了新的政治经济形势。咸阳从前秦所建的王宫已经不能适应新情况的要求；到公元前二一二年开始兴建历史上著名的“阿房宫”。这座空前宏伟的宫是以全国统一的政治中心的规模建造的，位置在咸阳南面的渭水南岸。主要的“前殿”建在雄伟的高台上；根据记载是东西五百步，南北五十丈，上面可以坐万人，台下可以竖立高五丈的大旗；周回都有阁道；殿前有“驰道”，直达南山，并加筑南山的山顶，作为殿前的门阙；殿后加“复道”，跨过渭水与咸阳相连。这种带山跨河，长到几十里的布置手法以及咸阳附近二百里内建造了二百七十多处宫观和大量连属的复道的纪录，可以看到秦代建筑惊人的规模。

极其夸张的宫室建筑之外，秦代建筑雄大的规模也表现在世界驰名的长城上。秦代的长城是西起临洮，东到辽东，藉战国各国旧有的长城为基础，用三十万士兵囚犯筑成的跨山越野蜿蜒数千里的军事工程。与长城相当的还兴筑了贯通全国重要城市的军用“驰道”，也是非常惊人的措施。

这些完全不顾民力的庞大建设工程，一方面表现了秦代惨酷的军事统治，另一方面也说明了战国以来生产力的发展，在得到统一之后发挥出的力量；整个秦代的建筑在新的经济基础上的发展是远超越了以前各时代，开创了新的统一的封建王朝的规模。

秦代的宏伟建筑仍是以木材结构配合极大的夯土高台建成的。这些庞大的工役一部分由内战时代俘虏担任，另一部分是征召来的人民在暴力强迫下进行的。秦以胜利者的淫威，在不顾民力的大兴工役中，横征暴敛，使人民流离死亡，更加深了阶级矛盾，促成了中国第一次大规模的农民起义。人民血汗和智慧所创造的咸阳壮丽的宫室只被人民认作残暴统治的象征。项羽领兵纵火全部烧毁它们以泄愤是可以理解的。但从此每次在易朝换代的争夺中，人民的艺术财富，累积在统治者的宫中纪念性建筑组群里的，都不能避免遭到残酷的破坏。

秦代的建筑现在仅能从阿房宫遗址和骊山秦始皇陵庞大的土方工程上看到当时的规模。秦始皇陵内部原有豪华的建筑和陈设也遭到项羽入关时劫掠破坏。但这部分秦代人民的创造残余部分，无疑的还埋藏在地下，等待考古科学家加以发掘整理。

西汉是秦末的农民斗争产生的封建统一王朝。这次起义所表现人民的力量，使汉初的统治者采用简化刑法和减轻剥削的政策，使人民得到休息，恢复了生产。

汉初的建筑是在战争没有结束时进行的。重要的建筑是在咸阳附近利用秦的离宫故基为基础修建的长乐宫。这座宫周围二十里，是一座具有高台大殿和许多附属殿屋的宫城。

接着建造的未央宫是西汉首创的一座宫。它的周围是二十八里，主持规划的是萧何，技术方面负责的是军匠出身的阳城延。刘邦曾因见到这座建筑的奢侈华丽而发怒。萧何说他主张建造未央宫的理由是“天子以四海为家，非壮丽无以重威”。这说明他认识到统治者可以使他的建筑作为巩固他的政权的一种工具；认识到建筑艺术所可能有的政治作用。这个看法对以后历代每次建立王朝时对于都城和宫室等艺术规模的重视起了很大的影响。

未央宫的前殿是以龙首山作殿基，使这座大殿不必使用大量的土方工程，就很自然地高耸出附近的建筑之上。这是高台建筑创造性的处理，目的在避免秦代那样使用大量人力进行土方工程的经验。

长乐、未央两宫都在秦咸阳附近，都是独立完整成组的规模。后建的未央宫是据龙首山决定的位置，两宫东西之间虽距离很近，但不是很整齐并列的。到公元前一八七年筑长安城时，南面包括两宫在内，北面因发展到渭水岸边，因此汉长安城的平面图形南北都不是整齐的直线。但这座壮丽大城的城内是规划成方正整齐的坊里，贯以平直宽阔的街道组成的，它的规模也发展到周围六十五里。

汉初的政策使农业得到急速的发展，到武帝时七十年间的和平时期，国家积累了大量的财富。随着经济的繁荣，西汉这时的国力和文化都超出附近国家。当时北方游牧的匈奴是最强悍的敌对民族，屡次侵入北方边境；中国甘肃以西的少数民族分成三十六国，都附属于匈奴。汉武帝想削弱匈奴，派张骞出使西域了解各国情况，并企图掌握与西方商业交通的干路。汉代因向西的发展而与优秀的古代小亚细亚和印度的文化接触，随着疆域的扩张和民族斗争的胜利，突破了以前局限的世界地理知识，形成大国的气派和自信。汉武帝时是早期封建社会的高峰，这时期的建筑，除增建已有的宫室之外，又新建了许多豪侈的建筑，其中如长安的建章宫和云阳的甘泉宫都是极其宏阔壮丽的庞大的建筑群。

建章宫在长安城西附郭，前殿更高于未央，宫内的建筑被称为“千门万户”，所连属的囿范围数十里；宫内开掘人工的太液池，并垒土作山，池中的渐台高二十余丈。高建筑如神明台、井干楼各高五十丈。神明台上有九室，又立起承露盘高二十丈，直径大有七围。井干楼是积叠横木构成的复杂木构建筑。中国最早的高层建筑在这时候产生了。

长安东南的上林苑周围三百余里，其中离宫七十多座，能容千骑万乘。

西汉的宫室园囿很多是就秦代所筑的高基崇台作基础的，一般建筑规模并不小于秦代。由于生产关系比秦代进步，整个国家在蓬勃发展中，因此许多游乐性质的建筑在工料上又超过了秦代。这个时期的建筑，是随着整个社会的发展而又向前迈进了一步。

西汉农业的发展走向自由兼并。随着土地集中，阶级分化，到西汉末引起的农民起义，又再次在混战中焚毁了长安的宫室。

东汉是倚靠地主阶级的官僚政权统治人民的，国家的财力比较分散，都城洛阳的宫室规模不及长安，但在规划上更发展了整齐的坊里制度，都城的部署比长安更整齐了。

这时期的建筑，是王侯、外戚、宦官的宅第非常兴盛，如桓帝时大将军梁冀大建宅第，其妻孙盛也对街兴建，互相争胜。建筑是连房洞户，台阁相通，互相临望。柱壁雕镂，窗用绮疏青琐，木料加以铜和漆，图画仙灵云气；又广开苑囿，垒土筑山；飞梁石磴，凌跨水道，布置成自然形势的深林绝涧。豪侈的建筑之外，宅第中的园林建筑也非常讲究。这些宅第的建筑记载超过了宫室，正反映着东汉社会的具体情况。

东汉洛阳的建筑也在末年的军阀战争中被董卓焚毁了。

这时期中可能是由于与西方交通的影响，用石材建造坟墓前纪念性建筑的风气逐渐兴盛。现在还留下少数坟墓前的石阙和石祠，其中如西康雅安的高颐阙，山东嘉祥的武氏石阙和石室都是比较著名的遗物。在雅安的高颐阙选用的式样和浮刻上是充分地应用了当时的木建筑形式。在这些比例谨严的石刻遗物上可以看到一些具体的汉代建筑艺术形象。

考古学家发现的明器中有许多陶制的建筑模型和画像砖，使我们具体地看到汉代建筑的形象，由殿宇、堂屋、楼阁、台榭、庭院、门阙、城楼、桥梁到仓廪、厩厕等等。还有每次发掘所发现的汉代工艺美术品，其中如丝织、漆器、铜器之中，都有极其精美的作品，与汉代辉煌的物质文化发展情况相符合。而汉代建筑的精华则不是现存这些砖石坟墓的建筑或明器上所表现的所能代表的。在对大规模的遗址还没有作科学发掘工作的目前，我们仅能认识到汉代建筑的一些片断而已。

三国分裂的时期中，曹魏所据的中原地区有比较优越的人力和物质条件，建筑的规模也比较大。这时期中最突出的成就是曹操经营的邺城。从这座都城的文献记载上可以看到简单明确的分区规划和中轴对称的布局是发展到比东汉的洛阳更高的水平上。邺城的规划中如皇宫位置在城内中轴的北部，使皇宫面临城内纵横相交的主要干道；居民的坊里布置在城内南部；左右干道的交点布置成坊市的中心等先进的方式，都是隋唐长安的先型。

南方比较边远的地区，经吴和蜀两国的经营，经济文化都得到一定的发展。从考古学家发现的一些片断资料看到整个三国时期大致仍是汉代工程技术与艺术风格的继续，并没有显著的变化。

第四阶段——晋·南北朝·隋

（公元二六五年至六一八年）

六朝的建筑是衔接中国历史上两个伟大文化时期——汉代与唐代——的桥梁，也是这两时期建筑不同风格急剧转变的关键。它是由汉以来旧的、原有的生活习惯、思想意识和新的社会因素，精神上和物质上剧烈的新要求由矛盾到统一过程中的产物。产生这新转变的社会背景主要有三个因素：一是北方鲜卑、羌等胡族占据中原——所谓“五胡乱华”在中国政治经济和文化上所起的各种复杂的变化。二是汉族的统治阶级士族豪门带了大量有先进技术的劳动人民大举南渡，促进了南方经济和文化的发展。三是在晋以前就传入的佛教这时在中国普遍的传播和盛行，全国上下的宗教热忱成了建筑艺术的动力。新的民族的渗入，新的宗教思想上的要求，和随同佛教由西域进来的各种新的艺术影响，如中亚、北印度、波斯和希腊的各种艺术和各种作风，不但影响了当时中国艺术的风尚手法，并且还发展了许多新的，前所未有的建筑类型及其附属的工艺美术。刻佛像的摩崖石窟，有佛殿、经堂的寺院组群，多层的木造的和砖石造的佛塔，以及应用到世俗建筑上去的建筑雕刻，如陵墓前石柱和石兽和建筑上装饰纹样等，就都是这时期创造性的发展。

寺院组群和高耸的塔在中国城市和山林胜景中的出现划时代地改变了中国地方的面貌。千余年来大小城市，名山胜景，其形象很少没有被一座寺院或一座塔的侧影所丰富了的。南北朝就是这种建筑物的创始时期。当时宗教艺术是带有很大群众性的。它们不同于宫廷艺术为少数人所独占，而是人人得以观赏的精神食粮，因此在人民中间推动了极大的创造性。

北魏统治者是鲜卑族，尊崇佛教的最早的表现方法之一是在有悬崖处开凿石窟寺。在第五世纪后半叶中，开凿了大同云冈大石窟寺。最初或有西域僧人参加，由刻像到花纹都带着浓重的西域或印度手法风格。但由石刻上看当时的建筑，显然完全是中国的结构体系，只是在装饰部分吸取了外来的新式样。北魏迁都到洛阳，又在洛阳开造龙门石窟。龙门石窟中不但建筑是原来中国体系的，就是雕刻佛像等等，也有强烈的汉代传统风格。表现的手法很明显是在汉朝刻石的基础上发展起来的。在敦煌石窟壁画上所见也证明在木构建筑方面，当时澎湃的外来的艺术影响并没有改变中国原有的结构方法和分配的规律。佛教建筑只是将中国原有的结构加以创造性的应用和发展来解决新问题。最明显的例子就是塔和佛殿。

当时的塔基本上是汉代的“重楼”，也就是多层的小楼阁，顶上加以佛教的象征物——即有“覆钵”和“相轮”等称做“刹”的部分。这原是个缩小的印度墓塔（中国译音称做“窣堵坡”或“塔婆”）。当时匠人只将它和多层的小楼相结合，作为象征物放在顶部。至于寺院里的佛殿，和其他非宗教的中国庭院殿堂的构造根本就没有分别。为了内容的需要，革新的部分只在殿堂内部的布置和寺院组群上的分配。

这时期最富有创造性而杰出的建筑物应提到嵩山嵩岳寺砖塔。在造型上，它是中国建筑第一次，也是唯一的一次试用十二角形的平面来代替印度窣堵坡的圆形平面，用高高的基座和一段塔身来代表“窣堵坡”的基座和“覆钵”（半球形的塔身），上面十五层密密的中国式出檐代表着“窣堵坡”顶上的“刹”。不但这是一个空前创作，而且在中国的建筑中，也是第一个砖造的高度达到近乎四十公尺的高层建筑，它标志着在砖石结构的工程技术上飞跃的向前跨进了一大步。

南北朝最通常的木塔现在国内已没有实物存在了。北魏杨衒之在《洛阳伽蓝记》中详尽地叙述了塔寺林立的洛阳城。一个城中，竟有大小一千余个寺庙组群和几十座高耸的佛塔。那景象是我们今天难以想象的。木塔中最突出的是永宁寺的胡太后塔：四角九层，每层有绘彩的柱子，金色的斗栱，朱红金钉的门扇，刹上有“宝瓶”和三十层金盘。全塔架木为之，连刹高“一千尺”，在“百里之外”已可看见。它在城市的艺术造型上无疑地是起着巨大作用的高耸建筑物。即使高度的数字是被夸大了或有错误，但它在木结构工程上的高度成就是无可置疑的。这种木塔的描写，和日本今天还保存着若干飞鸟时代（隋）的实物在许多地方极为相近。云冈石窟中雕刻的范本和这木构塔的描写基本上也是一致的。

当隋统一中国之前，南朝"金粉地"的建康，许多侈丽的宫殿，毁了又建，建了又毁，说明南朝更迭五个朝代，统治者内部政治局势的动荡不定。但统治阶级总是不断地驱使劳动人民为他们兴建豪华的宫殿的。在艺术方面，虽在政治腐败的情况下，智慧的巧匠们仍获得很大的成就。统治者还掠夺人民以自己的热情投在宗教建筑上的艺术作品去充实他们华丽的宫苑。齐的宫殿本来已到"穷极绮丽"的程度，如"遍饰以金壁，窗间尽画神仙，……椽桷之端悉垂铃佩，……又凿金为莲花以帖地"等等，他们还嫌不足，又"剔取诸寺佛刹殿藻井、仙人、骑兽以充足之"。从今天所仅存的建筑附属艺术实物看来，如南京齐、梁陵墓前面，劲强有力，富于创造性的石柱和石兽等，当时南朝在木构建筑上也不可能没有解决新问题的许多革新和创造。

到了隋统一全国后，宫廷就占有南北最优秀的工艺匠人。杨广（隋炀帝）的大兴土木，建东京洛阳，营西苑时期，就有迹象证明在建筑上摹仿了南朝的一些宫苑布局，南方的艺匠在其中也起了很大作用。凿运河通江南，建造大量华丽有楼殿的大船时，更利用了江南木工，尤其是造船方面的一切成就。在此之前，杨坚（文帝）曾诏天下诸州各立舍利塔，这种塔大约都是木造的，今虽不存，但可想见这必然刺激了当时全国各地方普遍的创造。

在石造建筑方面，北魏、北周、北齐都有大胆的创造，最丰富的是各个著名的石窟寺的附属部分。也就是在这时期一位天才石匠李春给我们留下了可称世界性艺术工程遗产的河北赵县的大石桥。

中国建筑艺术经过这样一段新鲜活泼的路程，便为历史上文艺最辉煌的唐代准备了优越的条件。

第五阶段——唐·五代·辽

（公元六一八年至一一二五年）

这个阶段的建筑艺术是以南北朝在宗教建筑方面和统一全国的隋代在城市建设方面所取得的成就为基础的。初唐建设雄宏魁伟的气魄和中唐雅致成熟的时代风格是比南北朝或隋代的宗教艺术更向前迈进了一大步的。唐将外来许多新因素汉化了，将陌生的非中国的成分和典雅庄严对称的中国格局相结合，为中国的封建社会生活服务。如须弥座、莲瓣、柱础、砖塔、塔檐瓦饰、栏杆之类都改进成更接近于中国人民所习惯的风格。在砖塔式样上也经过一些成熟的变化；中国第一座八角塔就在这时期初次出现。唐建筑制度、技术手法和艺术作风的特点开始于初唐，盛于中唐前后，在中央政权削弱的晚唐和藩镇割据的五代时期仍在全国有经济条件的地区，风行颇长一个时期，而没有突出的改变。

唐政治经济的特点是唐初李渊父子统一了隋末暴政所引起的混战中的中国而保留了隋政治、经济、文物制度中的一些优点；在李世民在位的二十几年中，确使人民获得休养生息的机会。当时政治良好，而同时对外战争胜利，鼓励胡族汉人杂居，不断和西域各民族有文化和商业的交流。农业生产提高，商业交通又特别发展，海路可直通波斯。社会经济从此一直向上发展了百余年。基础稳定的唐代中央专制集权的封建社会恢复了西汉的盛况，全国文学艺术便随着有了高度的发展。唐代在建筑上一切成就也就是中国封建社会的文学艺术到达一个特殊全盛时代的产物。唐中央政权的腐朽削弱开始于内部分裂，终于在和藩镇的矛盾和农民的反抗中灭亡。但是工商业在很大程度内未受中央政权强弱的影响。宗教建筑活动也普遍于民间，并不限于中央皇室的建造。

当隋初统一南北建国时期计划了后来成为唐长安的大兴城时，有意识地要表现“皇王之邑”。因此建造的是都城、皇城、宫城、正朝、府寺、百司、公卿邸第、民坊、街市等等——明明白白的是封建政权的秩序所需要的首都建设。它所反映的是统一封建专制国家机器的一个重要方面。也就是当时的统治阶级所制定的所谓文物制度的一种。唐初继承了这样一个首都。最主要的修建就是改大兴殿为太极殿，左右添了钟楼、鼓楼，使耸起的形象更能表现中央政权的庄严。再次就是另建一个雄伟的皇宫组群。新建的大明宫在一条南北中线上立了一系列的大殿，每殿是一组群，前面有门，最南面是丹凤门和含元殿。大殿就立在龙首山的东趾上，“殿陛高于平地四十余尺”，左右有“砌道盘上，谓之龙尾道”。殿左右有两阁，阁殿之间用“飞廊”相接。这样的形象魁伟、气魄雄宏的规模，是过去汉未央宫开国气概的传统。不过在建造上显然是以汉兴以来八百年里所取得的一切更优秀的成就来完成的。但在宗教建筑方面，初唐承继了隋代的创建，并不鼓励新建造。这方面显然不是当时主要的活动。

代表初唐以后到中叶的建筑活动的有两个方面：宫廷权贵为了宴游享乐所建的侈丽宫苑建筑和邸第，和宗教建筑活动。在这两个方面高度艺术性的各种创造都是当时熟练的工匠和对宗教投以自己的幻想和热忱的劳动人民集体智慧的结晶。代表前一种的，可以举宫廷最优秀的艺匠为唐玄宗在骊山建筑的华清宫，这样著名的艺术组群，据记载是“骊山上下，益置汤井为池，台殿环列山谷”，并且一切是“制作宏丽”，“雕镌巧妙”，“殆非人功”的艺术创造。有名的长安风景区的曲江上宫苑也在这时期开始了建筑。至于当时权贵和公主们所竞起的宅第则是“以侈丽相高，拟于宫掖，而精巧过之”。这样的事实说明当时建筑工程技术和艺术上最高成就已不被宫廷所独占，而是开始在有钱有势的阶层里普遍起来了。

唐代的皇室因为姓李，所以尊崇道教，因为道教奉李耳为始祖。然而佛教的势力毕竟深入到广大民间，今天存留的唐代建筑，除极少数摩崖造像外，全部都是佛教的。其中较早的，全是砖塔。

唐朝的砖塔大致可分为四个类型：（一）“重楼式”塔，如西安慈恩寺的大雁塔和兴教寺的玄奘塔等。它们的形式像层层叠起的四方形重楼，外表用砖砌成木结构的柱、枋、斗栱等形象。这两座塔都建于七世纪后半和八世纪初年。它们是砖造佛塔中最早砌出木构形式的范例。（二）“密檐式”塔，如西安荐福寺的小雁塔，河南嵩山永泰寺塔和云南大理崇圣寺的千寻塔等。这个类型都在较高的塔身上出十几层的密檐，一般没有木结构形式的表面处理。以上两个类型平面都是正方形的，全塔是一个封顶的“砖筒”，内部用木楼板和木楼梯。（三）八角形单层塔，嵩山会善寺净藏禅师塔是这类型的孤例。它是五代以后最通常的八角塔的萌芽。（四）群塔，山东历城九塔寺塔，在一个八角形塔座上建九个小塔，是明代以后常见的金刚宝座塔的先驱。自从嵩山嵩岳寺塔建成到玄奘塔出现的一百五十年间，没有任何其他砖塔存留到今天，更证明嵩岳寺塔是一次伟大的尝试。而唐代在数量上众多和类型上丰富的砖塔则说明造砖和用砖的技术在唐代是大大地发展了一步。

宗教建筑方面一次特殊的活动是武则天夺得政权后，在洛阳驱役数万人建造奇异的“明堂”“天堂”“天枢”等。这些建筑物不是属于佛教的，但是创造性地吸取了佛教艺术的手法，为这个特殊政权所要表现的宗教思想而服务的。“明堂”称做“万象神宫”，内有“辟雍之像”，建筑物高到二百九十四尺，方三百尺，一共三层。“下层法四时；中层法十二辰，上为圆盖，九龙捧之；最上层法二十四气，亦有圆盖。以木为瓦，夹纻漆之，上施铁凤高一丈，饰以黄金。”在结构方面是很大胆的，当中用巨木，“上下通贯、栭、栌、撑、欂，藉以为本”。“天堂”高五级，是比明堂更高的建筑，内放“夹纻”大像（夹纻是用麻布披泥胎上加漆，干了以后去掉泥胎成空心的器物的做法）。“天枢”是高百余尺的八角铜柱，径大十二尺，下为铁山，周七十尺，立在端门外。这些创造，虽然都是极特殊的，但显然有它们的技术基础和艺术上的良好条件的。佛教建造的有在龙门崖上凿造的巨大石像，和窟外的奉先寺（寺的木构部分已不存，但这组巨像是唐代雕刻得以保存到今天的最可珍贵的实物之一）。

自七世纪末叶以后到八世纪中叶，建造寺院的风气才大盛。原因是当时社会的需要。八世纪中叶侈奢无度的中央政权遇到藩镇的叛变，长安被安禄山攻破，皇帝出走四川。唐中央政权从此盛极而衰，此后和地方长期战争，七八十年中，人民受尽内战的灾害搜刮之苦，超度苦难的思想普遍起来。在宫廷方面，软弱的封建主，遇有变乱，也急求佛法保祐，建寺用费庞大，还拆了宫殿旧料来充数。宫廷特别纵容僧尼，京城内外良田多被僧寺占有。在五台山造金阁寺，全用涂金的铜瓦，施工用料的程度也可见一斑。到了九世纪初叶，皇帝迎佛骨到京师，在宫中留三日，送各寺院里轮流供奉，王公士民敬礼布施，达到举国若狂的地步。宦官权臣和豪富施钱造寺院或佛殿、塔幢以求福的数目愈来愈多，为避重税求寺院庇荫的人民数目也愈来愈大。九世纪中叶宗教势力和政权间的矛盾便造成会昌五年（公元八四五）的“灭法”。当时下诏毁掉官立佛寺四千六百余区，私立寺院四万余区，归俗僧尼二十六万五百人，财货田产入官，取寺屋材料修葺公廨，铜像钟磬改铸钱币。这些事实说明人民的财富和心血，在封建社会的矛盾中，不是受到不合理的浪费，就是受到残酷的破坏，卓越的艺术遗产得以保存到今天的真是不到万一！

唐代有高度艺术的、崇峻而宏丽的宗教建筑大组群的完整面貌，今天已无法从实物上见到。对于建筑结构和装饰的形象，我们只有在敦煌石窟寺壁上，许多以很写实的殿宇楼阁为背景的佛教画里，可以得到较真实的印象。敦煌著名的壁画《五台山图》中描绘了九十座寺院组群的位置，其中之一“大佛光之寺”，就是今天还存在五台山豆村镇的大佛光寺。更可宝贵的事实是寺内大殿竟是幸存到今天的一座唐代原物。我们从这座在会昌灭法后又建造起来的实物上，可以具体地见到唐代建筑艺术风格手法，和它们所曾到达的多方面的成就。这座建筑遗产对于后代是有无法衡量的价值的。

总的说来，唐代在建筑方面的成就，首先是城市作有计划的布局，规模宏大，不但如长安、洛阳城，并且普遍及于全国的州县，是全世界历史上所未有的。其次就是个别建筑组群在造形上是以艺术形态来完成的整体；雄宏壮丽的形象与华美细致的细节、雕塑、绘画和自然环境都密切地有机地联系着。以世界各时代的建筑艺术所到达的程度来衡量，这时期的中国建筑也到达了艺术上卓越的水平。当然，无论是长安的宫廷建筑物还是各处名山胜地的宗教建筑物，还是一般城市中民用建筑物，都是和唐初期全国生产力的提高，和以后商业经济的繁荣，工艺技术的进步，西域文化的交流等等分不开的。但一个主要的方面还是当时宗教所促进的创造有全民性的意义。劳动人民投入自己的热情、理想和希望，在他们所创造的宗教艺术上：无论是雕刻、佛像或花纹；作大幅壁画，或装饰彩画；建造大寺，高塔或小龛，或是代表超度人类过苦海的桥，当时人民都发挥了他们最杰出最蓬勃的创造力量。

中唐以后，中央政权和藩镇争夺的内战使黄河流域遭受破坏，经济中心转移到江淮流域。唐亡之后，统治中原的政权，在五十余年中，前后更换了五次，称做五代。其他藩镇各自成立了独立政权的称做十国。中原经济力衰弱，无法恢复。建筑发展没有可能。掌握政权者对于已破坏的长安完全放弃，修葺洛阳也缺乏力量。偶有兴建，匠人只是遵随唐木工规制，无所创造。山西平遥镇国寺大殿是五代木构建筑的罕贵的孤例。五代建筑在北方可说是唐的尾声。

十国在南方的情况则完全不同；个别政权不受战争拖累，又解除了对唐中央的负担，数十年中，经济得到新的发展而繁荣起来。建筑在吴越和南唐，就由于地理环境和新的社会因素，发展了自己的新风格。如南京栖霞寺塔以八角形平面出现，在造形方面和在雕刻装饰方面都有较唐朝更秀丽的新手法，在很大程度上是后来北宋建筑风格的先声。

辽是中国东北边境吸取并承继了唐文化的契丹族的政权。在关外发展成熟，进占关内河北和山西北部，所谓燕云十六州，包括幽州（今天的北京）在内。辽是一个独立的区域政权，不是一个朝代，在时间上大部虽和北宋同时，但在文化上是不折不扣的唐边疆文化。在进关以前，替辽建设城市和建筑寺庙的是唐代的汉族移民，和汾、并、幽、蓟的熟练工匠。他们是以唐的规制手法为契丹族的特殊政权、宗教信仰和生活习惯服务的。结果在实践中创造了某一些属于辽的特殊风格和传统。后来这种风格又继续影响关内在辽境以内的建筑——北京天宁寺辽砖塔就是辽独创作风的典型例子，而木构建筑如著名的蓟县独乐寺观音阁和应县佛宫寺木塔却带着更多的唐风，而后者则是中国木造佛塔的最后一个实例。

基本上，唐、五代和辽的建筑是同属于一个风格的不同发展时期。关于这一阶段的中国建筑，更应该提到的是它对朝鲜、日本建筑重大的影响。研究日本和朝鲜建筑者不能不理解中国的隋唐建筑，就如同研究欧洲建筑者不能不理解古希腊和罗马建筑一样。不但如此，这时期的中国建筑也影响到越南、缅甸和新疆边境。并且唐和萨珊波斯的文化交流，并不亚于和印度及锡兰的。唐朝是中国建筑最辉煌的一大阶段。

第六阶段——两宋到金·元

（公元九六〇年至一三六七年）

这个大阶段以五代末的北周以武力得到淮南江北的经济力量，在汴梁的建设为序幕；北宋统一了南北是它的发展和全盛时期；南宋是北宋的成就脱离了原来政治经济基础，在江南的条件下的延续与转变；金和元都是在外族统治下宋的风格特点在北方和新的社会因素相结合的产物。

宋代建筑是在唐代已取得的辉煌成就的基础上发展起来的。但宋代建筑的特点与唐代的有着极大区别。

要理解宋建筑类型、手法风格和思想内容，我们必须理解宋代政治经济情况以下几个方面：（一）赵匡胤没有经过战争便取得了政权。五代末朝后周在汴梁因疏浚了运河和江淮通航所发展的工商业继续发展；中原农业生产或得到恢复，或更为提高。居于水陆交通要道的汴梁人口密集，是当时的政治中心兼商业中心。赵炅（太宗）以占领江淮门户的优越条件，进而征服了五代末期南方经济繁荣的独立小政权如南唐、吴越、后蜀，统一了中国，不但在经济上得到生产力较高的南方的供应，在文化上也吸取了南方所发展的一切文学艺术的成就，内中也包括建筑上的成就。（二）因内部矛盾，宋代军权集中于皇帝一人手中。无所事事，成为庞大消费阶层的军队全力防内，对外却软弱无能，在北方以屈辱性的条约和辽媾和，在西方则屡次受西夏侵扰。统治者抱有苟安思想，只顾眼前享乐生活。建设的规模，建筑物的性质、气魄，和唐代开国时期，和晚唐信奉宗教的热烈情况都不相同。（三）建立了庞大的官僚机构，这个巨大的寄生阶层，和大小地主商贾血肉相连，官僚们利用统治地位从事商业活动。在封建社会中滋长的“资本主义成分”的力量引起社会深刻的变化。全国中小消费阶层的扩大促进了这时期手工业生产的特殊繁荣。国内出现了手工艺市镇和较大的商业中心城市（特别突出的如京都汴梁、成都、兴元〈汉中〉和杭州等）。城市中某些为工商业服务的新建筑类型，如密集的市楼、邸店、廊屋等的产生，都是这时期城市生活的要求所促成的。又因商业流动人口的需要，取消了都城“夜禁”的限制，在东京出现了夜市和各种公共娱乐场所，如看戏的瓦子和豪华的酒楼，以后很普遍。（四）手工业的发展进入工场的组织形式，内部很细的分工使产品的质量和工艺美术水平普遍地提高。宋代瓷器、织锦、印刷、制纸等工业都超过了过去时代的水平。这一切细致精巧的倾向也影响了当时的建筑材料和细致加工的风格。

宋建筑的整体风格，初期的河北正定龙[隆]兴寺大阁残部所表现，仍保持魁伟的唐风。但作为首都和文化中心的汴梁是介于南北两种不同建筑风格中间，很快地同时受到五代南方的秀丽和唐代北方壮硕风格的影响，或多或少地已是南北作风的结合。山西太原晋祠圣母庙一组是这一作风的范例，虽然在地理上与汴梁有相当的距离。注重重楼飞阁较繁复的塑型，受到宫中不甚宽敞地址的限制，平面组合开始错落多变化；宫廷中藏书的秘阁就是这种创造性的新型楼阁。它的结构是由南方吴越来的杰出的木工喻皓所设计，更说明了它成就的来源。公元一〇〇〇年（真宗）以后，宫廷不断建筑侈丽的道观楼阁，最著名的如玉清昭应宫，苏州人丁谓领导工役，夜以继日施工了七年建成。每日用工多到三四万人，所用材料是从全国汇集而来的名产。瓦用绿色琉璃；彩画用精制颜料绘成织锦图案，加金色装饰。这个建筑构图是按画家刘文通所作画稿布置的。其中的七贤阁的设计也是在高台上更加“飞阁”，被当时认为全国最壮观的建筑物。

汴梁宫廷建筑的华丽倾向和因宫中代代兴建，缺乏建筑地址，平面布置上不得不用更紧凑的四合围拢方式或两旁用侧翼的楼和主楼相联，或前后以柱廊相联的格式。这些显然普遍地影响了宋一代权贵私人第宅和富豪商贾城市中建筑的风格。

原来是商业城市改建为首都的汴梁，其规模和先有计划的“皇王之邑”的长安相去甚远，宫前既无宏大行政衙署区域，也无民坊门禁制度。除宫城外，前部中轴大路两旁，和横穿京城的汴河两岸，以及宫旁横街上，多半是商业性质建筑所组成的。人口密集之后，土地使用率加大，更促进了多层市楼的发展。因此豪华的店屋酒楼也常以重楼飞阁的姿态出现；例如《东京梦华录》中所描写的“三楼相高，五楼相向，各有飞阁栏槛，明暗相通”的酒店矾楼就最为典型。发展到了北宋末赵佶（徽宗）一代，连年奢侈营建，不但汴梁宫苑寺观“殿阁临水，云屋边簃”，层楼的组群占重要位置，它们还发展到全国繁华之地，有好风景的区域。虽然实物都不存在，今天我们还能从许多极写实的宋画中见到它们大略的风格形象。它们主要特征是歇山顶也可以用在向前向后的部分，上面屋脊可以十字相交，原来屋顶侧面的山花现在也可以向前，因此楼阁嶙嶒，在形象上丰富了许多。宋画中最重要的如《黄鹤楼图》《滕王阁图》及《清明上河图》等等，都是研究宋建筑的珍贵材料。日本镰仓时代的建筑受到我们这一时期建筑很大的影响，而他们实物保存得很好，也是极好的参考材料。总之，在城市经济繁荣的基础上所发展出来的，有高度实用价值，形象优美，立面有多样变化组合的楼阁是宋代在中国建筑发展中一个重大贡献。

其次如建筑进一步分工，充分利用各种手工业生产的成就到建筑上，如砖石建筑上用标准化琉璃瓦和面砖，并用了陶瓷业模制压花技术的成就，到今天我们还可以从开封琉璃铁塔这样难得的实物上见到。木构建筑上出现了木雕装饰方面的雕作和镟作。彩画方面采用了纺织的成就，用华丽的绫锦纹图案。因为造纸业的发展，门窗上可大量糊纸，出现了可以开关的毬文格子门和窗等等。这些细致的改进不但改变了当时建筑面貌，且对于后代建筑有普遍影响。

因为宋代曾采用匠人木经编成中国唯一的一本建筑术书《营造法式》，纪录了各种建筑构件相互间关系及比例，以及斗栱砍削加工做法和彩画的一般则例，对后代官匠在技术上和艺术上有一定的影响。

南宋退到江南，建都临安（杭州），把统治阶级的生活习惯、思想意识，都带到新的土壤上培植起来，建筑风格也不在例外。但是在严重地受着侵略威胁的局面下和萎缩的经济基础上，南宋的宫廷建筑的内容性质改变了，全国性规模的建筑更不可能了。南宋重修的城市寺观起初仍极为奢华，结构逐渐纤弱造作，手法也改变了。这时期的重要贡献是建筑和自然山水花木相结合的庭园建筑在艺术上的成就。宫廷在临安造园的风气影响到苏州和太湖区的私家花园，一直延续到后代明、清的名园。

金的统治阶级是文化落后于汉族的女真族。金的建设意识上反映着摹仿北宋制度的企图。从事创造的是汉族人民，在工艺技术上是依据他们自己的传统的。而当时北方一部分却是辽区域作风占重要位置。因此宋辽混合掺杂的手法的发展是它的特点之一。有一些金代建筑实物在结构比例上完全和辽一致，常常使鉴别者误为辽的建筑。另有一些又较近宋代形制，如正定龙[隆]兴寺的摩尼殿和五台山佛光寺的文殊殿，一向都被认为是宋的遗物。第三种则是以不成熟的手法，有时形式地摹仿北宋颓废的繁琐的形象，有时又作很大胆的新组合，前者如大同善化寺三圣殿，后者如正定广慧寺华塔，都是很突出的。像华塔那样的形式，可以说是一种紧凑的群塔，是一种富于想象力的创造。

金人改建了辽的南京（今天北京城西南广安门内外一带），扩大了城址，称做中都。这次的兴建是金海陵王特命工匠监官摹仿北宋首都汴梁而布置的。因此中都吸取了宋的城市宫城格局的一切成就，保存了北宋宫前广场部署的优良传统。中都宫前的御河石桥，两侧的千步廊也就是元大都的蓝本。明清两代继续沿用这种布局；今天北京的天安门前和午门、端门前壮丽的广场，就是由这个传统发展而来的。

元代的蒙古游牧民族，用极强悍的骑兵，侵入邻近的国家，在短短的几十年中，建立了横跨欧亚两洲历史上空前庞大的帝国。

在元代统治中国的九十多年中，蒙古族采用了残酷的武力镇压手段，破坏着中国原来的农业基础，在残酷的民族斗争中，全国的经济空前地衰落了；因此元代一般的地方建筑也是空前地粗糙简陋的。这时期统治阶级的建筑是劫掳各先进民族的工匠建造的，因此有一些部分带有其他民族的风格，大体是继承了金和南宋后期细致纤丽的风格。

元代的京城大都（现北京）是蒙古族摧毁了金的中都之后创建的。这座在宽阔的平原上新创的城市，在平面上表现着整齐的几何图形观念；城的平面接近正方形，以高大的鼓楼安置在全城的几何中点上。皇宫的位置是在城内南面的中轴线上。这是参照周礼“面朝背市，左祖右社”的思想，综合金代中都所沿袭的宋汴京的规划，依照当时蒙古族的需要而创建的。这种以高大的鼓楼作全城中心的方式，现在在北方的一些中小城市中仍可以看到它的影响。

元大都的宫殿建筑是以豪华精致的中国木构式样为主。一般宫殿建筑组群的主殿是采用工字形平面，前殿是集会和行政的殿堂，用廊连接的后部就是寝殿。殿内的布置，是用贵重的毛皮或丝织品作壁幛，完全掩蔽了内部的墙壁和木构。这种的布置与汉族宫廷内分作前朝和后宫的方式不同，内部的处理仍旧保留着游牧民族毡帐生活的习惯。

元代宫殿的木构建筑方面进一步发展了琉璃，从宋代的褐、绿两种色彩发展成黄、绿、蓝、青、白各色，普遍地应用到宫殿和离宫上，更丰富了屋顶的色彩。

元代上都（内蒙古多伦附近）主要宫殿的遗址是砖石结构的建筑，这可能是西方工匠建造的。此外像大都宫中的“畏吾儿殿”应是维吾尔族的式样，还有相当多的“盝顶殿”和“棕毛殿”，也都是元以前中国传统所没有的其他民族风格。

元代的统治阶级以吐蕃（西藏）的喇嘛教作为国教，吐蕃的建筑和艺术在元代流传到华北一带，出现了很多西藏风格的喇嘛塔。矗立在北京的妙应寺白塔就是这时期最宏伟的遗物。从著名的居庸关过街塔残存的基座上和石雕刻纹样手法上也可以看到当时西藏艺术风格盛行的情况。

都城以外的建筑仍是汉族工匠建造的，继续保持着传统的中国风格。其中一种类型可能是地方的统治阶层兴建的，比较细致精巧，但带有显著的公式化倾向，工料也比较整齐；典型的代表例如正定的关帝庙，定兴的慈云阁。另一种是施工非常粗糙，木料贫乏到用天然的弯曲原木作主要的构架，其中的结构是煞费苦心拼凑成的。现存的这类建筑大多是当地人民信仰的祠庙或地方性的公共建筑。例如河北正定的阳和楼，曲阳北岳庙的德宁殿，安平的圣姑庙或山西赵城的广胜寺。这后一种在困难的物质条件限制下表现了比较多的设计意匠。它们正是这段艰苦的时期中人民生活的反映，鲜明地刻画出元代一般建筑艺术衰落的情况。

第七阶段——明·清两朝和民国时期

（公元一三六八年至一九一一年至一九四九年）

在这五百八十余年中，中国历史上发生了巨大的转变。（一）在汉族农民起义，摧毁并驱逐了蒙古族统治阶级以后，朱元璋建立了明朝，恢复了汉族的统治，恢复了久经破坏的经济。但自朱棣以后，宦官掌握朝政二百余年，统治阶级昏庸腐朽达到极点。（二）满族兴起，入关灭明，统治中国二百六十余年；阶级压迫与民族压迫合而为一。（三）西方新兴的资本主义的商人和传教士，由十六世纪末开始来到中国，逐步导致十九世纪中的鸦片战争和中国的半殖民地化。（四）人民革命经过一百零九年的英勇斗争，推翻了满清皇朝，驱逐了帝国主义侵略者，肃清了封建统治阶级，建立了人民民主的中华人民共和国。

朱元璋以农民出身，看到异族压迫下农村破产的情形，亲身参加了民族解放战争，知道农业生产是恢复经济、巩固政权的基本所在，所以建立了均田、农贷等制度，解放了异族压迫，恢复了封建的生产关系，使经济很快恢复。在建国之初，他已占有江淮全国最富庶的地区，国库充实起来，使他得以建设他的首都南京，作为巩固政权的工具之一。

明朝建立以后不久，官式建筑很快就在布局、结构和造形上出现了与前一阶段区别显著的转变。在一切建置中都表现了民族复兴和封建帝国中央集权的强烈力量。首都南京的营建，征发全国工匠二十余万人，其中许多是从蒙古半奴隶式的羁束下解放出来的北方世代的匠户。除了建造宫殿衙署之外，他特别强调恢复汉族文化和中国传统的礼仪：例如天子郊祀的坛庙和身后的陵寝，都以雄伟的气魄和庄严的姿态建置起来。

朱棣（成祖）迁都北京，在元大都城的基础上，重新建设宫殿、坛庙，都遵南京制度，而规模比南京更大。今天北京的故宫大体就是明初的建置。虽然大部分殿堂已是清代重建的，明朝原物还保存若干完整的组群和个别的主要殿宇。社稷坛（今中山公园）、太庙（今劳动人民文化宫）和天坛，都是明代首创的宏丽的大组群；其中尤其是天坛在规模、气魄、总体布置和艺术造形上更是卓越的杰作。虽然祈年殿在光绪十五年曾被落雷焚毁，次年又照原样重修；皇穹宇一组则是明代最精美的原物，并且是明手法的典型。昌平县天寿山麓的长陵（朱棣墓），以庙宇的组群同陵墓本身的地面建筑物结合，再在陵前布置长达八公里的神道，这一切又与天寿山的自然环境结合为一整体。气魄之大，意匠之高，全国其他建筑组群很少能和它相比的。

明初两京的两次大建设将南北的高手匠工作了两次大规模调配，使南方北方建筑和工艺的特长都得以发挥出来，汇合为一，创造出明代的特殊风格。西南的巨大楠木，大量在北京使用。这样的建筑所反映的正是民族复兴的统一封建大帝国的雄伟气概。

自从朱棣把宦官干涉朝政的恶劣传统培植起来以后，宦官成了明朝二百余年统治权的掌握者。在建筑方面，这事实反映在一切皇家的营建方面。每一座明朝“敕建”的庙宇，都有监修或重修的太监的碑志，不然就在梁下、匾上留名。至于明代宫中八次大火灾（小火灾不计），史家认为是宦官故意放火，以便重建时贪污中饱的。更不用说，宦官为了回避宦官禁置私产的法律规定，多借建庙的名义，修建寺院，附置庭园、“僧舍”，作为自己休养享乐之用。如北京的智化寺（王振建）、碧云寺（魏忠贤建），就是其中突出的例子。明末魏忠贤的生祠在全国竟达五六百所，更是宦官政治的具体的物质表现。

明代官匠制度增加了熟练技术工人，大大地促进手工艺技术的水平。明代建筑使用大量楠木和质地优良的砖，工精料美，丝毫不苟。在建筑工程方面，榫卯准确，基础坚实，彩画精美，也是它的特色。琉璃瓦和琉璃面砖到了明朝也得到了极大的发展。太庙内墙前的琉璃花门上细部如陶制彩画额枋就精美无比。除北京许多琉璃牌坊和琉璃花门外，许多地方还出现了琉璃宝塔，其中如南京的报国寺七宝琉璃塔（太平天国战争中毁）和山西赵城广胜寺飞虹塔，都说明了在这方面当时普遍的成就。

在明中叶的初期，由印度传入“金刚宝座式”塔，在一个大塔座上建造五座乃至七座的群塔。北京真觉寺（五塔寺）塔是这类型的最卓越的典型。这个塔型之传入使中国建筑的类型更丰富起来。在清代，这类型又得到一定的发展。

在“党祸”的斗争中退隐的地主官僚和行商致富的大贾，则多在家乡营造家祠或私园以逃避现实世界。明末私家园林得到极大发展，今天江南许多精致幽静的私园，如苏州的拙政园，就是当时林园的卓越一例，也是当时社会情况下的产物。最近在安徽歙县发现许多私家的第宅，厅堂用巨大楠木柱，规模宏大。可见当时商业发展，民间的财富可观。

明中叶以后，一方面由于工艺发展，砖陶窑业取得了极大的进步，一方面由于国内农民起义和东北新兴的满洲族的军事威胁，许多府县都大量用砖甃砌城堡。这方面最杰出的实例就是北京城和万里长城。这两个城虽然各在不同的地方和不同的地形上建造起来，但都以它们雄健简朴的庞大躯体各自表现了卓越的艺术效果。

明代砖陶业之进步所产生的另一类型就是砖造发券的殿堂，如各地的“无梁殿”，乃至北京的大明门（今中华门）一类的砖券建筑就是其中的实例。这些建筑一般都用砖石琉璃做出木结构的样式。

明朝末年，随同欧洲资本家之寻找东方市场，西洋传教士到了中国，带来了西洋的自然科学、各种艺术和建筑，这对于后来的中国建筑也有一定的影响。

满清以一个文化比较落后的民族入主中国。由于他们入关以前已有相当长的期间吸收汉族的先进文化，入关时又大量利用汉奸，战争不太猛烈，许多城市和建筑没有受到过甚的破坏；例如北京这样辉煌的首都和宫殿苑园，就是相当完整地被满洲统治者承继了的。故宫之中，主要建筑仅太和殿和武英殿一组受到破坏。清朝初期尚未完全征服全中国，所以像康熙年间重建太和殿，就放弃了官式用料的惯例，不用楠木而改用东北松木建造，在材料的使用上，反映了当时的军事政治局势，南方产木区还在不断反抗。

满清统治者承继了明朝统治者的全部财产，包括统治和压迫人民的整套“文物制度”。为了适应当时情况，在康熙、雍正、乾隆三朝进行了各种制度和法律之制订。在这些制度之中也包括了《工部工程做法则例》七十二卷。这虽是一部约束性的书，将清代的官造建筑在制度和样式上固定下来，但是它对于今天清代建筑的研究却是一部可贵的技术书。这书对于当时的匠师虽然有极大的约束性，但掌握在劳动人民手中的建筑技术和艺术的创造性是封建制度所约束不住的。在“工程做法”的限制下，劳动人民仍然取得无穷辉煌的变化。

史家认为满清皇朝闭关自守是封建经济停滞时代，一般地说，这也在建筑上反映出来。但在这整个停滞的时代里，它仍有它一定限度内经济比较发展的高峰和低潮。清朝建筑的高峰和一定的创造性主要表现在乾隆时代，那是满清二百六十余年间的“太平盛世”。弘历几度南巡，带来江南风格；大举营建圆明园，热河行宫，修清漪园（颐和园），在故宫内增建宁寿宫（乾隆花园），给许多艺匠名师以创造的机会。各园都有工艺精绝的建筑细部。尤其值得注意的是这时代的宫廷大量吸收了江南的民间建筑风格来建造园苑。乾隆以后，清代的建筑就比较消沉下来。即使如清末重修颐和园，也只是高潮以后一个波浪而已。

鸦片战争开始了中国的半殖民地化时代，赓续了一百零九年。在这一个世纪中，中国的经济完全依附于帝国主义资本主义，中国社会中产生了官僚资本家和买办阶级。帝国主义的外国资本家把欧洲资本主义城市的阶级对立和自由主义的混乱状态移植到中国城市中来；中国的官僚买办则大盖“洋房”，以表达他们的崇洋思想，更助长了这混乱状态。侵略者是无视被侵略者的民族和文化的，中国建筑和它的传统受到了鄙视和摧残。中国知识分子建筑师之出现，在初期更助长了这趋势。“五四”以后很短的一个时期曾作过恢复中国传统和新的工程技术相结合的尝试，但在反动政府的破碎支离殖民地性质的统治下和经济基础上没有得到，也不可能得到发展；反是宣传帝国主义的世界主义的各种建筑理论和流派逐渐盛行起来。以“革命”姿态出现于欧洲的这个反动的艺术理论猖狂地攻击欧洲古典建筑传统，在美国繁殖起来，迷惑了许许多多欧美建筑师，以“符合现代要求”为名，到处建造光秃秃的玻璃方盒子式建筑。中国的建筑界也曾堕入这个漩涡中。

中国历史中这一个波动剧烈的世纪，也反映在我们的建筑上。

总的说来，这个时期的洋房、玻璃方盒子似乎给我们带来新的工程技术，有许多房子是可以满足一定的物质需要的。但是，建筑是一个社会生活中最高度综合性的艺术。作为能满足物质和精神双重要求的建筑物来衡量这些洋式和半洋式建筑，它们是没有艺术上价值的，而且应受到批判。无可讳言的，这一百年中蔑视祖国传统，割断历史，硬搬进来的西洋各国资本主义国家的建筑形式对于祖国建筑是摧残而不是发展。历史上封建的建筑物虽已不能适应我们今天生活的新要求，但它们的优良传统，艺术造形上的成就却仍是我们新创造的最可宝贵的源泉。而殖民地建筑在精神上则起过摧毁民族自信心的作用，阻碍了我们自己建筑的发展：在物质上曾是破坏摧毁我们可珍贵的建筑遗产的凶猛势力。它们仅有的一点实用性，在今天面向社会主义生活的面前，也已经很不够了。

结　论

回顾我们几千年来建筑的发展，我们看见了每一个大阶段在不同的政治、经济条件下，在新的技术、材料的进步和发明的条件下，历代的匠师都不断地有所发明，有所创造。肯定的是：各代的匠师都能运用自己的传统，加以革新，创造新的类型，来解决生活和思想意识中所提出的不相同的新问题。由于这种新的创造，每代都推动着中国的建筑不断地向前发展，取得光辉的成就。每当新的技术、新的材料出现时，古代匠师们也都能灵活自如地掌握这些新的技术和材料，使它们服从于艺术造形的要求，创造出革新的而又是从传统上发展出来的手法和风格。在这一点上，建筑历史上卓越的实例是值得我们学习的。

中国建筑的新阶段已经开始了。新的社会给新中国的建筑师提出了崭新的任务。我们新中国的建筑是为生产服务，为劳动人民服务的。建筑必须满足人民不断增长的物质和文化的需要。劳动人民得到了适用，愉快而合乎卫生的工作和居住，游息的环境，就可提高生产的量和质，就可帮助国家的社会主义改造。我们还要求新中国的建筑，作为一种艺术，必须发挥鼓舞人民前进的作用。建筑已成为全民的任务，成为国家总路线的执行中的必要工具了。

过去的匠师在当时的社会、材料、技术的局限性下尚且能为自己时代社会的需要，灵活地运用遗产，解决各式各样的问题。今天的中国所给予建筑师的条件是远远超过过去任何一个时代的。我们有中国共产党和中央人民政府的英明正确的领导，有全国人民的支持，有马克思列宁主义、毛泽东思想的思想武器，有苏联社会主义建设的先进范本，有最现代化的技术科学和材料，有无比丰富的遗产和传统。在这样优越的条件下，我们有信心创造出超越过去任何时代的建筑。

作者校对后记

在编纂建筑史的学习过程中，我们不断地发现我们对伟大祖国建筑艺术遗产的研究还有待提高；由于受到理论水平的限制，距全面的、正确的认识总还有一段距离。例如对于我们所掌握的各历史时期的资料，还不能作出很好的分析，从科学的观点指出各时代劳动人民在创造上的成就。有时因为对当时的社会思想意识与它的物质基础之间的关系，认识也比较模糊，没有能更好地举出反映当时的社会内容的典型性建筑物的艺术形象和它们的特征，更深刻地指出它们在祖国建筑发展中有积极进步的意义方面和相反地只有消极保守，局限了创造和发明的方面等等。此稿付印以后，我们在继续学习中，经过多次讨论，觉得这稿子应加以提高的地方很多。但是已在排印中，已不可能作大量修改，只好在下一篇《中国建筑各时代实物举例》一文的分析中来弥补或纠正本文中没有足够认识的和不明确的地方。

我们这篇稿子是不成熟的，希望读者——特别是建筑师们和史学家们——帮助我们，指出我们的错误，予以纠正。

一九五四年十二月八日

建筑

美术

林徽因为《晨报五周年纪念增刊号》设计的封面

《晨报五周年纪念增刊号》(一九二三年十二月一日，林徽因设计封面，并在该刊发表译作《夜莺与玫瑰——奥司克魏尔德神话》)

林徽因为《晨报五周年增刊》设计的封面

《晨报五周年增刊》（一九二四年，林徽因设计封面）

林徽因设计的圣诞节卡片

一九二六年，林徽因为宾夕法尼亚大学美术系设计的圣诞卡。她采用了马赛克镶嵌画的风格。图中为东方三博士手持礼盒，盒上文字为 painting（绘画）、sculpture（雕塑）和 architecture（建筑），寓意造型艺术三姐妹

林徽因设计的

舞台布景

一九二七年，林徽因在耶鲁大学学习期间设计的舞台布景照

林徽因水彩画作

林徽因水彩画作《故乡》（之一）

林徽因水彩画作《故乡》（之二）

林徽因设计的

东北大学校徽

一九二九年，林徽因为东北大学设计的校徽

林徽因为沈从文小说《巫神之爱》所作插图

一九三一年，林徽因为沈从文小说《巫神之爱》所作插图《祈福》

初刊于一九三二年八月二日《北平晨报》「剧刊」副刊第三十二期，署名林徽音。

设计和幕后困难问题

自从小剧院公演《软体动物》以来，剧刊上关于排演这剧的文章已有好几篇，一个没有看到这场公演的人读到这些文章，所得的印象是：（一）赵元任先生的译本大成功；（二）公演的总成绩极好，大受欢迎；（三）演员表演成绩极优，观众异常满意；（四）设计或是布景不满人望，受了指摘；（五）设计和幕后有许多困难处，所以布景（根据批评人）“凑合敷衍”一点，（根据批评人）“处处很将就些”了。

公平说，凡做一桩事没有不遇困难的。我们几乎可以说：事的本身就是种种困难的综合，而我们所以用以对付，解决这些困难的，便是“方法”“技巧”，和“艺术创作”。排演一场戏，和做一切别的事情一样，定有许多困难的，对待这困难，而完成这个戏的排演，便是演戏者的目的。排演一个规模极大的营业性质的戏，和排演一个“爱美”“小剧院公演”的戏，都有它的不同的困难。各有各的困难，所以各有各的对待方法，技巧和艺术。可是无论规模大小的戏，它们的目标，（有一个至少）是相同的。这目标，不说是“要观众看了满意”，因为这话说出来许要惹祸的，多少艺术家是讲究表达他的最高理想，不肯讲迎合观众的话。所以换过来说，这目标，是要表达他的理想到最高程度为止，尽心竭力来解决，对待，凡因这演剧所发生的种种困难，到最圆满的程度为止，然后拿出来贡献给观众评阅鉴赏，这话许不会错的。

观众的评判是对着排演者拿出来的成绩下的，排演中间所经过的困难苦处，他们是看不见的，也便不原谅的（除非明显的限制阻碍如地点和剧团之大小贫富）。一方面，凡去看“爱美”剧社或“小剧院”等组织演剧的人，不该期待极周全奢丽的设计，张罗，不用说的。一方面，演者无论是多少，经费多窘的，小团体，小剧院，也不该以为幕后有种种困难苦处，便是充分理由，可以“处处将就”“敷衍”的。并且除非有不得已的地方，决不要向观众要求原谅或同情。道理是：成绩上既有了失败，要求原谅和同情定不会有补助于这已有失败点的成绩的。假如演戏演到一半台上倒下一面布景，如果倒的原因是极意外的不幸，那么自然要向观众声明的，如果那是某助手那一天起晚了没有买到钉子只用了绳子，而这绳子又不甚结实的话，这幕后的困难便不成立。讲到幕后，那是无论那一个幕后都是困难到万分的，拿一方戏台来作种种人生缩影的背景，不管这个戏台比那一个大多少，设备好多少，那也不过百步五十步之比，问题是一样会有的。用几个人来管许多零零碎碎的物件，一会儿搬上一会儿搬下，一定是麻烦的。

余上沉先生在他《软体动物》的舞台设计一篇文章和陈治策先生幕后里都重复提到他们最大的苦处“借”的问题。设计人件件东西不够，要到各处“借”，是件苦痛事情！那是不可否认的，但是谈到“布景艺术是个‘借’的艺术”，这个恐怕不止中国现在如此，或者他们小剧院这次如此，实在可以说到处都是如此，不过程度有些高下罢了。所谓“道具”虽然有许多阔绰的剧院常常自制，而租（即花费的借），买，借的时候却要占多数。试想戏剧是人生的缩影；时代，地点，种族，社会阶级之种种不同，那有一个戏剧有偌大宝库里面万物尽有的储起来待用？那一个戏剧愿意如此浪费，每次演戏用的特别东西都去购制起来堆着？结果是每次所用“道具”凡是可以租借的便当然租去。租与借的分别是很少的，在精力方面，一样是去物色，商量，接洽等麻烦。除却有几个大城有专“租道具”的地方，恐怕世界上那一个地方演戏，后台设计布景的人都少不了要跑腿到硬化或软化了的，我记在耶鲁大学戏院的时候我帮布景，一幕美国中部一个老式家庭的客厅，有一个“三角架”，我和另一个朋友足足走了三天足迹遍纽海芬全城，走问每家木器铺的老板，但是每次他都笑了半天说现在那里还有地方找这样一件东西！（虽然在中国“三角架”——英文原名“What-not”——还是一件极通行的东西。）耶鲁是个经济特别宽裕的剧院，每次演的戏也都是些人生缩影，并不神奇古怪，可是那一次布景，我们少了跑腿去东求西借的。戏院主任贝克老头儿，每次公演完戏登台对观众来了一个绝妙要求；便是要东西，东西中最需要的？鞋！因为外国鞋的式样最易更改戏的时代，又常常是十年前五十年前这种不够古代的古装，零碎的服饰道具真难死人了。这个小节妙在如果全对了，观众里几乎没有人注意到的，可是你一错，那就有了热闹了！所以我以为小剧院诸位朋友不应该太心焦，以为“借”东西是你们特有的痛苦。

陈治策先生又讲到另几种苦处，但是归纳起来似乎都在东西不齐全和“乱七八糟”，还有时间似乎欠点从容。戏台设计在戏剧艺术中占极重要的地位的，导演人之次，权威最大的便是“设计图稿”。排演规矩，为简单许多纠纷图样一经审定（导演人和设计人磋商之后），便是绝对标准。各方面（指配光，服装，道具，着色，构造，各组）在可能范围内要绝对服从的。那么所有困难设计师得比别人先知道，顺着事势，在经费舞台以及各种的限制内，设计可以实现的，最圆满布置法，关于形式色彩等等，尤宜先拟就计划，以备实行布景时按序进行的。陈先生所讲的幕后细节中，所给我的印象是他们并没有计划，只是将要的东西的部位定出，临时“杂凑”借来填入，不知道事实是否如此？这印象尤其是陈先生提到“白布单子”一节。

台上的色彩不管经济状况如何，我认为绝对可以弄到调和有美术价值的。沙发软到什么地位，我们怕要限于金钱和事势，颜色则容易得多了，弄到调和不该是办不到的。我对于“白布单”并不单是因为它像协和病房，却是因此我对于他们台上的色调发生很大疑心。照例台上不用白色东西的除非极特别原因故意用它。因为白色过显，会“跳出来打在你眼上”（说句外国土话），所以台上的白色实际上全是“茶色”，微微的带点蜜黄色的，有时简直就是放在茶里泡一会儿拿来用。（也许他们已经如此办了，恕我没有看这戏只能根据剧刊上文章。）绘画也是本这原则，全画忌唐突的白色，尤其是在背景里，并且这白单子是要很接近白太太的东西，它一定会无形中扰乱观众对于白太太聚精会神的注意，所以不止在美术上欠调和，并且与表演大有妨碍。

话已经说太多，实在正经问题没有讨论起一点只好留之将来，有机会和小剧院诸位细细面谈。他们幕后和设计最大困难我认为还是协和礼堂的戏台太浅不适用，我自己在那里吃过一次大苦，所以非常之表同情。还有一节便是配光问题，可是这次他们没提起我又没看到戏，现在也不必提了。关于戏台一节，以建筑师的眼光看来既盖个礼堂可以容二三百人的何在乎省掉那几尺的地面和材料，只用一个讲台，我诚实的希望将来一切学校凡修礼堂的不要在这一点上节省起来，而多多的给后台一点布景的机会，让“爱美”的学生团体或别人租用礼堂演戏的痛痛快快。

再余上沅先生文章（七月十二日）上提到“台左，有法国式的玻璃窗通花园像不像玻璃，是不是法国式”他们“不敢担保”，像不像玻璃我不在场不敢说，据一个到场的朋友说他没有注意到。是不是“法国式”问题，我却敢作担保，因为建筑上所谓“法国窗”（或译“法国式窗”）是指玻璃框到地的“门”而言（法国最多），那一天台上的“窗”的确是“门”，可以通到“花园”的，所以我敢担保它是个“法国窗”。玻璃不玻璃问题，后来陈治策先生倒提到“糊上玻璃纸开窗时胡拉胡拉响”，“玻璃纸”是什么我不知道，不过玻璃窗不用玻璃，或铁丝纱而又不响的有很多很经济的法子，倒可以试用的。

其余的都留到后来和小剧院诸位面谈吧。

又据赵元任夫人说第二次又公演时，布景已较前圆满多多，布景诸位先生受观众评议后如此虚心，卖力气，精神可佩，我为小剧院高兴。

林徽因为《学文》月刊设计的封面

《学文》月刊（一九三四年第一卷第一期，林徽因设计封面，并在该刊发表小说《九十九度中》）

刊于一九三五年七月三十一日《大公报》「小公园」第一七五一号《关于图案》中，系林徽因致《大公报》「小公园」副刊编辑书信的节选。

关于《大公报》“小公园”副刊报头图案的说明

现在图案是画好了，十之七八是思成的手笔，在选材及布局上，我们轮流草稿讨论。说来惭愧，小小一张东西我们竟然做了三天才算成功。好在趣味还好，并且是汉刻，纯粹中国创造艺术的最高造诣，用来对于创作前途有点吉利。

林徽因、梁思成为《大公报》“小公园”副刊设计的报头

《大公报》“小公园”副刊（一九三五年七月，林徽因、梁思成为其设计报头图案）

林徽因设计的舞台布景

一九三五年，林徽因为曹禺改编自莫里哀《悭吝人》的话剧《财狂》所做的舞台美术设计

林徽因等测绘的北海静心斋

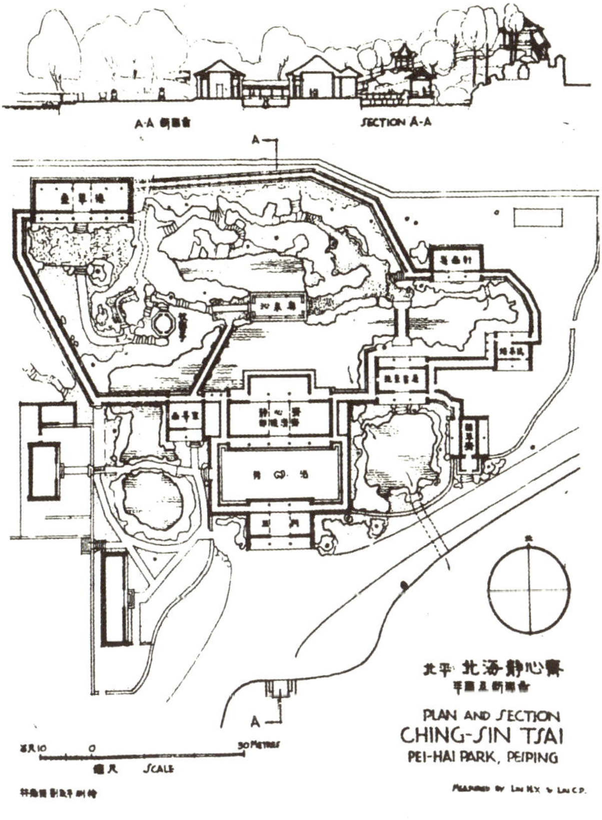

一九三六年五月，林徽因率刘致平、麦俨曾等测绘的北海静心斋

林徽因为《文学杂志》
设计的封面

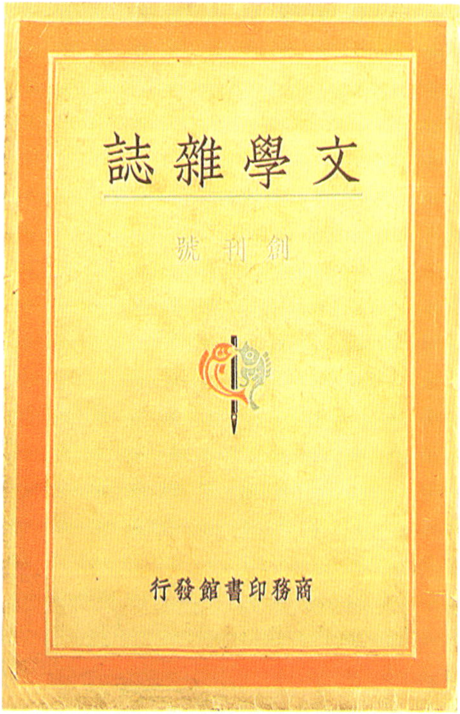

《文学杂志》(一九三七年五月第一卷第一期，林徽因设计封面，并在该刊发表剧作《梅真同他们》)

林徽因绘梁再冰肖像

一九四〇年儿童节，林徽因为女儿梁再冰所绘肖像

拟制国徽图案说明

据中央档案馆所存原件刊印。

拟制国徽图案以一个璧（或瑗）为主体：以国名、五星、齿轮、嘉禾为主要题材；以红绶穿瑗的结衬托而成图案的整体。也可以说，上部的璧及璧上的文字，中心的金星齿轮，组织略成汉镜的样式，旁用嘉禾环抱，下面以红色组绶穿瑗为结束。颜色用金、玉、红三色。

璧是我国古代最隆重的礼品。《周礼》：“以苍璧礼天。”《说文》：“瑗，大孔璧也。”这个璧是大孔的，所以也可以说是一个瑗。《荀子·大略篇》说“召人以瑗”，瑗召全国人民，象征统一。璧或瑗都是工制的，工性温和，象征和平。璧上浅雕卷草花纹为地，是采用唐代卷草的样式。国名字体用汉八分书，金色。

大小五颗金星是采用国旗上的五星，金色齿轮代表工，金色嘉禾代表农。这三种母题都是中国传统艺术里所未有的。不过汉镜中有（齿）形的弧纹，与齿纹略似，所以作为齿轮，用在相同的地位上。汉镜中心常有四瓣的钮，本图案则作成五角的大星；汉镜上常用小粒的“乳”，小五角星也是“乳”的变形。全部作成镜形，以象征光明。嘉禾抱着璧的两侧，缀以红绶。红色象征革命。红绶穿过小瑗的孔成一个结，象征革命人民的大团结。红绶和绶结所采用的褶皱样式是南北朝造象上所常见的风格，不是西洋系统的缎带结之类。设计人在本图案里尽量地采用了中国数千年艺术的传统，以表现我们的民族文化；同时努力将象征新民主主义中国政权的新母题配合，求其由古代传统的基础上发展出新的图案；颜色仅用金、玉、红三色；目的在求其形成一个庄严重典雅而不浮夸不艳俗的图案，以表示中国新旧文化之继续与调和，是否差强达到这目的，是要请求指示批评的。

这个图案无论用彩色，单色，或做成浮雕，都是适用的。

这只是一幅草图，若蒙核准采纳，当即绘成放大的准确详细的正式彩色图、墨线详图和一个浮雕模型呈阅。

集体设计

林徽因　雕饰学教授，做中国建筑的研究

莫宗江　雕饰学教授，做中国建筑的研究

参加技术意见者

邓以蛰　中国美术史教授

王　逊　工艺史教授

高　庄　雕塑教授

梁思成　中国雕塑史教授，做中国建筑的研究

一九四九年十月二十三日

林徽因等设计的
中华人民共和国国徽方案

一九四九年十月，林徽因等设计的中华人民共和国国徽方案

一九五〇年六月十七日，清华大学营建系提交的中华人民共和国国徽方案

中华人民共和国国徽

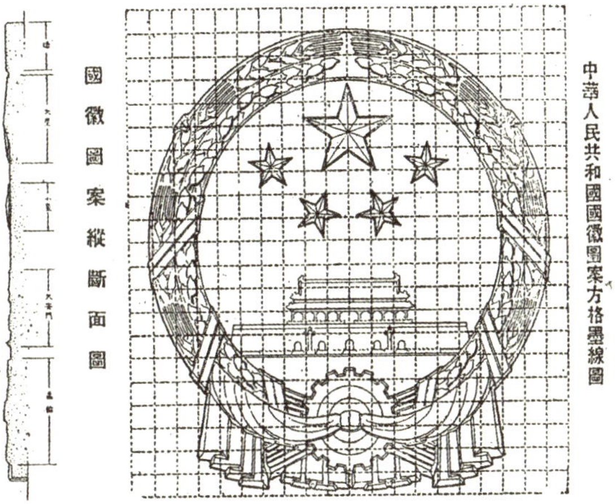

中华人民共和国国徽图案方格墨线图及纵断面图

林徽因、梁思成保存的中华人民共和国国徽设计图样

初刊于一九五一年八月十三日北京《光明日报》，系清华大学营建系于一九五一年五月十九日在北京特种工艺专业会议上报告的摘要。原署名『清华大学营建系』。据清华大学楼庆西教授考订，著者为林徽因。

景泰蓝新图样设计工作一年总结

一　我们如何接受了新图样设计工作

北京特种工艺（包括景泰蓝，烧瓷，雕漆，挑补花，地毯，象牙玉石雕刻，绒绢纸花，料器等十余种行业）在过去一向是受压迫行业的艺术。在经济上先是仰赖封建阶级的“恩赐”，后来则呻吟在中间商人，买办和帝国主义“洋商”的剥削下，勉强维持。作为一种艺术活动，它们也是被压迫的，受尽屈辱的。这主要表现在图样方面的循规蹈矩，师守成法，偏向无原则的繁琐工巧。——工匠师傅们虽然尽了最大努力制作出一些高度精致工细的作品，但是他们没有能够发挥出他们真正的创造力。

北京特种工艺风格繁琐呆板的原因是北京特种工艺在满清时代是用来装点少数封建贵族的生活的，是为了迎合日趋没落的封建贵族的堕落思想和感情来制作的。在帝国主义侵入中国以后，北京特种工艺被帝国主义的殖民者喜爱。他们把中国看作不文明，稀奇古怪。他们也就把北京特种工艺当作不文明和稀奇古怪的代表，并且更进一步鼓励往稀奇古怪的方向发展。这样也就使北京特种手工艺更脱离了人民和我国原有的健康传统，主要地变成了外销商品。

仰赖外销，经济上的不能自主是随着北京特种工艺的堕落的宫廷风格而来的，而又成为北京特种工艺品质低落的原因。

这种情况到北京解放以后开始有了本质上的变化。在去年六月公营北京特种工艺公司成立以后，这个变化已经非常具体了。去年下半年抗美援朝运动开始了，更针对美帝的封锁，展开了对美帝的经济斗争，直到今天，北京特种工艺在各级政府的领导下，尤其在北京特种工艺公司的具体领导下，已经完全走上了自主地发展的道路。

新图样设计的目的，是为了配合全面地争取自主地发展的工作。所以新图样设计工作的中心任务就是同封建主义的，帝国主义的，买办的残余影响，不良作风进行斗争。

去年六月，北京特种工艺公司初成立时，同清华大学营建系服务部研讨了新图样设计和改良图案的问题。清华同人也愿意把过去曾进行过的景泰蓝新图样设计的尝试性的工作，变成一件正式的有组织有计划的工作，所以便接受了公司的委托。在过去这一年的工作中，我们深深体验到，如果没有北京特种工艺公司的领导，不同公司领导的其他方面的工作，尤其是经济上的翻身运动结合起来，新图样设计的展开是不可能的；不同全国整个政治形势，经济形势的发展配合起来，新图样设计工作的展开更是不可能的。

二　我们如何进行新图样设计工作

我们的设计总的方向是为了产生新中国的新的人民工艺而努力。

这个新的人民工艺必须是民族的，科学的，大众的。

所谓民族的就是要表现出我们民族风格的伟大丰富的内容。旧日景泰蓝中有模仿日本七宝烧的。例如装饰杂花的萝葡瓶，花纹胎形和色彩都是日本作风。这是我们坚决反对的。我们还反对，例如象牙雕刻中的半裸体美人，或林黛玉式的病美人，那是低级的庸俗的。我们还反对一向因袭保守满清末年西太后时代的繁琐杂乱，病弱无力的古怪作风。因为那不是我们民族传统中好的一部分，那不是我们的优良传统。我们要求承继优良的传统，而且不只是承继，我们还要求发展出新的民族工艺。它们必须是民族的，而更重要的是它们必须是今天的。

所谓科学的至少包括两点：（1）新图样的设计必须从技术和材料出发。设计一定要充分利用技术和材料上的特长方便，一定要避重就轻，使一定的技术和材料在它的限制之内充分发挥它的长处回避了它的短处。这样才能使设计出来的东西可以省工省料。（2）设计的东西要合于使用，便于使用，并且牢固耐久。反对过去有闲者嗜好的单纯小摆设。

所谓大众的就是我们必须照顾到大众的购买力。从简化图案和尽量利用制造时避重就轻的办法，求其省工省料。当然，工厂中能同时改进技术和改善经营方式，使减低成本那就更好了。设计小件的器皿也是适应大众购买力的一种办法。此外，工艺品有实用价值时，购买的兴趣也可以提高的。大众化另一个主要的问题是如何适应群众的喜好。这个问题也就是如何向群众学习，了解群众的爱好习惯的问题。设计不能完全从个人出发，但是也不能成为群众的尾巴，例如七宝烧作风的景泰蓝和象牙雕刻的半裸体美人等即使有销路也是错误的。

以上所说是我们工作总的方向。概括的说便是我们设计的目标，是产生好看，好用，省工，省料的工艺品。

我们实际工作时就是基于这些原则，从以下三方面进行景泰蓝的设计的。

一、我们对于景泰蓝的制作技术和釉料性质本来一无所知。我们的设计过程就成为我们的学习过程。过去指导我们最多的是作坊中一些老师傅们。现在公司正式成立了实验工厂使我们有了更好的学习机会。一些有关技术和材料的初步的基本的常识我们已经摸着了一点门路。

二、为了适于实用，为了适应一般市场购买力，我们尽量设计小件而有用的东西。但是景泰蓝因材料的限制，实用的范围较狭。铜胎不宜于装水，甚至作为可能被溅上水的器物也不合适。所以花瓶，饮食用具都是不可能尝试的。结果我们所设计的大都是台灯和烟具。但是我们也发现有一种很简单的东西在使用上是变化多端的，就是有盖的小罐和小盒。罐盒之类可以用来装纽扣，针线，邮票，糖果，首饰等等，是一种能够适应多种不同场合不同生活的方便的容器。我们时时刻刻在思索着扩大景泰蓝的使用范围。将来在制作技术上，在原料获得改善时，这个问题当比较容易解决。至于在目前，客观事实既然限制着我们，那么在一定的客观限制之下尽量觅取解决问题的方法正是设计者的主要任务之一。

最近我们也曾设计了几件装饰性的大件东西。那是为了公司参加各地展览会，以便有效的介绍北京特种工艺。此外更因为我们时常有国际性的友谊馈赠，也需要一些比较庄重富丽的大件。所以今春以来，我们偏重于设计一尺左右的大件。

三、关于新图样设计中最使朋友们关心的问题便是花纹图样，美的表现的处理问题。在这一问题上我们必须说明七点：

1.新图样设计并不是单纯设计花纹。——一件好看的东西，除了花纹好看以外，还要形体好看，颜色好看，而且要三者配合得好看。新图样设计必须同时包括这三个因素，要把三个因素联系在一起考虑才能进行设计。新图样设计必须同时包括这三个因素，要把三个因素联系在一起考虑才能进行设计。新图样设计决不是仅只拟出了一种新颖的花纹。花纹不是一个虚空的花纹，它必须附着在一定的形体上，和这个形体有不可分的有机关系。它必须具有一定的色彩光泽。色彩光泽是花纹的具体的形象上的内容。我们要求三者：花纹，形体，颜色的统一的效果。所以把同一花纹随意变换它的颜色，或者随意搬家，从瓶子上搬到碟子上，而不经过慎重的考虑，都是不妥当的。

2.花纹形体和颜色统一的一致的效果。——我们要求一件器物，一眼望过去就产生单纯的完整的明朗的印象。与单纯完整明朗的效果相反的便是我们在前面所说过的满清末年以来的旧作风。旧作风的景泰蓝，形体是病态的软弱无力的，甚至畸形的，稀奇古怪的。花纹是繁琐的零碎的，颜色是五颜六色的，杂乱无章的。三者在一起既不统一，也不完整，而是互相扰乱。

3.新图样设计中花纹是最次要的考虑——我们的设计在形体的决定上选择一些健康、挺拔、有生气、有气概的形体。颜色方面时常利用显明的对比色或近似的接近色。花纹只是界划颜色，分布颜色，陪衬着形体，呼应着形体，加强形体的装饰性的手段。所以我们的设计往往是以形体为第一位的，首要的、有决定性的因素加以考虑的，其次是颜色，最后才是花纹。

4.新图样设计反对花纹的繁琐零碎，并不笼统的反对丝工的精细。——对于旧作风的景泰蓝，有人往往只注意到花纹的繁琐零碎，而赞美其精致工细。这是片面的看法。精致工细，单纯从技术上看，我们工匠师傅的技艺水平是达到了惊人的高度。但是作得细致并不等于好看，就如涂脂抹粉，描眉勾鬓的并不一定就是美人。一件非常丑怪的东西也可以作得非常细致。而且往往过分的装扮恰恰就变成了丑怪。盲目的追求精致工细是没有意义的，而且是一种浪费。而且这正是过去封建统治者扼杀我们创造力，压迫我们，窒息我们的发展的手段。以无限制的浪费人工材料为美的标准是腐朽的残暴的封建主义的特征之一。

我们并不一般的，笼统的反对作工的讲究，尤其是丝工的讲究。而且相反，我们要求，绝对要求作工的准确，认真，严格，一丝不苟。我们反对产生繁琐零碎效果的精致工细，并不是主张偷工减料的粗糙马虎。

过去的景泰蓝，例如大家一向推崇的乾隆时代的景泰蓝，是只宜于近看的，因为唯有拿在手中仔细端详才能看出丝工的精细。但在配色上，不调和的居绝大一部分。丝工的精细是景泰蓝唯一可以值得欣赏的。但是今天，虽然我们也要求新的景泰蓝仍是可以近看的，近看仍可以欣赏其作工的严谨准确，但是丝工的严谨准确不必是细碎繁琐。而同时，更重要的是必须也宜于远看。不必拿在手中，远远摆在桌上就非常触目，引人注意。这样就必须要把它产生单纯完整明朗的印象，如前面第二点所说的。

5.在我们的设计中，若单纯花纹来说，我们曾尽量利用古代花纹图案的精华，把古代工艺家的杰作作为我们组织花纹的借鉴。在选择了一种古代花纹的时候，我们先进行分析研究，总结出它的规律。根据它特有的规律，例如虚实相间的规律，疏密对比的规律，曲线重复应用的规律等，然后把它重新组织到一个新的形体上去，给它一个新的安排。通过今天景泰蓝的新材料与新技术，让古代工艺的优美成就重新再出现一次。大家看了今天的景泰蓝还能联想到，认识到我们的老祖先的创造力的杰出的智慧。这不是单纯的仿古，因为它们是重新组织过了，并且充分发挥着景泰蓝材料和技术的特有性能。

在景泰蓝的新图样设计中，我们是作着各式各样的试验。最初我们主要的借鉴于古代铜器花纹。因为我们对于景泰蓝最初只认识到它的庄重端丽，风格上和铜器相似。经过一年来的试验，我们发现景泰蓝的表现能力很强。它可以表现出很多种其他的材料所能表现出的风格。景泰蓝能产生古玉的温润的半透明的效果，也能够有宋瓷的自然活泼，锦缎的富丽，甚至京剧的面谱也给我们以启发。我们曾利用过建筑彩画的手法，战国金银错的手法，唐宋以来乌木或黑漆镶嵌的手法。尤其今春，敦煌文物展览开幕以来，敦煌艺术宝库的丰富内容更供给我们大批材料。结合着这个展览，结合着爱国主义教育，同时为了推动借鉴古人以创造新艺术的运动，我们吸收敦煌图案来设计了景泰蓝，并且也试验带画烧瓷，使烧瓷也表现活泼生动的新风格。

6. 因为我们的试验是各工各样的，所以设计出来的东西的风格也是各式各样的。尽管还不够多，而已经有了变化过多的感觉。然而这正是我们的目的。我们的目的就是多样和变化，以尝试着开辟新的道路。我们要求新，然而不离开传统的基础。我们需要从传统出发，然而我们不作死板的抄袭和机械的模仿。完全的新创或完全是机械的抄袭模仿都不能解决今天新工艺的问题。

7. 景泰蓝的新图样设计到今天还说不上有什么成绩，但是已经起了一些作用。

在消极方面，新图样的出现消灭了许多顾虑。例如顾虑没有人要，顾虑会增加成本等，现在大体上已经不存在了。

在积极方面，第一，起了教育作用，有人认为中国花纹只有龙和凤。有一位眼光狭隘的领导干部在北京特种工艺公司参观，竟认为新图样的景泰蓝不是中国花纹。那么，这些景泰蓝，恰可以扩大一部分人的眼界，进行了爱国主义的教育。第二，新图样的景泰蓝已经带动了工厂作坊中的工匠师傅。他们不仅要求供给新图样，在仿制新图样，而且也在创造新图样。这个现象是值得欢迎的，掌握了技术的师傅们积极起来为景泰蓝的新生命而努力，制作和设计的密切结合是中国工艺的优良传统，也是将来新工艺发展的必然的途径。

三　我们工作的检讨

我们工作的方针和经过大致如上所说。这些方针中间也许还存在着许多问题，甚至可能有不正确的地方。同时我们所设计出来的东西还存着许多缺点。失败的，考虑得不够成熟的，违反我们自己所提出的方针原则的，都有一些例子。（中略）我们诚恳的希望大家多提意见，帮助我们改进。并且今后大家一齐团结在北京特种工艺公司周围，共同为开展新图样设计工作而奋斗，为发展新中国的新的人民工艺而奋斗。

林徽因设计和参与设计的景泰蓝作品

林徽因设计的景泰蓝小钵

林徽因设计的景泰蓝花瓶和小钵

林徽因指导莫宗江设计的景泰蓝烟灰缸

林徽因指导莫宗江设计的景泰蓝盘

林徽因指导常沙娜设计的景泰蓝卷草纹灯

林徽因指导常沙娜设计的景泰蓝卷草纹罐

林徽因指导常沙娜设计的景泰蓝盘

林徽因指导常沙娜设计的景泰蓝烟具

初刊于一九五二年十月十五日《新观察》第十一期，署名林徽因。

和平礼物

在北京举行的亚洲及太平洋区域和平会议的繁重而又细致的筹备工作中，活跃着一个小小部分，那就是在准备着中国人民献给和平代表们的礼物，作为代表们回国以后的纪念品。

经过艺术工作者们热烈的讨论、设计和选择，决定了四大种类礼物：

第一类是专为这次会议而设计的特别的纪念物两种：一是华丽而轻柔的丝质彩印头巾；一是充满节日气氛的刺绣和“平金”的女子坎肩。这两种礼物都有象征和平的图案；都是以飞翔的和平白鸽为主题；图案富于东方格调，色彩鲜明，极为别致。

第二类是道地的中国手工艺品，是出产在北京的几种特种手工艺品，如景泰蓝、镶嵌漆器、“花丝”银饰物、细工绝技的象牙刻字和挑花手绢等。

还有两类：一是各种精印画册；一是文学创作中的名著。画册包括年画集、民间剪纸窗花、敦煌古代壁画的复制画册和老画家与新画家的创作选集等。文学名著包括获得斯大林奖金的三部荣誉作品。

这些礼物中每一件都渗透和充满着中国人民对和平的真挚的愿

望。由巨大丰富的画册，到小巧玲珑的银丝的和平鸽子胸针，到必须用放大镜照着看的象牙米粒雕刻的毕加索的和平鸽子，和鸽子四周的四国文字的“和平”字样，无一不是一种和平的呼声。这呼声似乎在说：“和平代表们珍重，珍重，纪念着你们这次团结争取和平的光荣会议，继续奋斗吧。不要忘记正在和平建设、拯救亚洲和世界和平的中国人民。看，我们辛勤劳动的一双双的手是永远愿为和平美好的生活服务的。不论我们是用笔墨写出的，颜色画出的，刀子刻出的，针线绣出的，或是用各种工艺材料制造的，它们都说明一个愿望：我们需要和平。代表们，把我们五亿人民保卫和平的意志传达给亚洲及太平洋各岸的你们祖国里的人民吧。”

我们选定了北京的手工艺品作为礼品的一部，也是有原因的。中国工艺的卓越的“工夫”，在世界上古今著名，但这还不是我们选择它的主要原因。我们选择它是因为解放以后，我们新图案设计的兴起，代表了我们新社会在艺术方面一股新生的力量。它在工艺方面正是剔除封建糟粕、恢复民族传统的一支文化生力军。这些似乎平凡的工艺品，每件都确是既代表我们的艺术传统，又代表我们蓬勃气象的创作。我们有很好的理由拿它们来送给为和平而奋斗的代表们。

这些礼品中的景泰蓝图案，有出自汉代刻玉纹样，有出自敦煌北魏藻井和隋唐边饰图案，也有出自宋锦草纹，明清彩磁的。但这些都是经过融会贯通，要求达到体型和图案的统一性的。在体型方面，我们着重轮廓线的柔和优美和实用方面相结合，如台灯，如小圆盒都是经过用心处理的。在色彩方面，我们要对比活泼而设色调和，要取得华贵而安静的总效果，向敦煌传统看齐的。这些都是一反过去封建没落时期的繁琐、堆砌、不健康的工艺作风的。所以这些也说明了我们是努力发扬祖国艺术的幸福人民。我们渴望的就是和平的世界。

在景泰蓝制作期间，工人同志们的生产态度更说明了这问题。当他们知道了他们所承担的工作跟和平有关时，他们的情绪是那么高涨，他们以高度的热诚来对待他们手中那一系列繁重的掐丝、点蓝和打磨的工作。过去“慢工出细活”的思想，完全被“找窍门”的热情所代替。他们不断地缩短制作过程，又自动地加班和缩短午后的休息时间，提早完成了任务。在瑞华等五个独立作坊中，由于工人们工作的积极和认真，使珐琅质地特别匀净，图案的线纹和颜色都非常准确。工人们说：我们的生活一天比一天美满，我们要保证我们的和平幸福生活，承制和平礼品是我们最光荣的任务。当和平宾馆的工人们在一层楼一层楼地建筑上去的时候，这边景泰蓝的工人们也正在一个盒子、一个烟碟上点着珐琅或脚蹬转轮，目不转睛地打磨着台灯座，心里也只有一个念头：“是的，我们要过和平的日子。”这些美丽的纪念品，无论它们是银丝胸针，还是螺钿漆盒；上面是安静的莲花，还是飞舞的鸽子；它们都是在这种酷爱和平的情绪下完成的。它们是“不简单”的；这些中国劳动人民所积累的智慧的结晶，今天为全世界人民光明的目的——和平而服务了。

礼品中还应该特别详细介绍的是丝质彩印头巾的图案和刺绣坎肩的制作过程。

头巾的图案本身，就有重要的历史意义。这个彩色图案是由敦煌千佛洞内，北魏时代天花上取来应用的。我们对它的内容只加以简单的变革，将内心主题改为和平鸽子后，它就完全适合于我们这次的特殊用途了。有意义的是：它上面的花纹就是一千多年前，亚洲几个民族在文化艺术上和平交流的记录；两周北魏的“忍冬叶”草纹就是古代西域伊兰语系民族送给我们的——来自中亚细亚的影响。中间的大莲花是我们邻邦印度民族在艺术图案上宝贵的赠礼。莲瓣花纹今天在我国的雕刻图案中已极普遍地应用着，我们的亚洲国家的代表们一定都会认出它们的来历的。这些花样里还有来自更遥远的希腊的，它们是通过波斯（伊朗）和印度的健驮罗而来到我国的。

这个图案在颜色上比如土黄、石绿、赭红和浅灰蓝等美妙的配合，也是受过许多外来影响之后，才在中国生根的。以这个图案作为保卫亚洲和世界和平的纪念物是再巧妙、再适当没有的。三位女青年工作同志赶完了这个细致的图样之后，兴奋得说不出话来。她们曾愉快地做过许多临摹工作，但这次向着这样光荣的目的赶任务，使她们感到像做了和平战士一样的骄傲。

在刺绣坎肩制作过程中，由镶边到配色都是工人和艺术工作者集体创造的记录。永合成衣铺内，两位女工同志和四位男工同志，都是热情高涨地用尽一切力量，为和平礼品工作。他们用套裁方法，节省下材料，增产了八件成品。在二十天的工作中，他们每天都是由早晨七点工作至夜深十二点。只有一次因为等衣料，工作中断过两小时。参加这次工作的刺绣业工作者共有十七家独立生产户，原来每日十小时的工作都增至十四至十六小时，共完成了二百十六只鸽子。绣工和金线平金都做得非常整齐。这一百零八件坎肩因不同绣边，不同颜色的处理，每一件都不同而又都够得上称为一件优秀的艺术品。三年来我们欢庆节日正要求有像这一类美丽服装的点缀，青年男女披上金绣彩边的坎肩会特别显出东方民族的色彩。但更有意思的是，世界上许多国家的男女都用绣花坎肩，如西班牙、匈牙利与罗马尼亚等；此外在我国的西南与西北，男子们也常穿革制背心，上面也有图案。

和平战士们，请接受这份小小的和平礼品吧，这是中国劳动人民送给你们的一点小小的纪念品。

林徽因参与设计的丝头巾

林徽因指导常沙娜、钱美华、孙君莲设计的丝头巾

林徽因为人民英雄纪念碑设计的雕饰刻样

一九五三年，林徽因为人民英雄纪念碑碑座设计的雕饰刻样。
林去世后，梁思成将其嵌在她的墓碑上

根据原稿刊印。初刊于二〇二一年十月中国建筑工业出版社出版的《梁思成与林徽因：我的父亲母亲》

中国各时代的几何纹

常用的、作为当时主要纹样的背景的，是那些种，它们之间的发展关系。

各时代的主要纹样

殷周

1. 饕餮（高浮雕，背景衬有浅雕纹）

即各种图案化了的兽脸的正面。两眉双眼相向，中隔脊梁，鼻以下至口上部为止的图案通称“饕餮”。最早为虎，亦有为牛的眼作，眼珠圆，唇口部如虎口。

注：后代用到门环及器物、耳环上，普遍沿用数千年中间曾与西方过来的西罗马狮子混合。

2. 有角兽头（圆雕）

用于突出之耳环上部或顶盖上或匜口上。此种兽如虎，如犀牛，如鹿时居多，是混合野兽的规律。这种图案是自然形体的最精简的概念形象，更接近象形字。宜注意这种特征。古代上是将各种

兽的共同特征抓住而将各部的随意加以混合，并不求其特殊化。后来发展为螭首的同它有关系。

3. 禽鱼相对类 

上文所谓较为窄之饰样产生出两禽相对的纹样（底纹如掐丝，规律如写字）。

关于《中国建筑彩画图案》的意见

据原稿刊印。初刊于一九九九年四月百花文艺出版社出版的《林徽因文集·建筑卷》。

……* 幸存的书信底稿前佚。

（三）纹样的尺度粗细的分配因为在缩尺的图样中没有按原来比例缩减，而随了毛笔的粗细描出，全梁彩画"构图"的完整性，常常受到很大的损失。

（四）青绿的变调和各彩色在应用上改动的结果，在全梁彩色组合上，把主要的对比搅乱了。例如将那天你社留给我的那张印好的彩画样子和清宫中太和门中梁上彩画（庚子年日军侵入北京时由东京帝国大学建筑专家所测绘的一图）正是同一规格，详细核对，比着一起看时，就很明显。原来的构图是以较黯青绿为两端箍头藻头的主调来衬托第一条梁中段，以朱为地，以彩色"吉祥草"为纹样的枋心，和第二条梁靠近枋心的左右梁，红地吉祥草的两段藻头。两层梁架上就只点出三块红色的主题，当中再隔开一道长而细的红色垫板，全梁青绿和朱的对比就清清楚楚明明白白，一点也不乱。

从花纹比例上看，纹样细微像丝织品上的纹路，不是和这次所印的那样粗，在效果上有极不同的表现，细密如锦的感觉（触觉）非常美，青绿调更是安静调。和它们是中国颜料的特色，当中白线路带蜜黄调，不跳也细得更多，箍头两旁纹样更像少数民族的花边，在尺度上、比例上都细微如织纹。而这次刘同志等所画真是“五彩缤纷”，有人说是“八仙过海各显其能”，颜色上宾主不分，噪聒喧腾，一片热闹而不知所云。

写到这里，接到来信，将稿件看过一遍（另复），知道贵编辑的为难，要在序文中强调优点。而我在此正分析其没落“走样”的现象。不得已，已在抄搞中作了一点很轻微的，但是负责的修正。语气上和实事求是的问题，讨论上好像是应该如此的，盼望可以通过。* 以下为书信底稿的异文。

从花纹比例上看，纹样细致如丝织品上纹路，产生细密如锦的感觉，非常安静；不像这次所印的那样粗圆，大线路被金和白搅得热闹嘈杂异常的效果。绿线两色调和相处，它们都是中国的矿质颜料的色调，不黯也不跳，白色略带蜜黄，不太宽也不突出。在另外一张彩画上看到箍头两旁所用的（图样）纹样和刘同志等所画的效果上也大不相同，它们是细密的如少数民族的边锦织纹。大约是在比例上被艺人们放大了，所以效果那样不同。总而言之，我曾留下的那一张的确是“走了样的”，和玺椀花结带与太和门中梁上一样格式的彩画图案。因为上述各种的差异结果变成五彩缤纷，宾主不分，有人说是“八仙过海，各显其能”，聒噪喧腾，一片热闹而不知所云。从艺术效果上说确是失败的“走样”的例子。

写到这里接到来信，将稿件看过一遍，知道你们编辑的为难，要在序文中强调强调优点。而我却在此正做分析，指出“走样”的现象。□□我已在抄稿中接受提出优点的原则下，作了一点很轻微的，但是负责的修正。语气上绝不能一味夸张这些清代彩画的变体，在实事求是的讨论□□□□严正一点，盼望修正可以通过。

林徽因

3-1：弇花结带纹，朱地藻头

3-2：绿地龙纹枋

3-3：弇花结带纹，朱地藻头

3-4：（黯调）青绿箍头（石青有宝石蓝的效果）

3-5：（一般白色都不突出）

3-6：朱柱

3-7：注：颜色铅笔色调完全不对 *以上标号文字林徽因写在普通纸上。

初刊于一九五五年人民美术出版社出版的《中国建筑彩画图案》，署名林徽因。

《中国建筑彩画图案》序

在高大的建筑物上施以鲜明的色彩，取得豪华富丽的效果，是中国古代建筑的重要特征之一，也是建筑艺术加工方面特别卓越的成就之一。彩画图案在开始时是比较单纯的。最初是为了实用，为了适应木结构上防腐防蠹的实际需要，普遍地用矿物原料的丹或朱，以及黑漆桐油等涂料敷饰在木结构上；后来逐渐和美术上的要求统一起来，变得复杂丰富，成为中国建筑装饰艺术中特有的一种方法。例如在建筑物外部涂饰了丹、朱、赭、黑等色的楹柱的上部，横的结构如阑额枋檩上，以及斗栱椽头等主要位置在瓦檐下的部分，画上彩色的装饰图案，巧妙地使建筑物增加了色彩丰富的感觉，和黄、丹或白垩刷粉的墙面，白色的石基、台阶以及栏楯等物起着互相衬托的作用；又如彩画多以靛青翠绿的图案为主，用贴金的线纹，彩色互间的花朵点缀其间，使建筑物受光面最大的豪华的丹朱或严肃的深赭等，得到掩映在不直接受光的檐下的青、绿、金的调节和装饰；再如在大建筑物的整体以内，和它的附属建筑物之间，也利用色彩构成红绿相间或是金朱交错的效果（如朱栏碧柱、碧瓦丹楹或朱门金钉之类），使整个建筑组群看起来辉煌闪烁，藉此形成更优美的风格，唤起活泼明朗的韵律感。特别是这种多色的建筑体形和优美的自然景物相结合的时候，就更加显示了建筑物美丽如画的优点，而这种优点，是和彩画装饰的作用分不开的。

在中国体系的建筑艺术中，对于建筑物细致地使用多样彩色加工的装饰技术，主要有两种：一种是“琉璃瓦作”发明之后，应用各种琉璃构件和花饰的形制；另一种就是有更悠久历史的彩画制度。

中国建筑上应用彩画开始于什么年代呢？

在木结构外部刷上丹红的颜色，早在春秋时代就开始了；鲁庄公“丹桓宫之楹，而刻其桷”，是见于古书上关于鲁国的记载的。还有臧文仲“山节藻棁”之说，素来解释为讲究华美建筑在房屋构件上加上装饰彩画的意思。从楚墓出土文物上的精致纹饰看来，春秋时代建筑木构上已经有一些装饰图案，这是很可能的。至于秦汉在建筑内外都应用华丽的装饰点缀，在文献中就有很多的记述了。《西京杂记》中提到“华榱璧珰”之类，还说：“椽榱皆绘龙蛇萦绕其间”和“柱壁皆画云气花卉，山灵鬼怪”。从汉墓汉砖上所见到一些纹饰来推测，上述的龙纹和云纹都是可以得到证实的（见文后《战国至汉彩画图案源流示例图》）。此外记载上所提到的另一个方面应该特别注意的，就是绫锦织纹图案应用到建筑装饰上的历史。例如秦始皇咸阳宫“木衣绨绣，土被朱紫”之说，又如汉代宫殿中有“以椒涂壁，被以文绣”的例子。《汉书·贾谊传》里又说：“美者黼绣是古天子之服，今富人大贾嘉会召客者以被墙。”在柱上壁上悬挂丝织品，和在墙壁梁柱上涂饰彩色图画，以满足建筑内部华美的要求，本来是很自然的。这两种方法在发展中合而为一时，彩画自然就会采用绫锦的花纹，作为图案的一部分。在汉砖上、（见文后《战国至汉彩画图案源流示例图》）敦煌石窟中唐代边饰上（见文后《敦煌唐代锦纹边饰举例》）和宋《营造法式》书中，菱形锦纹图案都极常见，到了明清的梁枋彩画上，绫锦织纹更成为极重要的题材了。

南北朝佛教流行中国之时，各处开凿石窟寺，普遍受到西域佛教艺术的影响，当时的艺人匠师，不但大量地吸收外来艺术为宗教内容服务，同时还大胆地将中国原有艺术和外来的艺术相融合，加以应用。在雕刻绘塑的纹饰方面，这时产生了许多新的图案，如卷草花纹（见文后《敦煌北魏至宋卷草花纹举例》）、莲瓣、宝珠和曲水万字等等，就都是其中最重要的。

综合秦、汉、南北朝、隋、唐的传统，直到后代，在彩画制度方面，云气、龙凤、绫锦织纹，卷草花卉和万字、宝珠等，就始终都是“彩画作”中最主要和最典型的图案。至于设色方法，南北朝以后也结合了外来艺术的优点。《建康实录》中曾说，南朝梁时一乘寺的门上有据说是名画家张僧繇手笔的“凹凸花”，并说：“其花乃天竺遗法，朱及青绿所成，远望眼晕如凹凸，近视即平，世咸异之。”宋代所规定的彩画方法，每色分深浅，并且浅的一面加白粉，深的再压墨，所谓“退晕”的处理，可能就是这种画法的发展。

我们今天所能见到的实物，最早的有乐浪郡墓中彩饰；其次就是甘肃敦煌莫高窟和甘肃天水麦积山石窟中北魏、隋、唐的洞顶、洞壁上的花纹边饰（见文后《敦煌唐代锦纹边饰举例》《敦煌北魏至宋卷草花纹举例》）；再次就是四川成都两座五代陵墓中的建筑彩画（见《五代至明彩画图案示例图》）。现存完整的建筑正面全部和内部梁枋的彩画实例，有敦煌莫高窟宋太平兴国五年（公元九八〇年）的窟廊（见《五代至明彩画图案示例图》）。辽金元的彩画见于辽宁义县奉国寺，山西应县佛宫寺木塔，河北安平圣姑庙等处。

宋代《营造法式》*宋李明仲（李诫）《营造法式》宋版原书至今尚未发现全本，明永乐间的抄本中图案经过修描，已极不准确，商务印书馆重刊本又加改动，更难凭信；所以宋代彩画花纹究竟如何，还有待今后的考证。中所总结的彩画方法，主要有六种：一、五彩遍装（见《五代至明彩画图案示例图》）；二、碾玉装；三、青绿叠晕棱间装；四、解绿装；五、丹粉刷饰；六、杂间装。工作过程又分为四个程序：一、衬地；二、衬色；三、细色；四、贴金。此外还有“叠晕”和“剔填”的着色方法。应用于彩画中的纹饰有“华纹”“琐纹”“云纹”“飞仙”“飞禽”及“走兽”等几种。“华纹”又分为“九品”，包括“卷草”花纹在内，“琐纹”即“锦纹”，分有六品。

明代的彩画实物，有北京东城智化寺如来殿的彩画，据建筑家过去的调查报告，说是：“彩画之底甚薄，各材刨削平整，故无披麻捉灰的必要。梁枋以青绿为地，颇雅素，青色之次为绿色，两色反复间杂，一如宋、清常则；其间点缀朱金，鲜艳醒目，集中在一二处，占面积极小，不以金色作机械普遍之描画，且无一处利用白色为界线，乃其优美之主因。（见文后《五代至明彩画图案示例图》）”调查中又谈到智化寺梁枋彩画的特点，如枋心长为梁枋全长的四分之一，而不是清代的三分之一；旋花作狭长形而非整圆，虽然也是用一整二破的格式。又说枋心的两端尖头不用直线，“尚存古代萍藻波纹之习”。

明代彩画，其它如北京安定门内文丞相祠檐枋，故宫迎瑞门及永康左门琉璃门上的额枋等，过去都曾经有专家测绘过。虽然这些彩画构图规律和智化寺同属一类，但各梁上旋花本身和花心、花瓣的处理，都不相同，且旋花大小和线纹布局的疏密，每处也各不相同。花纹区划有细而紧的和叶瓣大而爽朗的两种，产生极不同的效果。全部构图创造性很强，极尽自由变化的能事（见文后《明式彩画举例》）。

清代的彩画，继承了过去的传统（见文后《清式彩画中旋子的形成过程》），在取材上和制作方法上有了新的变化，使传统的建筑彩画得到一定的提高和发展。从北京各处宫殿、庙宇、庭园遗留下来制作严谨的许多材料来看，它的特点是复杂绚烂，金碧辉煌，形成一种炫目的光彩，使建筑装饰艺术达到一个新的高峰。某些主要类型的彩画，如“和玺彩画”和“旋子彩画”等，都是规格化了的彩画装饰构图（见文后《清式旋子彩画部分名称及不同长度的藻头的处理方式》《清式和玺彩画在不同长度梁坊上的构图方法》），这样，在装饰任何梁枋时就便于保持一定的技术水平，也便于施工；并使徒工易于掌握技术。但是，由于这种规格化十分严格地制定了构图上的分划和组合，便不免限制了彩画艺人的创造能力。虽然细节花纹可以作若干变化，但这种过分标准化的构图规定是有它的缺点的。在研究清式的建筑彩画方面，对于“和玺彩画”“旋子彩画”以及庭园建筑上的“苏式彩画”，过去已经作了不少努力，进行过整理和研究，本书的材料，便是继续这种研究工作所作的较为系统的整理；但是，应该提出的是：清代的彩画图案是建筑装饰中很丰富的一项遗产，并不限于上面三类彩画的规制。现存清初实物中，还有不少材料有待于今后进一步的发掘和整理，特别是北京故宫保和殿的大梁，乾隆花园佛日楼的外檐，午门楼上的梁架等清代早期的彩画，都不属于上述的三大类，便值得注意（见文后《故宫清初彩画举例》）。因此，这种整理工作仅是一个开始，一方面，为今后的整理工作提供了材料；一方面，许多工作还等待继续进行。

本书是由北京文物整理委员会聘请北京彩画界老艺人刘醒民同志等负责绘制的，他们以长期的实践经验，按照清代乾隆时期以后流行的三大类彩画规制所允许的自由变化，把熟练的花纹作不同的错综，组合成许多种的新样式。细部花纹包括了清代建筑彩画图案的各种典型主题，如夔龙、夔凤、卷草、西番莲、升龙、坐龙，及各种云纹、草纹，保存了丰富的清代彩画图案中可宝贵的材料。有些花纹组织得十分繁密匀称，尤其难得。但在色彩上，因为受到近代常用颜料的限制，色度强烈，有一些和所预期的效果不相符，如刺激性过大或白粉量太多之处。也有些在同一处额枋上纹饰过于繁复，在总体上表现一致性不强的缺点。

总之，这一部彩画图案，给建筑界提出了学习资料，但在实际应用时，必须分析它的构图、布局、用色、设计和纹饰线路的特点，结合具体的用途，变化应用；并且需要在原有的基础上，从现实生活的需要出发，逐渐创作出新的彩画图案。因此，务必避免抄袭或是把它生硬地搬用到新的建筑物上，不然便会局限了艺术的思想性和创造性。本集彩画中每种图案，可说都是来自历史上很早的时期，如云气、龙纹、卷草、番莲等，在长久的创作实践中都曾经过不断的变化、不断的发展；美术界和建筑界应当深刻地体会彩画艺术的传统，根据这种优良的传统，进一步地灵活应用，变化提高，这就是我们的创作任务。这本集子正是在这方面给我们提供了珍贵的与必要的参考。

林徽因

附记：

我国建筑家林徽因先生为《中国建筑彩画图案》的清式彩画（由前北京文物整理委员会编、人民美术出版社出版）所写的序文，是她在一九五四年抱病写成的。文中系统地叙述了我国建筑彩画艺术的源流和演变，并且做了分析、比较和研究，说明了以往彩画艺术在发展过程中的优点和缺点。当时前北京文物整理委员会已经开始着手整理明式建筑彩画，准备编辑出版；林徽因先生热心支持这一工作，并且准备为明式彩画撰写一篇序文，但她不幸于一九五五年逝世。现在为了便于读者了解我国彩画艺术的传统和明式彩画的特点，特将《中国建筑彩画图案》清式彩画的序文转载在本书的卷首，以供参考。

中国古典艺术出版社编辑室

附图

一　五代至明彩画图案示例图

四川成都五代王建墓内部券面彩画

甘肃敦煌莫高窟北宋初窟廊彩画

北宋末“营造法式”彩画制度

北京智化寺明代万佛阁梁下彩画

二　战国至汉彩画图案源流示意图

战国铜镜图案

双漆耳杯图案

汉石阙浮雕朱雀

汉空心砖图案

战国铜镜图案

战国铜镜图案

汉朱雀纹瓦当

汉白虎纹瓦当

三　敦煌唐代锦纹边饰举例

四　敦煌北魏至宋卷草花纹举例

北　魏

晚　唐

晚　唐

宋

西　夏

五　明式彩画举例

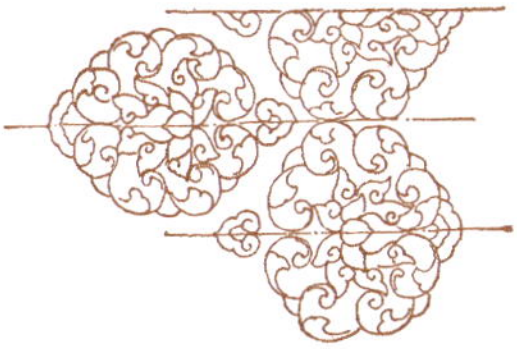

明式藻头旋瓣花的位置

旋花半朵转入梁底

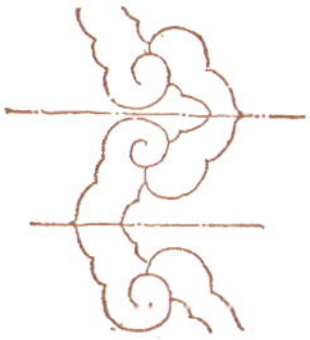

“一整二破”之间的加入部分，是清式“加二路”的前身。

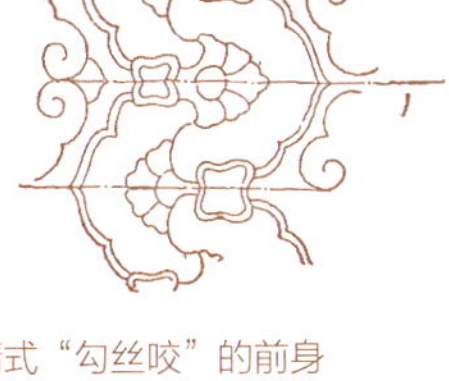

清式“勾丝咬”的前身

故宫迎瑞门（琉璃门）

故宫永康左门（琉璃门）

北京文天祥祠额枋彩画

藻头加长的处理方法之一

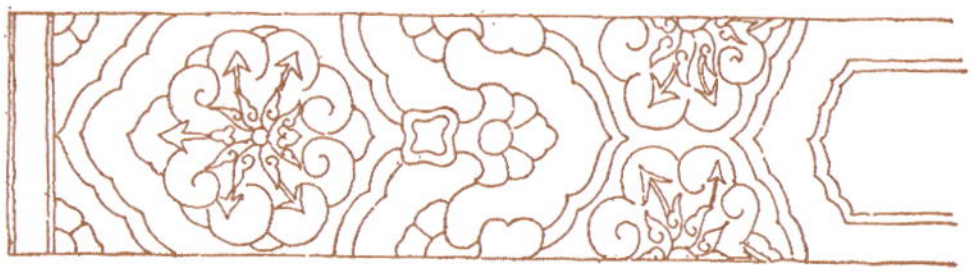

北京智化寺如来殿木梁彩画

漢头加长的处理方式之二

六　清式旋子彩画部分名称及不同长度的藻头的处理方式

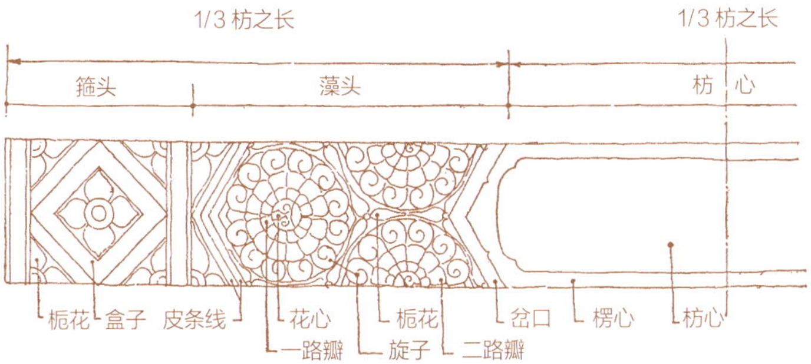

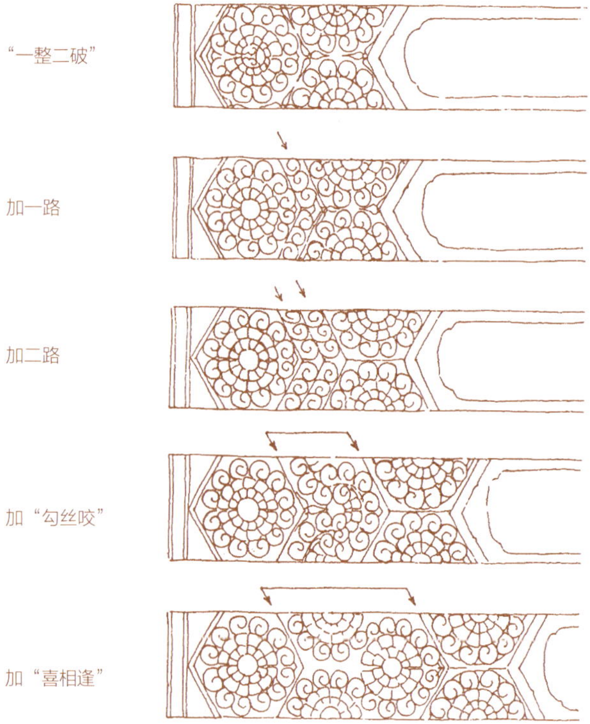

以“一整二破”为基础的藻头的处理方式

七　清式和玺彩画

在不同长度梁枋上的构图方法

八　清式彩画中旋子的形成过程

明代琉璃所用的花心图案

清代的旋子

清式彩画中旋子的形成过程

唐代

唐代

宋代

宋代

明代

清代

九　故宫清初彩画举例

保和殿大梁底面，朱地青绿椀华结带藻头，青地金龙包袱

景阳宫大梁及随梁枋，锦纹藻头，锦纹搭袱

佛日楼檐檩，锦地四入团窠藻头，龙枋心

上：午门梁的底面。　下：午门梁的侧面，均为朱地青绿椀花结带

（附图一　莫宗江绘　　附图二至九　梁思成绘）

敦煌边饰初步研究

据原稿刊印。本文系作者未完成稿，初刊于二〇〇五年十月四川文艺出版社出版的《林徽因文存》。

中国佛教初期的艺术是划时代的产品，分了在此以前的，和在此以后的中国艺术作风，它显然是吸收了许多外来的所谓西域的种种艺术上新鲜因素，却又更显然地是承前启后一脉贯通，表现着中国素来所独有的，出类拔萃的艺术特质。所以研究中国艺术史里一个重要关键就在了解外来的佛教传入后的作品。（中国的无名英雄的匠师们为了这宗教的活动，所努力的各种艺术创造，在题材，技术和风格的几个方面掌握着什么基本的民族的传统；融合了什么样崭新的因素；引起了什么样的变革和发展了什么样艺术程度的新创造。）

佛教既是经由西域许多繁杂民族的传播而输入的原发源于印度的宗教思想，它所带来的宗教艺术的题材大部都不是中国原有所曾有的。但是表现这宗教的艺术形式，风格，工具与手法，使在传达内容的任务中可达到激动情感的效果的，在来到中国以后必不可能同在印度或在西域时完全相同。佛教初入之时中国的佛教信徒在艺术表现上都倚赖什么呢？是完全靠异国许多不同民族的僧侣艺匠，依了他们的民族生活状况，工具条件和情调所创出的佛教的雕塑，绘画，建筑，文字经典和附属于这一切艺术的装饰图案，输入到中国来替中国人民表现传播宗教热诚和思想吗？一定不是的。那么是由中国人民匠工们接受各种民族传播进来的异国艺术的一切表现和作风，无条件的或盲目呆板的来摹仿吗？还是由教义内容到表现方法，到艺术型类与作风，都是通过了自己民族的情感和理解，物质条件，习惯要求和传统的技术基础来吸收溶化许多种类的外来养料，逐步的创造出自己宗教热诚所要求的艺术呢？这问题的答案便是中国艺术史中重要的一页。

国内在敦煌之外在雕刻方面和在建筑方面，我们已能证实，为了佛教，中国创造出自己的佛教艺术。以雕刻为例，佛教初期的创造，见于各个著名的摩崖石窟和造像上，如云冈，龙门，天龙山，南北响堂山，济南千佛山，神通寺以及许多南北朝造像，都充分证明了，为了佛教热诚，我们在石刻方面的手艺匠工确实都经过最奇刻的考验，通过自己所能掌握的技巧手法和作风来处理各种崭新的宗教题材，而创造出无比可爱、天真、纯朴、洒脱雄劲的摩崖大像，佛龛，窟寺，浮雕，各种大小的造像雕刻和许多杰出的边饰图案，无论是在主体风格，细部花纹，阳刻雕形和阴纹线条方面手法的掌握，变化与创造，都确确实实的保存了在汉石刻上已充分发达的旧有优良传统，配合了佛教题材的新情况，吸收到由西域进来的许多新鲜影响，而丰富了自己。南北朝与隋唐之初的作品每一件都有力地证明我们在适应新的要求和吸取新的养料的过程中最主要的是没有失掉主动立场而能迅速发展起来，且发展得非常璨烂，智慧地运用旧基础，从没有作不加变革的模仿；一方面创造性极强，另一方面丰富而更巩固了中国原有优良的传统。

但在有色彩的绘画艺术方面，一向总为了缺乏实物资料，不能确凿的研讨许多技术上问题。无论是关于处理写实人物或幻想神像，组织画面，背景或图案花纹，或是着色渲染，勾描轮廓的技术，我们都没有足够研究的资料可以分合较比进行详尽的讨论过。我们知道只有从敦煌丰富的画壁中才能有这条件。它们是那样的丰富，有那样多不同年代的作品，敦煌在地理上又是那样的接近输入佛教的西域，同许多不同民族有过长期密切的交流，所以只有分析理解敦煌画壁的手法作风，在画题，布局，配色和笔触诸方面的表现，观察它们不自觉的和自觉的变化和异同，才真能帮助我们认识中国绘画源流中一个大时代。确实明白当时中国画匠怎样运用民族传统的画像绘色描线等的技术，来处理新输入的佛教母题，尤其重要的是因为佛教艺术为中国艺术老树上所发出的新枝。因为相信宗教可以解救苦难，所以佛教艺术曾是无数被压迫的劳苦人民和辛勤的匠人们所热烈参加的群众活动，因此它曾发展得特别蓬勃而普遍，不是宫廷艺术而是深深在人民中间的，逐渐形成一支艺术的主干。了解当它在萌芽时期和发展成长阶段对于今天的我们更是重要知识。

中国画匠怎样融会贯通各种民族杰出的各自不同的题材手法加以种种变革来发展自己，而不是亦步亦趋，一味的模仿或被任何异国情调所兼并吞没，如过去四五十年里中国工艺美术所遭受的破坏与迫害，正是我们今天应该学习而作为我们的借鉴的。

在敦煌这批极丰富且罕贵的艺术资料里，以绘画技术为对象来研究时就牵涉很多方面。首先就有题材的处理，画面的整个布局，和每个画面在色彩上的主要格调。其次如关于佛像菩萨，和飞仙的体裁服饰和画法作风。再次还有各种画中的景物衬托，如云、山、水、石、树木、花草和各种动物，尤其是人的动作，马的驰骋等表现方法。再次还有画的背景里所附带的建筑，舟车和器物。末后才是围绕着画幅或佛像背光，装饰在人物衣缘或沿着洞窟本身各部分的图案花纹的问题。但这新萌芽的图案花纹和老干的关系，同其他许多问题一样的有着重大价值。尤其是这新枝，由南北朝到隋唐，迅速的生长繁殖充满活力而流行全国，丰富了我国千余年来的工艺美术。并且它们还流传到朝鲜、日本、越南，变化发展得非常茂盛，一直影响到欧洲十八世纪早期和近代的工艺。

现在为了要认识在图案花纹方面本土的传统的根底和新进来的养料如何结合，当时匠师们如何以自己娴熟的优良的手法来处理新的方面而又将许多异国的新因素部分的吸收进来，我们就必须先能分别辨认各种单独特征的来龙去脉，发现各种系统与典型规律。有了把握分别辨认，我们才有把握发现各种不同因素综合交流的证例，找出新旧的关系。分别辨认是研究各种民族艺术作风与型式的必要步骤，别的任何架空的理论都不能解决这认识的问题。

因此我们要了解敦煌画壁中的图案花纹，我们除了需要殷周战国秦汉三国两晋一切金石漆陶器物上纹样和在中国其他地区中的南北朝隋唐遗物来同敦煌的作较比。而同时还必需探讨佛教艺术在印度时本身的特征和构成因素。如最初大月氏种族占领的贵霜朝所兴起的佛教艺术的特点，健驮罗地方艺术作风中的希腊因素与波斯影响，中印度和南方原有的表现，鞠多王朝全盛的早期和颓废繁琐的后期与末期等。更重要的是佛教传入中国沿途所经过的各地方混居复杂民族的艺术作风以及他们同西方的波斯，远方的希腊，南方的印度和我们之间的种族文化上的关系。在库车（龟兹）为中心与以哈拉和卓（高昌）吐鲁蕃为中心的许多洞窟壁画的题材色彩手法和情调的根源，和在和阗附近，及尼雅楼阑等遗址中所发现的古代艺术残迹资料，便都要是我们重要的观察对象。先做了一番所谓分别辨认的准备工作，然后观察敦煌资料中最典型的类型，寻出何者为中国原有的生命与性质，何者为西域僧侣艺匠所输入的波斯，印度，希腊殖民地东罗马，何者又是经过自己匠师将外族输入的因素加以变革来适合自己民族的情调和风格，便比较地有把握了。

在集中讨论图案之前对于敦煌绘画的其他方面，我们可以说最先引人注意的，就是有许多显著地是当时中国民族传统风格很奇异而大胆的同佛教题材结合在一起。如画的布局，北魏洞窟中横幅正类似汉石祠石刻画壁，画的处理亦很接近晋代石棺还是以二十四孝为题材的那种刻石。盛唐洞壁上净土经变的布局组织都以一座殿堂（所谓宝楼）为主要背景，佛像菩萨则列坐其间或其前，前阶台上和两旁对称的廊庑之间则安置各种舞蹈作乐或听法的菩萨，这种部署还依稀是汉石祠正中主题的布局。印度佛教画如阿姜他洞窟壁画的布局就同以上所举，敦煌的两种都不同，佛的坐处如小型建筑物的很多，也有菩萨很大的头肩由云中飘忽出现俯瞰底下尘世王子后妃作乐，所谓王子观舞等场面。佛经故事在画幅中的组织，敦煌的也同印度西域等不同。库车附近，洞中有一例将画面用不同的两三色，主要青和绿，画成许多棱形叶子，分几个排列，每个叶子中画一故事。敦煌北魏窟中的经变将不同时间的题材组织在一个横幅之中，如舍身饲虎图等。唐窟则皆以主要净土经变放在壁面当中，两旁和下段分成若干方格或长方形画框，每框一事一题。四川大足县摩崖石刻布局也是如此。又如在敦煌所画的北魏隋唐飞仙，正同云冈龙门，天龙山石刻浮雕上所见到的一样，是中国自己独创的民族型式同西域的、印度的或葱岭西边通印度的巴米安谷中的佛龛上，波斯印度希腊混合型的，都不一样，在气质上尤其不同。敦煌北魏的佛像菩萨塑像残毁或重修之后不易见到在他处石刻上所有的流畅俊美的刀刻手法，但在绘画上的局部衣纹都保持有汉晋意味，衣褶裙裾末端或折角处锐利劲瘦的笔法仍是那种洒脱豪放随笔起落而产生的风格。尤其是飞仙的姿势生动，披肩和飘带迎风飞舞，最能令人见到下笔时腕力和笔触的练达遒劲，真是气韵生动，痛快淋漓，无比可爱，无比可贵的民族作风。敦煌画壁上许多衬托的景物，如树木云山，马的动作和建筑物的描写也都富于传统精神，或从汉画脱胎而出，或同我们所仅有一些晋画（包括石棺画石）都极为神似，同时又开了后代铁线细描系统的基本作风。凡以种种显而易见的都只能说是笔者的大略印象，没有专家的分析阐明之前当然不能据此作何结论，这里只是指出敦煌早期的画壁上有一望而见到的民族作风雄厚的根底和在此上面所发展创造出来的佛教画。

但当我们转到洞窟的装饰图案花纹这一方面时，可引起显著的注意的恰恰相反。初见之时只见到新的题材手法来得异常大量，也异常突兀，花纹绘饰的色彩既殊特，手法又混淆变化，简直有点无法理喻它们的源流系统。而同时凡是我们所熟识的认为是周秦汉晋的金石的刻纹，陶漆器物上的彩饰，秦砖汉瓦等的典型图案，在这里至少初步的印象下，都像是突然隐没毫无踪影。主要的如同秦铜器上的饕餮，夔龙，盘蛇走兽，雷纹波纹，战国的铜器上，楚漆上，汉镜上，各种约略如几何形的许多花纹和兽类人物，云气浪花，斜线如意钩等，或是瓦当上，墓壁上，石阙上所见的四神：青龙，白虎，朱雀，神武等形式，在敦煌都显著地不见了！一切似乎都不再被采用，竟使我们疑问到这里的图案是否统统为异族所输入的，但当我们再冷静地一看，在绘饰方面除却塑型的莲座外，不但印度的图案没有，希腊波斯系的也不见有多少，所谓西域的如和在库车附近许多洞窟画壁所见和它们同样式的也是没有的。那么这许多璨烂动人的图案都从那里来的呢？它们是怎样产生的呢？

当我们仔细思考一下，第一个重要的原因，当然是图案同器物的体型和制造材料及功用是分不开的。第二个原因，则是它同所在地方的民族工艺的传统也是分不开的。从立体器物方面讲，敦煌洞窟原是一种建筑物。所以如果我们要了解它的装饰图案，我们必需由了解建筑装饰的立场下手。从这个出发点来检查敦煌图案的系统，我们就会很快发现一条很好的线索指出我们可以理解它们的途径。在地方民族工艺传统方面讲，敦煌是中国的地方，洞窟也部分的是中国木构，大多数的画匠又是汉族的人民。他们有着的是根深蒂固的中国传统，而且是汉全盛时代的工艺方面的培养。

因为敦煌洞窟原是一种建筑物，在传入中国及西域之前这种窟寺在印度是石造的佛教建筑物，在建筑结构细部上面的装饰所以便是以石刻为主的花纹。最早创始于印度佛教艺术的健驮罗地区的居民中是有过。在公元前，就随亚力山大大帝经由波斯而进入印度的希腊的兵卒和殖民，稍南的西海岸上，则有从小亚细亚等地，在第一世纪以后经波斯湾沿海而来的各种商贾人民，所以艺术中带着很显著的直接或间接希腊的影响，尤其是在人像雕刻和建筑细部图案方面的发展最为显著。这种印度的佛教的“石窟寺”，在传到敦煌之前先传到塔里木盆地中无数伊兰语系的西域民族的居留地，如天山南麓龟兹马耆，吐鲁蕃一带造窟都极盛行。但它们同在敦煌一样因为石质松软洞壁不宜于石刻，所以一切装饰都是用彩色绘画的。因此也以彩画代替窟内应有的结构部分和上面的雕刻装饰的。所以西域就有多种彩绘的边饰图案都是模仿建筑物上的藻井柱额石楣，椽头，叠涩等雕刻部分与其上的浮雕花纹。在敦煌这种外来的以彩绘来摹拟建筑雕刻的图案也是很显著的，最典型的就有用“凹凸画法”的椽头，万字纹，和以成列的忍冬叶为母题的建筑边饰，用在洞顶下部墙壁上部的横楣梁额等位置上，龛沿券门上和槛墙上端的横带上。

但是敦煌的石窟寺仍然为中国本土的建筑物，它不可能完全脱离中国建筑的因素。在敦煌边饰中有许多正画在洞顶藻井方格的枝条上的，和人字坡下并列的椽子上的，和其他许多长条边饰显然不是由于摹拟雕刻的花纹而来，就因为中国建筑是木构的系统，屋顶以下许多构材上面自古就常有藻饰彩画的点缀。《三辅黄图》述汉未央宫前殿，就提到“华榱璧珰”，《西京杂记》则更清楚的说“椽榱皆绘龙蛇萦绕其间”，又说“柱壁皆画云气，花卉，山灵，鬼怪”。所以这就使我们必需注意到敦煌边饰的两个方面，一是起源于石造建筑的雕刻部分的外来花纹主要的如忍冬叶等；一是继续自己木构上彩画的传统所谓“云气龙蛇萦绕的体系”。我们在山东武氏石祠壁上，祁祢明书像石上，孝堂山石祠壁上，磁县古坟的石门楣上都见到一种变化的云纹，这种云纹也常见于楚漆和汉代陶质加彩的器物上。在汉墓的砖柱上则确有“龙蛇萦绕”的图案。这两种图案在敦煌边饰中虽然少也都可找到原样。如朱雀形类的祥鸟也有一些例子。唐以后的卷草气势极近似云纹，卷草正如云的波动，卷头又留有云状的叶端的极多。和火焰纹混合似火而又似云的也有，都可以从中追寻那发展的来踪去迹。所谓“云气花卉山灵鬼怪”的作风则渗入壁画的上部，龛以上或洞顶斜面中，组成壁画的一部。

当雕刻型与彩绘型两种图案体系都是以粉彩颜料绘出成为边饰时区别当然很少，但有一个本来基本上不同之处经过后来的渗合相混才不显著，我们必需加以注意。就是雕刻型的图案在画法上有模仿凹凸雕刻的倾向，要做成浮雕起伏的效果，组织上多呆板的排列，而绘画型的图案则是以线纹笔意为主的绘画系统，随笔作豪放的自由处置。

我们不知道《建康实录》中所说南朝梁时的一乘寺的寺门上所画“凹凸花称张僧繇手迹者”是什么，但如所说“其花乃天竺遗法，朱及青绿所成，远望眼晕如凹凸，近视即平，世咸异之”，则当时确有这种故意仿浮雕的画法且是由印度传入的。在敦煌边饰中我们所见到的画法在敷色方面确是以青绿及朱的系统所成，主要是分成深浅的处理方法。底色多深赭，花纹色则鲜艳，青、绿、黄、紫都有，每色分两道或三道逐层加深，一边加重白粉几乎成白色，并描一条白粉线，做成花或叶受光一面的效果；另一边则加深颜色再用一道灰色或暗褐色，略如受影一面的效果。目的当然是为仿雕刻所产生的凹凸。在沿用中这个方法较机械的使用久了便迷失了目的，讹误为纯粹装饰的色彩分配时大半没有了凹凸效果而产生了后代彩画所称的“退晕”法，即每色都分成平行于其轮廓的等距离线，由深到浅或由浅到深，称退晕。几个颜色的退晕交织在一个图案中，混合了对比与和谐的最微妙的图案上作用。这种彩画和写实有绝对的距离，非常妍丽而能使彩色交互之间融洽安静，没有唐突错杂之感。

以线纹为主的中国传统的虽然有色的图案仍然是老老实实着重于线条的萦绕的。如龙蛇纹或如漆器铜器上的饰纹等，但两线间可有“面”，这种“面”上还加线可受不同颜色的支配，使主要图案显露在底色以上，但图案仍以线和面相辅而成所谓纹。这个“纹”和“地”的关系便做成装饰效果。所以最有力的是线纹的组织变化，萦绕或波动。作图时也以此为重点，便养成画工眼与手对连续线纹的控制所谓一笔到底，一气呵成的成分，而喜欢萦回盘绕。中国风图案的高度成就重点也就在此。这里还牵涉到技术方面工具的因素，中国传统的笔的制法和用笔的方法，下文便还要讨论到。其次是着色的面，所以对于明暗法的凹凸没有兴趣而将它改变成退晕法的装饰效果。

很显然的这两种图案，至少在敦煌，起源虽不同，而在沿用中边饰的处理方法和柱壁上飞仙云气草叶互相影响混而为一，很快的就结合成一个统一的手法不易分出彼此，如忍冬叶的变化。上文所说我们的匠师能将新因素加以变革纳入自己系统之中这里就是一例。萦绕线条的气势再加以“退晕”着色的处理，云气山灵鬼怪龙蛇萦绕等主题上又增加了藤蔓卷草宝花枝条的丰富变化，就无比大胆而聪明的发展开来。

敦煌边饰中还有一个第三种因素，就是它受到编织物花纹影响的方面，乃至于可说是绫锦图案的应用。除用在椽榻枋等部分外更多用在区隔墙上各画幅的框格边缘上。这不是没有原因的。上文已提到过敦煌洞窟是建筑物，尽管它的来源是印度和西域，它同时还是在中国本土上的建筑物，不可能完全脱离中国建筑中许多构成因素。中国建筑装饰的传统里有同丝织物密切的关系的一面，所以敦煌洞窟的装饰图案必然地也会有绫锦花纹这一方面的表现。

更早的我们尚缺资料，只说远在秦汉，我们所知道的一些零星纪录。秦始皇的咸阳宫是“木衣绨绣，土被朱紫”，便是足够说明当时的建筑物的土壁上有画，而木构部分则披有锦绣。在汉代的许多殿内则是“以椒涂壁，被以文绣”，或是“屋不呈材，墙不露形，裛以藻绣，络以纶连”。所谓“裛”据文选李善注“裛，缠也”；“纶，纠青丝绶也”。这些“文绣”和“藻绣”起初当然是真的丝织缠着挂着的，后来便影响到以锦绣织文为图案描到壁上的木构部分，如我们在汉砖柱和汉石祠壁上横楣横带上所见。

最初壁上的藻绣同当时衣服上的丝织绫锦又有没有关系呢？有的，《汉书·贾谊传》里：“美者黻绣是古天子之服，今富人大贾嘉会召客者以被墙！”又如“今庶人屋壁得为帝服”，及“富人墙屋被文绣，天子之后以缘其领，庶人孽妾缘其履”。都说出了做衣服的丝织竟滥用到墙上去。且壁上的文绣的图案也可以用到衣领和鞋的边缘上来。在敦煌画中盛唐人物的衣领袖口边饰图案的确同用在墙上画幅周围的最多是相同的。

记载资料中如唐张彦远的《历代名画记》中论，“装背裱轴”就说明六朝已有裱褙字画的办法。那么绫锦和画幅自然又有密切关系，在唐时丝织花纹又发展到壁画的框沿上自是意中事。汉武氏祠石刻画壁上横隔的壁带上用的是以斜方形为装饰的图案。汉画象砖的边缘不但用棱形方格，也多用上下锐角的波纹，都可由于丝织物的编纹而来的图样。在敦煌早期窟中椽上和藻井支条上也多用斜方格图案。这种斜方格或棱形图案亦多见于人物衣上，更无疑的是丝织物所常用的织纹。汉称锦为织文，《太平御览》曾引《西京杂记》，汉宣帝将其幼时臂上所带宝镜“以琥珀筒盛之，缄以斜文织成”。在这方面我们还有两处宋代的资料。一是宋代所编的《营造法式》一书里论“彩笔作”的一篇中称棱形图案为“方胜合罗”，方胜本为斜方形的称呼，“罗”字指明其为丝织。又一处是宋庄绰《鸡肋篇》中说“锥小儿能燃茸毛为线织方胜花”，可见斜方形花是最易编织的花纹图案。在唐大历六年关于丝织花纹的禁令上所提到的名称，如盘龙、对凤、孔雀、芝草、万字等中间也有“双胜”之名，当是重叠的菱形图案。菱形的普遍地作为丝织物图案当无疑问。敦煌中菱形花也在早期洞中用于椽和支条上更可注意它是继续原来传统如在汉砖柱砖楣上所见。

敦煌边饰除卷草外最常见的是画幅周沿的“文绣”文，而文绣文中除菱形外就是“圆窠”。这两者之外就是半个略约如棱形的花纹的对错，和半个“圆窠”花纹的对错，此外就是“一整两破”的菱形或图案。这些图案也都最常见于衣缘，证明其为文绣绫锦的正常图案。唐绫锦的名称中就有“小圆窠”“窠文锦”“独窠”“四窠”“镜花绫”等都是表示文绣中的团花纹的。而其中的“独窠”当是近代所谓大团花。内中花纹如对雁、对鹰、对麒麟、对狮子、对虎、对豹，在唐武则天时曾是表示官职荣誉的，而在唐开元十九年玄宗时又曾敕六品以下“不得着独窠绣绫，妇人服饰各依夫子”等语，如此严重当已成为阶级制度的标志了。几何纹的图案中还有一种龟甲锦文，也是唐的典型称龟背锦的，常见于人物衣袍上面。此外在唐以前北魏西魏和隋的洞窟边饰中还有多种非中国的丝织物花纹，显著的表现着萨珊波斯的来源，如新月形飞马大圆窠孔雀翎等。这些图案多用小白粉点，小圆圈或连珠圆点等点缀其间，疑为蜡染手法所产生的处理方法，但这些图案不多见于建筑物上，而是描于人像衣服上的。显为当时西域传入的波斯系之丝织物，不属于中国的锦文类内。

总之，敦煌图案花纹有主要的三种来源。一是伊兰系的石刻浮雕上的图案花纹，代表这种的是各种并列的忍冬叶纹。二是秦汉建筑物上的云气龙纹系统的图案，这种图案在敦煌多散见于壁画上或人字坡下木椽之间等。三是“文绣”锦文的系统多见于画幅周沿亦见于人物衣领上者。这三种来源基本地都是发展在建筑结构上的装饰同建筑结合在一起的。第一第二两种来源性质虽不相同但在敦煌的条件下它们都是以粉彩画装饰建筑中的虚构的结构部分，既非石造也非木构，只是画在泥壁上的长条边饰，所以很快的就彼此混合产生如云又如龙的长条草叶装饰图案。唐卷草就是最成熟的花样。以上的三种图案在敦煌的洞窟外木造建筑部分中也被应用在梁柱门楣藻井支条上。后代所常用的丰富的中国建筑彩画的主要源流都可以追溯至此。同时在敦煌之外的地区里凡是金属和木作的器物，玉作石刻的装饰也都可以应用这些为刻镂的图案。唐宋所发展的彩缯锦绣丝织上的纹样也同这里建筑上所见的彩画系统始终保持着密切关系，互相影响。唐宋绫锦无疑的也常用卷草，所谓盘条缭绫不知是否。此外今日所知织锦名称中唐宋以来只有“瑞草”一名提到草的图案，其他如“偏地杂花”“重莲”“红细花盘雕”等则无一指示其为卷草，而都着重于卷在它们的当中的花。在实物方面和画中人物的衣上所见到若干证例，也是以草卷花而名称，当然便随花了。在建筑上后代用菱形龟背鳞甲锦文的彩画则极普遍，宋营造法式的彩画作中就详画各种锦文的规格名称，锦文在彩画中始终占重要位置。

这一切都不足为怪，事实上佛教绘画中的一切图案都发展到整个工艺范围以内的装饰方面。或绘，或雕、镶嵌、刻镂，或织，或绣，陶瓷、五金，各依材质都可以灵活处理，普遍的应用起来，各地发掘唐墓中遗物，和日本皇室所保存的唐代器物都可供参证。当中国佛教艺术兴盛之时，造像同工艺美术也随着佛教的传播流传入朝鲜和日本。现在从朝鲜三国时期，和日本推古宁古天平、平安的遗物里都看得清清楚楚南北朝和唐的影响。日本至今对北魏型或唐代卷草都称作“唐草”，尤为有趣。

第三节　北魏的忍冬草叶纹和唐卷草纹 * 原稿如此。

敦煌图案中最引人注意的是北魏洞中四瓣侧面的忍冬草叶的图案型类，和唐卷草纹的多种变化和生动，再次则为忍冬以外手法和题材上显然为各种外来新鲜因素的渗入。如白粉线和小散花的运用，题材中的飞马连珠等，末后则是绫锦纹的种类和变化。今分述如下：

北魏忍冬草叶纹

在全世界里的各种图案体系中追寻草叶纹的根源，发现古代植物花纹是极少而且极简单的。埃及的确有过花草类图案，它有过包蕊水莲和芦苇花等典型的几种，但这些传到希腊体系的图案时已演成“卵和箭镞”的图案，原样已变动得不可辨认，在小亚细亚一带这一类“卵和箭镞”和尖头小叶瓣都还保持使用，至传入印度北部的健驮罗雕刻时这两种的混合却变成了印度佛教像座或背光上最常用的莲瓣。后来随佛像传入中国便极普遍的为我们所吸引，我们的南北朝期的仰莲覆莲，莲瓣纹都有极丰富的发展，是各种像座和须弥座上最主要的图案，而且唐宋以来还应普通的应用到我们的柱础上。

第二种可以称为植物花样的只有巴比伦—亚速系统的一种“一束草叶”的图案，和极简单的圆形多瓣单朵的花。除此之外，说也奇怪，世界上早期的图案中，就没有再找到确为花或草的纹样。原始时期的民族和游牧狩猎时代产生了复杂的几何纹和虫蛇鸟兽，对于花草似乎没有兴趣。就是这“一束草”也还不是花叶，只不过是一把草叶捆在一起的样子。“一束草”图案是七个叶瓣束紧了，上端散开，底下托着的梗子有两个卷头底下分左右两股横着牵去，联上左右两旁同样的图案，做成一种横的边饰。这种边饰最初见于亚速的釉墙上面。这个式样传到小亚细亚西部，传到古希腊的伊恩尼亚，便成了后来希腊建筑雕刻上一种重要图案。上面发展出鸡爪形状的叶瓣，端尖向内，底下两个卷头扩大了成为那种典型的伊恩尼亚卷头。在希腊系中这两个卷头底下又产生出一种很写实的草叶，带着锯齿边的一类，寻常译为忍冬草的，这种草叶，愈来愈大包在卷头的梗上，梗逐渐细小变成圈状的缠绕的藤梗。这种锯齿忍冬叶和圈状梗成了雕刻上主要图案普遍盛行于希腊。最初的正面鸡爪形状叶反逐渐缩小，或成侧置的半个，成为不重要部分。另外一种保持在小亚细亚一带，亦用于希腊古代红陶器上的是以单纯黑色如绘影的办法将“一束草”倒转斜置，而以它的卷头梗绕它的外周。这也可说是最早的“卷草纹”，这图案亦见于意大利发掘的古代伊脱拉斯甘的陶棺上。这种图案梗圈以内的组织仍然是同原来简单的一束草没有两样。

锯齿边的忍冬草在伊恩尼亚卷下逐渐发展得很大也很繁复成为希腊艺术中著名的叶子。叶名为“亚甘瑟斯”，历来中国称忍冬叶想是由于日本译文。亚甘瑟斯叶子产于南欧在哥林斯亚的柱头上所用的就最为典型。每一叶分若干瓣，每一瓣再分若干锯齿；瓣和瓣之间相连不断，仅作绉纹，纹凸起若脉络。另一特征是这种叶子的脉络不是从中心一梗支分左右，而是从叶座开始略平行于中间主脉，如白菜叶的形状。

这种写实的“亚甘瑟斯”叶子发展到成熟时，典型的图案是以数个相抱的叶子做个座，从它们中间长出又向左右分开的两个圈状的梗，两梗分向左右回绕但每梗又分两支，一支向内缠卷围绕，一朵圆形花在它圈中，另一支必翻转相反的方向又自作一圈。沿梗必有侧面的亚甘瑟斯叶包裹在上面，叶端向外自由翻卷做成种种式样。这个图案在罗马全盛时代在雕刻中最普遍，始终极其变化写实的能事。它的画法规则很严格，在文艺复兴后更是被建筑重视而刻意摹仿。所以这种亚甘瑟斯或忍冬卷草是西方系统古典希罗艺术主要特征之一。凡是叶形的图案，几乎无例外的都属于这个系统。

但在敦煌北魏洞中所见是西域传入的“忍冬草叶”图案，不属于希罗系统。它们是属于西亚细亚伊兰系的。这种叶子的典型图案是简单的侧面五瓣或四瓣，正面为三瓣的叶子，形状还像最初的一束草，正像是从小亚细亚陶器上的卷草纹发展出来的。这个叶子由一束分散的草瓣发展到约略如亚甘瑟斯的写实叶子。主要是将瓣与瓣连在一起成了一整片的叶子。它不是写实的亚甘瑟斯而是一种图案中产生的幻想叶子。它上面并没有写实的凸起的筋络，也不分那繁复的锯齿，自然规则大小相间而分瓣等等。这种叶子多半附于波状长梗上左右生出，左旋右转地做成卷草纹边饰图案的。

这种叶瓣较西方的亚甘瑟斯叶为简单而不写实，但极富于装饰性。叶子分成主要的数瓣，瓣端或尖或卷按着旋转的姿势伸出或翻转。侧面放置时较为常见都是分成两三个短瓣一个长瓣，接近梗的地方常另有一瓣从对面翻出，变化也很多。如果是正面安置时，正中一瓣最长，两旁强调最下一瓣向外的卷出，整个印象还保持着“一束草”雏型时的特征，底下的两卷则变化较大，改成种种的不同的图案。这种的忍冬卷草叶纹是东罗马帝国时代拜占庭雕刻的特点。这种叶子所组织成的卷纹图案也曾受一些西罗马系的影响，所以有一些略近于亚甘瑟斯卷纹。但在大体上是固执的伊兰系的幻想的忍冬叶。罗马帝国灭亡之后，由基督教再传入欧洲时最普遍地见于中世纪早期的基督教雕刻与绘画上，更多见于地木雕板和象牙雕刻上。这就是著名的罗曼尼斯克的草纹，当时完全代替了古典的罗马写实卷草，不但盛行于西欧各处中世纪教堂中，也普遍的出现于北欧和东欧的雕刻图案上。

在敦煌早期洞窟中所见的忍冬叶有极不同的两种。一种就是这里所提到的道地的伊兰系的忍冬叶。组织成雕刻型的边饰，以粉彩用凹凸法画出的。这种画案很多是将侧面叶了·两两相对，或颠倒相间排列成横条边饰，如在几个北魏洞的壁带上，墙头上和佛龛券沿上所见。这种图案显然是由西域输入的。但很多凹凸法已因色彩的分配只有装饰效果没有起伏。另一种是画在墙壁上段壁画中的。在一列画出的幕沿和垂带底下，一整组的叶子和一个飞仙约略做成一个单位，成列地横飞在空中，飘荡地驾在云上。幕和垂带，飞仙的飘带，披肩，衣裙，周边忍冬叶都像随着大风吹偏在一面。这种运用腕力自由地在壁上以伶俐洒脱的手笔画出的装饰图案，是完全属于汉代两晋画风的。这种同飞仙云气一起回荡的忍冬叶不组织成为边饰，只是单个的忍冬叶子的式样是属于上面所说的伊兰系统的图案。两两相对雕刻型的忍冬叶边饰中叶子和这一种作风和处理方法如此之不同，却同见于一个早期的洞内，说明雕刻型的保持着西域输入的原状，且装饰在石造建筑物原有这种雕刻的位置上，而绘画型的则是完全以自己民族型式的手法当作画壁来处理，老实不客气的运用所谓“柱壁皆画云气，花卉，山灵，鬼怪的”作风，将忍冬叶也附带的吸收进去。这样的忍冬叶虽来自西域，但经中国画师之手和飞仙组织在一起，叶瓣也像凭风吹动，羽化登仙，气韵生动飘洒自然完全的民族形式化了，洞壁上部所见就是一例。前边所提出当时画工是否能吸收新鲜养料，而保持原有优良体系而更加丰富起来，这种忍冬叶的汉化就给我们以最肯定的回答。

更可惊异的是这完全以汉画手法来处理的忍冬叶，和含有雕刻性质的伊兰系的忍冬叶图案，并不从此分道扬镳，各行其是。很迅速的它们又互相影响。绘画型的豪放生动的叶子竟再组织到边饰的范围内且还影响到真正石刻上的忍冬叶图案，使每个叶子的姿势脱离了原来的伊兰系的呆板而大为活泼。南北响堂山石窟寺石楣上忍冬草纹的浮雕实可算雕刻图案的杰作，尤其是浮雕极薄也是出于传统手法，刻工精美而简练，更产生特殊的效果。这种经过汉风变革过的伊兰系忍冬草纹也是当时传入朝鲜日本的最典型的图案之一，且是唐以前的一种特征。因为它同盛唐的卷草纹又极为不同。唐初所发展的草叶另属一个系统，彼此之间仅有微妙的关系，当在唐卷草一节中再详细讨论了。

北魏到隋的洞窟中有极明显的外来因素还没有经过自己体系的融化收纳的，这外来的手法特征仅有某一些是所谓健驮罗风，由于发掘资料知道佛像在西域多采用模型翻制，所以相当保有浓重的健驮罗中希腊意味，情形同画壁显著受波斯风手法的不同。在敦煌洞中塑像曾几经重装很难指出原来的特点，但在佛座上所刻莲瓣而论，健驮罗风是充足的。除此之外在画壁上多处所见的不是汉晋的手法就是浓重的波斯型的西域作风。在装饰上使我们最注意的是用白粉描线和打小点子等手法，尤其是龛壁底色是深色的。这种白粉线的应用同库车附近各窟中的画壁上的很近似，白粉很显明的是当时龟兹伊兰语系民族索格特的画工所常用的画料。在中国白粉从汉代起就曾应用于彩画的陶器上面。但汉宫典质里提到："以胡粉……* 后文已佚。

未完，底下尚未找着。* 此处系林徽因自注。

附图

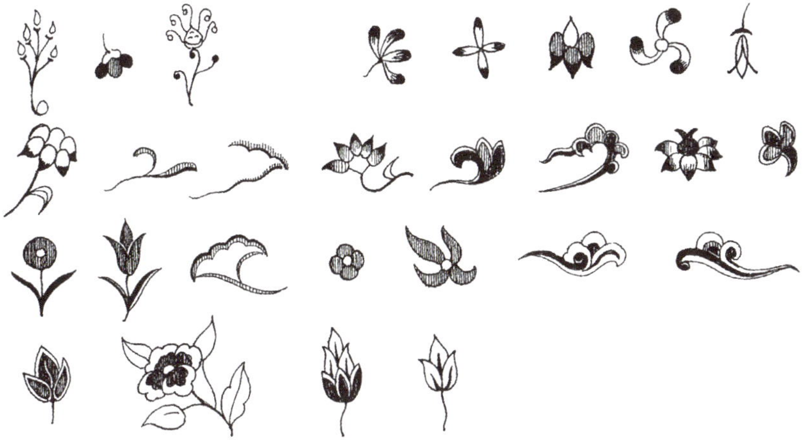

林徽因手绘边饰图样

林徽因手绘边饰图样

林徽因手绘边饰图样

林徽因手绘边饰图样

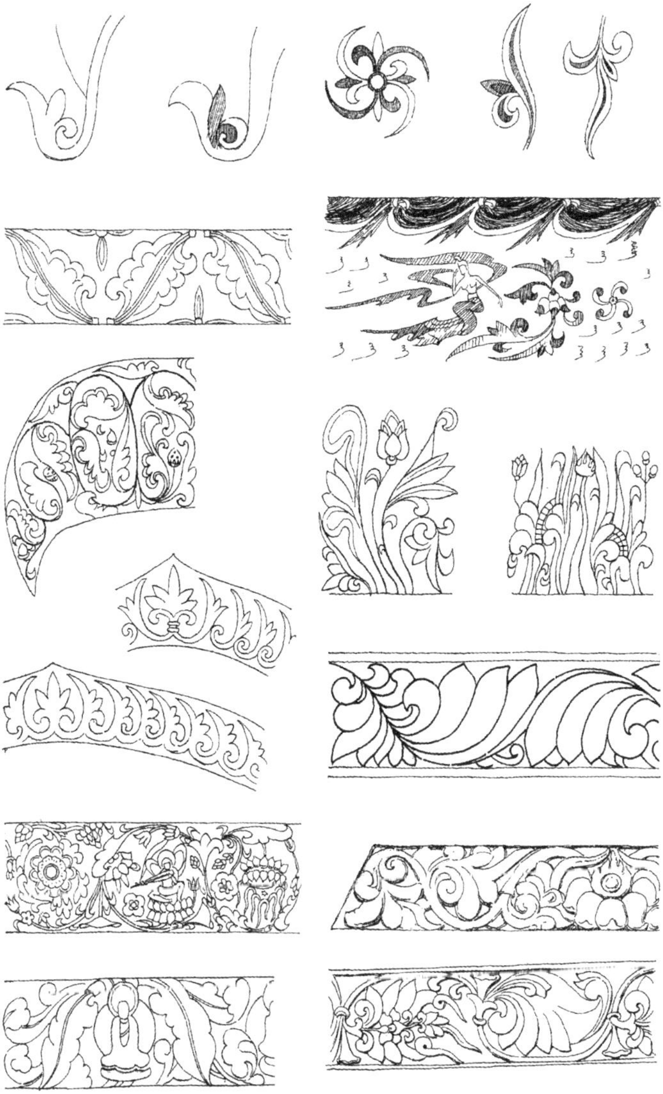

林徽因手绘边饰图样

林徽因手绘边饰图样

林徽因手绘边饰图样

林徽因手绘边饰图样

跋

方　晶

二〇一四年是诗人、建筑学家林徽因先生诞辰一百一十周年。一些单位、团体和个人纷纷借此机会以各种方式纪念这位才女。虽然在文学、建筑等领域多有建树，但她曾长期被世间遗忘；直到二十世纪八十年代中期，人民文学出版社才出版了第一本林徽因的作品集——《林徽因诗集》。自此，与她相关的图书逐渐面世，她又回到了热爱她的读者中间，她的才华和美丽又被众人所关注。

我的丈夫梁从诫一直深深怀念他的母亲林徽因。我们的国家结束了多年动荡之后，终于迎来了改革开放的春天。人们有了回忆、反思的可能。也就是在此时，从诫开始回顾母亲对他一生的关爱和影响。百忙之中，他深情写下了三篇从不同角度回忆、介绍林徽因的文章。在几乎全力投入环境保护事业的一九九九年，他又挤出时间，整理出版了两卷本《林徽因文集》，初步实现了长期埋藏在心底的夙愿。

从诫一定会感到欣慰的是，在他的母亲诞辰一百一十周年之际，我们决定对他所编的《林徽因文集》进行修订、增补。这也是他生前期盼已久但却未能完成的事情。

此次新版文集更名为《林徽因集》。严格说来，这部文集的面世是多方努力的结果；但它在编辑原则和体例上，依然遵循从诫的原意，书中使用的主要资料是从诫生前编理好的，一些新增篇目也是从诫生前曾经拟定的；因此，我们仍说这部文集是梁从诫所编。

较之从诫所编旧版《林徽因文集》，新版《林徽因集》主要有以下特点：一、增收了近年来发现的林徽因文学、建筑、美术方面的文字、作品。二、增收了部分书信，书信原文系英文的，均排入英文原文，与译文对照；有些书信，为便于阅读，附录了对方来函。三、增收了大量林徽因生平照片，林徽因文学、建筑、美术手稿和书信手稿原件照片。四、将旧版文集的“文学卷”分为“诗歌、散文卷”和“小说、戏剧、翻译、书信卷”；将旧版文集的“建筑卷”分为“建筑、美术卷”，“建筑、美术卷”又分上下两册，故整部文集为三卷四册。

《林徽因集》所收作品，产生于作者所生活的年代，其中部分字、词、标点的写法和文句的表达有别于今天的惯例；为了尊重历史，除明显错讹之处外，一仍其旧，未做改动。林徽因原稿或载有林徽因作品的报刊中无法识别的字词，则以“□”代之。

作为从诫的妻子，我努力按照我所知道的他的原意对林徽因的作品进行再次梳理，我与王一珂先生密切合作，力求把新版林集做好。可以说，新版《林徽因集》较之旧版文集更加丰厚、严谨、完善，也是目前行世的最完备的本子。我的工作是为了完成从诫的心愿，为了告慰从诫和他母亲的在天之灵，也是为了那么多热爱和怀念着他们的读者。

此书的整理和编辑得到了多方支持和帮助。林洙为“建筑、美术卷”提供了大量图片资料，提出了宝贵建议；梁再冰订正了文集图片的注释；吴荔明提供了部分照片；于葵提供了部分照片以及林徽因书信部分的英文原稿，并对其进行了整理核对；沈龙珠、沈虎雏先生提供了林徽因与沈从文的照片及书信原稿；崔勇先生提供了林徽因勘察天坛的照片；陈学勇先生提供了林长民和林徽因的部分资料，并对书信部分所附林长民致林徽因的一批函件进行了细致的校勘注释，我们从他所编的《林徽因文存》中汲取了可资借鉴的宝贵经验；中国社会科学院近代史所提供了林徽因与胡适的照片及书信手稿；中国现代文学馆提供了林徽因的部分书信手稿；清华大学建筑学院和人民美术出版社对新版《林徽因集》的整理提供了帮助。王一珂先生的工作贯穿始终，事无巨细，他和他的同事们为此书的出版付出了艰辛的努力。在此，谨表诚挚的谢意。

二〇一四年六月

增订说明

《林徽因集（增订本）》刊载了一批过去从未结集的林徽因作品与影像，更有部分书信、照片首次公开，它们按类分别收入在“诗歌、散文”“小说、戏剧、翻译、书信”和“建筑、美术”卷中。此次增订，同时调整了部分作品的排序，纠正了旧版若干讹误。整部林集，汇合了以梁从诚先生为代表的梁思成、林徽因家属以及许多专家、学者和相关单位的集体力量与智慧。

《林徽因集（增订本）》的出版是对林徽因先生的纪念，也是对中国大百科全书出版社的前辈编辑、学者梁从诫先生的纪念。在此特别鸣谢林洙、梁再冰、吴荔明、杨友麒、于葵、陈宇、陈学勇、沈龙珠、沈虎雏、王南、崔勇及中国社会科学院近代史所、中国文化遗产研究院、中国现代文学馆、清华大学建筑学院、上海艺术品博物馆、人民美术出版社等个人和单位。

中国大百科全书出版社

二〇二二年六月